"十二五"职业教育国家规划教材

汽车电工电子技术

QICHE DIANGONG DIANZI JISHU

（第二版）

主　编　李佩禹　李乃夫

副主编　王　霞

新形态
教材

中国教育出版传媒集团

高等教育出版社·北京

内容提要

本书是"十二五"职业教育国家规划教材,根据教育部最新发布的《高等职业学校专业教学标准》中对本课程的要求,并参照最新颁发的相关国家标准和职业技能等级考核标准修订而成。

本书主要内容包括电工基础(交、直流电路基础)、电工技术(电能的生产与输送、电气设备、安全用电)、模拟电子技术和数字电子技术等。本书是新形态一体化教材。在本书的编写过程中,编者努力按照当前职业教育教学改革和教材建设的总体目标,努力体现教学内容的先进性和前瞻性,突出专业领域的新知识、新技术、新工艺、新材料。

本书可作为高等职业教育汽车类专业的教材,可用于职业技能培训,也可供相关专业技术人员学习参考。

图书在版编目(CIP)数据

汽车电工电子技术/李佩禹,李乃夫主编.—2版.—北京:高等教育出版社,2023.8(2024.1重印)

ISBN 978-7-04-053148-0

Ⅰ.①汽… Ⅱ.①李… ②李… Ⅲ.①汽车-电工技术-高等职业教育-教材 ②汽车-电子技术-高等职业教育-教材 Ⅳ.①U463.6

中国版本图书馆 CIP 数据核字(2019)第 277105 号

| 策划编辑 | 张尕琳 | 责任编辑 | 张尕琳 | 封面设计 | 张文豪 | 责任印制 | 高忠富 |

出版发行	高等教育出版社	网　　址	http://www.hep.edu.cn
社　　址	北京市西城区德外大街 4 号		http://www.hep.com.cn
邮政编码	100120	网上订购	http://www.hepmall.com.cn
印　　刷	上海叶大印务发展有限公司		http://www.hepmall.com
开　　本	787 mm×1092 mm　1/16		http://www.hepmall.cn
印　　张	22	版　　次	2014 年 8 月第 1 版
字　　数	511 千字		2023 年 8 月第 2 版
购书热线	010-58581118	印　　次	2024 年 1 月第 2 次印刷
咨询电话	400-810-0598	定　　价	46.00 元

配套学习资源及教学服务指南

二维码链接资源

本书配套视频、扩展知识等学习资源，在书中以二维码链接形式呈现。手机扫描书中的二维码进行查看，随时随地获取学习内容，享受学习新体验。

打开书中附有二维码的页面　　　　**扫描二维码**　　　　**查看相应资源**

教师教学资源索取

本书配有课程相关的教学资源，例如，教学课件、习题及参考答案等。选用教材的教师，可扫描以下二维码，关注微信公众号"高职智能制造教学研究"，点击"教学服务"中的"资源下载"，或电脑端访问地址（101.35.126.6），注册认证后下载相关资源。

★如您有任何问题，可加入工科类教学研究中心QQ群：243777153。

本书二维码资源列表

	类 型	说 明		类 型	说 明
第1章	视频	认识万用表		视频	钳形电流表
	文本	习题1答案		视频	单相异步电动机
第2章	文本	习题2答案	第4章	视频	直流电动机
第3章	视频	变压器结构		视频	直流电机结构
	视频	变压器工作原理		文本	习题4答案
	文本	习题3答案	第5章	文本	习题5答案
第4章	视频	三相异步电动机结构		文本	二极管
	视频	闸刀开关		文本	三极管
	视频	熔断器结构	第6章	文本	晶闸管
	视频	交流接触器工作原理		文本	集成电路
	视频	热继电器结构		文本	习题6答案
	视频	低压断路器	第7章	文本	习题7答案
	视频	双重联锁正反转控制电路	第8章	视频	简单放大电路
	视频	星-三角降压起动控制电路		文本	习题8答案
	视频	时间继电器结构	第9章	文本	习题9答案
	视频	兆欧表	第10章	文本	习题10答案

前　言

本书是"十二五"职业教育国家规划教材,根据教育部最新发布的《高等职业学校专业教学标准》中对本课程的要求,并参照最新颁发的相关国家标准和职业技能等级考核标准修订而成。

在本书的编写过程中,认真落实党的教育方针,结合高等职业教育教学改革方向,采用"互联网＋教育"理念,教学内容和教学方式符合高等职业教育教学规律和技术技能型人才成长规律,体现高等职业教育教材特色。

本书编写的基本指导思想是:

1. 全面贯彻党的二十大精神,落实立德树人,弘扬中华优秀传统文化,培养工匠精神、劳动精神,树立社会主义核心价值观,培养社会主义接班人。

2. 服务产业发展,对接职业标准,体现新技术、新工艺、新规范,反映岗位职业能力要求。编写人员由来自院校和企业技术人员组成,体现了产教融合的特征。

3. 课程内容安排,对接职业教育国家教学标准体系和生产实际,以高职道路运输类的"汽车运用与维修技术""智能交通技术及应用"专业要求为依据,兼顾水上运输类"港口电气技术"和城市轨道交通类的"电工基础""电子技术"课程相关要求。作为专业基础课程,主要支撑后续专业课程。

4. 应用互联网技术等现代化教育信息技术手段,在教材中加入了动画、视频和文本等形式的"二维码"资源,助学助教。

5. 结合1＋X证书制度试点工作,兼顾课证融通、书证融通。书中有关内容与"电工"中、高级考证的内容相吻合。

6. 针对职业教育生源和教学特点,做中学、做中教。以真实生产项目、典型工作任务等为内容,支持项目化、案例式、模块化等教学方法,支持分类、分层教学。

本书推荐的两个教学方案见下表,分别为80学时和96学时(一学期完成,5节/周或6节/周)。

序　号	内　容	学时分配建议方案	
		方　案　一	方　案　二
第1篇	电工基础	18	22
第2篇	电工技术	18	24

序　号	内　容	学时分配建议方案	
		方　案　一	方　案　二
第 3 篇	模拟电子技术	22	24
第 4 篇	数字电子技术	18	22
机动		4	4
总学时		80	96

　　本书由李佩禹、李乃夫任主编,王霞任副主编。

　　由于编者水平有限,书中不足之处在所难免,欢迎教材使用者及同行对本书提出意见并给予指正!

编　者

Contents | **目　录**

第3篇　模拟电子技术

第 4 篇 数字电子技术

第 9 章 数字电子技术基础 / 284

第 10 章 数字电路的应用 / 320

绪　论

导言

亲爱的同学,当你打开本书时,你可能会想:"汽车电工电子技术"课程学什么内容? 这门课程对应哪些工作岗位? 将会对择业产生什么影响?

在本书的绪论部分将向你介绍:

● 电工与电子技术的发展历史。

● 电工与电子技术所对应的工作岗位。

● 电工与电子技术工作岗位的从业资格与职业道德。

1. 电工与电子技术的发展

电工与电子技术课程主要介绍"电"的应用技术。

人类很早就发现了自然界中的电和磁现象。在人类历史的长河中,人类总是在与自然界斗争的过程中,不断地认识自然和改造自然,并不断地总结经验和积累知识,从而建立起现代社会的物质文明与精神文明。人类对自然界中电磁现象的科学认识以及对电能的开发利用,就是建立在 18 世纪末 19 世纪初近代物理学的分支——电磁学发展的基础上。

科学技术是依靠生产斗争和科学实验发展起来的。在电磁学的发展史上有几个重要的标志:1785 年,库仑(法国)首先通过实验确定了电荷之间的相互作用力,使电荷的概念开始有了定量的意义。1820 年,奥斯特(丹麦)与安培(法国)用实验证明了电流与磁场之间的关系,发现了磁现象的本质。著名的欧姆定律也是欧姆(德国)在 1826 年通过实验而得出的。在此基础上,1831 年,法拉第(英国)提出了著名的"电磁感应定律",为电工与电子技术的发展奠定了重要的理论基础。

人类对电能的利用主要体现在两个方面:一是作为能源,二是作为信号。这就基本形成了电能应用技术发展的两个方面:电工与电子技术。同时,电工与电子技术互相交叉渗透、互相促进而不断发展。

电能作为能源利用主要是作为动力(机械能)。如上所述,1831 年发现的法拉第电磁感应定律奠定了电机(发电机和电动机)学的理论基础。随后,楞次(俄国)在 1833 年建立了确定感应电流方向的楞次定则。1834 年,与楞次一起从事电磁学研究工作的雅各比制造出世界上第一台电动机,从而实现了电能与机械能的转换,这是电能应用史上的一个重大突破。在此还需要提到的是俄国的多勃罗沃尔斯基,是他创造了三相电力系统,并于 1889 年制造出第一台三相电动机。在电能已成为人类主要能源的今天,电动机所消耗的电能已占全社会电能消耗总量的 60%～70%。除此之外,对电能的利用还包括将电能转换成热能、光能、声能和化学能等。

将电能作为信号利用,就是将各种非电量转换成电信号并加以检测、调制和放大,然后通过有线或无线的途径进行传播,以实现通信、检测和自动控制的目的。在这一方面,电子技术的历史相对较短,但发展得很快。

在人类学会用电作为信号进行通信之前,通信的手段是光(可见光)和声音。例如,我国古代的烽火台和近代海军使用的旗语,非洲的部落之间用来传递信息的鼓。这种原始的通信方式受到人的视觉与听觉距离的限制,信息传递的速率太慢且保密性很差。电能的利用很快在通信领域充分体现出其价值。最早实现的是有线通信,1839 年惠斯登在英国、1845 年莫尔斯在美国先后实现了电报传送实验,可以看作有线通信的开端。与此相比,无线通信晚了半个世纪。在 1864 年,麦克斯韦(英国)综合了库仑定律、安培定律和法拉第定律,提出了电磁波的理论,首先在理论上推测到电磁波的存在。这种科学理论的预见性为人类社会的发明创造带来的作用是不可低估的,就在麦克斯韦电磁波理论提出 23 年以后,赫兹(德国)用人工方法产生电磁波的实验终于获得了成功,从实践上证明了麦克斯韦理论的正确性。但是,实际利用电磁波为人类通信服务还应归功于马可尼(意大利)和波波夫(俄国),大约在赫兹的实验成功 7 年之后,他们分别在自己的国家实现了长度达几百米到上千米的无线电通信实验。

无论是有线通信还是无线通信,必须要解决两个基本问题:一是信号(能量)的转换,二是信号的放大。1875 年,贝尔(美国)发明了电话,解决了声能与电能的转换问题。而要实现长距离通信并且保持信号的清晰,还必须要解决信号放大的问题,这就有赖于电子器件的研发。著名的发明家爱迪生(美国)在 1883 年发现了热电子效应;弗莱明(英国)利用爱迪生效应于1904 年研制出了电子二极管;1906 年德福雷斯(美国)又在弗莱明的二极管中加入第三个电极——栅极而发明了电子三极管,从而解决了对电信号进行放大这一关键问题。所以,电子三极管是电子技术发展史上最重要的发明之一。

电子管的最大缺点是体积大,耗电多且寿命短,导致当时电子设备的体积、重量都十分庞大。例如,1946 年诞生的世界上第一台电子计算机,使用了 18 800 只电子管,占地面积达170 m^2,重量为 30 t,耗电量达 150 kW。1948 年,在美国的贝尔实验室诞生的半导体管(晶体管)是电子技术发展史上划时代的产物,它在体积小、重量轻、耗电少、寿命长等方面都要远胜于电子管。虽然今天在大多数的领域电子管已被半导体管所取代,但由于电子管在大功率及工作稳定性等方面所具有的不可取代的优点,人们仍然可以在一些大功率的电子设备上看到它的身影。

从物理学的角度看,半导体管与电子管的内部机理是不同的,但它们的基本原理都是由电子运动所产生的效应或影响,这就是"电子学"(电子技术)名称的由来。电子技术应用领域的不断拓展对电子设备的体积、重量、耗电量及工作的稳定性和可靠性都提出了更高的要求,但不论是电子管还是半导体管,它们由分立元器件所组成的电路结构仍然未能彻底解决这些问题。于1958年问世的集成电路标志着电子技术又发展到一个更新的阶段,集成电路实现了材料、元器件与电路三者之间的统一。随着材料技术和制造工艺的进步,今天的超大规模集成电路已充分显示出其无可比拟的优越性。今天的电子计算机已经历了电子管、半导体管、集成电路和大规模集成电路四代产品,正朝着小型化、微型化、智能化和网络化的方向发展,多媒体计算机和互联网的出现标志着计算机技术已渗透到各个技术领域和社会生活的各个方面,将给人类社会的生产和生活方式带来前所未有的变化。

通常习惯上把电工技术的应用领域称为"强电",而把电子技术的应用领域称为"弱电",但是这一划分已经成为历史。随着大功率半导体器件制造工艺的完善,电力电子技术的迅速发展并被广泛应用于变频调速、中频电源、直流输电、不间断电源等诸方面,使半导体技术进入了传统的强电领域。

电能的应用给人类社会带来的效益不言而喻,但是电也会给人带来危害,在已经普遍实现电气化的今天,电击、电伤和电气火灾时刻威胁着人们的生命财产安全。因此,只有掌握电能应用的规律,学习好电工与电子技术,才能驾驭并应用好电能,趋利避害,让电能为人类造福。

2. 电工与电子技术所涉及的职业与岗位

电工与电子技术涉及许多对青年人颇具吸引力的职业与岗位。

首先,电工作为工业中的一个基础职业,涉及工业生产中的许多工作岗位,如从事电气设备、电路和器件的安装、调试、维护与检修,供用电系统的运行、维护,以及电气设备的技术管理与技术改造工作,电子设备的安装、调试、使用和维护工作等。

其次,在建筑和物业管理行业,可从事建筑物中的电气安装和物业电气设备的管理、维护与检修工作。

此外,还可以从事电器、电工材料、电子设备的销售、维修和售后服务等工作。汽车制造、销售和售后服务行业的从业人员,也需要有电工电子的专业知识与技能。随着我国经济的持续快速发展,各行各业中将需要更多的受过系统专业培训的电工电子技术人员;越来越多现代化的建筑物、住宅区、工厂都需要大量高素质的具有职业资格的电工电子技术人员;各种新型的电气、电子设备的应用,也显示出对高级电工电子技术人员日益增长的需求。

总而言之,电工电子技术所涉及的职业和岗位,为青年人提供了极大的施展个人才华的空间,提供了许多能够实现个人抱负的就业机会。

除此之外,电工与电子技术还是从事许多职业岗位必须具有的专业基础技术之一,将会对你胜任本职工作提供极为有效的帮助。

3. 对电工与电子技术岗位从业者的几点建议

要从事电工电子技术工作,必须接受正规的、严格的学习与训练,必须具备以下从业资格和职业道德:

● 具有高尚的道德,诚实且勤奋。

● 具有高度的责任感。因为工作上任何细小的差错都有可能带来巨大的经济损失甚至危及人身安全。

● 对电工电子的基础理论有浓厚的学习兴趣;喜欢这一职业,并乐于与电气、电子设备打交道,乐于从事本职工作分内的一些手工劳动。

● 要有主见,注意培养自己的分析、判断能力,能够独立完成工作任务而不需要别人监督;具有协作精神,善于与同事们共事,相互配合共同完成工作。

● 具有初中以上的文化水平,具有一定的学习、理解、观察、判断、推理和计算能力。具有在信息化社会中工作、学习和生活所必备的计算机应用能力。

● 具有健康的体魄,手指、手臂灵活,动作协调,能够攀高作业。

● 通过学习与训练,掌握从事本职工作所必需的专业知识和操作技能,考取相关的国家职业资格等级证书。

因此,在开始学习本课程之前,先对未来的电工电子技术岗位的从业者提出几点建议,仅供参考:

(1) 注意培养对电工电子技术的兴趣爱好。如果在系统地学习本课程之前已经有这方面的兴趣爱好,甚至有一定基础是非常理想的。如果暂时还没有也没关系,只要善于在学习过程中注意观察,结合日常生活中的各种电能、电器的应用体验,是很容易培养起这方面的兴趣爱好的。相信在本课程的学习过程中,每当你完成了一个学习任务,理解了一种电器或设备的原理,或完成一个实训项目的操作,都会给你带来成功的喜悦。

(2) 有意识地接受系统的、正规的训练,培养自己规范操作的习惯。这对今后严格规范地进行电路和设备的安装,保证他人和自己的安全非常重要。

(3) 电工与电子技术知识更新的周期较短,各种新技术、新设备、新的元器件不断出现,因此在学习中要注意培养自己学习新知识的能力,培养适应技术发展和职业与岗位变化的能力。

(4) 做好学习的准备,适当复习中学的数学和物理知识,在教师的指导下准备好个人的学习用具和资料,如文具、课本、笔记本和实训记录本等。如有可能,还建议购置一本《电工手册》。

愿本课程的学习能为你步入电工与电子技术的殿堂、走上你理想的工作岗位铺路!

第 1 篇 　电工基础

　　本篇的学习内容与物理课中"电磁学"部分的内容相衔接,主要从电工技术的角度出发,讲述直流电路和交流电路的基本原理与分析计算方法。

chapter 1
第 1 章 | # 直流电路

学习目标

首先,认识"电"。日常生活中,"电"就在我们身边,但它是看不见的。那什么是"电"?如何对"电"进行定性分析与定量计算?

其次,了解什么是"电路"。学习简单电路的基本定律和分析、计算方法。

同时,通过电工基础实训,学习使用常用的电工工具和仪表。

1.1 电流和电压

1.1.1 电流

电荷在导体中的定向移动形成电流。电流用字母 I 表示。电流的大小等于单位时间 t 内流过导体横截面积的电荷量 Q,即

$$I = \frac{Q}{t}$$

电流的单位是 A(安);常用的单位还有 mA(毫安)和 μA(微安)。

$$1\,A = 10^3\,mA = 10^6\,\mu A$$

电流是有方向的,习惯上规定正电荷移动的方向为电流的实际方向。如果电流的方向不随时间变化,则称为"直流"电流;如果电流的方向随时间作周期性的变化,则称为"交流"电流。本章主要介绍直流电,交流电将在第 2 章介绍。

在进行电路的分析计算时,往往预先标注出一个电流方向,称为参考方向。如果按照参考

方向计算出来的电流值为正值,则说明实际电流方向与参考方向相同;如果计算出来的电流值为负值,则说明实际电流方向与参考方向相反。

1.1.2 电压

在电源内具有电能,如果用导线将电源与用电负载相连接,就会有电流流过负载(例如负载是白炽灯,电流通过就会使白炽灯发光)。电源之所以有驱动电荷流过导线与负载的能力,是因为其内部具有电气的压力,称为"电压"。

电压用字母 U 表示。电压的单位是 V(伏);常用的单位还有 mV(毫伏)。

$$1 \text{ V} = 10^3 \text{ mV}$$

1.1.3 电位

像空中的每一点都有一定的高度一样,电路中的每一点也都有一定的电位。正如空间高度的差异才使液体从高处向低处流动,电路中电流的产生也必须有一定的电位差。在电源外部通路中,电流从高电位点流向低电位点。电位用大写英文字母 V 表示,并加注下标表示不同点的电位值,例如 V_A、V_B 分别表示电路中 A、B 两点的电位值。

像衡量空中的高度要有一个计算的起点(如海平面)一样,要衡量电路中电位的高低也要有一个计算电位的起点,称为"零电位点",该点的电位值规定为 0 V。原则上,零电位点是可以任意指定的,习惯上常规定大地的电位为零,在电子设备中经常以金属底板或外壳作为零电位点。零电位点确定之后,电路中任何一点的电位就都有了确定的数值,这就是该点与零电位点之间的电压。如果知道各点的电位,就能求出任意两点之间的电压。例如,已知 $V_A = 5$ V,$V_B = 3$ V,则 A、B 两点之间的电压 $V_{AB} = V_A - V_B = (5-3)$ V $= 2$ V。

例 1.1 电路如图 1.1 所示。(1)若 $V_E = 0$ V,求 V_A、V_B、V_C 和 U_{AB}、U_{CB}、U_{EA};(2)若 $V_B = 0$ V,求 V_A、V_C、V_E 和 U_{AB}、U_{CB}、U_{EA}。

解:(1)若 $V_E = 0$ V,则 $V_A = (4-3) = 1$ V,$V_B = (4-5) = -1$ V,$V_C = 4$ V;

$U_{AB} = V_A - V_B = [1-(-1)]$ V $= 2$ V,$U_{CB} = V_C - V_B = [4-(-1)]$ V $= 5$ V,$U_{EA} = V_E - V_A = (0-1)$ V $= -1$ V。

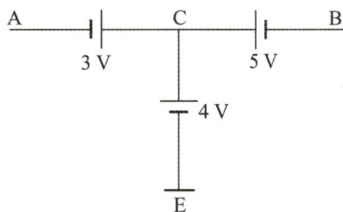

图 1.1 例 1.1 图

(2)若 $V_B = 0$ V,则 $V_A = (5-3)$ V $= 2$ V,$V_E = (5-4)$ V $= 1$ V,$V_C = 5$ V;

$U_{AB} = V_A - V_B = (2-0)$ V $= 2$ V,$U_{CB} = V_C - V_B = (5-0)$ V $= 5$ V,$U_{EA} = V_E - V_A = (1-2)$ V $= -1$ V。

由例 1.1 可见:当参考点(零电位点)改变,电路中各点的电位值也随之改变,但电路中两点之间的电压(电位差)不变。

1.2 电阻和欧姆定律

1.2.1 电阻

导体对电流的通过具有一定的阻碍作用,称为电阻。电阻用大写英文字母 R 表示。金属导体的电阻大小可以用下式计算:

$$R = \rho \frac{l}{A}$$

式中,ρ 为导体的电阻率,不同金属导体的电阻率不同;l 为导体的长度;A 为导体的横截面积。

由此可见,金属导体越长,导体的电阻率越大,电阻值就越大;而导体越粗(横截面积越大),其电阻值就越小。

1.2.2 欧姆定律

1826 年,德国科学家欧姆通过实验证实:"一个导体的电阻就是加在这个导体两端的电压与流过这个导体的电流之比。"这就是后来以他的名字命名的欧姆定律。欧姆定律是反映电路中电压、电动势、电流、电阻等物理量内在关系的一个极为重要的定律,也是电工技术中一个最基本的定律。

欧姆定律用公式表示为

$$I = \frac{U}{R} \tag{1.1}$$

式中,如果电压 U 以 V 为单位,电流 I 以 A 为单位,则电阻 R 以 Ω(欧)为单位。

经常用到的更大的电阻单位是 $k\Omega$(千欧)和 $M\Omega$(兆欧)。

$$1\,M\Omega = 10^3\,k\Omega = 10^6\,\Omega$$

1.2.3 电阻元件

1. 线性电阻和非线性电阻

电阻值不随电压、电流的变化而变化的电阻,称为"线性电阻"。线性电阻的电压-电流关系曲线(即伏安特性曲线)为一条通过坐标原点的直线,如图 1.2(a)所示。通常使用的电阻器

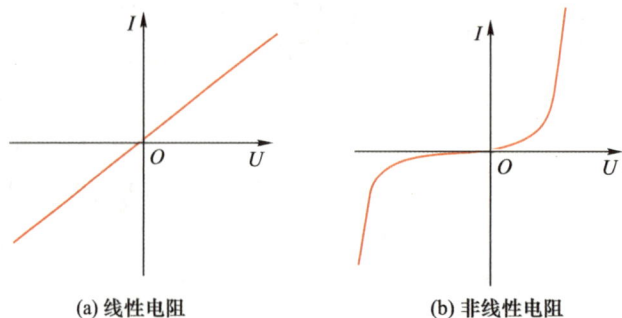

(a) 线性电阻　　　　　　(b) 非线性电阻

图 1.2　电阻的伏安特性曲线

（如图 1.3 所示）都是线性电阻。如果电阻值随电压、电流的变化而改变，则称为"非线性电阻"，其伏安特性曲线为一条曲线，如图 1.2(b) 所示。本书第 6 章介绍的半导体管就属于非线性电阻（如图 6.4 和图 6.13 所示）。

2. 常用电阻器及其主要性能参数

常用的电阻器如图 1.3 所示。

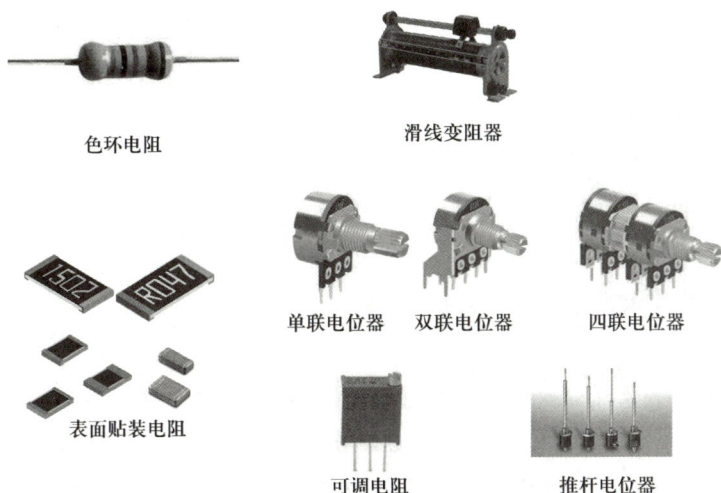

图 1.3 常用的电阻器

电阻器的主要性能参数包括标称电阻值、允许偏差、额定功率等。电阻器的标称电阻值和偏差一般都直接标注在电阻上，可采用直接标注和文字符号标注，也可以采用色环标注。采用色环标注时各种颜色的规定见表 1.1。

表 1.1 色环标颜色规定

颜　色	有效数字	乘　数	允许偏差/%
银		10^{-2}	± 10
金		10^{-1}	± 5
黑	0	10^{0}	
棕	1	10^{1}	± 1
红	2	10^{2}	± 2
橙	3	10^{3}	
黄	4	10^{4}	
绿	5	10^{5}	± 0.5
蓝	6	10^{6}	± 0.25
紫	7	10^{7}	± 0.1
灰	8	10^{8}	
白	9	10^{9}	$+50/-20$
无			± 20

采用色环标注有二位有效数字和三位有效数字两种,如图 1.4 所示。例如,有一只电阻上有四条色环,颜色依次为橙、蓝、红、金色,则由表 1.1 和图 1.4(a)可知,该电阻的阻值为 $36 \times 10^2 \ \Omega = 3\ 600 \ \Omega = 3.6 \ k\Omega$,允许偏差为 $\pm 5\%$。

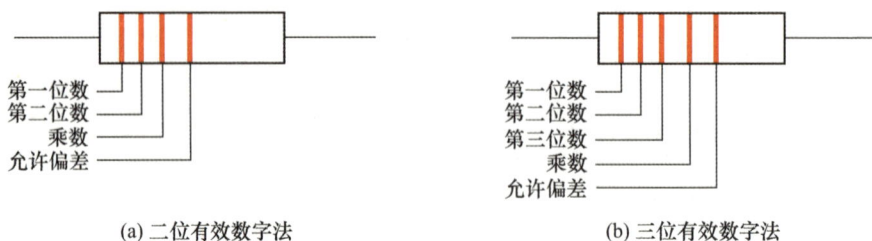

(a) 二位有效数字法　　　　　　　　　(b) 三位有效数字法

图 1.4　电阻色标法示例

1.2.4　特殊电阻在汽车上的应用

1. 热敏电阻

热敏电阻是由对温度敏感的陶瓷半导体材料制成的,它的阻值随温度变化有明显的改变。在工作温度范围内,电阻值随温度升高而增加的热敏电阻称为正温度系数热敏电阻。这种电阻在汽车发动机、仪器仪表等测温、感温部件中广泛应用。阻值随温度升高而减少的热敏电阻称为负温度系数热敏电阻,这种电阻是由镍、铜、钴、锰等金属氧化物按适当比例混合后,高温烧结而成的,广泛用于汽车发动机冷却液温度传感器、进气温度传感器、润滑油温度传感器和空调用温度传感器中。

在汽车上装有很多热敏电阻式温度传感器,常用于检测冷却水、机油的温度,其中使用最多的是水温表以及电喷发动机的水温传感器。热敏电阻式冷却水温度传感器是利用热敏电阻阻值随温度的变化而变化这一特性来检测温度的。当温度较低时,传感器的阻值很大;反之,当温度升高时,其阻值减小。它一般安装在发动机缸体、缸盖的水套或节温器壳内并伸入水套中,与冷却水接触,用来检测发动机的冷却水温度。

2. 压敏电阻

压敏电阻是在一定电流、电压范围内阻值随电压而变的电阻,或者说是阻值对电压敏感的电阻。现在大量使用的是氧化锌压敏电阻。

压敏电阻在低电压时具有较大的电阻。当电压较大时,电流则增大许多倍,即电阻变小。压敏电阻可用于过电压保护,将它并联在被保护元件两端,当出现过电压时,其电阻急剧减小,将电流分流,可以保护并联在一起的元件。

(1) 半导体压敏电阻式进气压力传感器　压力转换元件是利用半导体的压阻效应制成的硅膜片,其变形与压力成正比,利用电桥将硅膜片的变形转换成电信号。进气压力传感器是在采用歧管压力方式计量进气量的电控汽油喷射系统中最重要的传感器,依据进气压力传感器信号的产生原理可分为半导体压敏电阻式、电容式、膜盒传动的可变电感式和表面弹性波式等。半导体压敏电阻式进气压力传感器是由压力转换元件(硅片)、把转换元件输出信号进行放大的混合集成电路和真空室组成。半导体压敏电阻式进气压力传感器具有尺寸小、精度高、成本低及响应性、再现性、抗震性较好等优点,在当今汽车发动机电子控制系统中应用较为广泛。

(2) 电阻应变计式碰撞传感器　电阻应变计式碰撞传感器结构如图 1.5 所示,当膜片产生变形时,应变电阻的阻值就会发生变化。为了提高传感器的检测精度,应变电阻一般都连接成桥式电路,并设计有稳压和温度补偿电路。当汽车遭受碰撞时,振动块振动,缓冲介质随之振动,应变计的应变电阻产生变形,阻值随之发生变化,经过信号处理与放大后,传感器输出端的信号电压就会发生变化。

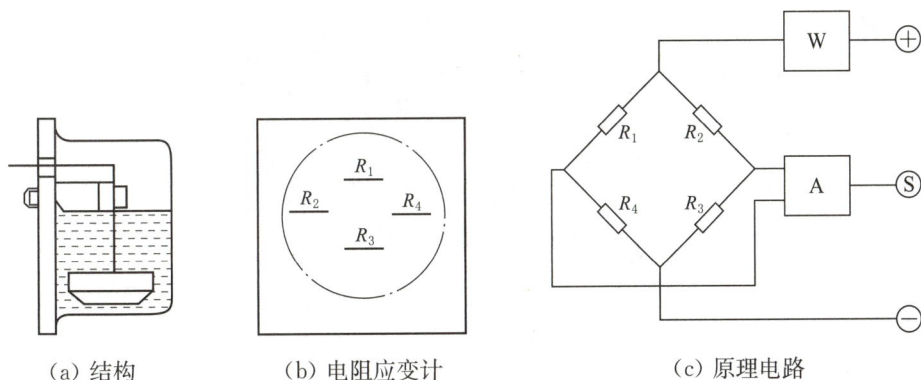

（a）结构　　　　（b）电阻应变计　　　　（c）原理电路

图 1.5　电阻应变计式碰撞传感器

3. 光敏电阻

光敏电阻是利用半导体的光电导效应制成的一种特殊电阻,对光线十分敏感,它的阻值能随着外界光照强弱变化而变化。在无光照射时,它呈高阻状态;当有光照射时,其电阻值迅速减小。目前生产的光敏电阻主要是硫化镉(CdS)光敏电阻,为提高其光灵敏度,在硫化镉中掺入铜、银等杂质。

汽车中的光电式光量传感器采用的是光敏电阻,当有光照射到传感器上时,光敏电阻阻值发生变化,即这种传感器把周围亮度的变化转化为电阻值的变化,并以电信号的形式输入给控制器,在汽车上可用于各种灯具亮、熄的自动控制。

光电式光量传感器在汽车灯光控制器上的应用如图 1.6 所示,灯光控制器安装在仪表板的上方,到傍晚时,它控制尾灯点亮;当天色更晚时,控制前照灯点亮;当对面来车时,还具有变光功能。

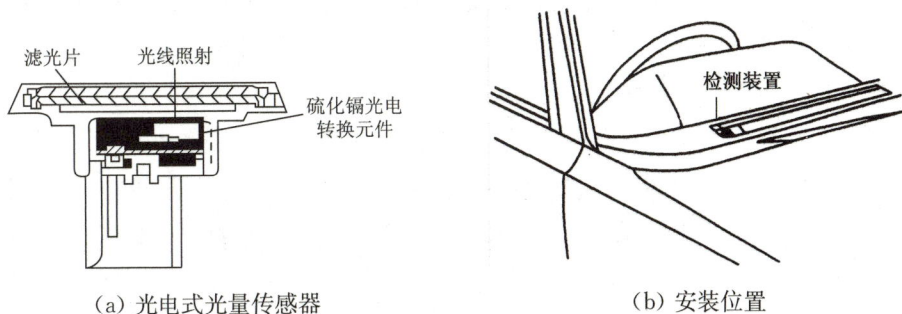

（a）光电式光量传感器　　　　（b）安装位置

图 1.6　光量传感器在汽车灯光控制器上的应用

阅读材料

（一）非线性电阻简介——热敏电阻

一般情况下，金属导体的电阻值随温度升高而增大。有的材料（如康铜、锰铜合金）在温度升高时电阻值变化很小，因此适宜用来制造标准电阻器；而有的材料在温度升高时电阻值变化很大，可以做成热敏电阻。热敏电阻属于非线性电阻，如图1.7所示。

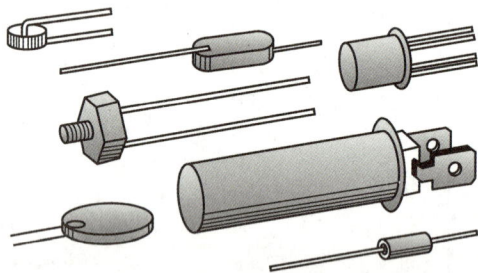

图 1.7　热敏电阻

热敏电阻分为正温度系数和负温度系数两类。有的金属材料其电阻值随温度升高而急剧增大，它们可以用于制造正温度系数的热敏电阻（简称 PTC 电阻）。PTC 电阻可用于小范围的温度测量、过热保护和延时开关。另外还有一些材料（如某些半导体、碳导体材料等）在温度升高时电阻值反而减小，可以用于制造负温度系数的热敏电阻（简称 NTC 电阻）。NTC 电阻可用于温度测量和温度调节，或在电子电路中作温度补偿元件使用。

（二）超导现象和超导技术应用简介

人们在实践中还发现有些金属材料的电阻值随温度下降而不断减小，当温度降到一定值（称为"临界温度"）时，其电阻值突然降为零，这种现象称为超导现象，具有上述性质的材料称为超导材料。

超导现象虽然在 1911 年就被发现，但由于没有找到合适的超导材料以及获取低温技术的限制，长期以来没有得到应用。直到 20 世纪 60 年代，人们才开始积极研究，主要是寻找临界温度较高的超导材料。目前超导技术已广泛地应用于核能、计算机、航空探测等技术领域，并开始应用于发电设备、电动机及输电系统、交通运输业等。例如将超导技术应用于输电系统，可以大幅降低输电系统的损耗（例如，我国每年在输电线路上损耗的电能占年发电量的 2%～4%）。如采用超导输电，对直流电传输可能做到无损耗，对交流电的传输也可以使损耗降到很小的程度。用超导材料制作变压器的线圈，可以极大地减小变压器的体积和损耗。又如利用超导现象制造的磁悬浮列车，可以使列车行驶时悬浮于钢轨之上，列车的运行速度可达 500 km/h。目前，我国对超导技术的研究已居世界前列。可以预料，超导技术的发展，必将对世界的经济及技术发展带来重大影响。

1.3 电路

1.3.1 电路

电路即电流通过的路径。如本书"绪论"中所述,人类对电能的利用主要体现在两个方面:一是作为能源,二是作为信号。因此电路的作用也有两个方面:一是实现电能的传输和转换,如图 1.8 所示,通过电网(电路)将发电站发出的电能输送到各个用电的地方,供各种电气设备使用,将电能转换成人们需要的各种能量;电路的另一个作用是实现信号的传输、处理和储存,如电视接收天线将具有音像信息的电视信号通过高频传输线输送到电视机中,经过电视机的处理还原出原来的音像信息,在电视机的屏幕上显示出图像并通过扬声器发出声音。

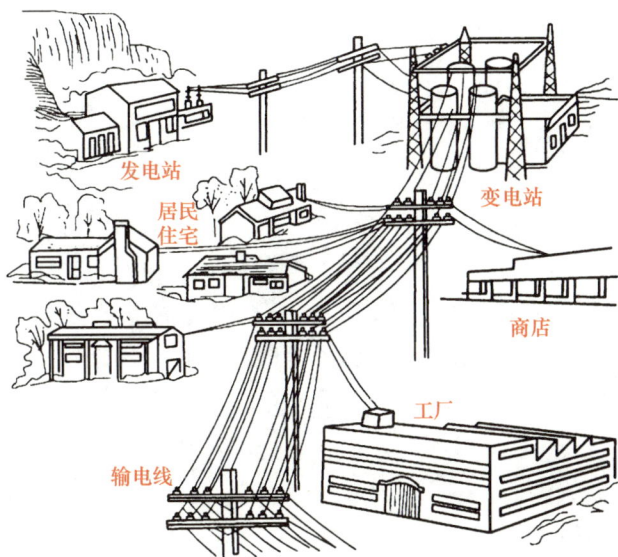

图 1.8　电能的传输和转换

1.3.2 电路的组成

如图 1.9 所示,手电筒电路是一个最简单也最基本的电路。一个基本的电路由三部分组成:

① 电源。电源在电路中的作用是将非电形态的能量转换成电能[如图 1.9(a)所示电路中的干电池]。一般将电源内部的电路称为"内电路"[如图 1.9(b)中的点画框部分],而将电源外部的电路称为"外电路"。

② 负载。负载是将电能转换成非电形态能量的用电设备[如图 1.9(a)所示电路中的小电珠]。

③ 连接导线和起控制、保护作用的电器(如开关、熔断器)等[如图 1.9(a)所示电路中的手电筒开关]。

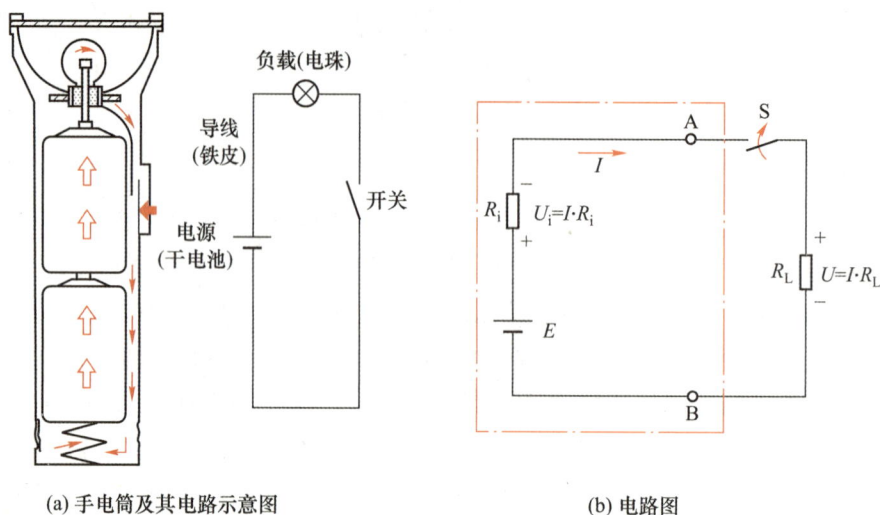

(a) 手电筒及其电路示意图   (b) 电路图

图 1.9 电路

1.3.3 电路的状态

电路有三种状态。

1. 开路状态

如果图 1.9 所示电路中的开关 S 没有闭合,则负载 R_L 与电源 E 断开,电路中没有电流流过,此时电源与负载之间没有能量的转换和传输,电路的这种状态称为"开路"。开路时,电路中的电流 $I=0$,电源的两个输出端 A、B 之间的电压称为电源电动势 E,E 的方向由低电位端指向高电位端[如图 1.9(b)所示],即

$$U = E$$

2. 工作状态

当图 1.9 所示电路中的开关闭合时,电路接通,电流在回路中流过,进行能量的转换和传输,电路处于工作状态(也称"通路状态")。根据能量守恒定律,电源内部所产生的电能应等于负载所消耗的电能加上电源内部(内电阻)和线路所消耗的电能。在通路状态下,电路的电流与电动势 E 及负载电阻 R_L、电源内阻 R_i 之间的关系为

$$I = \frac{E}{R_L + R_i} \tag{1.2}$$

式(1.2)为"全电路欧姆定律",与此对应,式(1.1)为部分电路欧姆定律。

当加在电气设备(负载)上的电压为额定电压、流过电气设备的电流为额定电流时,该设备消耗的功率为额定功率,此时该设备工作在额定状态下,也称该设备满载运行。如果电气设备所加的电压太高或流过的电流过大,极可能会使设备的绝缘材料老化甚至击穿导致设备损坏,称为"过载运行";反之,如果电气设备所加的电压与流过的电流比额定值小很多,则不能达到合理的工作状态,也不能充分利用电气设备的工作能力,称为"轻载运行"。

为使电气设备工作在合理的状态下,应使设备在额定工作状态(或者接近额定工作状态)

下运行。因此,电气设备的制造厂商都为其产品标明了额定值——使产品在给定的工作条件下正常运行而规定的容许值,以供用户正确使用该产品。有的额定值直接标注在产品上,有的则印在一块金属铭牌上(如变压器或电动机,将在第 3 章、第 4 章中介绍),所以电气设备的额定值有时也称"铭牌值"。

3. 短路状态

短路状态如图 1.10 所示,用一根导线将电源的输出端短接,电流不再流过负载。此时电源的输出端电压 $U=0$,电路中的电流 $I=E/R_i$,因为电源的内电阻 R_i 一般很小,所以电路中的电流比正常工作时要大得多,会引起电源和导线过热而烧毁。所以,一般在电路中接入短路保护的电气设备(如熔断器、断路器,将在本书第 4 章介绍),在发生短路时能够自动及时地切断电路。

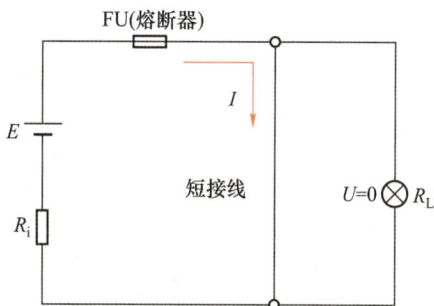

图 1.10 短路状态

1.4 电源、电功率和电能

1.4.1 电源

1. 电源的定义

如前所述,电源是将非电能形态的能量转换成电能的供电设备,图 1.9(a)所示电路中的干电池和各种发电机(可见第 3 章)都属于电源。

2. 电源的外特性

在电路的通路状态下,由式(1.2)可知电源的端电压为

$$U=E-R_i I$$

随着电源输出电流的增大,电流在电源内电阻上的电压降增加,电源的端电压 U 也不断下降,这表明电动势 E 所产生电能的一部分被电源内电阻消耗。这种电源输出端电压随电流增大而下降的特性称为电源的外特性,如图 1.11 所示。

在实际应用中,人们总希望电源有稳定的输出电压而不受负载的影响,也就是希望有一条水平的电源外特性曲线(如图 1.11 中的虚线所示)。通过采用专门的技术措施(如稳压技术,将在本书第 7 章中介绍),可以基本实现这一目标。

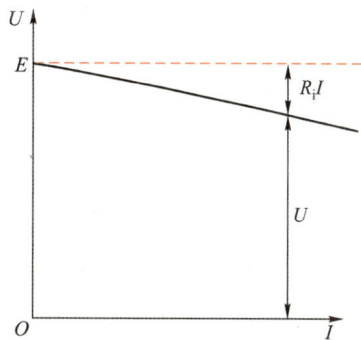

图 1.11 电源的外特性

阅读材料

电 池

电化学电池(简称电池)是将化学能转换成电能的电源。电池分为原电池和蓄电池两种。原电池只能放电(由化学能转换为电能),所以又称一次电池;蓄电池既能放电又能充电(由电能转换为化学能),所以称为二次电池。

下面简单介绍两种电池的种类和使用方法。

1. 一次电池

① 干电池。干电池有锰干电池和碱锰干电池两种,其外形有圆筒形、方形等,碱锰干电池也有做成纽扣形的。圆筒形的锰干电池和碱锰干电池如图1.12所示。

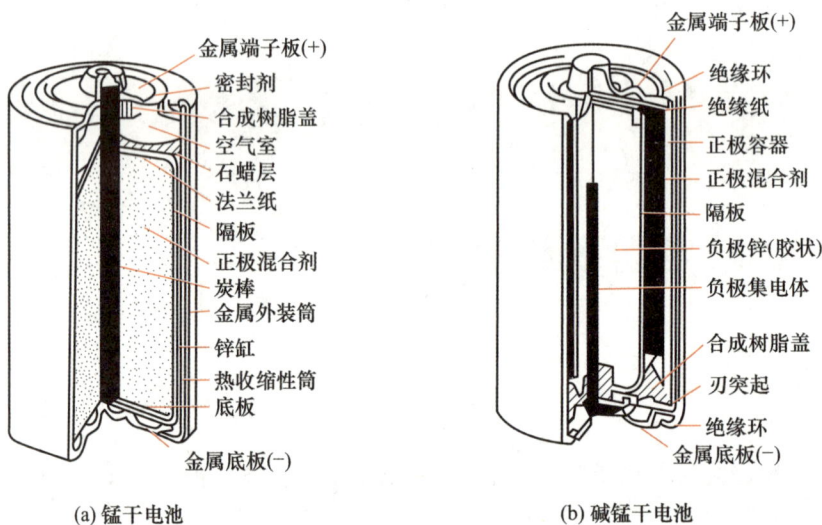

(a) 锰干电池　　　　　　　　　(b) 碱锰干电池

图 1.12　干电池

② 锂电池。锂电池的负极活性物质采用金属锂。其优点是能量密度高,自放电少;不足之处是发生故障时易燃。

③ 氧化金属电池。主要用于制作纽扣电池。其优点是电压稳定性好,不足之处是因使用银而价格偏高。

2. 二次电池

① 铅酸蓄电池。这是传统使用的蓄电池,如图1.13所示。因制造技术比较成熟,成本低,使用寿命长,被广泛用于汽车起动打火电源,以及其他需要应急和后备电源的装置中。

图 1.13　铅酸蓄电池

② 镍镉电池和镍氢电池。两者都属于碱性蓄电池。镍镉电池的结构与铅酸蓄电池基本相同，其特点是密封免维护，使用寿命长，快速充电性能好。但由于镍镉电池使用的金属镉有毒，所以旧电池必须回收。镍氢电池不存在镍镉电池的重金属污染问题，因此被称为"绿色电池"，但成本较高。在 20 世纪 90 年代，笔记本电脑都使用镍镉电池和镍氢电池，但这两种蓄电池都存在"记忆效应"的缺点，现在的笔记本电脑基本都使用锂离子电池。

③ 锂离子电池。锂离子电池的性能要优于镍镉电池和镍氢电池，已广泛用于笔记本电脑和移动通信工具中，但目前的价格较高。

3. 电池的使用方法和注意事项

（1）如前所述，电池存在内电阻，在使用一段时间后，不论是一次电池还是二次电池，其内电阻都会增大，旧电池的内电阻要比新电池大许多倍，造成供电电压下降，所以要及时更换（一次电池）或充电（二次电池）。

电池可以串联和并联使用。串联时，电池的内电阻等于各电池内电阻的总和；并联时，如果电池组的内电阻不同，会形成并联电池组内部的电流回路，相当于旧电池与负载同时消耗新电池的电能。所以不论是串联还是并联使用，在需要更换电池时要同时更换，不要新、旧电池混合使用。

（2）二次电池都有一定的容量，电压下降到规定值以下的放电称为"过放电"。过放电是蓄电池老化、工作寿命缩短甚至损坏的主要原因，因此要及时进行充电。

各种蓄电池的充电一般采用恒电流充电。过高电压的充电和过度充电也会造成蓄电池老化和损坏，应该防止。现在，许多设备一般都有对蓄电池进行过充电和过放电保护的措施（如笔记本电脑）。

从原理上讲，只要充电电源电压高于电池电压，也可以对一次电池进行充电。但一次电池充电容易造成负极金属活性物质泄出，并与正极产生短路，所以不要对一次电池进行充电。

（3）从延长二次电池的使用寿命考虑，应尽量把电池的电量用完再充电，也避免产生"记忆效应"。所谓电池的"记忆效应"，是指经常在电量没有用完时就进行充电，经过多次反复循环以后，电池会产生"记忆"，在放电到一定程度时就不再放电，降低了电池的供电容量。

（4）与避免过放电的原理一样，要避免电池短路。短路不但会造成电池的严重损坏，还可能发生爆炸危及人身和设备安全。

（5）各种电池中使用的重金属和化学物质都会对环境造成污染，而且从节约资源和保护环境角度考虑也需要有效地反复利用，所以应大力提倡和推广对各种旧电池进行回收处理。特别是镍镉电池的镉和金属电池中的铅对环境污染非常大，必须进行回收。常用的干电池因现在的生产成本降低，从经济效益考虑一般已不进行回收，但也应作为"不可利用的垃圾"进行处理。

1.4.2 电功率

电能每秒钟所做的功称为电功率，如果某元件或设备两端的电压为 U，通过的电流为 I，

则该元件或设备的电功率为

$$P = UI \qquad (1.3)$$

式中,如果电压 U 以 V 为单位,电流 I 以 A 为单位,则电功率 P 就以 W(瓦)为单位。

电功率常用的单位还有 kW(千瓦)和 mW(毫瓦)。

$$1 \text{ kW} = 10^3 \text{ W} = 10^6 \text{ mW}$$

根据式(1.3),用欧姆定律可推导出

$$P = UI = I^2 R = \frac{U^2}{R} \qquad (1.4)$$

例 1.2 某电炉的额定电压为 220 V,测量得其电阻值为 40 Ω,则该电炉的功率为多大?

解:由式(1.4)得

$$P = \frac{U^2}{R} = \frac{220^2}{40} \text{W} = 1\,210 \text{ W} = 1.21 \text{ kW}$$

1.4.3 电能

当电路中有电流流过时,就发生了能量的转换:在电源内部,当电流流过电源时,非电能被转换为电能;在电源外部,当电流流过负载时,电能被转换为其他形式的能量。如果某元件或设备的电功率为 P,电流通过的时间为 t,则电能 W 为电功率 P 与时间 t 的乘积,即

$$W = Pt \qquad (1.5)$$

式中,如果电功率 P 以 W 为单位,时间 t 以 s 为单位,则电能 W 以 J(焦)为单位。而在实际应用中,电能常用的单位是 kW·h(千瓦时),1 kW·h 称为 1"度"电。

例 1.3 有一台 25 英寸的彩色电视机,额定功率为 120 W,如果每度电的费用为 0.61 元,则一个月的电费为多少(假设电视机平均每天开机 3 小时,每月按 30 天计)?

解:每月电费=功率(kW)×每月使用时间(h)×每度电电费=0.12×3×30×0.61 元≈6.59 元。

阅读材料

1 度 电

如前所述,所谓"1 度电"就是 1 kW·h 电能。例如,一只 1 kW 的电炉工作 1 h,一盏 100 W 的白炽灯点亮 10 h,所消耗的电能都是 1 kW·h。

每一度电都来之不易。我国火电企业每生产 1 kW·h 电能的平均耗煤量为 335 g,而且要经过采煤、煤炭粉碎、燃烧、锅炉产生蒸汽、汽轮机转动、发电机发电等一系列复杂的过程,才能发出 1 kW·h 的电能。

1 kW·h 电能能做些什么呢?可以采煤 100 kg,生产化肥 16 kg,生产水泥 14 kg,织布 10 m,电力浇灌土地 333 m²,可供一盏 25 W 的白炽灯点亮 40 h,可以使电炉发出热量 3 600 kJ。

让我们从自己做起,从身边的每一件小事做起,随手关灯,节约每 1 kW·h 电能!(有关节约用电的知识可见本书第 5 章 5.5 节。)

1.5 负载的连接

1.5.1 负载的串联

负载电阻无分支地逐个顺次相连接称为电阻的串联,如图 1.14 所示。

在串联电路中,通过各负载电阻的电流 I 相同,各电阻两端的电压分别为

$$U_1 = IR_1 \qquad U_2 = IR_2 \qquad U_3 = IR_3$$

电路的总电压等于各段电压之和,即

$$U = U_1 + U_2 + U_3 = IR_1 + IR_2 + IR_3 = I(R_1 + R_1 + R_3)$$

所以串联电路的等效电阻

$$R = U/I = R_1 + R_1 + R_3$$

图 1.14 所示为三个负载电阻的串联,可以推算得,如果有 n 个电阻串联,则其等效电阻

$$R = R_1 + R_2 + R_3 + \cdots + R_n \qquad (1.6)$$

即串联电路的等效电阻等于各电阻之和。

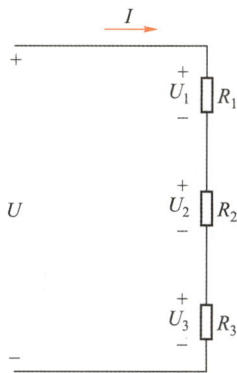

图 1.14 串联电路

例 1.4 有一盏额定电压为 40 V、额定电流为 5 A 的弧光灯,要接入 220 V 电路中,则应串联一只阻值和功率分别为多大的电阻分压?

解:弧光灯的额定电压为 40 V,要接入 220 V 电路中,所串联的分压电阻两端的电压

$$U_R = (220 - 40)\ V = 180\ V$$

电阻值

$$R = \frac{U}{I} = \frac{180}{5}\ \Omega = 36\ \Omega$$

电阻的功率 $P = U_R I = 180 \times 5\ W = 900\ W$

可见,当电路两端的电压一定时,电阻串联可以起到限流和分压的作用。如果两个电阻 R_1 和 R_2 串联,各电阻上分得的电压为

$$U_1 = U\frac{R_1}{R_1 + R_2} \qquad U_2 = U\frac{R_2}{R_1 + R_2}$$

即电阻越大,分得的电压越高。万用表测量电路电压就是利用电阻串联分压的作用以获得不同的电压

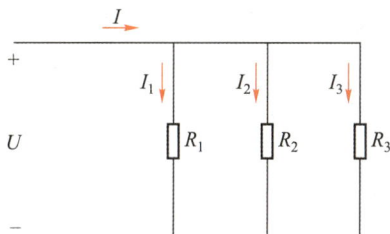

图 1.15 并联电路

量程。

1.5.2 负载的并联

如图 1.15 所示,负载电阻的两端各自均接在相同的两个端点上,这样的连接方式称为电阻的并联。在并联电路中,各负载电阻两端的电压 U 均相同,通过各电阻的电流分别为

$$I_1 = \frac{U}{R_1} \qquad I_2 = \frac{U}{R_2} \qquad I_3 = \frac{U}{R_3}$$

电路的总电流等于各电阻支路的电流之和,即

$$I = I_1 + I_2 + I_3 = U(1/R_1 + 1/R_2 + 1/R_3)$$

所以并联电路的等效电阻满足 $\qquad \dfrac{1}{R} = \dfrac{1}{R_1} + \dfrac{1}{R_2} + \dfrac{1}{R_3}$

同理,如果有 n 个电阻相并联,则其等效电阻满足

$$\frac{1}{R} = \frac{1}{R_1} + \frac{1}{R_2} + \frac{1}{R_3} + \cdots + \frac{1}{R_n} \tag{1.7}$$

即并联电路等效电阻的倒数等于各电阻的倒数之和。

例 1.5 有两只电阻并联,$R_1 = 2\ \text{k}\Omega$,$R_2 = 3\ \text{k}\Omega$,求等效电阻。

解:由 $\dfrac{1}{R} = \dfrac{1}{R_1} + \dfrac{1}{R_2}$,得 $R = \dfrac{R_1 R_2}{R_1 + R_2} = \dfrac{2 \times 3}{2 + 3}\ \text{k}\Omega = \dfrac{6}{5}\ \text{k}\Omega = 1.2\ \text{k}\Omega$

并联电路中,电阻对总电流有分流作用。如果两个电阻 R_1 和 R_2 并联,则

$$I_1 = I\,\frac{R_2}{R_1 + R_2} \qquad I_2 = I\,\frac{R_1}{R_1 + R_2}$$

即电阻越小,分得的电流越大。万用表测量电路电流就是利用电阻并联分流的作用以获得不同的电流量程。

1.6 基尔霍夫定律

前面讨论的简单电路可以用电阻串、并联的方法及欧姆定律进行计算,但实际中遇到的电路比较复杂,电源和元器件之间不是简单的串、并联关系,用欧姆定律无法求解。下面介绍的基尔霍夫定律是反映电路中各电流、电压之间相互关系的基本定律,可以用于求解复杂电路。基尔霍夫定律是由德国物理学家基尔霍夫于 1847 年提出的,它由电流定律和电压定律两个定律组成。在介绍基尔霍夫定律之前,先介绍电路的几个基本概念。

① 支路——一段没有分叉的电路称为支路。图 1.16 所示的电路中有三条支路,由左至右依次为:R_1 与 E_1 的支路、R_2 与 E_2 的支路、R_3 的支路。

② 节点——三条或三条以上支路的交汇点称为节点,如图 1.16 所示电路中的节点 A 和 B。

③ 回路——电路中任意一个闭合路径称为回路。图 1.16 所示电路中有三个回路:回路Ⅰ、回路Ⅱ和回路Ⅲ(图中未标出,为绕电路外环的闭合路径,即 A→R_3→B→E_1→R_1→A)。

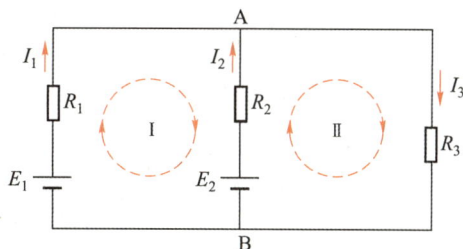

图 1.16　具有两个节点的电路

1.6.1　基尔霍夫第一定律——电流定律(KCL)

基尔霍夫第一定律指出:流入一个节点的电流之和恒等于流出这个节点的电流之和,即

$$\sum I_\text{入} = \sum I_\text{出} \tag{1.8}$$

例 1.6　在图 1.16 所示电路中,流入节点 A 的电流为 I_1 和 I_2,流出的电流为 I_3,则根据基尔霍夫第一定律,有

$$I_1 + I_2 = I_3$$

做一做

试列出图 1.16 所示电路中节点 B 的节点电流方程式。

1.6.2　基尔霍夫第二定律——电压定律(KVL)

基尔霍夫第二定律指出:对于任一闭合回路,所有电动势的代数和等于所有电压降的代数和,即

$$\sum E = \sum U \tag{1.9}$$

例 1.7　假设在图 1.16 所示电路中沿回路Ⅰ的绕行方向为顺时针,则当电动势的方向与绕行的方向相一致时为正,反之为负;当电流的方向与绕行的方向相一致时,该电流在电阻上产生的电压降为正,反之为负。则根据式(1.9),有

$$E_1 - E_2 = I_1 R_1 - I_2 R_2$$

如果取逆时针方向绕行,则有

$$E_2 - E_1 = I_2 R_2 - I_1 R_1$$

可见结果是一样的,即选取的回路绕行方向与计算结果无关。

用 KCL 和 KVL 求解电路时应注意:要保证所列的方程是独立方程,必须在每个方程中包含一条未列过方程的支路。

做一做

试列出图 1.16 所示电路中回路Ⅱ、回路Ⅲ的电压方程式。

1.6.3 支路电流法

支路电流法是求解复杂电路运用较普遍的方法之一,运用支路电流法求解复杂电路的一般步骤为:

(1) 在电路图中标注出各支路电流的方向及任意假设的回路绕行方向。

(2) 用 KCL 和 KVL 列出独立的方程组。

(3) 求解联立方程组,求取未知量。

例 1.8 假设图 1.16 所示电路为汽车的照明电路,E_1 为汽车的发电机,R_1 为发电机的电路内电阻;E_2 为汽车的蓄电池,R_2 为蓄电池的内电阻;R_3 为汽车的照明灯电阻。$E_1 = 14$ V,$R_1 = 0.5$ Ω,$E_2 = 12$ V,$R_2 = 0.2$ Ω,$R_3 = 4$ Ω。求 I_1、I_2 和 I_3。

解:(1) 由 KCL,对节点 A,可得方程①:$I_1 + I_2 = I_3$。

(2) 由 KVL,对回路Ⅰ(顺时针方向绕行),可得方程②:$E_1 - E_2 = I_1 R_1 - I_2 R_2$。

(3) 由 KVL,对回路Ⅱ(顺时针方向绕行),可得方程③:$E_2 = I_2 R_2 + I_3 R_3$。

(4) 代入数据并求解①②③三个联立方程可得:$I_1 = 3.72$ A,$I_2 = -0.69$ A,$I_3 = 3.03$ A。

求解结果为负值,说明实际方向与所标注的方向相反,即汽车蓄电池 E_2 此时不是作为电源向负载(照明灯 R_3)供电,而是作为负载由发电机 E_1 对其进行充电。

想一想

由例 1.8 还可以得出一个很重要的结论:当两组电源并联向负载供电时,这两组电源的电动势应基本相等或接近相等,否则电动势低的那组电源就有可能(如例 1.8 中的 E_2 那样)不但不起电源的作用,反而成为负载消耗电动势高的那组电源(E_1)的电能。

想一想:这是为什么?

1.7 电容器

1.7.1 电容器基础知识

电容器是电路的常用元件,在电路中发挥着其他元件无法替代的作用。

1. 电容器的初步认识

电容器是由两个相互靠近且中间隔以绝缘材料的金属导体构成的,这两个金属导体称为电容器的两个极板,分别用导线引出。中间的绝缘材料称为介质,常见的介质有空气、云母、陶瓷等。电容器的结构和符号如图 1.17 所示。

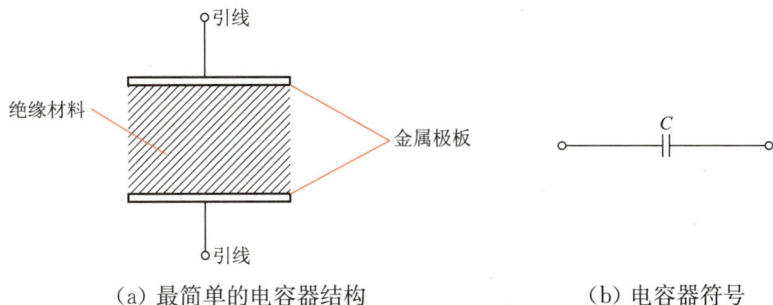

(a) 最简单的电容器结构   (b) 电容器符号

图 1.17 电容器的结构和符号

电容器最基本的特性是能够储存电荷,当电容器极板间加上电压时,两极板上将出现等量异号电荷,并在两极板间形成电场,储存电场能。不同的电容器储存电荷的本领是不一样的,对于给定的电容器,它存储电荷的电量 Q 与电容器两端电压 U 的比值是一个常数,这个常数反映了电容器储存电荷能力的大小,通常把这个常数定义为电容器的电容量,简称电容,用符号 C 表示,即

$$C = \frac{Q}{U}$$

式中,Q 为极板上的电荷量,单位是库仑(C);U 为两极板间的电压,单位是伏特(V);C 为电容器的电容量,单位是法拉,简称法,用字母 F 表示。

由定义式可得 $1\,F = 1\,C/V$,即 $1\,F$ 的电容量在数值上等于电容器在 1 V 电压作用下,极板上储存 1 C 的电荷量。电容常用单位有微法(μF)和皮法(pF)。它们之间的换算关系为:$1\,F = 10^6\,\mu F$,$1\,\mu F = 10^6\,pF$。

2. 电容器的种类

电容器的种类很多,按照容量是否可调,可分为固定电容器、可变电容器和微调电容器等;按照介质材料的不同,可分为空气介质电容器、纸介电容器、瓷介电容器、云母电容器、玻璃釉电容器、电解电容器等。其中,电解电容器有正、负极之分,使用时应将正极接高电位,负极接低电位。常见电容器的外形和图形符号如图 1.18 所示。

3. 电容器的主要参数

(1) 电容器的标称容量和允许偏差   在电容器上标注的电容量值,称为标称容量。不同类别的电容器一般采用不同系列的标称值。电容的标称容量与其实际容量之差,再除以标称值所得的百分比,就是允许偏差。

(2) 电容器的额定工作电压   电容器的额定工作电压是指在规定温度范围内,电容器长期安全工作时能承受的最大直流电压。使用中,实际加在电容器两端的电压应小于其额定工作电压。在交流电路中,要求交流电压的最大值不得超过额定工作电压值,否则,电容器会被击穿。

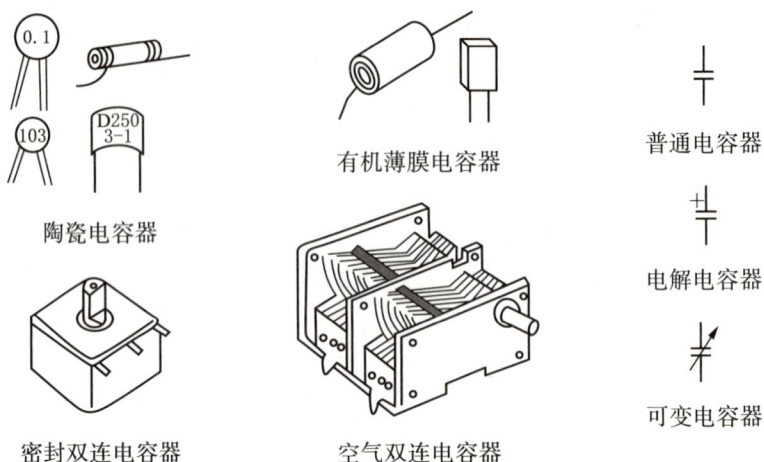

陶瓷电容器

有机薄膜电容器

普通电容器

电解电容器

可变电容器

密封双连电容器

空气双连电容器

图 1.18　常见电容器的外形和图形符号

(3) 绝缘电阻　电容器的绝缘电阻是指电容器两极之间的电阻,也称漏电电阻,表示电容器的漏电大小。电容器的绝缘电阻是表示电容器绝缘性能好坏的一个重要参数,绝缘电阻越大,表明绝缘性能越好,其绝缘电阻的大小取决于介质绝缘质量以及电容器的结构和制造工艺。

在实际使用电容器时,往往会遇到现有电容器的容量不合适,或额定工作电压不符合要求的情况,这时,可将若干个电容器适当地连接起来,以满足实际电路的需要。

当电容器额定工作电压能满足电路的要求,但容量不足时,可将几个容量不同的电容器并联起来,以获得较大容量。并联后的总容量等于各并联电容器的容量之和,即

$$C = C_1 + C_2 + C_3 + \cdots + C_n$$

当现有电容器的容量大于所需要的容量时,则可以把几个电容器串联起来使用。电容器串联时,总电容的倒数等于各串联电容的电容倒数之和,即

$$\frac{1}{C} = \frac{1}{C_1} + \frac{1}{C_2} + \cdots + \frac{1}{C_n}$$

4. 电容器的容量标志

电容器的容量标志有如下 3 种。

(1) 直标法　在产品的表面上直接标出产品的主要参数和技术指标的方法,其容量的有效值用阿拉伯数字表示,单位用字母表示,允许偏差用百分数表示。如在电容器上标注"33 PF ±5%　32 V"。有的电容器不标单位,直接用 1~4 位数字表示,则容量单位为 pF。如用零点几或零点零几表示,其单位为 μF。例如"2200"表示 2 200 pF,"0.01"表示 0.01 μF。

(2) 文字符号法　将需要标志的主要参数与技术性能用文字、数字符号有规律地组合标识在产品的表面上。采用文字符号法时,将容量的整数部分写在容量单位标志符号前面,小数部分放在单位符号后面,如 3.3 pF 标志为 3p3,1 000 pF 标志为 1n,6 800 pF 标志为 6n8,2.2 mF 标志为 2m2。

(3) 数码标志法　体积较小的电容器常用数码标志法,一般用 3 位整数,第 1 位、第 2 位为有效数字,第 3 位表示有效数字后面零的个数,单位为皮法(pF)。但是当第 3 位数是 9 时表示 10^{-1},如"243"表示容量为 24 000 pF,而"339"表示容量为 33×10^{-1} pF(3.3 pF)。

5. 电容器的检测

(1) 电容器容量和漏电情况的检测　在没有特殊仪器仪表的条件下,电容器的容量、好坏和质量高低可用万用表电阻挡进行检测,并加以判断。

利用数字式万用表可直接测量电容器的容量。

利用指针式万用表测量电容器的容量,一般只能估测,具体方法如下:

将指针式万用表置于欧姆挡并调零,将待测电容器短路放电。将指针式万用表表棒接电容器两极,表针应向阻值小的方向摆动,然后慢慢回摆至∞附近。接着交换表棒再试一次,看表针的摆动情况,摆幅越大,表明电容器的电容量越大。若表棒一直碰触电容器引线,表针应指在∞附近,否则,表明该电容器有漏电现象,其电阻值越小,说明漏电量越大,则电容器质量越差;如在测量时表针根本不动,表明此电容器已失效或断路。

对于容量太小的电容器,用指针式万用表来测量往往看不出表针摆动。

(2) 电解电容器极性的判断　对于不知道极性的电解电容器可用万用表的 $R \times 100$ 或 $R \times 1k$ 电阻挡测量其极性。电解电容器极性的判别如图 1.19 所示,测量时,先假定某极为正极,让其与万用表的黑表笔相接,另一电极与红表笔相接,记下表针停止的刻度,然后将电容器放电,两表笔对调,重新测量。两次测量中,阻值大的那次,黑表笔接的就是电解电容器的正极。

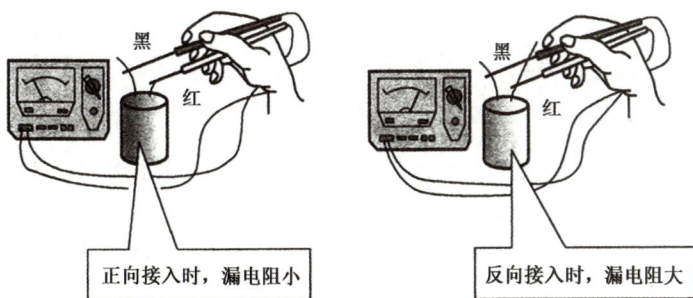

正向接入时,漏电阻小　　　　反向接入时,漏电阻大

图 1.19　电解电容器极性的判别

用指针式万用表时需注意:

① 为提高测量精度,可把电容器的电容量分为三段,分别用三个不同的电阻挡测量:小于 10 μF 的可用 $R \times 10k$ 挡测量,大于 100 μF 的可用 $R \times 100$ 挡测量,10～100 μF 的可用 $R \times 1k$ 挡测量。

② 在测量前应将电容器放电。小容量低压电容器可直接短路放电,大容量电容器尤其是高压电容器充足电后,不能短路放电,以免把电容器引脚周围的铝箔烧掉,应使用功率电阻放电。

1.7.2 电容器的充放电特性

电容器在电工电子技术中之所以得到广泛应用,是因为它具有储存能量的特性,而这一特性又是通过充放电过程体现出来的。

1. 电容器的充电

电容器的充放电电路如图 1.20 所示,当开关 S 拨到 A 端,在电场力作用下电荷向电容器移动,电容器处于充电状态。开关接通瞬间,电容器上未积累电荷,$u_C = 0$,充电电流 i 最大。随着充电的继续,u_C 逐渐增大,输入电压与电容电压 u_C 之差逐渐减小,因而充电电流 i 随电容电压 u_C 增大而逐渐减小。当 $u_C = U$ 时,$i = 0$,充电结束。

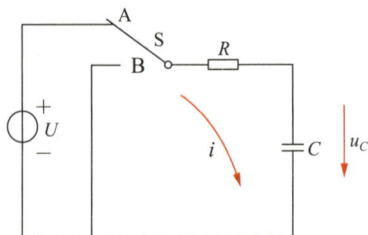

图 1.20 电容器的充放电电路

2. 电容器的放电

充电结束后,开关 S 拨到 B 端,输入电压为零,电容器通过电阻放电,电流方向与充电时相反。随着放电的继续,两极板电荷不断减少,u_C 逐渐下降,i 逐渐减小,当电荷全部释放完毕后,$u_C = 0$,放电结束。

可见,电容器的充电、放电过程,就是储存和释放电荷的过程。当电容器接通交流电源时,由于交流电的大小和方向不断交替变化,致使电容器反复进行充放电,这样,电路中就会出现连续不断的交流电流,这说明对交流电来讲,电容器始终是导通的;而对于直流电路而言,只有在电容器充电的短暂时间内,电路才能导通,一旦充电结束,电路进入稳定状态,则电路处于开路状态。所以电容器具有隔直流、通交流的作用。

综合以上分析可以得出以下几个结论。

(1) 电容器的充放电需要具备一定条件。当电容器电路的输入电压高于其两端电压时,电容器充电,直到电容器电压等于外部输入电压时充电结束。当电容器两端电压高于电路的输入电压时,电容器放电,直到电容器电压等于外部输入电压时放电结束。

(2) 电路的状态改变时电容器的电压不能突变,只能渐进变化。

(3) 电容器是一个储能元件,充放电过程实际上就是电能的储存和释放过程,电容器本身并不消耗电能。

(4) 电容器的充放电快慢与其电容量 C 和电阻 R 的大小有关。两者的乘积称为时间常数,用字母 τ 表示(单位为 s),即 $\tau = RC$。τ 越大,充放电越慢,即暂态过程越长;反之,τ 越小,暂态过程越短。实际应用中,当暂态过程经过 5τ 后,可以认为暂态过程基本结束,电容器进入稳定状态。

1.7.3 电容器在汽车上的应用

1. 汽车电容式闪光器

电容器作为存储和容纳电荷的元件,在汽车上有着广泛的应用,如汽车转向灯闪光器使用的电容器,就是利用电容器的充放电规律达到使转向灯闪烁的目的。电容式闪光器由于其闪光频率稳定、工作时伴有响声、监控作用明显,故在汽车上得到了广泛使用。

汽车电容式闪光器电路如图 1.21 所示。汽车转向时,接通转向灯开关,电流经蓄电池"+"极、电源开关、串联线圈、触点、接线柱、转向灯开关、转向灯、搭铁、蓄电池"-"极,构成回路。当流经串联线圈的电流产生的吸力大于弹簧片的作用力时,触点被迅速打开,因此转向灯不亮;同时,电流经蓄电池"+"极、电源开关、串联线圈、并联线圈、电容器、接线柱、转向灯开关、转向灯、搭铁、蓄电池"-"极,构成充电回路。此时,串联线圈和并联线圈电流方向一致,电磁力叠加,使触点继续保持断开状态。线圈电阻较大,充电电流很小,不足以使转向灯亮。随着电容器两端电压升高,充电电流逐渐减小,电磁吸力减小,触点在复位弹簧作用下闭合。

弹簧闭合后,转向灯处于亮的状态。同时,电容器经并联线圈、触点放电。此时,串联线圈和并联线圈电流方向相反,电磁力互相抵消,使触点继续保持闭合。

随着放电的进行,电容器两端的电压逐渐下降,放电电流逐渐减小,当电流减小到一定程度,并联线圈和串联线圈产生的电磁力不能相互抵消时,在串联线圈电磁力作用下,触点打开,转向灯熄灭,电容器进入下一轮充电过程。并联线圈不断改变其电流方向,如此反复,转向灯就以一定的频率闪烁,达到控制的目的。

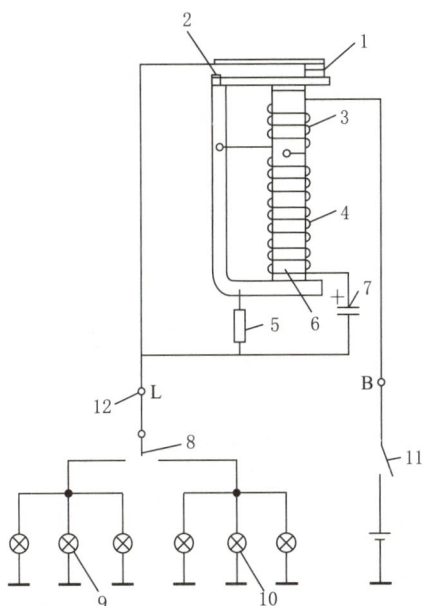

1—触点;2—弹簧片;3—串联线圈;4—并联线圈;5—灭弧电阻;6—铁心;7—电解电容器;8—转向灯开关;9—左转向灯及指示灯;10—右转向灯及指示灯;11—电源开关;12—接线柱。

图 1.21　汽车电容式闪光器电路

2. 汽车点火系统中的电容器

传统的汽车点火系统主要由电源、点火线圈、分电器、点火开关、火花塞、附加电阻和高低压导线组成。其中分电器中的电容器起着重要作用。电容器的充放电能加速点火线圈一次电流消失,提高点火电压。同时,还可以减小触点的火花,起保护触点不易被烧蚀的作用。

汽车点火系统电路原理图如图 1.22 所示,在点火过程中,与分电器触点并联的电容器具有重要作用。在点火过程中,凸轮转动,触点被接通或断开,使通过一次绕组的电流急剧变化,线圈将产生一个很高的自感电动势,其方向与蓄电池的电动势方向相同。两个电压叠加作用到触点上,在触点间产生火花,触点将被烧坏。为了保护触点,通常在触点两端并联一个电容器,当触点打开时,一次绕组产生的自感电动势向电容器迅速放电,触点间不再形成强烈的火花,延长

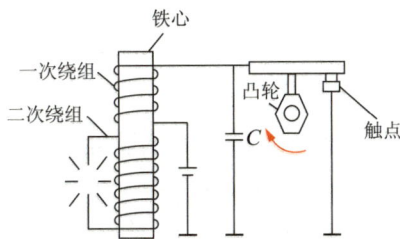

图 1.22　汽车点火系统电路原理图

了触点的使用寿命;同时,触点打开后,一次绕组和电容器形成振荡回路,充电的电容器通过一次绕组进行振荡放电。可见电容器能用来吸收存储在线圈中的磁场能,起到保护触点作用。

1.8　电路元件

由于在电路的分析计算中,一般只分析电源与负载之间能量相互转换的关系,因此可以把理想电路的元件按负载和电源而分为理想无源元件和理想电源元件两大类。

1.8.1　理想无源元件

理想无源元件包括理想的电阻元件、电容元件和电感元件三种,分别简称电阻元件(电阻)、电容元件(电容)和电感元件(电感)。这样,电阻、电容和电感这三个名词既代表了三种电路元件,又是表征它们的量值的实际元件。其中,电阻表征电路中消耗电能的元件,电容表征电路中储存电场能的元件,电感表征电路中储存磁场能的元件。电阻和电容元件已在本章中介绍,电感元件将在下一章介绍。

1.8.2　理想电源元件

理想电源元件是从实际电源中抽象出来的。当实际电源本身的功率损耗可以忽略不计而只考虑其电源作用时,它可视为一个理想的电源。理想的电源分为理想电压源和理想电流源两种。

1. 理想电压源(恒压源)

理想电压源的图形符号和文字符号如图 1.23(a)所示,其特点是输出电压恒定不变,即不随输出电流的变化而变化,故其伏安特性是一条与 I 轴平行的直线,如图 1.23(b)所示。

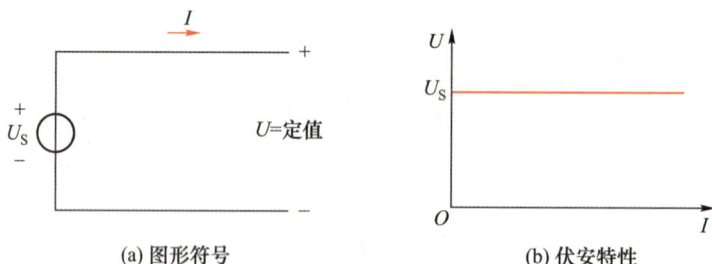

(a) 图形符号　　　　　　(b) 伏安特性

图 1.23　理想电压源

在前面介绍全电路欧姆定律式(1.2)时,将一个直流电源用电动势 E 和电源内电阻 R_i 来表示,若 R_i 很小以致可以忽略不计,其输出电压 U 就近似等于电源电动势 E,其电源的外特性为一条近似于水平的直线(如图 1.11 所示),即可近似看作理想电压源。常用的直流稳压电源即可近似视为理想电压源。

2. 理想电流源(恒流源)

理想电流源的图形符号和文字符号如图 1.24(a)所示,其特点是输出电流恒定不变,即伏安特性是一条与 U 轴平行的直线,如图 1.24(b)所示。

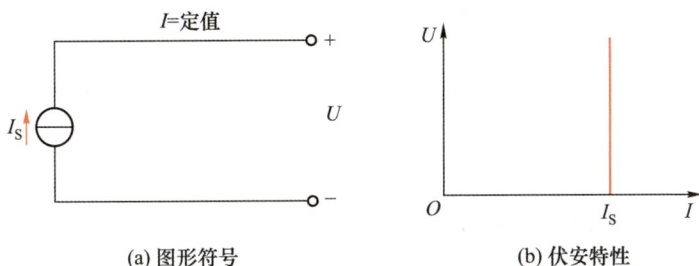

(a) 图形符号   (b) 伏安特性

图 1.24　理想电流源

在实际的电源中,光电池在一定的光线照射下,其产生的电流可近似视为理想电流源。

3. 实际电压源与实际电流源

在进行电路的分析和计算时,通常用理想的电源元件与电阻元件的组合来表征实际的电源:当电源的输出电压比较稳定(即基本不随输出电流的变化而变化)时,可用理想电压源 U_S 与电源内电阻 R_i 相串联的电压源模型来表示;当电源的输出电流比较稳定(即基本不随输出电压的变化而变化)时,可用理想电流源 I_S 与电源内电阻 R_i 相并联的电流源模型来表示。实际电源的模型如图 1.25 所示。

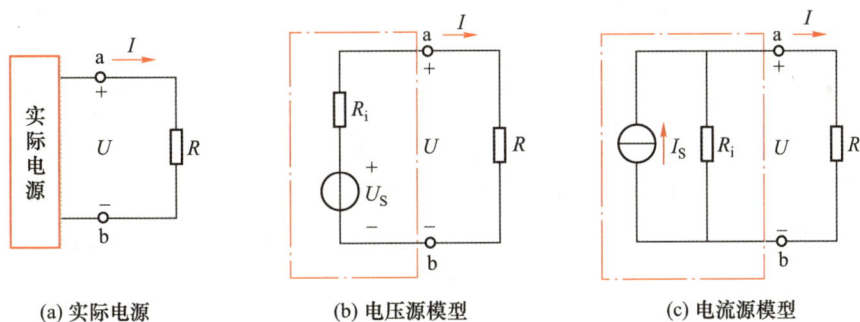

(a) 实际电源   (b) 电压源模型   (c) 电流源模型

图 1.25　实际电源的模型

4.实际电压源与实际电流源的等效变换

如图 1.25 所示,如果三个电路的负载电阻 R 相同,负载的端电压 U 及通过的电流 I 也相同,则对于负载而言,其工作状态取决于其端电压 U 与电流 I,至于供电的电源是电压源还是电流源对其均无影响。因此一个实际的电源既可以用电压源来表示,也可以用电流源来表示,两者之间可以相互等效变换。

由图 1.25(b)、(c)所示电路可推算出,实际电压源与电流源等效变换的条件为

$$U_S = R_i I_S \tag{1.10}$$

式中,U_S 与 I_S 的参考方向相一致,且电压源的内电阻与电流源的内电阻相等。

例 1.9 已知图 1.25 所示模型中电压源的 $U_s=24$ V，$R_i=0.2$ Ω，求等效为电流源时的 I_s 和 R_i。

解： 由式(1.10)得，$R_i=0.2$ Ω

$$I_s=\frac{U_s}{R_i}=\frac{24}{0.2}\text{ A}=120\text{ A}$$

在求解复杂电路时，有时用电源的等效变换来简化解题步骤。但在进行等效变换时应注意两点：

（1）等效变换的关系仅对外电路而言，对电源内部是不等效的。

（2）理想电压源与理想电流源之间不具备等效变换的关系。

实训 1 电工基础实训

一、实训目的

1. 掌握电工实训常用工具和仪表的使用方法。

2. 了解电工实训的基本要求和注意事项。

3. 学会使用万用表测量电流、电压和电阻。

二、相关知识与预习内容

（一）常用电工工具的使用

1. 试电笔

试电笔是用于检验电路和设备是否带电的工具，一般有钢笔式和螺丝刀式两种，如图 1.26 所示。使用时，注意手要接触到金属笔挂（钢笔式）或笔顶部的金属螺钉（螺丝刀式），使电流由被测带电体经试电笔和人体与大地构成回路，如图 1.27 所示。只要被测带电体与大地之间的电压超过 60 V，试电笔的氖管就会启辉发光。

弹簧　小窗

笔尾的金属体　　笔挂　笔身　氖管　电阻　笔尖的金属体

(a) 钢笔式

绝缘套管

(b) 螺丝刀式

图 1.26 试电笔

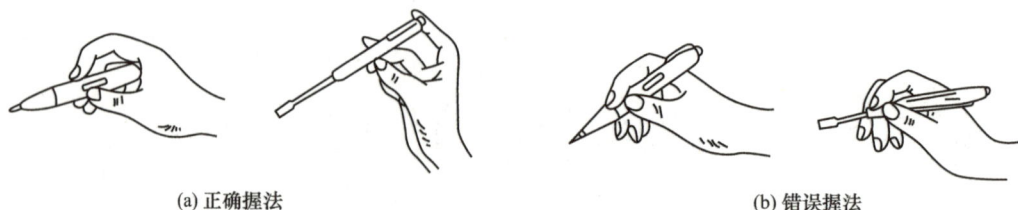

(a) 正确握法　　　　　　　　　　　　(b) 错误握法

图 1.27 试电笔的使用方法

使用试电笔时应注意：

(1) 每次使用前，应先在确认有电的带电体上检验其能否正常验电，以免因氖管损坏造成误判，危及人身或设备安全。

(2) 手不要接触笔头的金属裸露部分，以免触电。

(3) 观察时应将氖管窗口背光并面向操作者。

(4) 螺丝刀式试电笔可以作为旋具使用，但注意不要用力过大，以免损坏。

2. 螺丝刀

螺丝刀(也称螺丝旋具)主要用于紧固或拆卸螺钉，也用于旋转电器的调节螺钉。螺丝刀的刀口有一字形和十字形两种(如图 1.28 所示)，每种都有不同的规格。

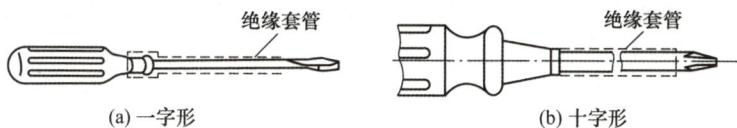

(a) 一字形   (b) 十字形

图 1.28　螺丝刀

使用螺丝刀时应注意：

(1) 应按螺钉的规格选择适当规格的螺丝刀。

(2) 注意用力平稳，推压与旋转应同时进行。

(3) 在旋转带电的螺钉时，注意螺丝刀的金属杆不要接触人体及邻近的带电体，因此应在金属杆上套上绝缘套管。

(4) 不能将螺丝刀作凿具、撬具使用，以免损坏。

3. 钢丝钳

钢丝钳的外形与结构如图 1.29(a)所示，它是电工常用的工具之一，所以又称电工钳或平口

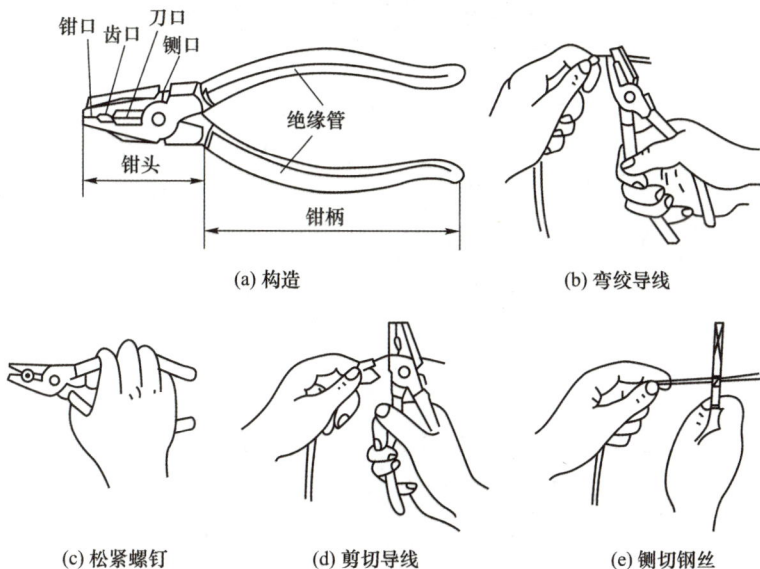

(a) 构造   (b) 弯绞导线

(c) 松紧螺钉   (d) 剪切导线   (e) 铡切钢丝

图 1.29　钢丝钳的构造及使用

钳。钢丝钳的钳口可用于弯绞和钳夹导线头或其他物体,齿口用于旋动螺钉、螺母,刀口用于切断电线、起拔铁钉或剥削导线的绝缘层等,铡口则用于铡断钢丝、铁丝等[如图 1.29(b)~(e)所示]。

使用钢丝钳时应注意:

(1) 电工用钢丝钳的手柄上套有耐压为 500 V 的塑料绝缘套,使用前应注意检查绝缘套是否完好,如果绝缘套有破损,绝对不能使用。

(2) 在切断导线时,不能将相线和中性线(或不同相位的导线)同时在同一个钳口切断,以免造成短路。

(3) 不能将钳子(包括钢丝钳、尖嘴钳、斜口钳和剥线钳)当作锤子使用。

电工使用的钳类工具还有尖嘴钳、斜口钳和剥线钳,如图 1.30 所示,尖嘴钳还分为普通型和长嘴型两种,适宜在较狭窄的空间操作;斜口钳主要用于剪断线径较细的导线和电子元器件的引线;剥线钳用于剥削导线的绝缘层。

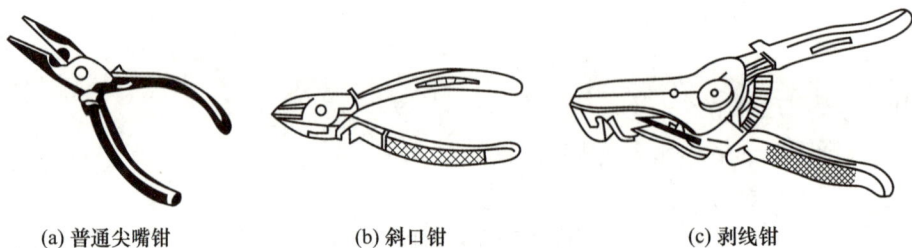

(a) 普通尖嘴钳　　　　(b) 斜口钳　　　　(c) 剥线钳

图 1.30　电工用其他钳类工具

4. 电工刀

电工刀是用于剖削或切割电工器材的常用工具,其外形和使用方法示意如图 1.31 所示,使用电工刀时应注意:

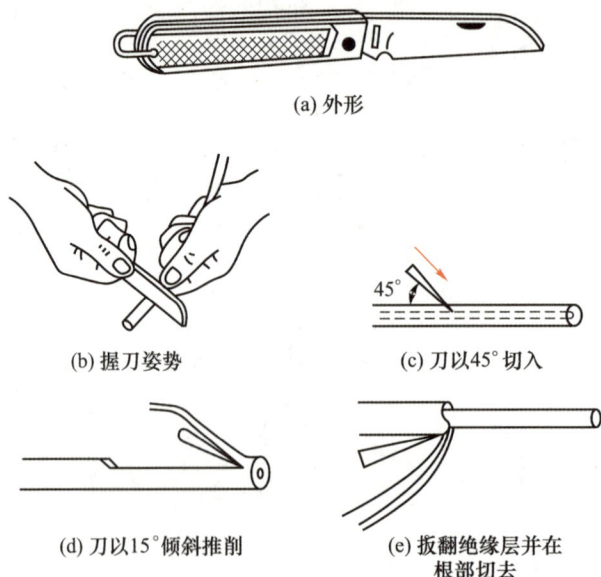

(a) 外形

(b) 握刀姿势　　　　(c) 刀以45°切入

(d) 刀以15°倾斜推削　　　　(e) 扳翻绝缘层并在根部切去

图 1.31　电工刀的外形及使用

（1）其刀柄没有绝缘保护，所以不能接触带电体操作。

（2）应将刀口向外进行剖削，如图1.31(b)所示。

（3）可在刀口的单面上磨出呈圆弧状的刀刃。在剖削导线的绝缘层时，应先以约45°的角度切入，如图1.31(c)所示，然后在贴近金属线芯时将其圆弧状刀面以约15°角度贴在导线上剖削，如图1.31(d)所示，这样就不容易损伤线芯。

（4）不能将刀刃和刀尖作旋具或凿具、撬具使用，以免损坏。

（5）使用完毕应将刀身折入刀柄内。

常用的电工工具还有锤子、固定扳手和活动扳手、剪刀、钢锯、台虎钳、台钻、冲击钻等。

（二）常用电工仪表的使用

常用的电工仪表有万用表、功率表、绝缘电阻表和钳形电流表等。功率表将在实训2中介绍，绝缘电阻表和钳形电流表将在实训4中介绍，在此先介绍万用表及其基本使用方法。

万用表是一种多功能、多量程的常用的便携式电工仪表，它最基本的功能是测量直流电流、电压、交流电压、电阻，有的还可以测量交流电流、电感、电容和三极管参数等。因为用途较广，所以通俗地称为"万用"表。万用表有指针式和数字式两种，这里先介绍指针式万用表，数字式万用表在后面的"阅读材料"中简略介绍。

MF-47型指针式万用表如图1.32所示，指针式万用表的结构主要由表头、转换开关和测量电路三部分组成。

1. 表头

万用表的表头实际上是一个高灵敏度的直流电流表，万用表的主要性能指标基本取决于表头的性能。表头的性能参数主要是表头灵敏度 I_C 和内电阻 R_C。I_C 指表头指针满刻度偏转时流过表头线圈的直流电流值，I_C 越小，表头的灵敏度就越高；R_C 指表头线圈的直流电阻。I_C 越小，R_C 越高，则万用表的性能越好。一般来说，万用表的 I_C 在数十微安至数百微安之间，高档的万用表可达几微安；R_C 在数百欧至 20 kΩ 之间。如 MF-47 型万用表表头的 I_C 为 46.2 μA，$R_C \leqslant 1.7$ kΩ（注：各厂家的产品略有差异）。

在万用表的表盘上标注出它所有的测量种类和量程。如图1.32所示，MF-47型万用表的表盘上共有六条刻度线，由上至下分别为：电阻挡读数标度尺，直流电流读数标度尺，交、直流电压挡读数标度尺，三极管共射极直流放大系数 h_{FE} 读数标度尺，电容、电感读数标度尺，音频电平的读数标度尺。

2. 转换开关和插孔

转换开关和插孔用于转换不同的测量功能和量程。如图1.32所示，MF-47型万用表的面板上有一个转换开关，还有四个插孔：左下角标有红色"＋"和黑色"－"的分别为正、负表笔插孔；右下角标有"2 500 V"的为测量（交、直流）2 500 V高电压插孔，标有"5 A"的为测量（直流）5 A大电流插孔。此外，面板上还有电阻挡调零旋钮和测量半导体三极管的插孔。

MF-47型万用表采用一个三刀24掷的转换开关，共有24个挡位，配合插孔可以进行交流电压、直流电压、直流电流、电阻和三极管（共射极直流放大系数 h_{FE}）、电容、电感、音频电平共八个测量项目30个量程的选择，见表1.2。

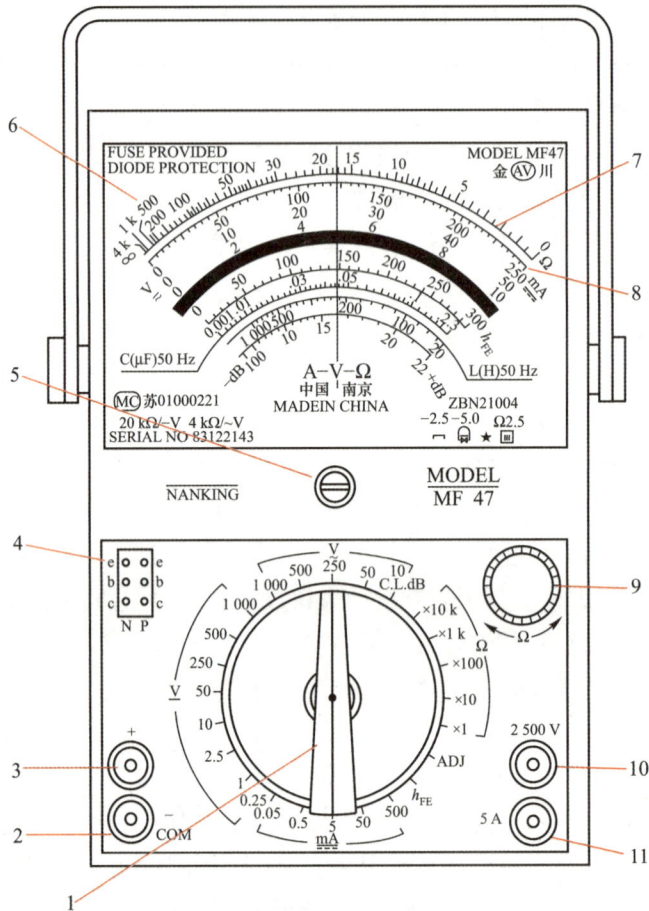

1—转换开关；2—负表笔插孔；3—正表笔插孔；4—测量三极管插孔；5—机械调零螺钉；
6—表盘；7—电阻挡读数标度尺；8—电流、电压挡读数标度尺；9—电阻挡调零旋钮；
10—测量 2500 V 高电压插孔；11—测量 5 A 大电流插孔。

图 1.32　MF-47 型指针式万用表

表 1.2　MF-47 型万用表的挡位和量程

挡　位	量　程
交流电压挡	10 V、50 V、250 V、500 V、1 000 V、2 500 V
直流电压挡	0.25 V、1 V、2.5 V、10 V、50 V、250 V、500 V、1 000 V、2 500 V
直流电流挡	0.05 mA、0.5 mA、5 mA、50 mA、500 mA、5 A
电阻挡	$R\times1$、$R\times10$、$R\times100$、$R\times1$ k、$R\times10$ k
三极管共射极直流放大系数 h_{FE}	0～300
电　容	0.001～0.3 μF
电　感	20～1 000 H
音频电平	-10～$+22$ dB

3. 测量电路

万用表的表头是一个高灵敏度的直流电流表,要实现各种测量项目和量程,就要依靠测量电路的转换,通过测量电路将各种被测量转换成直流电流表头能够接受的直流电流。现简单介绍指针式万用表测量直流电流、直流电压、交流电压和电阻的基本原理。

(1)测量直流电流

因为万用表的表头是一个直流电流表,可以直接用来测量直流电流,但量程很小;按照并联电路分流的原理,需要给表头并联分流电阻来扩大量程。并联的电阻越小,量程越大。多量程的万用表直流电流电路原理如图 1.33 所示,由图可见:

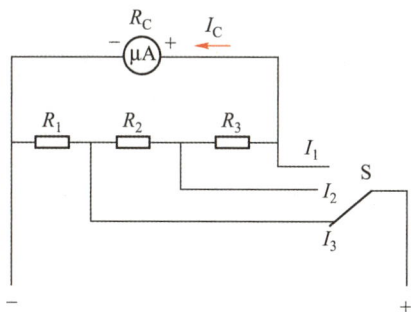

图 1.33　万用表测量直流电流电路原理图

① 当转换开关旋至 I_1 挡时,电阻 R_3、R_2、R_1 串联后与表头并联作为分流电阻,由于分流电阻较大($R_3 + R_2 + R_1 \gg$ 表头内电阻 R_C),所以分流电流较小,被测电流大部分流入表头,量程较小:

$$I_C = I_1 \frac{R_1 + R_2 + R_3}{(R_1 + R_2 + R_3) + R_C} \qquad I_1 = I_C \frac{(R_1 + R_2 + R_3) + R_C}{R_1 + R_2 + R_3}$$

② 当转换开关旋至 I_2 挡时,电阻 R_3 与表头串联,而电阻 R_2 与 R_1 串联后与表头和 R_3 并联作为分流电阻。分流电阻变小,分流电流增大,所以量程扩大:

$$I_C = I_2 \frac{R_1 + R_2}{(R_1 + R_2) + (R_3 + R_C)} \qquad I_2 = I_C \frac{(R_1 + R_2) + (R_3 + R_C)}{R_1 + R_2}$$

③ 当转换开关旋至 I_3 挡时,电阻 R_2、R_3 与表头串联,只有电阻 R_1 作为分流电阻,分流电阻更小,量程进一步扩大:

$$I_C = I_3 \frac{R_1}{R_1 + (R_2 + R_3 + R_C)} \qquad I_3 = I_C \frac{R_1 + (R_2 + R_3 + R_C)}{R_1}$$

所以,量程应该是 $I_3 > I_2 > I_1$。

(2)测量直流电压

万用表的表头是一个直流电流表,电流流过表头在表头内电阻上形成电压降 $U_C = I_C R_C$,但 U_C 很小,量程有限;按照串联电路分压的原理,需要给表头串联分压电阻来扩大量程。串联的电阻越大,量程越大。多量程的万用表测量直流电压电路原理如图 1.34 所示,由图可见:

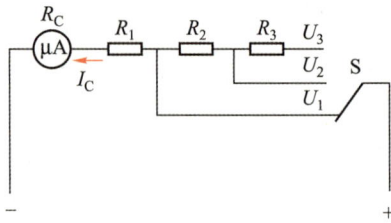

图 1.34　万用电表测量直流电压电路原理图

① 当转换开关旋至 U_1 挡时，只有电阻 R_1 与表头串联，分压较小，所以电压量程也较小：

$$U_C = U_1 \frac{R_C}{R_1 + R_C} \qquad U_1 = U_C \frac{R_1 + R_C}{R_C}$$

② 当转换开关旋至 U_2 挡时，电阻 R_2、R_1 与表头串联，分压变大，所以量程扩大：

$$U_C = U_2 \frac{R_C}{R_1 + R_2 + R_C} \qquad U_2 = U_C \frac{R_1 + R_2 + R_C}{R_C}$$

③ 当转换开关旋至 U_3 挡时，有三个分压电阻 R_1、R_2、R_3 与表头串联，电压量程进一步扩大：

$$U_C = U_3 \frac{R_C}{R_1 + R_2 + R_3 + R_C} \qquad U_3 = U_C \frac{R_1 + R_2 + R_3 + R_C}{R_C}$$

所以，量程应该是 $U_3 > U_2 > U_1$。

（3）测量交流电压

在测量直流电压电路的基础上，通过整流将交流电压变换成直流电压（交流电将在第 2 章介绍，整流的原理将在第 7 章介绍），万用表即可测量交流电压。采用桥式整流测量交流电压的电路原理图如图 1.35 所示。

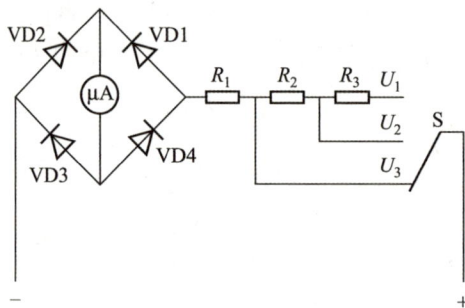

图 1.35　万用表测量交流电压电路原理图

（4）测量电阻

万用表测量电阻的电路原理图如图 1.36 所示，U 为测量电阻挡的专用电池。在接入被测电阻 R_x 后，流过表头的电流为

$$I = \frac{U}{R_C + R + R_x}$$

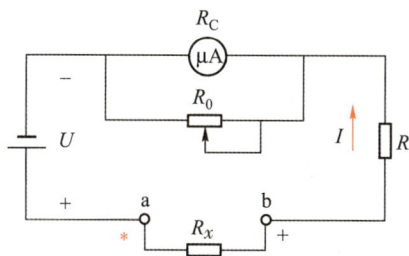

图 1.36　万用表测量电阻电路原理图

可见,当电池电压 U 不变时,表头电流 I 与被测电阻 R_x 成反比:R_x 越大,I 越小。当表笔两端(a、b 端)开路时,R_x 为无穷大,$I=0$;当表笔两端短路时,$R_x=0$,流过表头的电流 I 应该等于表头的满偏转电流 I_C,即

$$I_C = \frac{U}{R_C + R}$$

所以,串联在测量电路中的限流电阻 R 的选择应能满足上式的要求。

当被测电阻 R_x 在 $0 \sim \infty$ 之间变化时,表头指针在满刻度与零位之间变化,可见,电阻挡的读数标度尺与电流、电压挡的读数标度尺方向相反;而且由于电流 I 与被测电阻 R_x 不成线性关系,所以电阻挡读数标度尺的分度是不均匀的(如图 1.32 和图 1.37 所示)。

在上述测量电阻的原理分析中,假定电池电压 U 是恒定不变的,但实际上电压 U 不可能保持不变。因此在表头两端并联了一个可调电阻 R_0(如图 1.36 所示)。当 U 变化时,可旋转万用表面板上的电阻挡调零旋钮来调节 R_0,使两表笔短路($R_x=0$)时表针指在电阻挡读数标度尺的零位上。所以,每次使用万用表测量电阻前以及换挡后,都要调节 R_0 进行零位校准。

4. 万用表的基本使用方法

(1) 测量前的准备工作:

① 将万用表平放。为方便在不同场合使用,万用表可以水平放置和竖直放置,有的还可以通过背面的架子斜放,但表盘的左右方向应当保持水平,否则会影响读数的准确。

② 将万用表水平放置,观察指针是否指在刻度盘左边的原位。如果不在原位,可用螺丝刀轻轻旋动调零螺钉,将指针调回原位。

③ 检查两支表笔,查看有无断线、破损或与表笔插孔接触不良。

(2) 测量方法

① 根据用途,用转换开关选择测量种类(如直流电流、电压、交流电压或电阻)。

② 选择量程。为观察方便和使读数准确,应当使测量值大约为满刻度值的三分之二。如果事先难以准确估计测量值,可由高量程挡逐渐过渡到低量程挡。

③ 注意表笔与测量电路(元件)的正确连接。测量电流时,应将万用表串联在电路中,测量直流电流时应将正表笔(一般为红色)接电流流入的接点,负表笔(黑色)接电流流出的接点;测量电压时应将万用表并联在待测电路(元件)两端,测量直流电压时应正表笔接电源的正极(电路中的高电位点),负表笔接电源的负极(电路中的低电位点),如图 1.38 所示(如测量交流

电压可不分表笔的极性)。

④ 正确读数。使用指针式万用表,要通过观察表针在刻度盘上的位置来读取测量值,所以掌握读数的方法很关键。因为万用表有多种功能,所以在表盘上有多条标度尺,要根据测量种类和量程来正确选择标度尺,然后观察指针在标度尺上的位置进行读数。一般情况下,指针不是正好指在刻度格上,这时需要根据指针与左右刻度格的相对位置来判断测量值。

例如,如图 1.32 所示,如果转换开关置于测量直流电流 500 mA 量程挡,则应选取表盘上(由上至下)的第 2 行标度尺;又因为满量程值为 500 mA,所以根据图中指针的位置,是指在 240 mA 与 250 mA 的刻度格之间(见表盘上的第 3 行数字),可以判断测量值约为 246 mA 或247 mA。

读数时,应使视线对准指针并与表盘垂直。图 1.32 所示的 MF-47 型万用表,在表盘上还有一条玻璃镜,读数时应使指针与指针在镜子中的映像重叠,此时的读数才准确。

(3) 注意事项

① 使用指针式万用表时,切忌将表笔接反和超量程,否则会很容易损坏表头(如将指针打弯),甚至将表头烧毁。

② 为保证安全和测量精确,在测量时手尽量不要接触表笔的金属部分(如图 1.39 所示)。

③ 如果需要旋动转换开关,应习惯将表笔离开测量电路或元件。

④ 每次使用完毕,都要将表笔拔下,并将转换开关置于空挡或交流电压的最高量程挡。

以上事项都要注意遵守,从一开始就要养成规范的操作习惯。

三、实训器材

按表 1.3 准备好所需的工具和器材、设备(所列出为推荐的实训仪器、设备、器材,仅供参考,下同)。

表 1.3　工具与器材、设备明细表

序号	名　称	型号	规　格	单位	数量
1	单相交流电源		220 V、36 V、6 V		
2	直流稳压电源		0～12 V(连续可调)		
3	万用表	MF-47 型		个	1
4	小电珠			个	2
5	单掷开关		220 V　5 A	个	1
6	各种电阻		几至几百欧,几至几百千欧	只	若干
7	一字螺钉与十字螺钉		各种规格		若干
8	导线				若干
9	电工电子实训通用工具		试电笔、榔头、螺丝刀(一字和十字)、电工刀、电工钳、尖嘴钳、剥线钳、镊子、小刀、小剪刀、活动扳手等	套	1

四、实训内容与步骤

（一）认识和了解实训室

① 由指导教师讲解实训室的规章制度、操作规程和安全规则。

② 观察实训室的布置，如实训桌上电源的类型、仪表的种类、电源开关的位置。

③ 认识电工实训使用的有关工具和仪表，可先由指导教师讲解和示范操作这些工具、仪表的使用方法和注意事项。

（二）常用电工工具的识别和使用

1. 识别实训室提供的各种常用电工工具

2. 试电笔的使用

① 用于识别相线和中性线。用试电笔测试通电的交流电路，使氖管发光的是相线；在正常情况下，中性线是不会使氖管发光的。

② 用于判断电压的高低。在测试时，可根据氖管发光的亮度来估计电压的高低（实训时可用实训台上的交流调压器提供高、低不同的电压供测试）。

③ 用于识别直流电与交流电。当交流电流通过试电笔时，氖管中的两个电极同时发光；当直流电流通过试电笔时，氖管里的两个电极只有一个发光。由此可区分直流电与交流电。

④ 用于识别直流电的正、负极。将试电笔连接在直流电的正、负极之间，使氖管发光的一端即为正极。

3. 螺丝刀的使用

提供不同规格的一字螺钉和十字螺钉，让学生在废木板上使用螺丝刀紧固和拆卸螺钉，要求：

① 根据螺钉的种类和规格正确选择螺丝刀。

② 注意使用的姿势，用力要均匀。

③ 注意安全操作。例如，一只手旋动螺丝刀时，另一只手不要放在螺钉的旁边，以免螺丝刀滑出不慎将手划伤。

4. 钢丝钳、尖嘴钳、斜口钳和剥线钳的使用

① 按图 1.29(b)、(c)、(d)、(e)所示进行弯绞导线、松紧螺钉、剪切导线和铡切钢丝的练习。

② 使用尖嘴钳和斜口钳进行剪切线径较细的导线的练习。

③ 使用钢丝钳、尖嘴钳、斜口钳和剥线钳进行剥削导线绝缘层的练习。

④ 使用尖嘴钳将直径为 1~2 mm 的单股导线弯成 4~5 mm 的圆弧形"接线鼻子"。

5. 电工刀的使用

① 按图 1.31(b)、(c)、(d)、(e)所示，使用电工刀对废旧塑料单芯硬线进行剥削绝缘层的练习。

② 注意自己和他人的安全。

（三）万用表的识别和使用

1. 熟悉万用表的面板结构

观察实训室提供的万用表的面板结构，熟悉其表盘、旋钮、转换开关和各插孔，并将相关内

容记录于表 1.4 中。

表 1.4　万用表的面板结构记录

表　型	指针式□　数字式□	型号	
主要挡位		量程	
交流电压挡			
直流电压挡			
直流电流挡			
电阻挡			
插　孔			

2. 读数练习

如图 1.37 所示,设万用表的指针分别在 a、b、c 三个位置,进行表盘标度尺读数练习,记录于表 1.5 中。

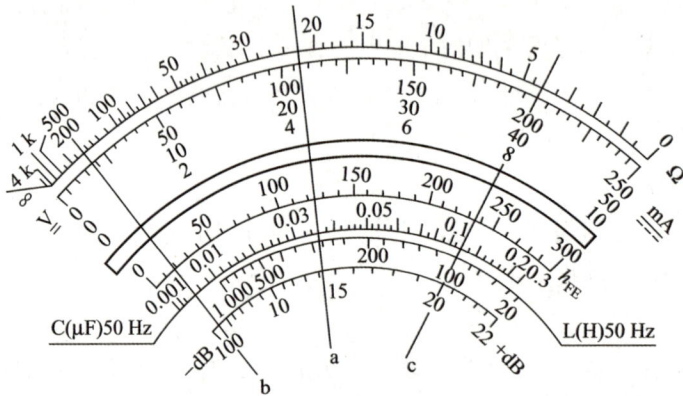

图 1.37　万用表读数练习

表 1.5　万用表读数练习记录

挡　位	量　程	估　读　值
交流电压挡	500 V	
	250 V	
直流电压挡	50 V	
	10 V	
直流电流挡	1 mA	
	0.5 mA	
电阻挡	$R \times 100$	
	$R \times 1\,k$	

3. 测量直流电压和电流

电路如图 1.38 所示,按图接线(电源使用实训台上的直流稳压电源,将电压调为 6 V,HL1 和 HL2 可选用两个手电筒用的小电珠),然后闭合开关 S,分别测量电流 I 和电压 U_1、U_2、U_{AB},记录于表 1.6 中。

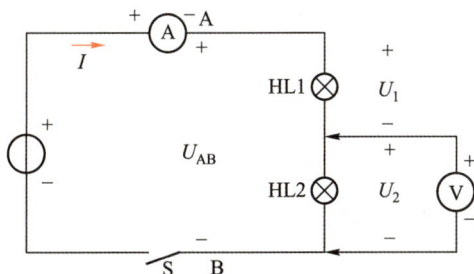

图 1.38　测量直流电压和电流的电路

表 1.6　万用表测量直流电压和电流记录

被测量	测量挡位	量　程	估　读　值
I			mA
U_1			V
U_2			V
U_{AB}			V

注意事项:

① 测量电流时将万用表串联在电路中,而测量电压时则应将万用表并联在待测量的两点之间。

② 注意表笔的极性:测量电流时正表笔接电流流入的接点;测量电压时正表笔接电源的正极(电路中的高电位点),负表笔接电源的负极(电路中的低电位点)。接法如图 1.38 所示。

③ 注意适当选择万用表的挡位与量程。

4. 测量交流电压

① 使用万用表的交流电压挡测量实训台面上的交流电压(可由交流调压器输出高、低两挡电压,分别为 50 V、220 V),记录于表 1.7 中。

② 首次操作应在教师指导下进行,注意安全操作并适当选择万用表的挡位与量程。

表 1.7　万用电表测量交流电压记录

电　压	测量挡位	量　程	估　读　值
低电压(调为 50 V)			V
高电压(调为 220 V)			V

5. 测量电阻

测量电阻是万用表的基本功能之一,请按以下的方法操作。

① 选择量程。一般来说,万用表的电阻挡有 $R\times1$、$R\times10$、$R\times100$、$R\times1\,k$、$R\times10\,k$ 五挡,其标度尺一般为刻度盘中最上面的一条(如图 1.32 和图 1.37 所示)。由图可见,电阻挡标度尺标注的数值与其他标度尺方向正好相反:其他各条标度尺以左侧指针原位的刻度值为零,而电阻标度尺以右侧的指针满偏转值为零。

一般较常选用的电阻挡是 $R\times100$ 和 $R\times1\,k$ 挡。

② 调零。选择挡位后,将正、负表笔短接,旋转电阻挡的调零旋钮(如图 1.32 所示),将指针调至标度尺最右侧的零位。区别于前面介绍的用调零螺钉调节指针归零的机械调零,电阻挡的调零通常称为"电气调零"。注意每次改变量程都要重新调零。

③ 测量电阻时注意正确操作。图 1.39(b)所示是错误的接法,因为会将人体的电阻与被测量的电阻并联而导致测量错误。如果测量电路中的电阻,还应注意断开电源并将大电容器短路放电,以保证测量安全和测量值的准确。

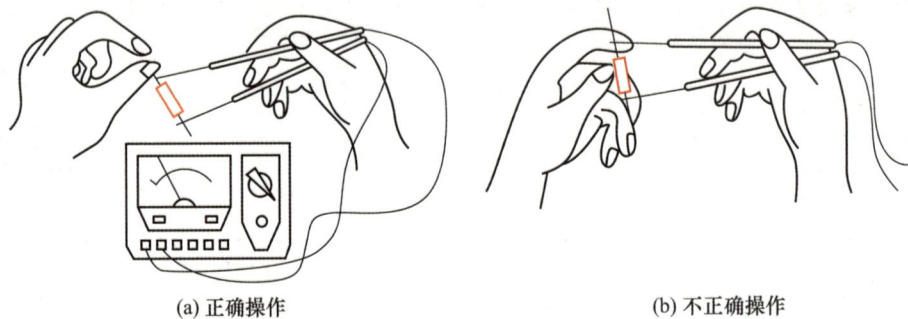

(a) 正确操作　　　　　　　　　　　　　　　(b) 不正确操作

图 1.39　用万用表测量电阻

④ 读取测量值。电阻的测量值为标度尺上的读取值再乘以该挡的倍数。例如,如果读数为 15,若转换开关置于 $R\times10$ 挡,则测量值为 $15\times10\ \Omega=150\ \Omega$;如果是 $R\times1\,k$ 挡,则测量值为 $15\times1\,000\ \Omega=15\,000\ \Omega=15\ k\Omega$。

⑤ 按上述测量方法测量三只电阻的电阻值,以及图 1.38 所示电路中的两个小电珠 HL1、HL2 的电阻值,记录于表 1.8 中。

表 1.8　万用表测量电阻值记录

电阻值	测量挡位	量　　程	估 读 值
电阻 1			Ω
电阻 2			Ω
电阻 3			kΩ
小电珠 HL1			Ω
小电珠 HL2			Ω

阅读材料

数字式万用表

数字式万用表与前面介绍的指针式万用表相比,具有测量准确度高、分辨率高、抗干扰能力强、功能齐全、操作方便,以及读数迅速、准确等优点。常用的 DT-830 型数字式万用表如图 1.40 所示,其面板结构主要是由液晶显示屏取代了指针式万用表的表盘,其他结构如转换开关、插孔等的用途与指针式万用表大致相同。下面以 DT-830 型数字式万用表为例,介绍其主要技术性能和使用方法。

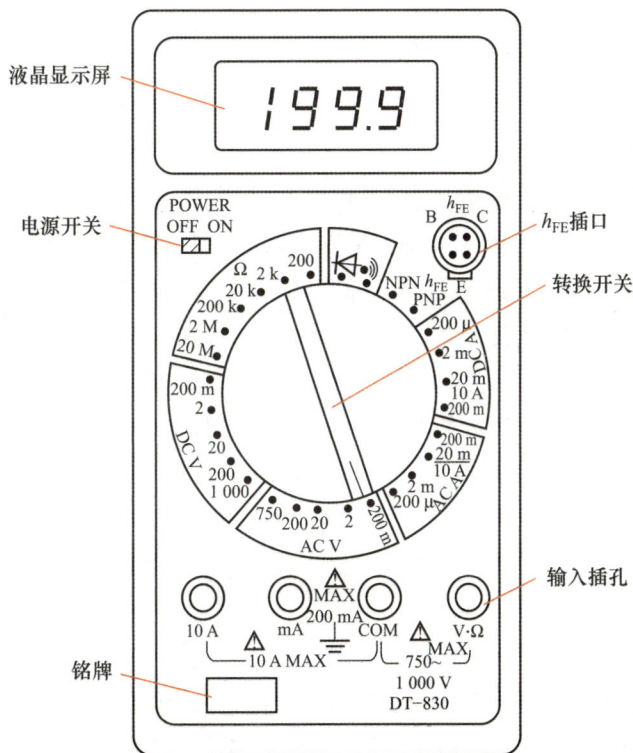

图 1.40　DT-830 型数字式万用表

1. 主要技术性能

① 位数。液晶显示屏上显示 4 位数字,最高位只能显示 1,其他 3 位均能显示 0~9 所有数字,所以称为"三位半"数字表。最大显示值为 +1 999,最小显示值为 -1 999。

② 极性。可正、负极性自动变换显示。

③ 归零调整。具有自动归零的功能。

④ 过负载输入。当超过量程时,最高位显示"1"或"-1",其他位消隐。

⑤ 电源。使用 9 V 干电池。

2. 测量范围

① 直流电压(DCV)。有 200 mV、2 V、20 V、200 V、1 000 V 五挡,输入阻抗为 10 MΩ。

② 交流电压(ACV)。有 200 mV、2 V、20 V、200 V、750 V 五挡,输入阻抗为 10 MΩ,并联电容小于 100 pF。

③ 直流电流(DCA)。有 200 μA、2 mA、20 mA、200 mA、10 A 五挡,满量程仪表电压降为 250 mV。

④ 交流电流(ACA)。有 200 μA、2 mA、20 mA、200 mA、10 A 五挡,满量程仪表电压降为 250 mV。

⑤ 电阻(Ω)。有 200 Ω、2 kΩ、20 kΩ、200 kΩ、2 MΩ、20 MΩ 六挡,满量程仪表电压降为 250 mV。

⑥ 三极管共射极直流放大系数 h_{FE} 测试条件。NPN 或 PNP 型三极管,$U_{CE}=2.8$ V,$I_B=10$ μA。

3. 基本使用方法

① 使用时,将负表笔(黑色)插入"COM"插孔,正表笔(红色)在测量电压或电阻时插入"V·Ω"插孔,在测量小电流时插入"mA"插孔,在测量大电流时插入"10 A"插孔。

② 根据所测量的物理量及其大小选择量程,将转换开关旋至适当的挡位。

③ 将电源开关置于"ON"的位置,即可开始进行测量;使用完毕,将电源开关置于"OFF"位置。

④ 读数时,应稍等待液晶显示屏上显示的数字稳定后再读数。

⑤ 不同型号的数字式万用表有不同的使用方法,在使用前应仔细阅读其说明书。

本 章 小 结

● 电路是指电流通过的路径,由 4 个基本部分组成:电源、负载以及起连接作用的导线和起控制、保护作用的其他器件。电路的主要作用包括传输和转换电能、传递和处理信号。电路有开路、通路(工作)和短路三种状态。

● 电路的主要物理量包括电流、电压、电位、电动势、电功率和电阻。

● 电荷在导体中的定向移动形成电流,电流的基本单位是 A(安)。

● 电压是指使电流流动的电气压力,电压的基本单位是 V(伏)。

● 电位是指电路中某一点相对于参考点的电压,该参考点为零电位点。所以电路中某两点之间的电压就是这两点的电位差。

● 电源是将非电能形态的能量转换成电能的供电设备,能够持续产生电压,这种能力称为电动势。

● 电阻是指导体对电流的阻碍作用,电阻的基本单位是 Ω(欧)。

● 电阻分为线性电阻和非线性电阻。如果电阻值不随电压、电流的变化而改变,则电阻为线性电阻;否则为非线性电阻。

● 欧姆定律描述了电路中电流、电压和电阻三者之间的关系,其基本公式为

$$I = \frac{U}{R} \tag{1.11}$$

在包括电源内、外部电路的完整电路中,电流与电动势、电阻的关系式为

$$I = \frac{E}{R_\text{L} + R_\text{i}} \tag{1.12}$$

式中,R_i 为电源内电阻,R_L 为负载电阻。

● 由于电源都存在内电阻,因此在通路状态下,电源的端电压等于电源电动势减去输出电流在电源内电阻上的电压降。输出电流越大,则电源的端电压越低,这一特性称为电源的外特性。

● 电功率是指电能在单位时间内所做的功,电功率的基本单位是 W(瓦)。

● 如果知道电气设备的电功率和设备通电的时间,则消耗的电能为电功率与时间的乘积。电能的基本单位是 J(焦),常用单位是 kW·h(千瓦时),1 kW·h 称为"1 度"电。

● 电路中主要物理量的基本单位和辅助单位及换算关系可见表 1.9。

表 1.9　电路中主要物理量的基本单位和辅助单位及换算关系

物理量	基本单位	辅助单位及换算关系
电流 I	A(安)	1 A $= 10^3$ mA $= 10^6$ μA
电压 U	V(伏)	1 kV $= 10^3$ V $= 10^6$ mV
电功率 P	W(瓦)	1 kW $= 10^3$ W $= 10^6$ mW
电阻 R	Ω(欧)	1 MΩ $= 10^3$ kΩ $= 10^6$ Ω

● 电气设备的额定工作状态,是指电气设备处于最经济合理和安全可靠并能够保证其有效使用寿命的工作状态。

● 串联和并联是电气设备两种基本的连接方式,电阻串、并联电路中的电流、电压、电功率关系和等效电阻见表 1.10。

表 1.10　电阻串、并联电路参数对比

物理量	串联电路	并联电路
电压	总电压等于各电阻电压之和	各电阻的电压相同
电流	各电阻的电流相同	总电流等于各支路电流之和
电功率	总的电功率等于各电阻的电功率之和	
等效电阻	等效电阻等于各电阻之和	等效电阻的倒数等于各电阻的倒数之和
两个电阻的等效电阻计算公式	$R = R_1 + R_2$	$R = \dfrac{R_1 R_2}{R_1 + R_2}$

● 简单电路可以用串、并联等效电路的方法化简,然后用欧姆定律进行分析计算。不能用串、并联等效电路化简的电路称为复杂电路。复杂电路的分析计算需要用基尔霍夫电流定律和基尔霍夫电压定律。

● 如果只从负载消耗和能量转换的方式来看,负载的基本类型包括电阻、电容和电感 3 种。其中,电阻是表征电路中消耗电能的元件,电容是表征电路中储存电场能的元件,电感是表征电路中储存磁场能的元件(电感元件将在下一章中介绍)。

● 一个实际的电源可以用理想电压源 U_S 与电源内电阻 R_i 相串联的电压源模型来等效,也可以用理想电流源 I_S 与电源内电阻 R_i 相并联的电流源模型来等效。两种电源模型之间可以进行等效变换,其变换公式为

$$U_S = R_i I_S \tag{1.13}$$

式中,U_S 与 I_S 的参考方向相一致,且电压源的内电阻与电流源的内电阻相等(同为 R_i)。

习 题 1

一、填空题

1. 电路的 4 个基本组成部分是_____、_____、_____和_____。

2. 如果人体的最小电阻 $R=800\ \Omega$,当通过人体的电流达到 $I=50\ \text{mA}$ 时就可能有生命危险,则人体能够接触的安全电压 $U=$_____ V。

3. 如果两只电阻的电阻值相差悬殊,在近似计算其串、并联的等效电阻时,可将其中一个忽略不计。如果 $R_1=10\ \Omega$,$R_2=10\ \text{k}\Omega$,则串联时可忽略_____,并联时可忽略_____。

4. 有一只电阻上有四条色环,颜色依次为蓝、灰、橙、银色,该电阻的电阻值为_____ Ω,允许偏差为 $\pm$_____%。

5. 有一只电阻上有四条色环,其电阻的电阻值为 $(1\pm10\%)39\ \Omega$,则电阻上色环的颜色为_____、_____、_____、_____。

6. 四只等值的电阻串联,如果总电阻是 $1\ \text{k}\Omega$,则各电阻的电阻值是_____ Ω。

7. 四只等值的电阻并联,如果总电阻是 $1\ \text{k}\Omega$,则各电阻的电阻值是_____ Ω。

8. 五只等值的电阻,如果串联后的等效电阻是 $1\ \text{k}\Omega$,若将其并联,则等效电阻为_____ Ω。

9. 五只等值的电阻,如果并联后的等效电阻是 $5\ \Omega$,若将其串联,则等效电阻为_____ Ω。

10. 三只相同的灯泡接在 $12\ \text{V}$ 的电源上,每只灯泡的电压为_____ V。

11. 一只 $1\ \text{k}\Omega$、$0.5\ \text{W}$ 的电阻,允许通过的最大电流是_____ A,允许加在它两端的最高电压是_____ V。

12. 两只电阻并联使用,其中 $R_1 = 300\ \Omega$,通过电流为 0.2 A,通过整个并联电路的总电流为 0.8 A。则 R_2 的电阻值为_____ Ω,通过的电流为_____ A。

13. 有一电流表表头,量程 $I_C = 50\ \mu A$,表头内电阻 $R_C = 1\ k\Omega$,要将该电流表表头改装为量程 $U = 1\ V$ 的电压表,应与表头串联一个_____ $k\Omega$ 的电阻。

14. 图 1.16 所示电路有_____条支路,_____个节点,_____个回路。

15. 电路如图 1.41(a)所示,对于节点 P,根据 KCL 列出的表达式为_____。

16. 电路如图 1.41(b)所示,利用 KVL 列出的回路电压方程为_____。

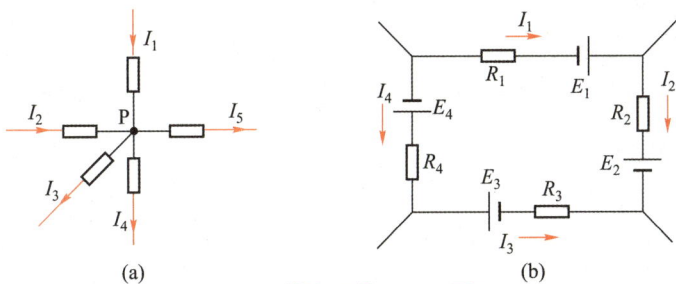

图 1.41 填空题第 15、16 题图

17. 1 A = _____ mA = _____ μA,1 kW = _____ W = _____ mW。

18. 1 MΩ = _____ kΩ = _____ Ω。

二、选择题

1. 线性电阻的伏安特性曲线为(　　)。

   A. 直线

   B. 通过坐标原点的直线

   C. 曲线

2. 一只电阻的电阻值为(1±5%)2 Ω,则电阻上的色环为(　　)。

   A. 红、黑、金　　　　　　B. 红、金　　　　　　C. 红、黑、银

3. 两只电阻值不相等的电阻,如果串联接到电源上,则电阻值小的电阻其电功率(　　);如果并联接到电源上,则电阻值小的电阻其电功率(　　)。

   A. 大　　　　　　　　　B. 小　　　　　　　　C. 一样

4. 一只电阻值为 100 Ω、额定功率为 4 W 的电阻接在 20 V 的电源上使用,(　　);如果接在 40 V 的电源上使用,(　　)。

   A. 电阻的功率小于其额定功率,可正常使用

   B. 电阻的功率等于其额定功率,可正常使用

   C. 电阻的功率大于其额定功率,不能正常使用

5. 额定电压都是 220 V,电功率分别为 60 W、40 W 的两只灯泡接在 220 V 电源上,则(　　)。

   A. 60 W 的灯泡较亮　　　　B. 40 W 的灯泡较亮　　　　C. 两只灯泡一样亮

6. 电功率的单位是(　　)。

　　A. J　　　　　　　　　　B. W　　　　　　　　　　C. kW·h

7. 在电源电压不变的条件下,如果电路的电阻减小,则负载(　　);如果电路的电阻增大,则负载(　　)。

　　A. 减小　　　　　　　　B. 增大　　　　　　　　C. 不变

8. 开路状态下,电源的端电压等于(　　)。

　　A. 零

　　B. 电源电动势

　　C. 通路状态的电源端电压

9. 一只 100 kΩ 的电阻接在电路中,一端的电位为 50 V,另一端的电位为 -50 V,则流过该电阻的电流为(　　)。

　　A. 0.5 mA　　　　　　　B. 1 A　　　　　　　　　C. 1 mA

10. 电路中的某一节点接有四条支路,其中,由两条支路流入该节点的电流分别为 2 A 和 -1 A,第三条支路流出该节点的电流为 3 A,则流出第四条支路的电流为(　　)。

　　A. -2 A　　　　　　　　B. -1 A　　　　　　　　C. 2 A

11. 接到 220 V 电源上的负载包括一只 1 kW 的电炉、一个 500 W 的电热水壶、三盏 40 W 的白炽灯,则应选取(　　)的熔体。(注:熔体的电流应稍大于负载的总电流)

　　A. 20 A　　　　　　　　B. 10 A　　　　　　　　C. 5 A

12. 有一个电流表表头,量程 $I_C=1$ mA,表头内电阻 $R_C=180$ Ω,要将该电流表表头改装为量程 $I=10$ mA 的电流表,应(　　)。

　　A. 与表头串联一个 20 Ω 的电阻

　　B. 与表头并联一个 20 Ω 的电阻

　　C. 与表头并联一个 1 980 Ω 的电阻

三、判断题

1. 导体中自由电子定向移动的方向是导体中电流的方向。　　　　　　　　　　(　　)

2. 电路必须接成闭合回路才有电流通过。　　　　　　　　　　　　　　　　　(　　)

3. 电阻串联时,电阻值越大,所消耗的电功率越大;电阻并联时,电阻值越大,所消耗的电功率越小。　　　　　　　　　　　　　　　　　　　　　　　　　　　(　　)

4. 电路中,电源的作用是将其他形式的能量转换为电能。　　　　　　　　　　(　　)

5. 一根粗细均匀的电阻丝,其电阻值为 4 Ω,将其等分成两段,再并联使用,等效电阻是 2 Ω。　　　　　　　　　　　　　　　　　　　　　　　　　　　　　　(　　)

6. 电路中某一点的电位具有相对性,当参考点变化时,该点的电位将随之变化。　(　　)

7. 当参考点变化时,电路中两点间的电压也将随之变化。　　　　　　　　　　(　　)

8. 如果电路中某两点的电位都很高,则该两点间的电压一定也很大。　　　　　(　　)

9. 如果电路中某两点的电位为零,则该两点间的电压也一定为零。　　　　　　(　　)

10. 如果电路中某两点间的电压为零,则该两点间的电流也一定为零。　　　　　(　　)

11. 在短路状态下,电源内电阻上的电压降为零。　　　　　　　　　　　　　(　　)

12. 在短路状态下,电源的电动势等于零。　　　　　　　　　　　　　　　　(　　)

13. 在开路状态下,电源的端电压等于电源的电动势。　　　　　　　　　　　　(　　)

14. 一只 220 V、40 W 的白炽灯接在 110 V 电源上,因为电压减半,所以其电功率也减半,为 20 W。　　　　　　　　　　　　　　　　　　　　　　　　　　　　(　　)

15. 电源的内电阻越小越好。　　　　　　　　　　　　　　　　　　　　　　(　　)

16. 两只电阻串联,则等效电阻的电阻值恒大于任何一只电阻;如果两只电阻并联,则等效电阻的阻值恒小于任何一只电阻。　　　　　　　　　　　　　　　　　(　　)

17. 万用表的表头灵敏度 I_C 越小,内电阻 R_C 越大,则表头的性能越好。　　　(　　)

18. 使用万用表电阻挡测量电阻时,不必每换一次挡都要进行调零。　　　　　　(　　)

四、综合题

1. 一只 110 V、8 W 的指示灯接在 380 V 电源上,需要串联多大电阻值和功率的电阻,指示灯才能正常工作?

2. 一个电热水壶的额定电压为 220 V,电阻为 24.2 Ω,平均每天使用两小时,一个月(以 30 天计)消耗多少度电?如果每度电的电费为 0.6 元,则一个月电费是多少?

3. 用电压表测量一个电源开路时的电压,读数为 10 V;用电流表测量该电源的短路电流时,电流表的读数为 20 A,试求该电源的电动势和内电阻。

4. 一只满量程为 1 mA 的电流表,表头内电阻为 500 Ω,如果需要用于测量 10 V 电压,则应串联一只电阻值为多大的电阻?如果还需要再测量 100 V 的电压,应再串联一只电阻值为多大的电阻?

5. 电路如图 1.42 所示,已知 $E=10$ V,$r=0.1$ Ω,$R=9.9$ Ω,试求开关 S 在不同位置时电压表和电流表的读数。(注:开关置于"2"的位置时为开路)

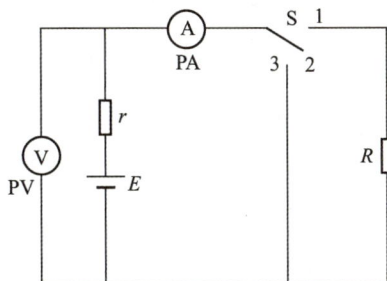

图 1.42　综合题第 5 题图

6. 在图 1.43 所示电路中,电流表 A_1 的读数为 9A,A_2 的读数为 3 A,$R_1=4$ Ω,$R_2=6$ Ω,试计算 R_3 的电阻值、总的等效电阻 R_{ab} 的电阻值。

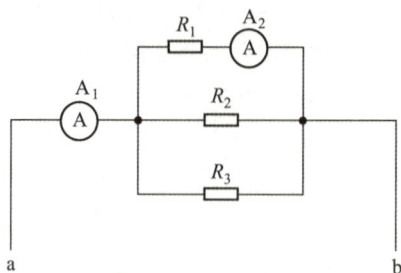

图 1.43 综合题第 6 题图

7. 试求图 1.44 所示各电路中的等效电阻 R_{ab}。

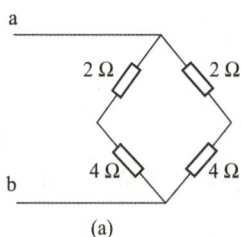

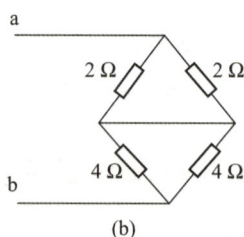

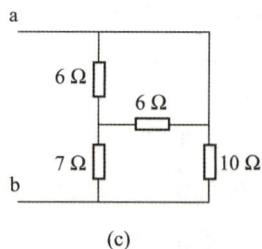

图 1.44 综合题第 7 题图

8. 在图 1.45 所示电路中,已知 $R_1 = R_2 = R_3 = R_4 = 300\,\Omega$,$R_5 = 600\,\Omega$,试分别计算当开关 S 断开与闭合时电路 ab 两端的等效电阻 R_{ab}。

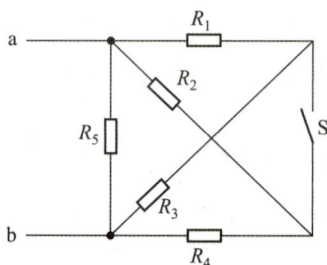

图 1.45 综合题第 8 题图

题解:
习题 1 答案

chapter 2
第 2 章 | **交流电路**

学习目标

如在第 1 章中所述,"电"分为直流电和交流电,本章介绍正弦交流电路,主要包括:

● 了解交流电的基本概念,正弦交流电的"三要素"和表示方法。

● 掌握电路的三种基本元件——电阻 R、电感 L、电容 C 在交流电路中的特征,纯 R、L、C 和 RL 串联电路的分析计算方法。在此基础上,建立阻抗、有功功率、无功功率和功率因数等基本概念。

● 掌握三相交流电路的基本概念和分析、计算方法。

● 在实训中学会安装荧光灯电路。

2.1 什么是交流电

2.1.1 直流电和交流电

图 2.1 所示为几种电流的波形:图 2.1(a)所示电流的大小和方向均不随时间变化,称为直流电;图 2.1(b)所示电流的大小随时间作周期性变化,但方向不变,也属于直流电,称为"脉动直流电";图 2.1(c)~图 2.1(f)所示电流的变化规律不同,但有一个共同之处,就是电流的大小和方向都随时间作周期性变化,且在一个周期内平均值为零,这样的电流(或电压、电动势)统称交流电。

日常生活和生产中使用的大多是交流电,即使是需要直流电能供电的设备,一般也是由交流电能转换成直流电能供电,只是功率较小且需要随时移动的设备才使用第 1 章介绍的电池供电。

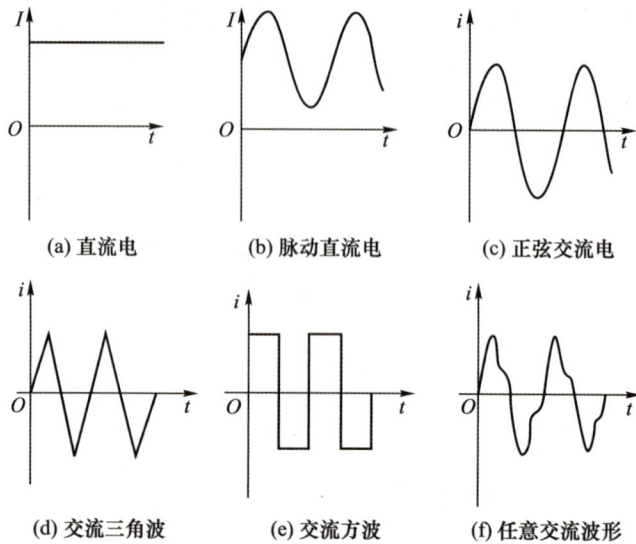

(a) 直流电　　(b) 脉动直流电　　(c) 正弦交流电

(d) 交流三角波　　(e) 交流方波　　(f) 任意交流波形

图 2.1　直流电和交流电的波形

交流电被广泛应用是因为它有独特的优势。首先,交流发电设备的性能好、效率高,生产交流电的成本较低;其次,交流电可以用变压器变换电压,有利于通过高压输电实现电能大范围集中、统一输送与控制;再次,使用三相交流电的三相异步电动机结构简单、价格低廉、使用维护方便,是工业生产的主要动力源。对此将在第 3、4 章详细介绍。

2.1.2　交流电的周期和频率

1. 周期(T)

如上所述,所谓"交流"电,其共同之处是电流(或电压)的大小和方向都随时间作周期性变化,而"周期"就是交流电变化一个完整的循环所需要的时间,用 T 表示,单位是 s(秒),如图 2.2 所示。

2. 频率(f)

频率是单位时间(每秒)内变化的周期数,用 f 表示,单位是 Hz(赫)。

频率与周期互为倒数,即

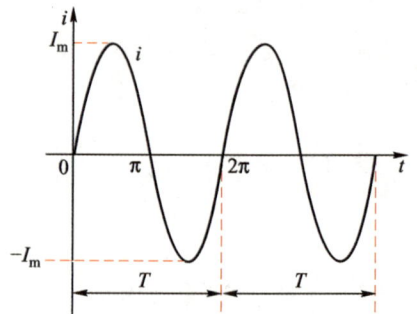

图 2.2　交流电的周期

$$f = 1/T \tag{2.1}$$

3. 角频率(ω)

角频率是在单位时间(每秒)内变化的角度(以弧度为单位),用 ω 表示,单位是 rad/s(弧度/秒)。

因为一个周期(360°)为 2π 弧度,所以角频率与频率、周期之间的关系为

$$\omega = 2\pi f = 2\pi/T \tag{2.2}$$

例 2.1 我国的供电电源频率（工业标准频率，简称"工频"）为 50 Hz，其周期 $T=1/f=1/50$ s＝0.02 s，角频率 $\omega=2\pi f=2\pi\times50$ rad/s≈100×3.14 rad/s＝314 rad/s。

2.2 正弦交流电

随时间按正弦规律变化的交流电称为正弦交流电，其波形如图 2.2 所示。目前广泛使用的交流电都是正弦交流电，因此，如果没有特别说明，本书所指的"交流电"都是指正弦交流电。

2.2.1 正弦交流电的"三要素"

所谓"要素"，是指必要（或必需）的因素。一个交流电，其变化的快慢可以用频率来表示，变化的幅度可以用幅值来表示，而变化的起始点则可用初相位来表示。所以，只要知道频率、最大值和初相位这三个因素，就可以充分地表示一个正弦交流电，所以把这三个因素称为正弦交流电的"三要素"。"三要素"中的频率（角频率、周期）前面已经介绍，在此介绍另外两个要素。

1. 瞬时值、最大值和有效值

（1）瞬时值

交流电在变化过程中每一瞬时所对应的值称为"瞬时值"。瞬时值用小写的英文字母表示，如 i、u。由图 2.2 可见，交流电的大小和方向是随时间变化的，所以每一瞬时其大小和方向可能都不相同，可能为正值，可能为负值，也可能为零。

（2）最大值

交流电在一个周期内的最大瞬时值称为最大值，又称幅值或峰值。最大值用带下标 m 的大写的英文字母表示，如 I_m、U_m。

由图 2.2 可见，交流电的最大值有正值，有负值，但习惯上用绝对值来表示。

（3）有效值

如上所述，交流电的瞬时值随时间作周期性变化，所谓最大值只是其最大的瞬时值，那么交流电的大小应该用什么值来表示呢？在实际应用中，交流电的大小用"有效值"来表示，有效值用大写的英文字母表示，如 I、U。

"有效值"的定义是：如果一个交流电流通过一个电阻，在一个周期内所产生的热量与某个直流电流在同样的时间内通过同一个电阻所产生的热量相等，则以此直流电流的数值定义该交流电流的有效值。经过计算，正弦交流电的有效值与最大值之间的关系为

$$\left.\begin{array}{l} I=\dfrac{I_m}{\sqrt{2}}=0.707I_m \\[3mm] U=\dfrac{U_m}{\sqrt{2}}=0.707U_m \end{array}\right\} \tag{2.3}$$

一般情况下所讲的交流电压或电流的大小,以及电器铭牌、电气仪表上所标注的数值都是有效值。

例 2.2 我国的生活用电是 220 V 交流电,其最大值为 $U_m \approx \dfrac{220}{0.707}$ V ≈ 311 V。

想一想

① 将一盏白炽灯分别接在有效值为 220 V 的交流电源和 220 V 的直流电源上,白炽灯的亮度一样吗?

② 一只耐压为 220 V 的电容器能否接在有效值为 220 V 的交流电源上使用?

2. 相位、初相位和相位差

（1）相位

一个正弦交流电流完整的函数表达式是：$i = I_m \sin(\omega t + \varphi_i)$,$i$ 为瞬时值,I_m 为最大值,ω 为角频率。由图 2.3 可见,交流电流 i 在每一瞬时 t 具有不同的 $(\omega t + \varphi_i)$ 值,所对应的电流值也就不同。所以 $(\omega t + \varphi_i)$ 代表交流电流的变化进程,称为“相位角”,简称“相位”。

（2）初相位

在计时的起点(即 $t = 0$)时的相位称为初相位 φ_i。图 2.3 分别表示了两个不同初相位的正弦交流电流 i_1 和 i_2 的波形。

（3）相位差

相位差是指两个同频率的正弦交流电的相位之差。如图 2.3 所示,电流 i_1 的相位为 $(\omega t + \varphi_{i1})$,初相位为 φ_{i1};电流 i_2 的相位为 $(\omega t + \varphi_{i2})$,初相位为 φ_{i2},两者之间的相位差为

$$\varphi = (\omega t + \varphi_{i2}) - (\omega t + \varphi_{i1}) = \varphi_{i2} - \varphi_{i1} \qquad (2.4)$$

相位、初相位和相位差的单位一般都用 rad(弧度)。

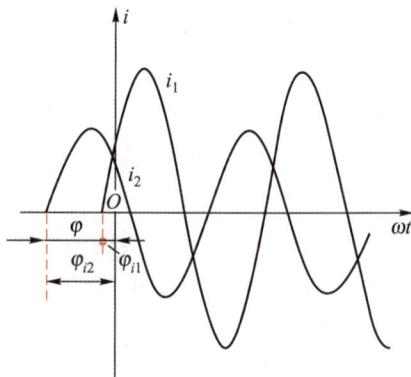

图 2.3 初相位和相位差

由图 2.3 可见：

① i_1 和 i_2 的初相位不同,即它们达到正的(或负的)幅值与零值的时刻不同,说明它们随时间变化的步调不一致。

② 当两个同频率正弦量的计时起点改变时,它们的相位和初相位随之改变,但两者之间的相位差并不改变。这与参考电位点改变时电路中各点的电位随之改变,而两点间的电压(电位差)并不改变的道理相同。

③ 由图可见 $\varphi_{i2} > \varphi_{i1}$(即 $\varphi > 0$),所以 i_2 较先到达正的幅值,称为 i_2 超前 $i_1 \varphi$ 角,或者说 i_1 滞后 $i_2 \varphi$ 角。

④ 如果两个正弦量初相位相同,即相位差 $\varphi = 0$,则称为这两个正弦量"同相"[如图 2.4(a)所示]。

⑤ 如果两个正弦量的相位差 $\varphi = \pi$,则称为这两个正弦量"反相"[如图 2.4(b)所示]。

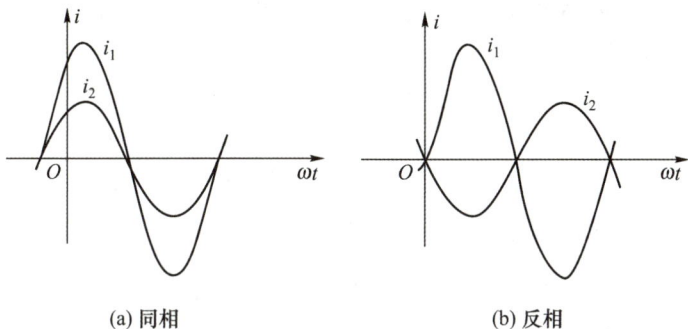

<table>
<tr><td>(a) 同相</td><td>(b) 反相</td></tr>
</table>

图 2.4 同相和反相

2.2.2 正弦交流电的矢量表示法

如上所述,只要知道频率(角频率、周期)、最大值(有效值)和初相位这三个要素,就可以充分地表示一个正弦交流电。正弦交流电的表示方法一般有三种,即波形图、解析式和矢量图。前两种表示方法实际上在前面已经介绍了,如一个正弦交流电流,其波形图表示法如图 2.2 所示,通过波形可以直观地表示出其频率、最大值和初相位($\varphi_i = 0$);其解析式(即函数表达式)是 $i = I_m \sin(\omega t + \varphi_i)$。但是在交流电路的分析与计算中,比较方便、直观的还是矢量图表示法。

所谓"矢量",就是既有大小又有方向的量(又称"向量")。用矢量图表示一个正弦交流电(如电流 i)的方法如图 2.5 所示:如果在平面直角坐标系中,从坐标原点开始画一个矢量,其长度为该电流的最大值 I_m,矢量与 X 轴正向的夹角为该电流的初相位 φ_i(设 $\pi/2 > \varphi_i > 0$,为一锐角),并设矢量以角速度 ω 绕坐标原点按逆时针方向旋转。这样,一个正弦交流量的三个要素通过矢量图直观、充分地表达出来。

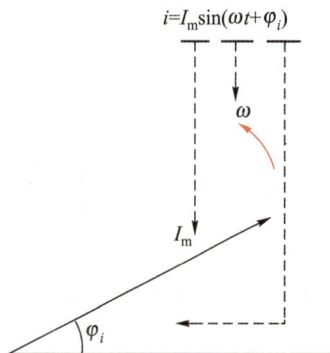

图 2.5 正弦交流电的矢量图表示法

关于矢量图的几点说明:

① 由于矢量以角速度 ω 绕坐标原点按逆时针方向旋转,所以矢量图实际上是旋转矢量图。但在实际应用中,由于在同一矢量图中所表示的各正弦量频率相同,它们按逆时针方向旋转的角速度相等,各矢量之间的相对位置(即相位差)不变,所以可将旋转矢量视为在 $t = 0$ 时刻的相对静止的矢量,即不需要标注矢量以角速度 ω 绕坐标原点按逆时针方向旋转。

② 在实际作图时,也不需要画出直角坐标系及坐标轴。规定矢量与 X 轴正向的夹角为正

弦量的初相位,并规定逆时针方向的角度为正,顺时针方向的角度为负。

③ 矢量的长度可以表示正弦量的最大值,也可以表示有效值。

④ 只有同频率的正弦量才能用同一矢量图表示。

⑤ 注意矢量图仅是正弦量的表示方法,矢量并不是正弦量。

例 2.3 有两个正弦交流电流,$i_1 = 3\sin(100\pi t - \pi/6)\text{A}$,$i_2 = 4\sin(100\pi t + \pi/3)\text{A}$,其波形如图 2.6(a)所示,试作出它们的矢量图并求其相位差。

解: ① 按照波形图和解析式,作出 i_1 和 i_2 的矢量图,如图 2.6(b)所示。

② $\varphi = \varphi_{i2} - \varphi_{i1} = \pi/3 - (-\pi/6) = \pi/2$,由图可见,两个矢量的夹角为直角。

③ 由波形图和矢量图均可见 i_2 超前 $i_1\pi/2$。

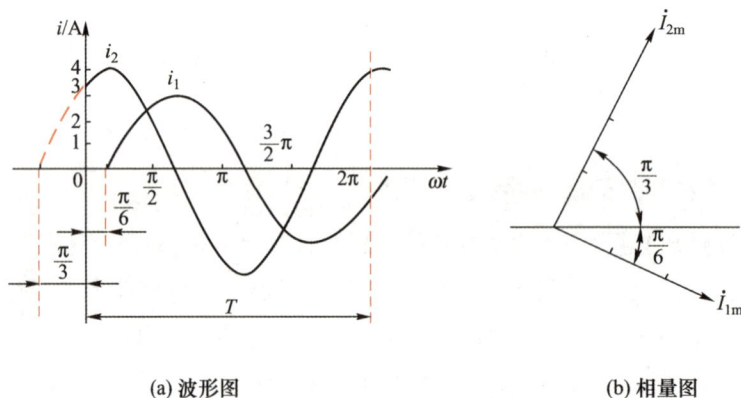

(a) 波形图 (b) 相量图

图 2.6 例 2.3 附图

2.3 电阻、电感和电容在交流电路中的特性

如第 1 章所述,电阻、电容和电感是电路的三大元件,下面分析这三种元件在交流电路中的特性。在分析之前先说明:所谓"纯××电路",是为了分析该元件的特性,只考虑该元件的主要电磁性质而忽略其他性质。例如,实际的电感元件含有电阻和分布电容,但在分析时将电阻和分布电容均忽略,只考虑其电感元件的性质,所以称为"纯电感电路"。

2.3.1 纯电阻电路

1. 电流与电压的关系

接在交流电源上的白炽灯和电炉等用电设备,都可以看成纯电阻电路,如图 2.7(a)所示。设电流的初相位为零(称为"参考矢量"):

$$i = I_m \sin \omega t \tag{2.5}$$

根据欧姆定律,有

$$u = iR = I_\mathrm{m} R \sin \omega t = U_\mathrm{m} \sin \omega t \qquad (2.6)$$

可见,在纯电阻电路中:

① 电流与电压的频率和相位均相同,如图 2.7(b)、(c)所示。

② 电流与电压的最大值和有效值均符合欧姆定律:

$$\frac{U_\mathrm{m}}{I_\mathrm{m}} = \frac{U}{I} = R \qquad (2.7)$$

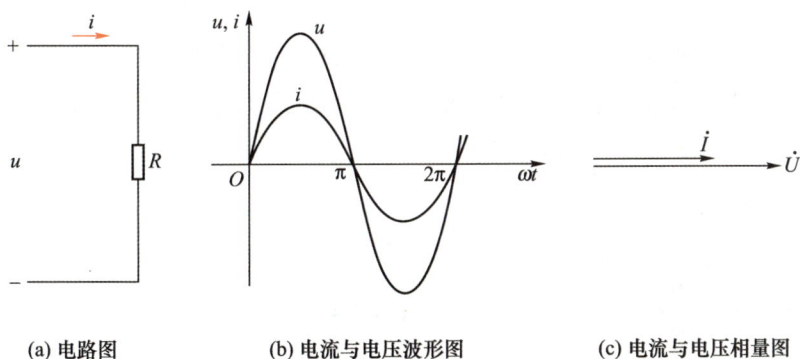

(a) 电路图　　　　(b) 电流与电压波形图　　　　(c) 电流与电压相量图

图 2.7　纯电阻电路

2. 电功率

(1) 瞬时功率

瞬时功率是元件在每一瞬间所吸收(消耗)的电功率,瞬时功率为电压与电流瞬时值的乘积:

$$p = ui = U_\mathrm{m} \sin \omega t \cdot I_\mathrm{m} \sin \omega t = U_\mathrm{m} I_\mathrm{m} \sin^2 \omega t = 2UI \sin^2 \omega t \qquad (2.8)$$

纯电阻电路瞬时功率的波形如图 2.8 所示,由图可见,纯电阻电路的瞬时功率虽然随时间变化,但始终为正值(其波形始终在横坐标轴的上方),说明纯电阻元件总是吸收功率,是耗能元件。

(2) 平均功率

在工程上用瞬时功率的平均值来计算电路消耗的功率:

$$P = \frac{U_\mathrm{m} I_\mathrm{m}}{2} = UI = \frac{U^2}{R} = I^2 R \qquad (2.9)$$

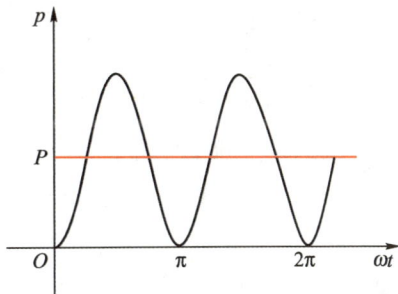

图 2.8　纯电阻电路的功率

平均功率也称有功功率,其单位也是 W。由式(2.7)和式(2.9)可见,在纯电阻的交流电路中,有功功率 P、电压与电流的有效值 U、I 的代号及计算公式表面上均与直流电路中一样,但应注意其物理意义有所不同。

2.3.2 纯电感电路

1. 电流与电压的关系

一个接在交流电源上的线圈,当其电阻小到可以忽略不计的程度时,就可以看成纯电感电路,如图 2.9(a)所示。同样,设电流为参考矢量:

$$i = I_m \sin \omega t$$

经过理论推导可以得到

$$u = \omega L I_m \sin(\omega t + \pi/2) = U_m \sin(\omega t + \pi/2) \tag{2.10}$$

可见,在纯电感电路中:

① 电流与电压的频率相同。

② 电压在相位上超前电流 $\pi/2$,如图 2.9(b)、(c)所示。

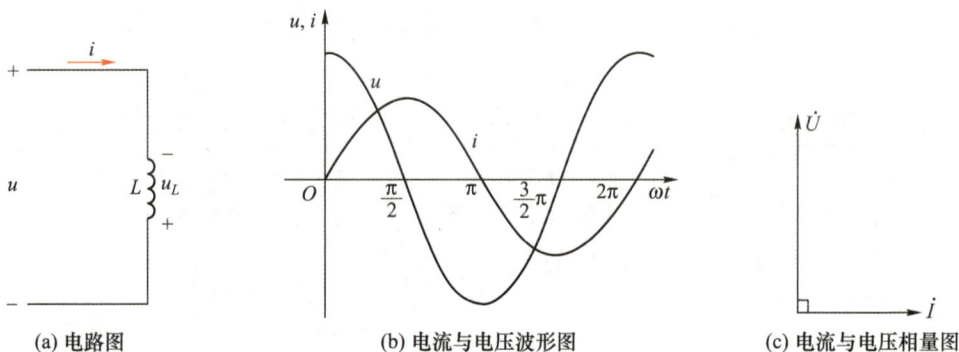

| (a) 电路图 | (b) 电流与电压波形图 | (c) 电流与电压相量图 |

图 2.9　纯电感电路

③ 电流与电压的最大值和有效值之间的关系为

$$\frac{U_m}{I_m} = \frac{U}{I} = \omega L = X_L \tag{2.11}$$

式中,$X_L = \omega L = 2\pi f L$ 为电感的电抗,简称感抗。感抗 X_L 与频率 $f(\omega)$、自感系数 L 成正比,感抗的单位也是 Ω。

2. 电功率

(1) 瞬时功率

电感元件的瞬时功率

$$p = ui = U_m \sin(\omega t + \pi/2) \cdot I_m \sin \omega t = U_m I_m \cos \omega t \cdot \sin \omega t = UI \sin 2\omega t \tag{2.12}$$

瞬时功率的波形如图 2.10 所示,由图可见,纯电感元件的瞬时功率以电流或电压的两倍频率随时间变化,但在横坐标轴上方和下方的波形面积相等,说明纯电感元件并不消耗电能,是储能元件。其物理意义为:当瞬时功率 $p > 0$ 时(波形在横坐标轴上方),电感从电源吸收电能并转换成磁场能量储存在电感中;当瞬时功率 $p < 0$ 时(波形在横坐标轴下方),电感将储存的磁场能量释放转换成电能送回电源;如此周而复始。

(2) 平均功率

从波形图直观观察以及根据理论推算都可以知道:纯电感元件的平均功率(有功功率)

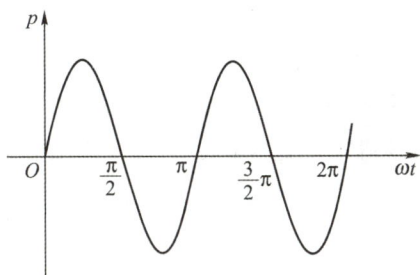

图 2.10　纯电感、纯电容电路的瞬时功率

$P=0$。

（3）无功功率

根据以上的分析，纯电感元件在交流电路中不消耗电功率，只是与电源进行能量的相互交换，在工程上用其能量互换（瞬时功率）的最大值来衡量这一互换功率的大小，称为"无功功率"，用 Q 来表示：

$$Q=UI=\frac{U^2}{X_L}=I^2X_L \tag{2.13}$$

为了与有功功率相区别，无功功率的单位采用 var（乏）或 kvar（千乏）。

阅读材料

电感元件和无功功率

电感元件是储能元件，能将电能转变为磁场能。电感用大写英文字母 L 表示，电感的国际单位是 H（亨），经常用到的更小的电感单位是 mH（毫亨）和 μH（微亨）。

$$1\,H=10^3\,mH=10^6\,\mu H$$

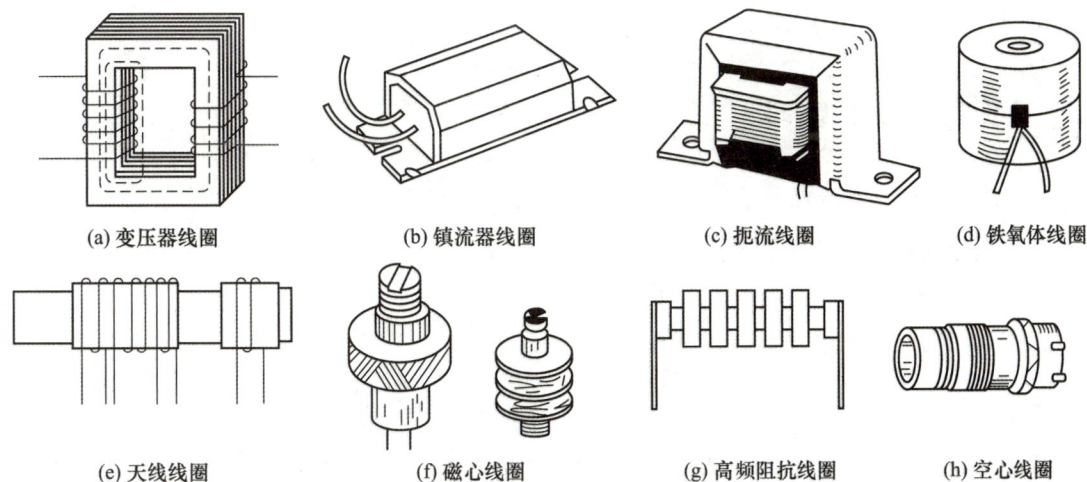

(a) 变压器线圈　　(b) 镇流器线圈　　(c) 扼流线圈　　(d) 铁氧体线圈

(e) 天线线圈　　(f) 磁心线圈　　(g) 高频阻抗线圈　　(h) 空心线圈

图 2.11　常用电感元件

电感元件有两大类。绕制在非铁磁性材料上面的线圈称为空心电感线圈[如图 2.11(h)所示];在空心线圈内放置铁磁性材料制作成铁心的,称为铁心电感线圈[如图 2.11(a)~(g)所示]。在供电线路中,电感性负载很多,如各种变压器、电动机和电磁铁。

由前面的介绍可知,如果忽略电感元件的内电阻和分布电容,将其视为一个"纯电感"元件,则其在交流电路中并不消耗电功率,只是在元件与电源之间进行能量的互换。根据电感元件的这一特性,经常采用它作为交流电路中的限流元件(而不采用电阻,以避免对电能的损耗),如荧光灯、电焊机和交流电动机中的启动器,以达到既限制电流又避免(或减少)能量损耗的目的。

电感性负载在工作时,有相当一部分能量在与电源之间往返传递,所谓"无功功率"就是这部分能量互换的最大速率。这部分能量的互换占用了供电线路的容量,而又未能取得电源向负载输送能量的实际效果,这是供电部门所不希望的,因此需要设法减少供电容量中这一"无功"部分的比例(详见本章的 5.5 节"电路的功率因数")。

例 2.4 有一只电感量为 500 mH 的线圈,接到 220 V 的工频交流电源上,求电感线圈的电流有效值和无功功率。

解: 工频交流电源的频率 $f=50$ Hz,电感 $L=500$ mH$=0.5$ H

$X_L=\omega L=2\pi fL=2\pi\times50\times0.5\ \Omega\approx157.1\ \Omega$

$I=\dfrac{U}{X_L}=\dfrac{220}{157.1}\ \text{A}\approx1.4\ \text{A}$

$Q=UI=220\times1.4\ \text{var}=308\ \text{var}$

2.3.3 纯电容电路

1. 电流与电压的关系

电容器在一般情况下可以视为纯电容,将其接在交流电源上则构成纯电容电路,如图 2.12(a)所示。设电压为参考矢量:

$$u=U_{\text{m}}\sin\omega t$$

经过理论推导可以得到

$$i=\omega CU_{\text{m}}\sin(\omega t+\pi/2)=I_{\text{m}}\sin(\omega t+\pi/2) \tag{2.14}$$

可见在纯电容电路中:

① 电流与电压的频率相同。

② 电流在相位上超前电压 $\pi/2$,如图 2.12(b)、(c)所示。

③ 电流与电压的最大值和有效值之间的关系为

$$\frac{U_{\text{m}}}{I_{\text{m}}}=\frac{U}{I}=\frac{1}{\omega C}=X_C \tag{2.15}$$

式中,$X_C=1/(\omega C)=1/(2\pi fC)$ 为电容的电抗,简称容抗。可见容抗 X_C 与频率 $f(\omega)$、电容量 C 成反比,容抗的单位也是 Ω。

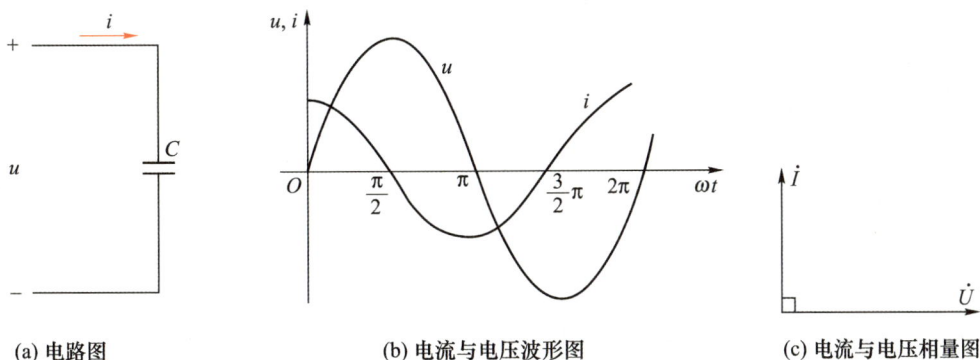

(a) 电路图　　　　　　　　(b) 电流与电压波形图　　　　　　　(c) 电流与电压相量图

图 2.12　纯电容电路

2. 电功率

（1）瞬时功率

电容元件的瞬时功率

$$p = ui = U_m \sin \omega t \cdot I_m \sin(\omega t + \pi/2) = U_m I_m \sin \omega t \cdot \cos \omega t = UI \sin 2\omega t \qquad (2.16)$$

比较式（2.16）与式（2.12）可见，电容元件与电感元件瞬时功率的推导结果相同，因此其波形也与图 2.10 所示一致。可见，与纯电感元件相同，纯电容元件也是不消耗电能的储能元件。不同的是：电感元件是进行电能与磁场能量的互换，而电容元件是进行电源的电能与电容元件本身储存的电场能量之间的互换。

（2）平均功率

与纯电感元件相同，纯电容元件的平均功率（有功功率）$P = 0$。

（3）无功功率

$$Q = UI = \frac{U^2}{X_C} = I^2 X_C \qquad (2.17)$$

其单位也是 var 或 kvar。

应该说明的是：将式（2.16）与式（2.12）、式（2.17）与式（2.13）对应相比较可见，从表面上看，电容元件与电感元件的瞬时功率和无功功率的公式相同，所以瞬时功率的波形也如图 2.10 所示。但是两种元件的物理性质不同，导致其电抗与无功功率的特性也不同。如果将一个电感元件和一个电容元件并联接在交流电源上，在任一瞬间，电感元件与电容元件的瞬时功率均方向相反。即当电感元件在吸收能量时，电容元件在释放能量；反之，当电容元件在吸收能量时，电感元件在释放能量。

例 2.5　有一只电容量为 50 μF 的电容器，接到 220 V 的工频交流电源上，求电容的电流有效值和无功功率。

解： 工频交流电源的频率 $f = 50$ Hz，电容 $C = 50 \mu$F $= 50 \times 10^{-6}$ F

$$X_C = \frac{1}{\omega C} = \frac{1}{2\pi f C} = \frac{1}{2\pi \times 50 \times 50 \times 10^{-6}} \ \Omega \approx 64 \ \Omega$$

$$I = \frac{U}{X_C} = \frac{220}{64} \text{ A} \approx 3.4 \text{ A}$$

$$Q = UI = 220 \times 3.4 \text{ var} = 748 \text{ var}$$

阅读材料

电 容 元 件

将两个导体电极中间用绝缘层隔开则构成一个电容器。由物理学知识可知,电容器极板上的电荷量 Q 与其两极板间所加的电压成正比,即

$$C = \frac{Q}{U} \tag{2.18}$$

式中,电容用大写英文字母 C 表示,电容的国际单位是 F(法),经常用到的更小的电容单位是 μF(微法)和 pF(皮法)。

$$1 \text{ F} = 10^6 \text{ μH} = 10^{12} \text{ pF}$$

常用电容器分为电容值固定不变的固定电容器(如图 2.13 所示)和电容值可以在一定范围内调节的可变电容器(如图 2.14 所示)两大类。按照其介质材料的不同又可分为瓷介电容器、云母电容器、塑料电容器、纸介电容器和电解电容器等多种。电容器在工程技术中应用很广泛,在电子线路中可用来隔直、滤波、旁路、移相和选频等;在电力系统中可用来提高电网的功率因数;在机械加工中可用于电火花加工。最近又出现了用于电动车辆能源的双层电容器(EDLC)。

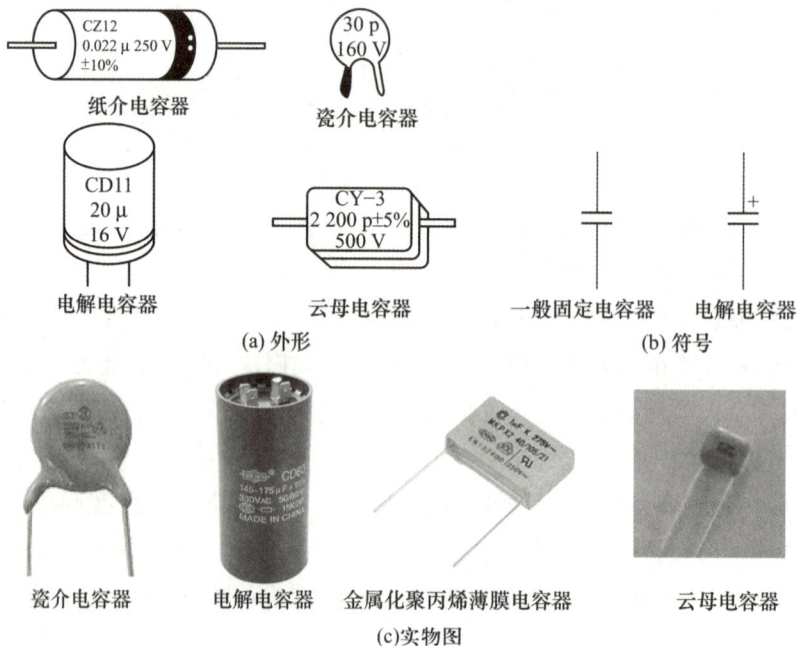

纸介电容器 瓷介电容器

电解电容器 云母电容器 一般固定电容器 电解电容器

(a) 外形   (b) 符号

瓷介电容器 电解电容器 金属化聚丙烯薄膜电容器 云母电容器

(c)实物图

图 2.13 固定电容器

密封双联电容器　　　聚苯乙烯可变电容器　　　空气可变电容器

陶瓷微调电容器　　　拉线微调电容器　　　云母微调电容器

(a) 外形

可变电容器　　　同轴可变电容器　　　微调电容器

(b) 符号

陶瓷真空可变电容器　　塑料单联可变电容器　　半可变(微调)电容器　　空气可变电容器

(c) 实物图

图 2.14　可变电容器

2.4　电阻元件与电感元件串联电路

2.4.1　电流与电压的关系

一个接在交流电源上的线圈,当其电阻不能够忽略不计时,可以等效为一个电阻元件与电感元件的串联电路,如图 2.15(a)所示。

做一做

测量电感器的直流电阻

用万用表的电阻挡测量电感器(电源变压器)的直流电阻,可以发现电感器存在直流电阻,这是因为绕制电感器的导线有电阻。这说明理论上的纯电感元件在实际生活中并不存在,实

际的电感器是一个 RL 串联的元件。

仍设电流为参考矢量：$i = I_m \sin \omega t$

根据电感元件的电流与电压关系可以得到

$$u_R = U_{Rm} \sin \omega t \tag{2.19}$$

$$u_L = U_{Lm} \sin(\omega t + \pi/2) \tag{2.20}$$

且

$$u = u_R + u_L = U_m \sin(\omega t + \varphi) \tag{2.21}$$

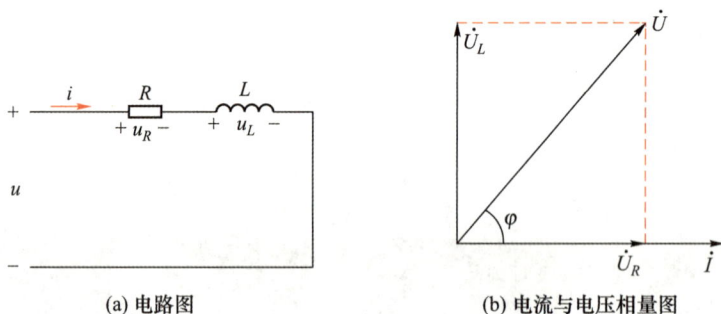

(a) 电路图   (b) 电流与电压相量图

图 2.15　电阻元件与电感元件串联电路

在矢量图上，总电压的矢量为电阻元件电压矢量与电感元件电压矢量相加，如图 2.15(b) 所示。由图可见，总电压、电阻元件电压和电感元件电压的三个矢量组成一个直角三角形，电阻元件电压和电感元件电压的矢量分别为两条直角边，总电压的矢量为直角三角形的斜边，其长度

$$U = \sqrt{U_R^2 + U_L^2} \tag{2.22}$$

与电阻元件电压矢量的夹角

$$\varphi = \arctan \frac{U_L}{U_R} \tag{2.23}$$

由三个电压矢量构成的直角三角形称为"电压三角形"，如图 2.16(a) 所示。

2.4.2　阻抗

由式(2.22)可得

$$U = \sqrt{U_R^2 + U_L^2} = I \cdot \sqrt{R^2 + X_L^2} = IZ \tag{2.24}$$

式中，$Z = U/I = \sqrt{R^2 + X_L^2}$ 称为电阻元件和电感元件串联电路的阻抗，其单位仍是 Ω。

由式(2.24)可见，阻抗 Z、电阻 R 与感抗 X_L 也构成一个直角三角形，而且与电压三角形是相似三角形，如图 2.16(b) 所示，称为"阻抗三角形"，其夹角也是 φ：

$$\varphi = \arctan \frac{X_L}{R} \tag{2.25}$$

但应注意:构成阻抗三角形的三条边不是矢量,所以阻抗三角形不是矢量三角形。

2.4.3 电功率

1. 有功功率

在电阻元件与电感元件串联电路中,只有电阻元件是消耗电能的元件,所以电路的有功功率就是电阻元件的有功功率:

$$P = U_R I = UI \cos \varphi = UI\lambda \qquad (2.26)$$

式中,$\lambda = \cos \varphi$ 称为电路的功率因数,因此 φ 称为电路的功率因数角。关于 λ 的概念及含义将在下一节介绍。

2. 无功功率

同理,电路的无功功率就是电感元件的无功功率:

$$Q = U_L I = UI \sin \varphi \qquad (2.27)$$

3. 视在功率

电路中电流和总电压的乘积既不是有功功率,也不是无功功率,所以称为视在功率,用 S 来表示:

$$S = UI \qquad (2.28)$$

根据式(2.26)~式(2.28)可以推导出:

$$S = \sqrt{P^2 + Q^2} \qquad (2.29)$$

由式(2.29)可见,S、P、Q 三个功率也构成一个"功率三角形",如图 2.16(c)所示。它和阻抗三角形一样,也不是矢量三角形。而且功率三角形与电压三角形、阻抗三角形都是相似三角形,三个三角形的夹角 φ 相同:

$$\varphi = \arctan \frac{U_L}{U_R} = \arctan \frac{X_L}{R} = \arctan \frac{Q}{P} \qquad (2.30)$$

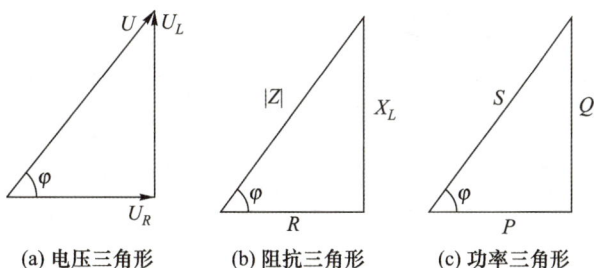

(a) 电压三角形   (b) 阻抗三角形   (c) 功率三角形

图 2.16 电阻元件与电感元件串联电路的三个三角形

视在功率表征的是电源的总容量,负载消耗的实际功率(有功功率)一般小于视在功率,由式(2.26)和功率三角形得:$P = UI\lambda = S\lambda$,即 $P/S = \lambda$。可见,有功功率占视在功率的比例在相当程度上取决于负载的功率因数,对此将在下一节作专门分析。

为了与有功功率和无功功率相区别,视在功率的单位采用 V·A(伏安)或 kV·A(千伏安)。

2.5 电路的功率因数

2.5.1 提高功率因数的意义

由式(2.26)和式(2.28)得,功率因数 $\lambda = \cos\varphi = P/S$,即 P 在 S 中的比例。且由 $P = S\cos\varphi$ 可知,当视在功率一定时,提高功率因数可以提高有功功率。提高功率因数的意义主要表现在两个方面。

1. 可以提高供电设备的利用率

因为功率因数是有功功率 P 与视在功率 S 的比值,所以在供电设备容量(即视在功率)S 一定的情况下,功率因数越高,则有功功率 P 越大,供电设备的容量越能够得到充分利用。在理想状态下,$\cos\varphi = 1$,$S = P$,电源的容量得到完全利用;如果 $\cos\varphi = 0$,则 $S = Q$。功率因数一般在 1 与 0 之间,表 2.1 列出了常用负载的功率和功率因数。由表可得,负载接入电网使用后,使整个电网的功率因数不可能等于 1。因此对于电源设备来说,必须在输出有功功率的同时输出无功功率;输出总的电功率中,有功功率和无功功率各占多少,取决于负载的功率因数。所以,在总功率 S 一定的情况下,负载的功率因数越高,电源输出的有功功率就越大,设备的利用率越高。

表 2.1 常用负载的功率和功率因数

负 载	常用功率 P/W	功率因数 $\cos\varphi$
白炽灯	25～100	1
荧光灯	6～40	0.34～0.52
音响设备	几～几十	0.7～0.9
电视机	几十～几百	0.7～0.9
400 mm 吊扇	66	0.91
电冰箱	60～130	0.24～0.4
家用洗衣机	90～650	0.5～0.6
家用空调器	1 000～3 000	0.7～0.9
电饭锅	300～1 400	1
Y 系列三相异步电动机	500～3×10^5	0.75～0.9

2. 可以减少在电源设备及输电线路上的电压降和功率损耗

在电源的额定电压 U 和电源输出的有功功率 $P = UI\cos\varphi$ 一定时,如果 $\cos\varphi$ 越高,通过输电线路中的电流 I 就越小,则在电源设备及输电线路上的电压降和功率损耗也就越小。

2.5.2 提高功率因数的方法

通过上面的分析可知,功率因数是供电系统中一个很重要的参数,因此提高功率因数对于供电系统有很重要的实际意义。常用的提高功率因数的方法有:

① 由于电网的大多数负载(如电动机)都是电感性负载,因此通常采用在电路中并联电容器的方法来提高电路的功率因数。如在"实训 2"中采用并联电容器的方法提高荧光灯电路的功率因数就是很典型的例子。应当指出,在实际应用中,并不需要将功率因数提高到理想状态下的 1,一般只需要提高为 0.9~0.95 即可。因为再往上提高,所需的电容量非常大,设备的投资大,而效益并不显著。另外,当整个电路的功率因数接近 1 时,可能会使电路产生谐振,影响电路的安全性。

② 对于功率较大、转速不要求调节的生产机械(如大型水泵、空气压缩机、矿井通风机),可采用同步电动机拖动。因为同步电动机在过励磁状态下工作时呈电容性,可以使电路的功率因数得到提高。

③ 设法提高负载自身的功率因数。例如,荧光灯的功率因数低主要是因为使用了电感式镇流器,如果改用电子式镇流器,则其功率因数可以提高为 0.95 以上。

实训 2　荧光灯电路及功率因数的提高

一、实训目的

1. 了解荧光灯电路的原理,学会安装荧光灯电路。

2. 学会测量交流电路的电压、电流和功率。

3. 了解提高功率因数的方法和意义。

二、相关知识与预习内容

(一)荧光灯电路的组成和工作原理

荧光灯俗称日光灯,是一种低压汞放电灯具,因为所发出的光接近于自然光,所以称为"日光"灯。实际上荧光灯有日光色、冷白色和暖白色三种,除了直管形外还可以制成环形和 U 形等各种形状。

荧光灯电路由灯管、镇流器和启辉器三部分组成(如图 2.17 所示)。

1. 灯管

荧光灯的灯管一般是一支细长的玻璃管,灯管的两端各有一个密封的电极[(如图 2.17(a)所示],灯管内充有低压汞蒸气及少量助燃的氩气,灯管内壁涂有一层荧光粉。当灯管通电,灯丝加热到一定温度时发射电子,电子在电场的作用下逐渐达到高速碰撞汞原子,使其电离产生紫外线,紫外线激励管壁上的荧光粉使其发出大量可见光。

2. 镇流器

镇流器是一个带铁心的电感线圈,镇流器的作用:一是与启辉器配合产生瞬间高电压使灯管点亮,二是在荧光灯正常工作时起限流作用。

3. 启辉器

在启辉器中有一个内部充有氖气的小玻璃泡,里面装有一对电极:一个是固定的静触点,

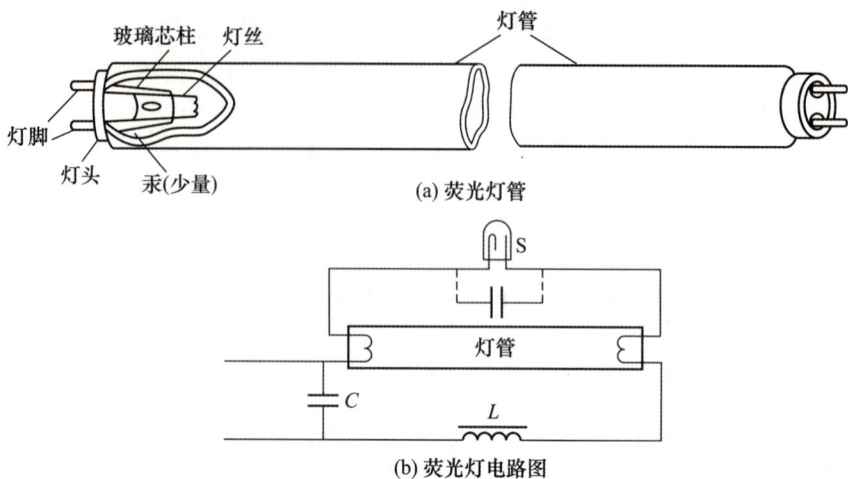

(a) 荧光灯管

(b) 荧光灯电路图

图 2.17　荧光灯及其电路

另一个是由双金属片制成的 U 形动触点,如图 2.17 所示。当启辉器通电后产生辉光放电,使双金属片受热,由于双金属片的热膨胀系数不同,使其频繁地通、断电,起到一个自动开关的作用。与电极并联的小电容(电容量为 0.005~0.02 μF)的作用:一是保护两个电极(触点),二是减少启辉器频繁通、断时产生的电磁波对附近的无线电设备的干扰。电容器容易击穿,可以去掉不用,不会影响荧光灯的正常工作。

4. 荧光灯的工作原理

荧光灯的点亮过程和工作原理如下:当图 2.17(b)所示的电路接通电源时,电源电压几乎全部加在启辉器两端,启辉器两电极间产生辉光放电,使双金属片受热膨胀而与静触点接触,电流经镇流器、灯丝和启辉器构成回路,使灯丝预热。由于启辉器的两个电极接触,辉光放电停止,经过 1~3 s 后双金属片冷却,又与静触点分离;分离后又产生辉光放电,使双金属片受热膨胀而与静触点接触……,由此频繁地通、断电,可在镇流器两端产生较高的自感电动势(400~600 V),这个自感电动势与电源电压共同加在已预热的灯丝上,使灯丝发射大量的电子,并使灯管内的气体电离而放电,产生大量的紫外线,激发灯管壁的荧光物质发出近似于日光的光线。

荧光灯点亮后,启辉器不再动作,整个荧光灯电路可以等效为一个电阻(包括灯管的电阻和镇流器线圈绕组的电阻)和一个电感(镇流器)的串联电路。镇流器串联在电路中起降低灯管两端电压和稳定电流之用,由于镇流器的电感较大,所以荧光灯电路的功率因数较低(一般低于 0.6,可见表 2.1 和例 2.6),可以采用并联电容器的方法来提高电路的功率因数。现在的电感镇流器已大多被电子镇流器所取代。

例 2.6　荧光灯电路是典型的电阻元件与电感元件串联电路,如果电路中灯管的电阻为 250 Ω,镇流器的内电阻为 50 Ω,电感为 1.42 H,电源为 220 V 工频交流电源,求电路的阻抗、电流、灯管两端的电压和镇流器两端的电压(可用感抗近似计算),视在功率、有功功率、无功功率和功率因数。

解:已知工频交流电源的频率 $f=50$ Hz,电感 $L=1.42$ H,电阻 $R=(250+50)\Omega=300$ Ω

感抗: $X_L=\omega L=2\pi fL=2\pi\times50\times1.42$ Ω ≈446.1 Ω

阻抗: $Z=\sqrt{R^2+X_L^2}=\sqrt{300^2+446.1^2}$ Ω ≈537.5 Ω

电流: $I=\dfrac{U}{Z}=\dfrac{220}{537.5}$ A ≈0.409 A

灯管两端的电压: $U_1=IR_1=0.409\times250$ V $=102.25$ V

用感抗近似计算镇流器两端的电压: $U_2=IX_L=0.409\times446.1$ V ≈182.45 V

视在功率: $S=UI=220\times0.409$ V·A $=89.98$ V·A

有功功率: $P=I^2R=0.409^2\times300$ W ≈50.18 W

无功功率: $Q=I^2X_L=0.409^2\times446.1$ var ≈74.62 var

功率因数: $\lambda=\cos\varphi=\dfrac{P}{S}=\dfrac{50.18}{89.98}\approx0.558$

想一想

为什么在例 2.6 中, $U_1+U_2\neq U$？ $P+Q\neq S$？

（二）交流电流表、功率表和功率因数表的使用

在本实训中,要测量交流电压、电流、功率和功率因数,除交流电压的测量可使用"实训 1"中已使用过的万用表外,交流电流表、功率表(低功率因数瓦特表)和功率因数表都是第一次使用。在使用中,应注意正确选用这三种电表的量程,正确接线(注意同名端的连接)和读数。

（三）复习内容

复习本章第 1～5 节的内容。

三、实训器材

按表 2.2 准备好所需的工具、器材和设备。

表 2.2　工具与器材、设备明细表

序号	名　　称	型号/规格	单位	数量
1	单相交流电源	220 V、36 V、6 V		
2	直流稳压电源	0～12 V(连续可调)		
3	万用表	500 型或 MF-47 型	个	1
4	交流电流表	0-0.5 A-1 A	个	1
5	单相功率表(低功率因数瓦特表)		个	1
6	功率因数(单相相位)表		个	1

续　表

序号	名　　称	型号/规格	单位	数量
7	30 W 荧光灯元件		套	1
8	电容器	400 V,2 μF;400 V,3.75 μF;400 V,4.75 μF	只	各1
9	一字螺钉与十字螺钉	各种规格		若干
10	导线			若干
11	电工电子实训通用工具	试电笔、榔头、螺丝刀(一字和十字)、电工刀、电工钳、尖嘴钳、剥线钳、镊子、小刀、小剪刀、活动扳手等	套	1

四、实训内容与步骤

（一）荧光灯电路的安装与测量

① 在实训桌上按图 2.18 所示接线（电源开关使用实训桌上的开关，下同），在虚线处串入电流表，自行检查并经教师检查无误后方可接通电源，点亮荧光灯。

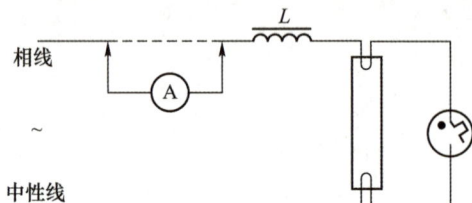

图 2.18　荧光灯实训电路

② 在荧光灯点亮时，测量电路的电流、电源电压和灯管与镇流器两端的电压，记录于表 2.3 中。

表 2.3　荧光灯电路的电流与电压测量记录表

测　量　值				计　算　值		
U/V	U_R/V	U_L/V	I/A	Z/Ω	R/Ω	L/H

③ 按图 2.19 所示接入功率表（注意接法），接通电源并待荧光灯点亮后，测量电路的有功功率，并记录于表 2.4 中。

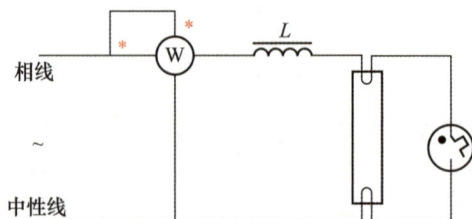

图 2.19　荧光灯功率测量电路

表 2.4　荧光灯电路有功功率测量记录表

测　量　值	计　算　值		
P/W	P/W	$S/(V \cdot A)$	$\cos \varphi$

（二）提高荧光灯电路的功率因数

按图 2.20 所示接入电流表和功率因数表（注意接法），接通电源并待荧光灯点亮后，分别测量并联三只不同的电容时，电路的电流和功率因数，并记录于表 2.5 中。

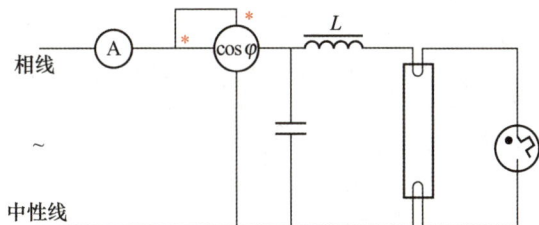

图 2.20　荧光灯功率因数测量电路

表 2.5　荧光灯电路有功功率测量记录表

$C/\mu F$	I/A	$\cos \varphi$	相位判断
2			
3.75			
4.75			

注意事项：

① 从本实训的结果可以看出：在实际应用中，并不需要将功率因数提高到理想状态下的 1，一般只需要提高为 0.95 左右即可。由表 2.5 的实训记录可得，当分别并联上 2 μF 和 3.75 μF 的电容时，电路的功率因数逐步提高，电流逐步减小，为什么？而当并联上 4.75 μF 的电容时，功率因数反而比并联 3.75 μF 电容时下降，电流反而上升，为什么？实际上，此时电路已处于过补偿的状态，电路呈电容性（相位上电流超前电压）。

② 接线后要认真检查电路，电路中的元件和电表都不要接错。

③ 荧光灯在启动时电流较正常工作时要大，注意电流表的量程，并注意观察电流表指针偏转的情况。

想一想

电感性负载功率因数较低，采用并联补偿电容器的方法来提高功率因数，是否提高了负载本身的功率因数？

2.6 三相交流电路

目前电力系统普遍采用的是三相交流电源供电,由三相交流电源供电的电路称为三相交流电路。所谓三相交流电路是指由三个频率与最大值(有效值)均相同、相位上互差 $2\pi/3$ 电角度的单相交流电动势组成的电路。因此本章第 2.1～2.5 节所介绍的交流电路,可以看成三相交流电路中的一个单相电路。

2.6.1 三相交流电源

1. 三相交流电动势

如上所述,三相交流电路由三个频率与最大值(有效值)均相同、相位上互差 $2\pi/3$ 电角度的单相交流电动势组成,这三个电动势称为三相对称交流电动势:

$$e_U = E_m \sin \omega t$$
$$e_V = E_m \sin(\omega t - 2\pi/3) \qquad (2.31)$$
$$e_W = E_m \sin(\omega t + 2\pi/3)$$

三相对称交流电动势的波形图和矢量图如图 2.21 所示。

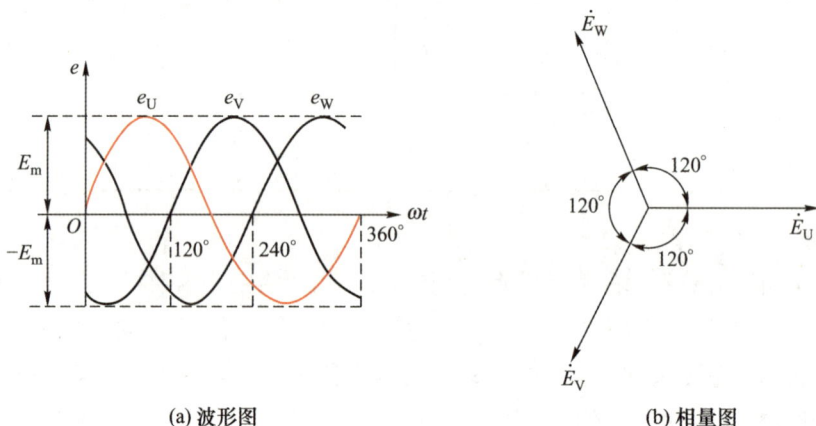

(a) 波形图　　　　　　　　　　　　　(b) 相量图

图 2.21　三相交流电动势

2. 三相四线制供电

如果将上述三个对称的三相交流电动势采用图 2.22 所示的星形(也称 Y 形)联结,即 U、V、W 三相电源(可以是三相交流发电机或三相变压器的绕组)的始端 U1、V1、W1 引出,三个末端 U2、V2、W2 接在一起并引出,这样三相电源共有四条引出线,因此称为"三相四线制"。三个始端的引出线称为"端线"或"相线"(俗称"火线"),分别用 U、V、W 表示;三个末端的引出线用 N 表示,称为"中性线",因为通常将该点接地,所以也称中性点(零线或地线)。如果只将三条相线引出而不引出中性线,则称为三相三线制。

采用三相四线制供电的好处是可以给负载提供两种三相电压:

① 相电压。如果将负载接在相线与中性线之间,负载得到的电压称为"相电压",用 U_P 表示,其正方向规定为由相线指向中性线。三个相电压分别为 U_U、U_V、U_W。

② 线电压。如果将负载接在任意两条相线之间,负载得到的电压称为"线电压",用 U_L 表示。三个线电压分别为 U_{UV}、U_{VW}、U_{WU}。

三个相电压和三个线电压均符合"对称三相交流电"的条件[即:频率与最大值(有效值)均相同,相位互差 $2\pi/3$ 电角度],并且可以推算出:线电压的有效值为相电压的 $\sqrt{3}$ 倍,在相位上分别超前所对应的相电压 $\pi/6$,如图 2.23 所示。

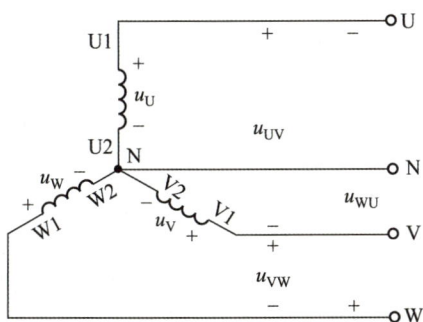

图 2.22　三相四线制供电

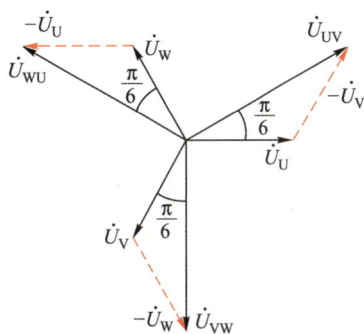

图 2.23　三相电源相电压与线电压的矢量图

例 2.7　目前普遍采用的三相四线制供电的线电压为 380 V,试求相电压。

解:$U_P = \dfrac{U_L}{\sqrt{3}} = \dfrac{380}{\sqrt{3}}$ V ≈ 220 V

阅读材料

三相交流电的优点

与单相交流电相比较,三相交流电具有以下主要优点:

① 三相交流发电机要比相同功率的单相交流发电机体积小、重量轻、成本低。

② 在输电的功率、电压、距离及线路损耗均相同的前提下,采用三相输电要比单相输电的成本低,且可以大幅节约输电线所消耗的有色金属。

③ 作为主要动力源的电动机,三相电动机要比单相电动机结构简单、运行性能好,且价格低廉、使用和维护方便。

2.6.2　三相负载及其连接

1. 三相负载

凡接到三相电源上的负载都称为三相负载。在实际应用中,三相负载分为两类:一类是必须使用三相电源的负载(如三相电动机、三相变压器),这些三相负载每一相的阻抗均完全相同,所以称为"三相对称负载";另一类是使用单相电源的负载(如各种日用电器和照明设备),

这类负载按照尽量使三相均衡的原则接入三相电源,但是三相负载的阻抗不可能做到完全相同,所以称为"三相不对称负载"。

2. 三相对称负载的星形联结

三相负载的星形联结如图 2.24 所示,图中,三个单相负载 Z_1、Z_2 和 Z_3 分别接在三个相电压上,采用三相四线制供电,代表"三相不对称负载";三相电动机接在三条相线上,采用三相三线制供电,代表"三相对称负载"。

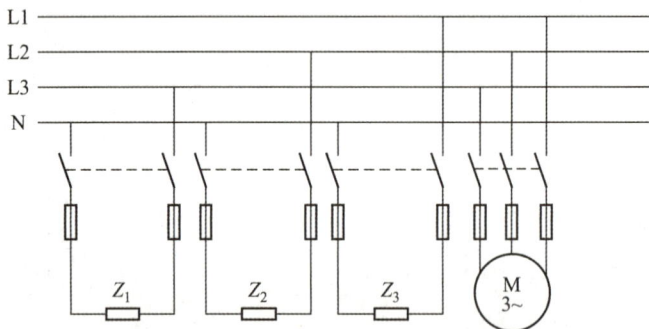

图 2.24　三相负载的星形联结示意图

先分析三相对称负载星形联结的情况,从图 2.25(a)所示的电路可以看出:

① 每相负载上承受的电压为相电压,已知相电压与线电压的数值关系为

$$U_L = \sqrt{3}\, U_P \tag{2.32}$$

② 通过每相负载的电流(称为相电流 I_P)等于对应相线上的电流(称为线电流 I_L),即

$$I_P = I_L \tag{2.33}$$

③ 因为是三相对称负载,各相的阻抗相同,所以各相的电流以及相电流与相电压之间的相位差 φ 也完全相同,即

$$I_P = U_P / Z \tag{2.34}$$

$$\varphi = \arctan X_P / R_P \tag{2.35}$$

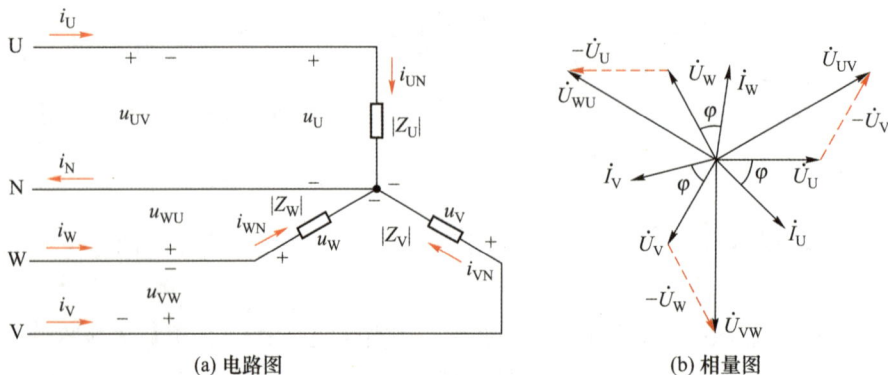

(a) 电路图　　　　(b) 相量图

图 2.25　三相负载星形联结的电路图和矢量图

所对应的三相 U_L、U_P 与 I_P 的矢量图如图 2.25(b)所示。通过分析、计算以及观察矢量图可以知道,三相电流也是完全对称的。根据基尔霍夫电流定律,通过中性线的电流 I_N 应该是三相电流之和(矢量和),当三相电流对称时,其矢量和为零,即中性线的电流 $I_N = 0$。既然中性线的电流为零,则可以不接中性线,所以对称的三相负载可以,采用三相三线制供电,如图 2.26 所示。〔事实上,所有对称的三相交流电,包括电动势、电压和电流,其矢量和都为零,这可以从矢量的相加运算得出,也可以从波形图看出:由图 2.21(a)可见,在任一瞬间,三相电动势中总有一相与其余两相之和的大小相等,方向相反。〕

例 2.8 有一台三相电动机采用星形联结,接到线电压为 380 V 的三相电源上,已知电动机每相绕组的等效电阻为 80 Ω,电抗为 60 Ω,试求相电流和功率因数。

解:由例 2.7 已求出,$U_L = 380$ V,$U_P = 220$ V

$$Z_P = \sqrt{R^2 + X_L^2} = 100 \ \Omega$$

$$I_P = \frac{U_P}{Z_P} = \frac{220}{100} \ A = 2.2 \ A$$

$$\lambda = \cos \varphi = \frac{R_P}{Z_P} = \frac{80}{100} = 0.8$$

3. 三相不对称负载的星形联结

实际上,许多用电负载都是单相负载,尽管在设计与安装时,尽可能将这些单相负载均衡地分配在各相电源上,但因为各相负载的使用情况不可能完全一致(例如各相负载的使用时间不一致,还可能接上临时性的负载等),所以常见的还是三相不对称负载。

三相不对称负载采用星形联结,负载的不对称造成三相电流不对称,所以中性线电流不为零,因此中性线不能省去。实际上,采用三相四线制供电是电源的每一相单独地对各相负载供电,中性线的作用就是保证星形联结的三相不对称负载能够保持基本对称的三相相电压。中性线不仅不能够省去,而且还要保证不会断开,因此,不允许在中性线上安装开关和熔断器等短路或过流保护装置,中性线本身的强度要比较好,接头也要比较牢固。

4. 三相对称负载的三角形联结

三相对称负载的三角形联结是将各相负载的始端与末端相连形成一个闭合回路,然后将三个连接点接到三相电源的三条相线上,如图 2.26 所示。

按照图 2.26,并经过分析与推算可知道,当对称的三相负载作三角形联结时:

① 各相负载所承受的电压为线电压,即

$$U_P = U_L \qquad (2.36)$$

② 因为是三相对称负载,所以三相电流是对称的,经过分析推算可知:三个线电流 I_L 也是对称的,在相位上,I_L 滞后对应的 $I_P \pi/6$,在数值上,I_L 为 I_P

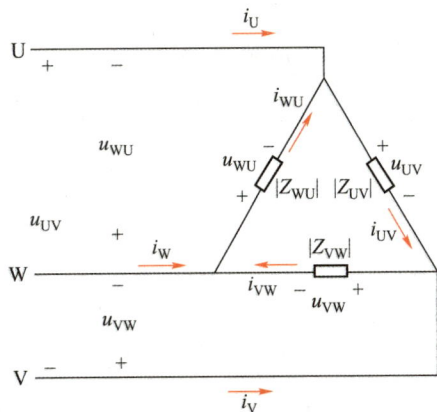

图 2.26 三相负载的三角形联结

的 $\sqrt{3}$ 倍，即

$$I_{\mathrm{L}} = \sqrt{3}\ I_{\mathrm{P}} \tag{2.37}$$

例 2.9 如果例 2.8 中的三相电动机采用三角形联结接到线电压为 380 V 的三相电源上，试求相电流和线电流。

解: $U_{\mathrm{P}} = U_{\mathrm{L}} = 380$ V，由例 2.8 已求出 $Z_{\mathrm{P}} = 100\ \Omega$

$$I_{\mathrm{P}} = \frac{U_{\mathrm{P}}}{Z_{\mathrm{P}}} = \frac{380}{100}\ \mathrm{A} = 3.8\ \mathrm{A}$$

$$I_{\mathrm{L}} = \sqrt{3}\ I_{\mathrm{P}} = \sqrt{3} \times 3.8\ \mathrm{A} = 6.6\ \mathrm{A}$$

比较例 2.8 和例 2.9 可见，当三相电动机采用三角形联结时，相电压为星形联结时的 $\sqrt{3}$ 倍，相电流也为星形联结时的 $\sqrt{3}$ 倍，又因为三角形联结时线电流是相电流的 $\sqrt{3}$ 倍，因此采用三角形联结时的线电流是星形联结时的 3 倍。所以正常运行时三相绕组采用三角形联结的三相电动机，可以在起动时先接成星形，则起动电流可减至原来的三分之一；但因为电动机的转矩与电流的平方成正比，所以起动转矩也同时降至原来的三分之一，具体将在本书第 4 章第 2 节中予以介绍。

2.6.3 三相电功率

由于三相交流电路可以视为三个单相交流电路的组合，所以无论三相负载采用什么联结，也不论三相负载是否对称，三相电路的有功功率和无功功率都是各相电路的有功功率和无功功率之和，即

$$P = P_{\mathrm{U}} + P_{\mathrm{V}} + P_{\mathrm{W}} \tag{2.38}$$

$$Q = Q_{\mathrm{U}} + Q_{\mathrm{V}} + Q_{\mathrm{W}} \tag{2.39}$$

三相交流电路的视在功率 $S = \sqrt{P^2 + Q^2}$

如果三相负载是对称的，则各相的有功功率、无功功率和视在功率都相等，则有

$$P = 3U_{\mathrm{P}}I_{\mathrm{P}}\cos\varphi$$

$$Q = 3U_{\mathrm{P}}I_{\mathrm{P}}\sin\varphi$$

根据三相负载星形联结和三角形联结时相电压与线电压、相电流与线电流的关系，可以推算出三相对称交流电路的 P、Q 用线电压、线电流表示的公式为

$$P = \sqrt{3}\ U_{\mathrm{L}}I_{\mathrm{L}}\cos\varphi \tag{2.40}$$

$$Q = \sqrt{3}\ U_{\mathrm{L}}I_{\mathrm{L}}\sin\varphi \tag{2.41}$$

$$S = \sqrt{P^2 + Q^2} = \sqrt{3}U_{\mathrm{L}}I_{\mathrm{L}} \tag{2.42}$$

由此得出的结论是：三相对称交流电路中，不论负载采用星形联结还是三角形联结，全电路的有功功率、无功功率和视在功率都可以用式(2.40)～式(2.42)来计算。

例 2.10 继续对例 2.8、例 2.9 中的问题进行计算和讨论：试分别计算这台三相电动机采用星形联结和三角形联结时的有功功率，从中可以得出什么结论？（三相电源的线电压仍为

380 V)

解:① 星形联结:$U_L=380$ V,$I_L=I_P=2.2$ A

$P=\sqrt{3}U_LI_L\cos\varphi=\sqrt{3}\times380\times2.2\times0.8$ W$\approx1\ 158.4$ W

② 三角形联结:$U_L=380$ V,$I_L=6.6$ A

$P=\sqrt{3}U_LI_L\cos\varphi=\sqrt{3}\times380\times6.6\times0.8$ W$\approx3\ 475.2$ W

由此可见,在同样的线电压下,负载三角形联结所消耗的功率是星形联结时的 3 倍(无功功率和视在功率也是如此)。因此要注意正确地连接负载,如果错将应该星形联结的负载接成三角形联结,则负载可能会因 3 倍的过载而烧毁;反之,如果错将应该三角形联结的负载接成星形联结,则负载也会因功率不足而无法正常工作。

实训 3　三相交流电路负载连接

一、实训目的

1. 掌握三相负载作星形联结和三角形联结时的接线方法。

2. 验证三相对称电路的线电压与相电压、线电流与相电流的关系。

3. 了解三相不对称负载作星形联结时中性线的作用。

二、相关知识与复习内容

复习第 2 章第 2.6 节的相关内容。

三、实训器材

按表 2.6 准备好所需的工具和器材、设备。

表 2.6　工具与器材、设备明细表

序号	名　　称	型号/规格	单位	数量
1	三相四线制交流电源	380 V/220 V		
2	万用表	500 型或 MF-47 型	个	1
3	交流电流表	0-1 A-2 A	个	1
4	三相调压器	3 kV·A	个	1
5	三相电路实训电路板(带相关灯座和开关)		块	1
6	灯泡	220 V、60 W	个	3
7	灯泡	220 V、40 W;220 V、25 W	个	各 1
8	导线			若干
9	电工电子实训通用工具	试电笔、榔头、螺丝刀(一字和十字)、电工刀、电工钳、尖嘴钳、剥线钳、镊子、小刀、小剪刀、活动扳手等	套	1

四、实训内容与步骤

（一）三相负载的星形联结

① 按图 2.27 所示接线。经检查确保接线无误后，将三相调压器手柄旋至输出电压为零的位置，闭合三相电源闸刀开关 QS1 和 QS2。

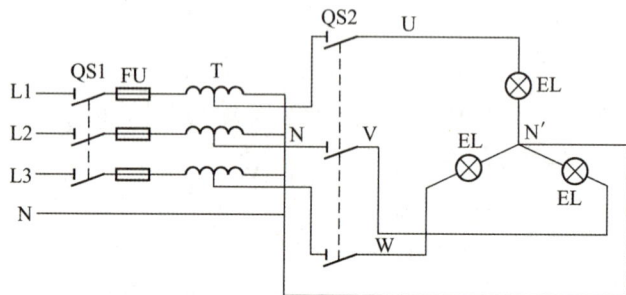

图 2.27　三相负载的星形联结电路图

② 调节三相调压器的手柄，使输出的相电压 $U_P = 220$ V。

③ 分别测量对称负载（三个灯泡均为 60 W）和不对称负载（三个灯泡分别为 60 W、40 W 和 25 W）两种情况下，各盏灯泡两端的电压 $U_{UN'}$、$U_{VN'}$、$U_{WN'}$ 及中性点之间的电压 $U_{NN'}$，各相负载的线电流 I_U、I_V、I_W 及中性线电流 I_N，并观察各相灯泡的亮度（正常、过亮、过暗、不亮），记录于表 2.7 中。

表 2.7　三相负载的星形联结实训记录表

电路状态		负载相电压			中性点电压	负载线电流			中性线电流	灯泡亮度		
		$U_{UN'}$ /V	$U_{VN'}$ /V	$U_{WN'}$ /V	$U_{NN'}$ /V	I_U /A	I_V /A	I_W /A	I_N /A	U 相	V 相	W 相
对称负载	有中性线											
	无中性线											
不对称负载	有中性线											
	无中性线											

④ 断开中性线（即把 N-N′ 线断开），重复步骤③的过程，同样记录于表 2.7 中。

⑤ 将调压器的输出电压降为零，并切断三相电源开关。

（二）三相负载的三角形联结

① 按图 2.28 所示接线。经检查确保接线无误后，将三相调压器手柄旋至输出电压为零

的位置,闭合三相电源闸刀开关 QS1 和 QS2。

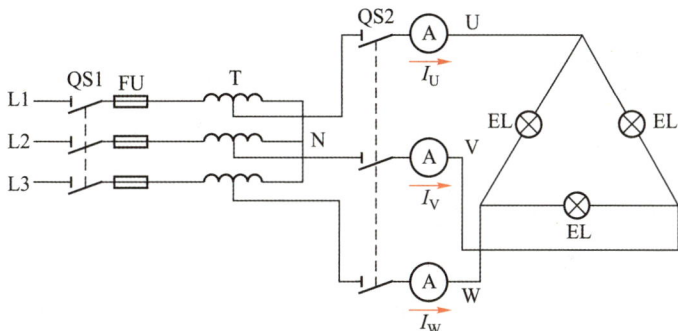

图 2.28　三相负载的三角形联结电路图

② 调节三相调压器的手柄,使输出的相电压 U_P＝220 V。

③ 分别测量对称负载(三个灯泡均为 60 W)和不对称负载(三个灯泡分别为 60 W、40 W和 25 W)两种情况下,各相负载的线电流 I_U、I_V、I_W,并观察各相灯泡的亮度,记录于表 2.8 中。

表 2.8　三相负载的三角形联结实训记录表

电路状态	负载线电流			灯泡亮度		
	I_U/A	I_V/A	I_W/A	U 相	V 相	W 相
对称负载						
不对称负载						

④ 将调压器的输出电压降为零,并切断三相电源开关。

注意事项:

① 注意三相调压器要正确接线,调压器的中性点 N′必须与电源的中性线 N 连接。

② 本次实训的电压较高,应注意安全操作。接线后要认真检查电路,更换线路时应先停电,严禁带电操作。

③ 在三相不对称负载为星形联结且无中性线时,有的灯泡上的电压可能会超过 220 V,因此动作要迅速,尽量减少通电的时间,以免灯泡烧毁。

本 章 小 结

● 交流电是指电流的大小和方向均随时间作周期性变化,而正弦交流电是指电流的大小和方向随时间按正弦规律作周期性变化。正弦交流电的三要素是频率(角频率、周期)、最大值(有效值)和初相位。

● 正弦交流电的表示方法有波形图、解析式和矢量图,在对交流电路进行分析计算时经常使用的是矢量图表示法。

● 纯电阻、电感和电容的交流电路可称为单一参数电路,电路的基本性质和相互关系可归纳为表 2.9。

表 2.9　单一参数电路的基本性质和相互关系

	纯电阻电路	纯电感电路	纯电容电路	RL 串联电路
电阻或电抗	电阻 R	感抗 $X_L = \omega L$	容抗 $X_C = 1/(\omega C)$	阻抗 $Z = U/I = \sqrt{R^2 + X_L^2}$
u、i 的大小关系	$U = RI$	$U = X_L I$	$U = X_C I$	$U = \sqrt{U_R^2 + U_L^2} = I \cdot \sqrt{R^2 + X_L^2} = I \cdot Z$
u、i 的相位关系	电压与电流同相	电压超前电流 $\pi/2$	电流超前电压 $\pi/2$	电压超前电流 φ,$\varphi = \arctan \dfrac{X_L}{R}$
有功功率 P	$P = UI = I^2 R = U^2/R$	0	0	$P = U_R I = UI \cos\varphi$
无功功率 Q	0	$Q = UI = I^2 X_L = U^2/X_L$	$Q = UI = I^2 X_C = U^2/X_C$	$Q = U_L I = UI \sin\varphi$
视在功率 S				$S = UI$　　$S = \sqrt{P^2 + Q^2}$
功率因数 λ	$\lambda = 1$	$\lambda = 0$	$\lambda = 0$	$\lambda = \cos\varphi = P/S$　　$1 > \lambda > 0$

● 实际的电感器相当于一个纯电阻元件与一个纯电感元件的串联电路。在纯电阻电路中,因为只有耗能元件——电阻,所以电压与电流的相位差 $\varphi = 0$(同相),电路只有有功功率,无功功率为零,功率因数 $\lambda = 1$;在纯电感电路中,因为只有储能元件——电感,所以电压与电流的相位差 $\varphi = \pi/2$(电压超前电流),电路只有无功功率,有功功率为零,功率因数 $\lambda = 0$;而在 RL 串联电路中,因为既有耗能元件——电阻,又有储能元件——电感,所以电压与电流的相位差 $\pi/2 > \varphi > 0$(电压超前电流),电路既有有功功率又有无功功率,功率因数 $1 > \lambda > 0$。现将 RL 串联电路的特性与基本关系也列入表 2.9 中,以利于比较。

● 由 $\lambda = \cos\varphi = P/S$ 得,功率因数是有功功率 P 与视在功率 S 的比值,所以在供电设备容量(即视在功率)S 一定的情况下,功率因数越高,有功功率 P 越大,供电设备的容量越能够得到充分利用。因此功率因数是供电系统中一个很重要的参数,提高功率因数对于供电系统有很重要的实际意义。

● 三相交流电路是由三个频率与最大值(有效值)均相同、相位上互差 $2\pi/3$ 电角度的单相交流电动势所组成的电路。采用三相四线制供电可以使负载得到相电压和线电压两种电压,线电压的有效值为相电压的 $\sqrt{3}$ 倍,在相位上分别超前于所对应的相电压 $\pi/6$。目前普遍采用的三相四线制供电的线电压为 380 V,相电压为 220 V。

● 三相负载分为对称负载和不对称负载两类,负载的连接方式也有星形联结和三角形联结两种。本章介绍了对称和不对称负载的星形联结、对称负载的三角形联结三种电路,现列于

表 2.10 中进行比较。

表 2.10 三相负载的连接

	三相对称负载的星形联结	三相不对称负载的星形联结	三相对称负载的三角形联结
电 压	$U_L=\sqrt{3}\,U_P$	$U_L=\sqrt{3}\,U_P$	$U_L=U_P$
电 流	$I_L=I_P$，三相电流对称，中性线电流为零	$I_L=I_P$，三相电流不对称，中性线电流不为零	$I_L=\sqrt{3}\,I_P$
有功功率 P	$P=\sqrt{3}\,U_LI_L\cos\varphi$	$P=P_U+P_V+P_W$	$P=\sqrt{3}\,U_LI_L\cos\varphi$
无功功率 Q	$Q=\sqrt{3}\,U_LI_L\sin\varphi$	$Q=Q_U+Q_V+Q_W$	$Q=\sqrt{3}\,U_LI_L\sin\varphi$
视在功率 S	$S=\sqrt{P^2+Q^2}=\sqrt{3}\,U_LI_L$	$S=\sqrt{P^2+Q^2}$	$S=\sqrt{P^2+Q^2}=\sqrt{3}\,U_LI_L$

习 题 2

一、填空题

1. 正弦交流电的三要素是_____、_____和_____。

2. 我国的供电电源频率（工频）为 50 Hz，其周期为_____，角频率为_____。

3. 交流电压 $u=220\sqrt{2}\sin(314t+60°)$ V，则该交流电压的最大值 $U_m=$_____ V，频率 $f=$_____ Hz，初相位 $\varphi_0=$_____，用电压表测量该交流电压时，$U=$_____ V。

4. 将 $C=200/\pi\,\mu F$ 的电容接入 $f=100$ kHz 的交流电路，容抗 $X_C=$_____ Ω；将 $L=5$ mH 的线圈接入 $f=100$ kHz 的交流电路，感抗 $X_L=$_____ Ω。

5. 用同一坐标表示纯电阻电路电压和电流的有效值相量，正确的应是图 2.29 中的_____图。

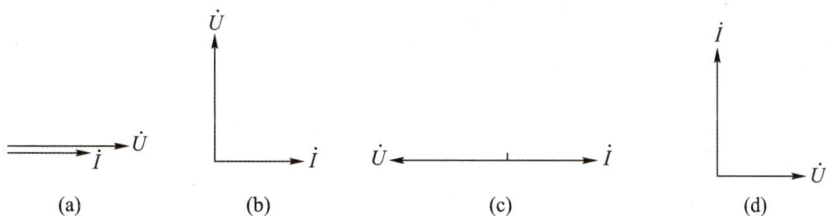

图 2.29 填空题第 5 题图

6. 已知一个线圈的电阻为 $2\,\Omega$，电感为 4.78 mH，现将其接入 $u=220\sqrt{2}\sin(314t+60°)$ V 的交流电路中，则电流 i 的瞬时值表达式为 $i=$_____。

7. 一个电感线圈接到电压为 120 V 的直流电源时，电流为 20 A；接到频率为 50 Hz、电压为 220 V 的交流电源时，电流为 22 A。则线圈的电阻 $R=$_____ Ω，电感 $L=$_____ mH。

8. 三相对称的交流电动势是指三个交流电动势的频率_____，最大值_____，相位_____。

9. 三相负载的额定电压为 220 V，当电源的额定线电压为 380 V 时，应将三相负载接成_____形；当电源的额定线电压为 220 V 时，应将三相负载接成_____形。

10. 三相对称负载接成三角形联结，线电流 I_L 在相位上滞后对应的相电流 I_P _____，在数值上为 I_P 的_____倍。

11. 三相对称负载联结如图 2.30 所示，在图 (a) 中，电压表 V_1 的读数为 220 V，则电压表 V_2 的读数为_____V；在图 (b) 中，电流表 A_1 的读数为 22 A，则电流表 A_2 的读数为_____A。

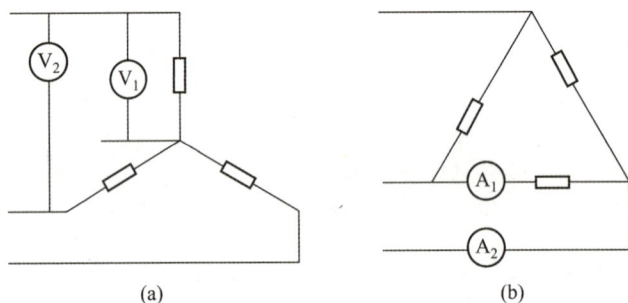

(a)   (b)

图 2.30　填空题第 11 题图

二、选择题

1. 交流电是指(　　)。

　　A. 电流的大小和方向都不变化

　　B. 电流的大小随时间变化，但方向不变化

　　C. 电流的大小和方向都随时间作周期性变化

2. 有两个同频率的正弦交流电流，i_1 的初相位为 $\pi/4$，i_2 的初相位为 $-\pi/4$，则(　　)。

　　A. i_1 超前 i_2 $\pi/2$ 　　　　B. i_1 超前 i_2 $\pi/4$ 　　　　C. i_1 滞后 i_2 $\pi/2$

3. 正弦交流电的最大值是有效值的(　　)倍。

　　A. 2 　　　　　　　　B. $\sqrt{3}$ 　　　　　　　　C. $\sqrt{2}$

4. 用电表测量正弦交流电路的电压或电流，在表盘上指示的数值是(　　)。

　　A. 最大值 　　　　　　B. 瞬时值 　　　　　　C. 有效值

5. 电路中的耗能元件是(　　)。

　　A. 电阻 　　　　　　　B. 电感 　　　　　　　C. 电容

6. 在正弦交流电路中，纯电容元件两端的电压与电流的正确关系式是(　　)。

　　A. $I = U \cdot \omega C$ 　　　　B. $I = U/\omega C$ 　　　　C. $I = U/C$

7. 在纯电容正弦交流电路中，下列关系式正确的是(　　)。

　　A. $i = \dfrac{u}{X_C}$ 　　　　　B. $I = \dfrac{U_m}{X_C}$ 　　　　　C. $I = \dfrac{U}{X_C}$

8. 一个纯电阻元件与一个纯电感元件相串联,测得电阻的电压为 40 V,电感电压为 30 V,则串联电路的总电压为(　　)。

    A. 50 V   B. 60 V   C. 70 V

9. 已知电路的电压 $u = U_m \sin(\omega t + \pi/3)$ V,$i = I_m \sin(\omega t + \pi/6)$ A,则电路的性质为(　　)。

    A. 电感性   B. 电容性   C. 电阻性

10. 电阻、电容和电感元件并联接到正弦交流电源上,在电源电压不变的情况下,当电源的频率升高时,通过电阻元件的电流(　　),通过电容元件的电流(　　),通过电感元件的电流(　　)。

    A. 增大   B. 减小   C. 不变

11. 交流电路中,有功功率的单位是(　　),无功功率的单位是(　　),视在功率的单位是(　　)。

    A. W   B. var   C. V · A

12. 已知某单相交流电路的视在功率为 10 kV · A,无功功率为 8 kvar,则该电路的功率因数为(　　)。

    A. 0.4   B. 0.6   C. 0.8

13. 三相对称负载是指每相的(　　)完全相同。

    A. 电阻   B. 电抗   C. 阻抗

14. 三相对称负载接成星形联结,其线电压 U_L 在数值上为相电压 U_P 的(　　)倍。

    A. 3   B. $\sqrt{3}$ C. $\sqrt{2}$

15. 在同样的线电压下,负载三角形联结所消耗的功率是星形联结的(　　)倍。

    A. 3

    B. $\sqrt{3}$

    C. $\sqrt{2}$

16. 对称的三相负载连接在线电压为 380 V 的电源上,如图 2.31 所示。这时每相负载的电压为(　　)。

    A. 660 V

    B. 380 V

    C. 220 V

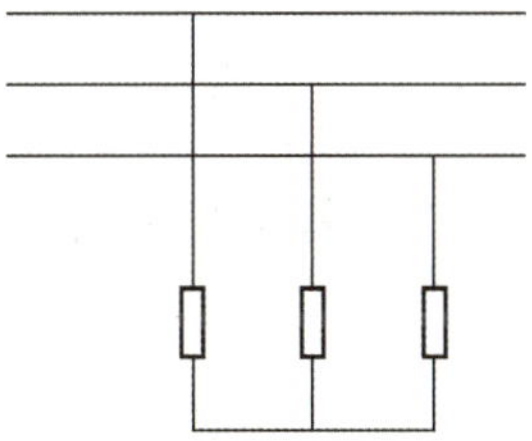

图 2.31　选择题第 16 题图

三、判断题

1. 大小随时间作周期性变化但方向不改变的电流也是交流电流。 (　　)

2. 只有同频率的正弦量才能在同一矢量图上表示,并用矢量进行计算。 (　　)

3. 只有同频率的正弦量才能讨论相位关系。 (　　)

4. 正弦交流电的最大值是随时间变化的。 (　　)

5. 用交流电压表测得某元件两端的电压为 10 V,则该电压的最大值为 10 V。 (　　)

6. 将电阻值为 R 的电阻接在电压为 220 V 的直流电源上和接在电压有效值为 220 V 的

交流电源上,在相同的时间内,产生的热量相同。 （　　）

7. 电阻元件上电压、电流的初相位都一定是零,所以它们是同相的。 （　　）

8. 电感元件在直流电路中不呈现电感抗,是因为此时电感量为零。 （　　）

9. 电容元件在直流电路中相当于开路,是因为此时容抗为无穷大。 （　　）

10. 连接在交流电路中的线圈,当交流电压的最大值保持不变时,交流电的频率越高,通过线圈中的电流就越大。 （　　）

11. 无功功率是平均不做功,即平均功率为零,所以是无用功率。 （　　）

12. 提高电路的功率因数就是提高负载本身的功率因数。 （　　）

13. 在供电线路中,经常用电容器对电感电路的无功功率进行补偿。 （　　）

14. 在 RL 串联的交流电路中,阻抗三角形、电压三角形、功率三角形是相似三角形。 （　　）

15. 对两个电路进行测量,如果电压表、电流表的读数均相等,则此两个电路的有功功率、无功功率及视在功率也一定相等。 （　　）

16. 三相电源电压对称,作星形联结的三相负载也对称时,中性线上的电流为零。 （　　）

17. 采用三相四线制供电,作星形联结的三相负载不论对称或不对称,中性线上的电流均为零,因此中性线实际上可以省去。 （　　）

18. 三相不对称负载的总功率也是 $P = \sqrt{3}\, U_L I_L \cos\varphi$。 （　　）

19. 表 2.3 中记录的三个电压值表明:灯管两端电压加上镇流器两端电压等于总电压。 （　　）

四、综合题

1. RL 串联电路中,$R = 3\ \Omega$,$X_L = 4\ \Omega$,交流电路的电压 $u = 50\sqrt{2}\sin 314t$ V,求:

   (1) 电路电流的有效值 I。

   (2) 电路的有功功率 P、无功功率 Q 和视在功率 S。

   (3) 电路的功率因数 $\cos\varphi$。

2. Y-160L-4 型三相异步电动机采用三角形联结,$U_L = 380$ V,$\cos\varphi = 0.85$,输入功率 $P_1 = 16.95$ kW,求 I_L、I_P。

3. 某台三相异步电动机采用三角形联结,$U_L = 380$ V,$\cos\varphi = 0.87$,$I_L = 19.9$ A,求电源供给电动机的有功功率 P_1。如果这台电动机改为星形联结,电源线电压 U_L 不变,求此时电动机的线电流 I_L 和有功功率 P_1。

4. 将表 2.5 与表 2.3、表 2.4 的记录值相比较:为什么分别并联上 2 μF 和 3.75 μF 的电容后,电路的电流逐步减小? 为什么在并联上 4.75 μF 的电容后,电路中的电流不减小反而增加?

5. 在三相负载作三角形联结时,如果某一相(如 U 相)负载开路(可拧下灯泡),其余两个灯泡的亮度如何? (可测量其电压)如果 U 相的相线开路又如何?

6. 负载为星形联结时,中性线起什么作用? 在什么情况下可不要中性线,什么情况下必须要有中性线?

题解:
习题 2 答案

第 2 篇　电工技术

　　本篇是电工技术，包括：电能的生产和输送，变压器和各类电动机的原理和用途，电动机的基本控制电路，各种电器简介，安全用电和节约用电。

chapter 3
第 3 章

电能的生产与输送

学习目标

本章主要介绍电能的生产和输送技术，后两章则介绍电能的应用技术。通过本章的学习，主要了解：

● 电能的生产（电力生产）。
● 电能的输送和分配。
● 变压器的用途和结构原理。

3.1 电能的生产

3.1.1 电能的特点

自然界中的能源可分为一次能源和二次能源两类。一次能源是指自然界中现成存在的可直接利用的能源，如煤、石油、天然气、风、水、太阳、地热、原子核等；二次能源是指由一次能源加工转换而成的能源，包括电能和燃油等。

自然界中存在电能，如打雷闪电时产生的电能，但人们至今还未能开发并直接利用自然界中存在的电能。人类今天利用的所有电能都是由其他形式的能源转换而来的，因此电能属于二次能源。电能与其他能量之间的相互转换如图 3.1 所示。

与其他形式的能源比较，电能具有以下几方面的特点：

① 便于转换。电能可以很方便地由其他形式的能源（如热能、水的势能、各种动能、太阳能、原子能等）转换而成。同时，电能也很容易转换成其他形式的能量而加以利用。

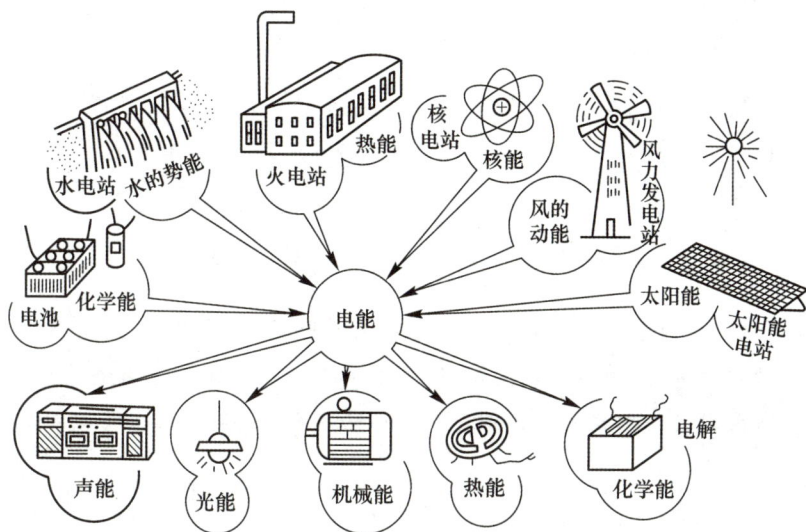

图 3.1 电能与其他能量之间的相互转换

② 便于输送。电能可以通过输电线很方便且经济、高效地输送到远方。

③ 便于控制和测量。电能可实现远距离的精确控制和测量,实现生产的高度自动化。

④ 电能的生产、输送和使用比较经济、高效、清洁,污染少,有利于节能和保护环境。

3.1.2 电能的生产

目前电能的生产主要有以下三种方式。

1. 火力发电

火力发电的基本原理是通过煤、石油和天然气等燃料燃烧来加热水,产生高温高压的蒸汽,再用蒸汽推动汽轮机旋转并带动三相同步发电机发电。

火力发电的优点是电厂的投资较少,建厂速度快;缺点是耗能大,发电成本高且对环境污染较严重。目前我国仍以火力发电为主,70%以上的电力依靠火力发电产生。

2. 水力发电

水力发电的基本原理是利用水的落差和流量推动水轮机旋转并带动发电机发电。其优点是成本低,没有环境污染。但由于水力发电的条件是要集中大量的水并形成水位的落差,所以受自然条件影响较大,投资较大且建厂速度慢。

3. 核能发电

核能发电的基本原理是利用原子核裂变时释放出的巨大能量来加热水,产生高温高压的蒸汽,推动汽轮机并拖动发电机发电。

核能发电消耗的燃料少,发电的成本较低。但建设核电站的技术要求和各方面条件要求高,投资大且建设周期长,而且还存在核污染的问题。1986 年 4 月发生的切尔诺贝利核电站事故,以及 2011 年 3 月日本福岛核电站由于受地震引发产生核泄漏事故,以遭受核辐射的遇难者及不能再恢复的环境为惨痛代价,教育人们从珍爱人的生命和保护环境为重的立场出发,认识建设核电站必须首先解决核污染、核武器转移及核废料的处理等问题。

其他的发电方式可见以下"阅读材料"。

阅读材料

其他发电方式简介

除了前面介绍的目前电能生产的三种主要方式之外,还有风力发电、太阳能发电、地热发电、潮汐发电和波浪发电、海洋温差发电等,这些都是清洁的能源,从环境保护和节能的观点出发,具有很好的开发前景。下面简单介绍其中几种发电方式。

1. 风力发电

风力发电是以自然界中的风力为动力驱动发电机发电。风力发电要求风力的大小且风速稳定,我国西北和沿海地区的风能资源十分丰富,现已建成许多中小型的风力发电站。如广东省东部的南澳岛,依靠风力发电可满足全县(全岛)的用电需求。在许多发达国家,风力发电的资源已得到充分开发,例如,英国的风力发电量已达到全国电力需求的20%。图3.2所示为风力发电的场景。

图 3.2　风力发电

2. 太阳能发电

太阳能发电分为利用太阳的热能发电和利用太阳的光能发电两种类型。前者是用太阳的热能加热水,再通过类似火力发电的方法发电;后者是将太阳的光能直接分配给高效光电池,产生直流电再经逆变后送到用户。

太阳能是比其他能源更可靠、更丰富、更环保的能源,具有非常广阔的发展前景。

3. 地热发电

地热发电是指利用地球内部蕴藏的热能发电,其原理与火力发电基本相同。对地下的干蒸气(不含水分),可直接送入汽轮发电机发电;对地下气水混合物,可采用减压扩容法和低沸点工质法获得足以使汽轮机做功的地热蒸汽。1904年,在意大利拉德瑞罗火山地区建造了第一座容量为 500 kW 的地热电厂。目前美国、意大利、新西兰、墨西哥、日本等国对地热发电都比较重视。我国已于 1970 年建成了第一座用减压扩容法发电的地热电厂,1977 年又建成了地下蒸汽发电厂;1988 年在西藏地区打出了第一口超 200 ℃ 的地热井,推动了我国地热发电资源的开发和利用。

4. 潮汐发电

由于太阳和月亮对地球表面不同位置的引力不均衡,使海水形成有规律升降的潮汐现象,海水有规律的运动形成大量的动能和势能,称为潮汐能。目前的潮汐发电技术是建造拦潮大坝,利用潮汐能推动水轮发电机组发电。世界上最大的潮汐发电厂是建于 20 世纪 60 年代的法国朗斯潮汐发电厂,其装机容量为 24 万 kW。但是建造拦潮大坝不仅费用高,而且会对环境造成影响,因此限制了潮汐能的开发。现在正在研究利用海洋的潮流发电:将水下涡轮机固定在海床上,海潮流动时推动涡轮机的叶片发电。挪威计划于 2013 年在苏格兰东南部两座岛屿的狭窄水道中安装 10 台各 1 MW 的涡轮机。这一技术如获成功,将实现对潮汐能的深度开发和利用,为人类提供更多的清洁能源。

3.2 电能的输送和分配

3.2.1 供电系统

供电系统是指从电源线路入端起到高、低压用电设备进线端止的整个电路系统,包括用电设备所有部门内部的变配电所和所有高、低压供配电线路。

由于发电厂一般都建在能源产地或交通运输比较方便的位置而远离电能消费中心,所以需要通过供电系统进行远距离输送电能。从输电的角度来看,根据三相电功率的公式 $P = \sqrt{3}UI\cos\varphi$,在输送功率 P 和负载功率因数 $\cos\varphi$ 一定时,输电线路上的电压 U 越高,则电流 I 越小,这不仅可以减小输电线的横截面积,节约线材,而且可以减小输电线路的功率损耗。因此目前世界各国在输、配电方面都向建立高电压、大功率的电力网系统方向发展,以便集中输送、统一调度和分配电能。这就促使输电线路的电压由高压(110~220 kV)向超高压(330~750 kV)和特高压(750 kV 以上)不断升级。目前,我国高压输电的电压等级有 110 kV、220 kV、330 kV 及 500 kV 等。但从用电的角度来看,为了安全和降低设备的成本,希望电压低一些为好。因此都采用高压输电、低压配电的方式。

如图 3.3 所示,大型的用电企业一般采用的是电网 35~110 kV 的进线,设置在总降压变电所的电力变压器将 35～110 kV 的高压降至 6～10 kV 的电压等级,通过高压母线和高压干线输送到下一级的各变电所,由电力变压器变换成 380 V/220 V 电压,再经低压母线和干线分别输送到配电室或配电柜上,分配给具体的用电设备。

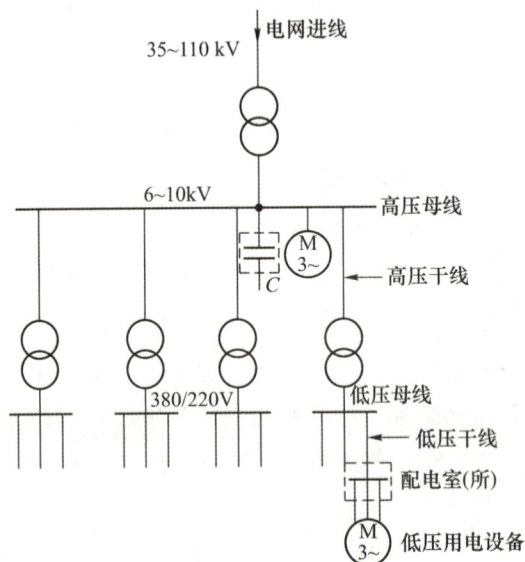

图 3.3 供电系统示意图

而对于中小型用电企事业单位,进线电压一般为 6～10 kV,因此只需要设置一个变电所,高一级的变电所由供电部门统一设置和管理。通常,为了提高供电的可靠性,可用来自两个不同的高一级的变电所提供的(6～10 kV)电源进线,通过隔离开关后送到电力变压器的输入端。

对于小型用电单位,一般只设置一个简单的降压变电所。而对于用电量在 100 kV·A 以下的单位,供电部门采用 380 V/220 V 低压供电方式,用户只需设置一个低压配电室即可。

3.2.2 供电质量

供电质量包括供电的可靠性、电压质量、频率质量及电压波形质量四个方面。

1. 供电的可靠性

供电的可靠性用事故停电到恢复供电所需时间的长短来反映。供电部门在向用户供电时,根据用户负荷的重要性、用电需求量及供电条件等多方面考虑确定供电的方式,以保证供电质量。电力负荷通常分为三类。

① 一类负荷。一类负荷是指停电时可能引起人身伤亡、造成重大政治影响、设备损坏、发生事故或混乱的场所,如医院、地铁、重要军事及政府机关部门、重要大型企业、交通枢纽等。它们一般采用两个独立的电源系统供电。

② 二类负荷。二类负荷是指停电时将产生大量废品、减产或造成公共场所秩序严重混乱的部门,如炼钢厂、化工厂、大城市的热闹场所等。它们一般由两路电源线进行供电。

③ 三类负荷。三类负荷是指不属于上述第一、二类负荷的用户,其供电方式一般为单路。

2. 电压质量

国家规定:35 kV 及以上供电电压允许偏差为±10%,10 kV 及以下的供电电压允许偏差为±7%,220 V 单相供电电压允许偏差为+5%～−10%。若变化幅度超过规定标准,会使用户设备不能正常工作(如三相异步电动机在电压降低过多时会使转矩减小、温升增高而导致事故)。

3. 频率质量

我国交流电力设备的额定频率为 50 Hz,频率偏差一般不超过±0.5 Hz。若电力系统容量达 3 000 MW 以上时,频率偏差不得超过±0.2 Hz。若频率偏差超过规定标准,也将影响用户设备正常工作。

4. 电压波形质量

由于大型晶闸管整流装置及一些新零件的使用,导致供电系统中电流、电压波形发生变化,使其他用电设备损耗增大、寿命缩短,过大的畸变还会影响一些电气设备正常工作。

3.3 变压器的用途和结构原理

3.3.1 变压器的用途

变压器是一种利用电磁感应原理,将某一数值的交变电压变换为同一频率的另一数值的交变电压的静止的电气设备。变压器在电工与电子技术中具有非常广泛的用途。变压器按照用途主要分为以下几类:

1. 电力变压器

变压器中最主要的是作为输、配电用的电力变压器,如图 3.4(a)、(b)所示。如前面所介绍,供电系统采用高压输电、低压配电的方式,由于发电机本身的结构及所用绝缘材料的限制,不可能直接发出高压输电所需要的高电压,因此在输电时必须首先通过升压变电站的升压变压器将电压升高再进行输送;而高压电输送到用电区后,为了保证用电安全和符合用电设备的电压等级要求,还必须通过各级降压变电站,利用降压变压器将电压降低。

2. 特种变压器

特种变压器是指在特殊场合使用和具有特别用途的变压器,如作为焊接电源的电焊变压器[如图 3.4(c)所示]、专供大功率电炉使用的电炉变压器、用于局部照明和控制的控制变压器、将交流电整流成直流电的整流变压器、用于平滑调节电压的自耦变压器[如图 3.4(d)所示],等等。

3. 仪用互感器

仪用互感器用于仪表测量技术中,如电流互感器、电压互感器,如图 3.4(e)、(f)所示。如本课程实训 4 中将使用的钳形电流表就是利用电流互感器的原理制成的(如图 4.33 所示)。

4. 其他变压器

其他变压器包括试验用的高压变压器、产生脉冲信号的脉冲变压器等。

各种变压器如图 3.4 所示。

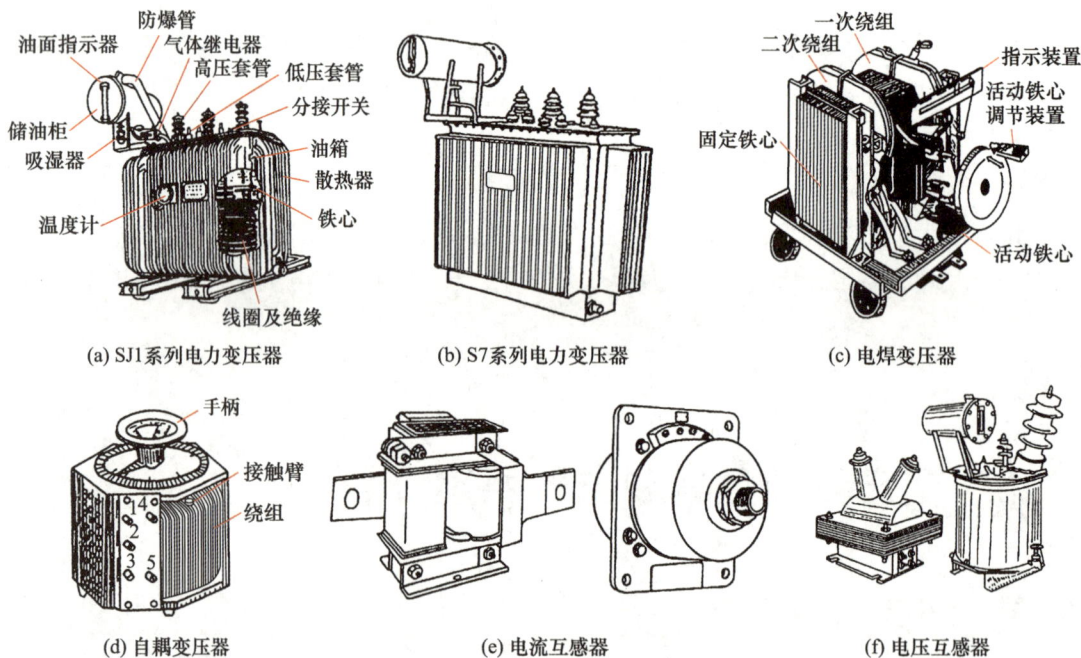

(a) SJ1系列电力变压器　　(b) S7系列电力变压器　　(c) 电焊变压器

(d) 自耦变压器　　(e) 电流互感器　　(f) 电压互感器

图 3.4　各种变压器

阅读材料

新型电力变压器简介

电力变压器是输、配电系统中不可缺少的重要设备。从发电厂发出的电压经升压变压器升压,输送到用户区后,再用降压变压器降压供给用户,中间一般要经过 4~5 次甚至 8~9 次变压器的升降压。根据资料显示,1 kW 的发电设备需要 8~8.5 kV·A 容量的变压器与之配套,由此可见,在电力系统中变压器是容量最多、最大的电气设备。另外,电能在传输过程中会有能量的损耗,这主要是输电线路的损耗和变压器的损耗,占整个供电容量的 5%~9%,这是一个相当可观的数字。例如,我国 1999 年发电设备的总装机容量约为 3 亿 kW,则输电线路和变压器损耗的部分为 1 500 万 kW~2 700 万 kW,它相当于目前我国 10~20 个装机容量最大的火力发电厂发电量的总和。在这个能量损耗中,又以变压器的损耗最大,约占 60%,因此变压器效率的高低成为输、配电系统中一个突出的问题。我国从 20 世纪 80 年代起大量生产 S7、S9 等型号的低损耗变压器[如图 3.4(b)和图 3.5 所示],并要求逐步淘汰正在使用的旧型号变压器[如 SJ1 系列,如图 3.4(a)所示]。据初步估算,采用低损耗变压器所需的投资费用可在 4～5 年时间内从节约的电能中收回。

近年来,随着铁损可降低 70% 的非晶合金铁心片和超导材料的出现,大幅度降低变压器损耗已成为可能。可以预言,新一代的节能变压器——超导变压器将于 21 世纪进入实用阶段。

图 3.5 新型电力变压器

3.3.2 变压器的基本结构

变压器由铁心和绕组两部分组成,如图 3.6 所示。

1. 铁心

铁心构成变压器的磁路系统,并作为变压器的机械骨架。为了减小涡流和磁滞损耗,铁心一般用涂有绝缘漆的硅钢片叠成,一些专用的小型变压器则采用铁氧体或坡莫合金制成铁心。

根据变压器铁心的结构形式,变压器可分为壳式和心式两大类。壳式变压器在中间的铁心柱上安置绕组(线圈),心式变压器在两侧的铁心柱上安置绕组,如图 3.6 所示。

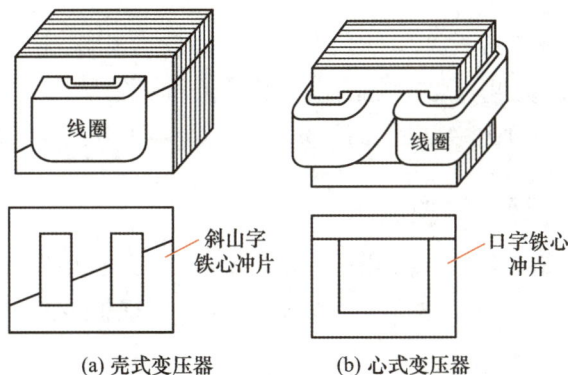

(a) 壳式变压器　　　(b) 心式变压器

图 3.6 变压器的基本结构

动画:
变压器结构

2. 绕组

变压器的线圈称为绕组,它是变压器的电路部分。变压器有两个或两个以上的绕组,接电源的绕组称为一次绕组,接负载的绕组称为二次绕组。

变压器工作时,铁心和绕组都会发热。小容量的变压器采用自冷方式,即在空气中自然冷却;中容量的变压器采用油冷式,即将其放置在有散热管(片)的油箱中冷却;大容量的变压器还要用油泵将冷却液在油箱与散热管(片)中作强制循环。

3.4 变压器的基本工作原理

3.4.1 变压器的空载运行和变压比

变压器的空载运行是指一次绕组接电源、二次绕组开路的状态,如图 3.7(a)所示。

在一次绕组所接电源电压 u_1 的作用下,一次绕组中通过电流 i_0,i_0 称为空载电流,由于产生工作磁通,所以又称励磁电流。根据电磁感应原理,在励磁电流作用下,在二次绕组两端产生感应电动势。由于二次绕组开路,电流 $i_2 = 0$,其端电压与感应电动势相等。在理想状态下,变压器一次绕组与二次绕组的电压关系为

动画:变压器
工作原理

$$\frac{U_1}{U_2} = \frac{N_1}{N_2} = k \qquad (3.1)$$

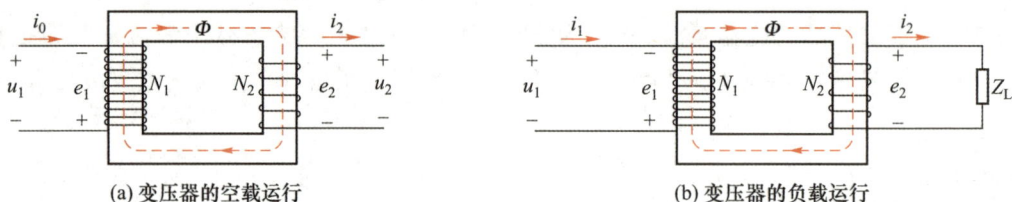

(a) 变压器的空载运行　　　　　　　　(b) 变压器的负载运行

图 3.7　变压器的工作原理

式中,N_1 与 N_2 分别为变压器一次、二次绕组的匝数。该式表明:变压器一次、二次绕组的电压(有效值)与一次、二次绕组的匝数成正比,其比值 k 称为变压比,简称变比。通常将 $k > 1$(即 $U_1 > U_2$)的变压器称为降压变压器,而将 $k < 1$(即 $U_1 < U_2$)的变压器称为升压变压器。

3.4.2 变压器的负载运行和变流比

变压器的负载运行是指其二次绕组连接负载 Z_L 时的运行状态,如图 3.7(b)所示。此时变压器一次绕组的电流为 i_1,且二次绕组的电流 $i_2 \neq 0$。在理想的状态下:

$$\frac{I_1}{I_2} = \frac{N_2}{N_1} = \frac{1}{k} \qquad (3.2)$$

式(3.2)表明:变压器一次、二次绕组的电流(有效值)与一次、二次绕组的匝数成反比。

例 3.1 低压照明变压器的一次绕组匝数 $N_1 = 770$,一次绕组电压 $U_1 = 220$ V,现要求二次绕组输出电压 $U_2 = 36$ V,求二次绕组的匝数 N_2 和变比 k。

解: 根据式(3.1)可得

$$N_2 = \frac{U_2}{U_1} N_1 = \frac{36}{220} \times 770 = 126$$

$$k = \frac{U_1}{U_2} = \frac{220}{36} \approx 6.1$$

3.4.3 变压器的外特性

变压器的外特性是指在电源电压不变的条件下,变压器二次电压 U_2 与电流 I_2 的关系,如图3.8所示,在负载变化时,变压器二次电压 U_2 将会随着电流 I_2 的增大而降低。这是因为在变压器加上负载后,随着负载电流 I_2 的增加,二次绕组内部的阻抗压降也会增加,使二次绕组的输出电压 U_2 下降;另一方面,由于一次绕组的电流 I_1 随 I_2 增加,使一次绕组的阻抗压降也增加,造成一次电压 U_1 下降,从而使二次电压 U_2 下降。由图3.8可见,常用的电力变压器从空载到满载,二次电压会下降 $3\%\sim5\%$ (U_{20} 为二次绕组的空载电压)。

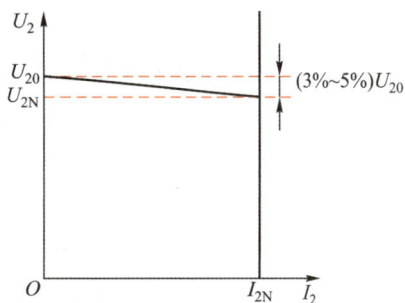

图 3.8　变压器的外特性曲线

3.4.4 变压器的效率

变压器的效率是指输出有功功率 P_o 与输入有功功率 P_i 的比值:

$$\eta = \frac{P_o}{P_i} \times 100\% \tag{3.3}$$

变压器的效率比较高,一般供电变压器的 η 都在 95% 左右,大型变压器的 η 可达 98%。但即便如此,因为变压器中存在功率损耗,所以 $\eta \neq 100\%$,即 $P_o < P_i$。变压器的功率损耗主要由铁损耗和铜损耗两部分构成。铁损耗是指变压器磁路的损耗,它又包括磁滞损耗和涡流损耗。当外加电压一定时,铁损耗是固定的。铜损耗是指变压器的电路损耗,由于变压器的绕组存在电阻,当电流通过绕组时会在绕组电阻上产生功率损耗,可见,铜损耗随着负载变化而变化。

本 章 小 结

● 电能具有便于转换、便于输送、便于控制和测量等几个方面的特点。

● 目前电能生产的主要方式是火力发电、水力发电和核能发电三种。

● 电力系统由发电厂、变电所、电力网和电能用户组成。发电厂发出的电压经升压变压器升压后,由高压输电网输送到用电区域;再经一次、二次降压变压器降压,然后送到用电户,再分配给低压用电设备使用。我国的一般工业用电和民用电为 50 Hz、220 V 或 380 V 交流电。

● 供电质量包括供电的可靠性、电压质量、频率质量及电压波形质量四个方面。

● 电力负荷通常分为三类。分类等级越高,对供电系统的可靠性、稳定性的要求就越高。

● 变压器是一种利用电磁感应原理,将某一数值的交变电压变换为同一频率的另一数值的交变电压的静止的电气设备。

● 变压器按照用途主要分为电力变压器、仪用互感器、特种变压器和其他用途的变压器等几类。

● 铁心和绕组(线圈)是变压器最基本的两个组成部分。铁心构成变压器的磁路;绕组组成变压器的电路,绕组分为一次绕组和二次绕组。

● 变压器实现电压、电流变换的基本公式为

$$\frac{U_1}{U_2}=\frac{I_2}{I_1}=\frac{N_1}{N_2}=k$$

● 在电源电压不变的条件下,变压器二次电压 U_2 与电流 I_2 的关系称为变压器的外特性。

● 变压器的效率是指输出有功功率 P_o 与输入有功功率 P_i 的比值:

$$\eta=\frac{P_o}{P_i}\times100\%$$

习　题　3

一、填空题

1. 变压器是一种利用_____原理,将某一数值的交变电压变换为同一频率的另一数值的交变电压的_____的电气设备。

2. _____和_____构成变压器的两个基本组成部分。

3. 变压器接_____的称为一次绕组,接_____的称为二次绕组。

4. 一台变压器的变比 $k=5$,若一次电压 $U_1=100$ V,则二次电压 $U_2=$_____ V。

5. 变压器的效率是指_____与_____的比值。

二、选择题

1. 目前电能生产的三种主要方式是(　　)。

   A. 火力发电　　　　B. 水力发电　　　　C. 太阳能发电　　　　D. 核能发电

2. 在下列场所中,属于一类负荷的是(　　)。

   A. 交通枢纽　　　　B. 炼钢厂　　　　C. 居民家庭

3. 学校属于(　　)类负荷。

   A. 一　　　　　　　B. 二　　　　　　　C. 三

4. 变压器一次、二次绕组的(　　)与一次、二次绕组的匝数成反比。

   A. 电压　　　　　　B. 电流　　　　　　C. 电功率

5. 通常将 k(　　)的变压器称为降压变压器,而将 k(　　)的变压器称为升压变压器。

   A. >1　　　　　　　B. <1　　　　　　　C. =1

6. 变压器的外特性是指在电源电压不变的条件下,变压器(　　)的关系。

   A. U_1 与 I_1　　　　B. U_1 与 I_2　　　　C. U_2 与 I_2

三、判断题

1. 变压器也可以变换直流电压。　　　　　　　　　　　　　　　　　　　　（　　）
2. 变压器可以变换不同频率的交流电压。　　　　　　　　　　　　　　　　（　　）
3. 变压器只能升压，不能降压。　　　　　　　　　　　　　　　　　　　　（　　）
4. 变压器既可以变压，又可以变流。　　　　　　　　　　　　　　　　　　（　　）
5. 变压器的功率损耗主要由铁损耗和铜损耗两部分构成，这两部分损耗都随着负载的变化而变化。　　　　　　　　　　　　　　　　　　　　　　　　　　　　　　　（　　）
6. 如果变压器二次绕组的电流减小，则一次绕组的电流也必定随之减小。　（　　）

四、综合题

1. 接在 220 V 交流电源上的单相变压器，其二次电压为 110 V，若二次绕组的匝数为 350，求一次绕组的匝数 N_1 为多少？
2. 有一台单相照明变压器，容量为 2 kV·A，电压为 380 V/36 V，现将其二次绕组接上 $U_N = 36$ V、$P_N = 40$ W 的白炽灯，使变压器在额定状态下工作，能接多少盏白炽灯？此时的 I_1 及 I_2 各为多少？
3. 一台变压器的二次电压为 20 V，在接有电阻性负载时，测得二次电流为 5.5 A，变压器的输入功率为 132 W，试求变压器的效率。

题解：
习题 3 答案

chapter 4
第 4 章 | # 电机及其控制

学习目标

　　电动机和发电机统称为电机。电能作为能源很主要的功能是提供动力,而将电能转变为动力(机械能)的装置是电动机。电动机通电后为什么能转动起来呢? 它的转速与转矩之间有什么关系? 如何对它进行控制? 本章将介绍电动机的原理及其控制电路,主要包括:

- 三相异步电动机及其基本控制电路。
- 单相交流电动机和直流电动机。
- 汽车用电动机及其控制。

　　通过本章的学习,理解电动机的基本原理,能够读懂电动机基本控制电路的原理图,对汽车常用电动机及其控制有一定了解。

4.1　三相异步电动机

　　电机是利用电和磁相互作用的电磁感应原理实现机-电能量和信号相互转换的装置,它是电动机、发电机和信号电机的总称。而电动机则是将电能转换成机械能(旋转运动或直线位移)的装置。

　　如本书"绪论"中所述,电能作为能源利用主要是作为动力(机械能)。在电能已成为人类生产和生活中最主要能源的今天,电动机也已成为主要的动力设备,据统计,电动机所消耗的电能已占全社会电能消耗总量的 $60\%\sim70\%$。现在,电动机已不是单纯作为动力设备,许多类型的电动机被用于电气自动控制系统中,起控制、放大、测量、调节等作用。而且一台设备中使用电动机的数量也越来越多,例如,一辆普通汽车上装有十几台电动机,而一辆高级轿车上使用的电动机则多达八十多台。

按照电源的种类,可将电动机分为交流电动机和直流电动机:

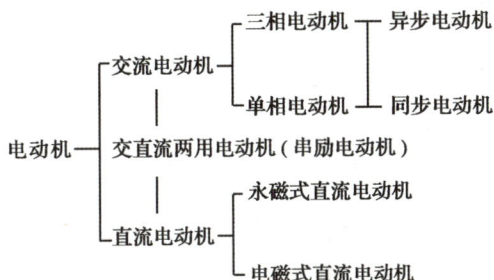

```
                        ┌─ 三相电动机 ──── 异步电动机
            ┌─ 交流电动机 ┤
            │           └─ 单相电动机 ──── 同步电动机
电动机 ─────┼─ 交直流两用电动机(串励电动机)
            │           ┌─ 永磁式直流电动机
            └─ 直流电动机 ┤
                        └─ 电磁式直流电动机
```

目前应用比较广泛的电动机是三相异步电动机、单相交流异步电动机和直流电动机。

4.1.1 三相异步电动机的基本结构

三相异步电动机的基本结构包括定子和转子两大部分,以及机壳、端盖、轴承、风扇等部件,如图 4.1 所示。

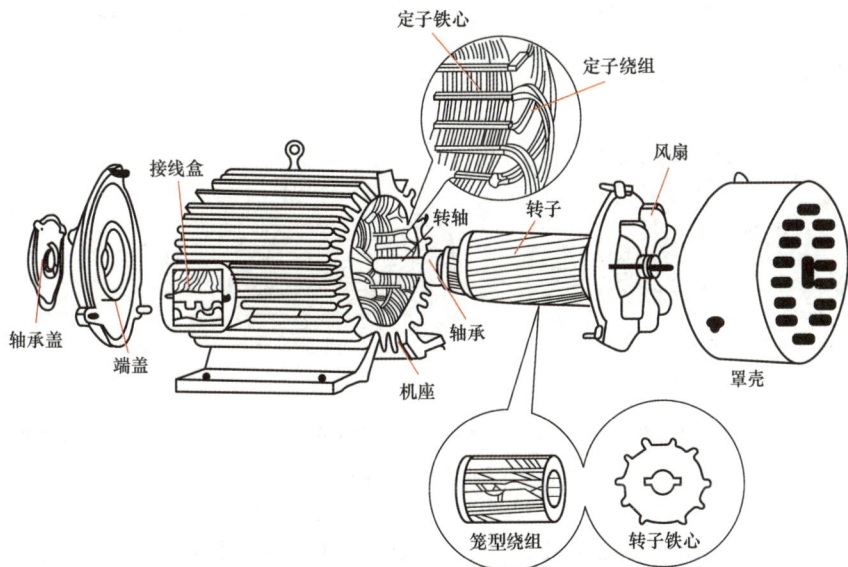

图 4.1 三相异步电动机的基本结构示意图

1. 定子

电动机的定子由定子铁心和定子绕组构成,如图 4.1 所示。定子铁心作为电动机磁路的一部分,一般要求有较好的导磁性能和较小的铁损耗,所以定子铁心是用冷轧硅钢片冲压成形后,再叠压成圆筒状。其内圆均匀分布若干凹槽,用来嵌放定子绕组。硅钢片之间涂有绝缘漆,以减小涡流损耗。

动画:三相异步电动机结构

定子绕组是电动机的电路部分,是用漆包线绕成线圈,再按一定的规律连接而成。每个线圈的两个边嵌放在定子铁心槽内,线圈和铁心之间衬有绝缘纸。三相异步电动机的定子绕组为空间互差 120°电角度的三相对称绕组 U1-U2、V1-V2、W1-W2,三相定子绕组一般为星形或三角形联结,如图 4.2 所示。

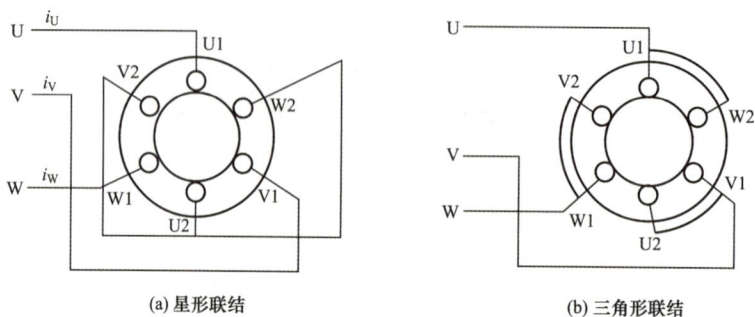

(a) 星形联结　　　　　　　　　　　　(b) 三角形联结

图 4.2　三相定子绕组示意图及其连接方式

2. 转子

电动机的转子由转子铁心、转子绕组和转轴构成,如图 4.3 所示。转子铁心作为电动机磁路的组成部分,也是用硅钢片叠压而成。沿其外圆周均匀分布着若干个槽,用于嵌放转子绕组,中间穿有转轴。

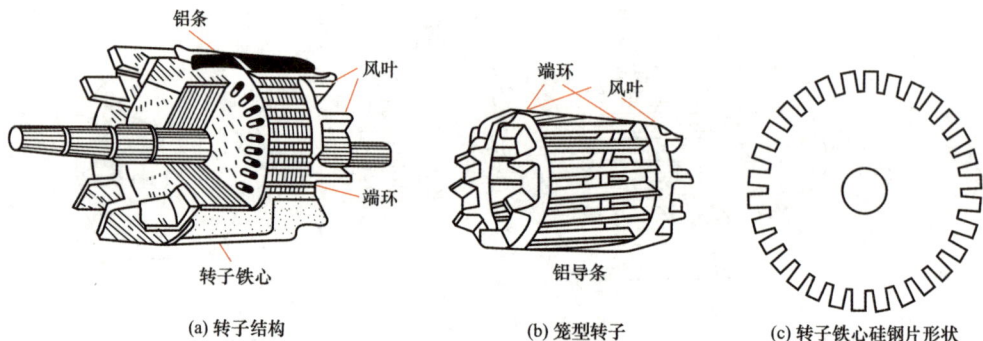

(a) 转子结构　　　　　　　(b) 笼型转子　　　　　(c) 转子铁心硅钢片形状

图 4.3　三相异步电动机的转子

三相异步电动机根据转子绕组的结构形式分为笼型电动机和绕线转子电动机。笼型转子绕组大多是斜槽式的,绕组的导条、端环和散热用的风叶多用铝材一次浇铸成形。其中,端环的作用是将所有导条并接起来形成闭合的转子电路,以便能够在导条中形成感应电流,产生电磁转矩。绕线式转子绕组与定子绕组一样,是用绝缘导线在转子铁心槽中绕成的三相对称绕组,其尾端连接成星形,首端通过滑环和电刷装置与外电路的起动设备或调速设备接通,可以提高起动性能和调速性能。

3. 其他部件

三相异步电动机的其他部件还有机壳,前、后端盖,风叶等。

4.1.2 三相异步电动机的转动原理

1. 转动原理

三相异步电动机转动原理实验装置如图 4.4(a)所示,在一个马蹄形磁铁上装有旋转手柄,两磁极之间放一个可以自由转动的笼型转子,磁极和转子之间是空气隙,没有机械或电气的联系。当转动手柄使磁铁旋转时,会观察到以下现象:

① 笼型转子随着磁极一起转动。磁极转得快,转子随着转得快;磁极转得慢,转子也随着转得慢。

② 若改变磁极的旋转方向,笼型转子也随着改变旋转方向。

③ 仔细观察还会发现,笼型转子的转速总是低于磁极的转速,两者的转速不能同步,即所谓"异步"。

上述实验现象可通过图 4.4(b)来分析说明。设磁极按逆时针方向旋转,形成一个旋转磁场,置于旋转磁场中的转子导条切割磁感应线,产生感应电动势,由于笼型转子绕组是闭合结构,所以转子绕组中产生感应电流。根据右手定则,可以判断出位于 N 极下的导条感应电流方向为进入纸面;而位于 S 极下的导条感应电流方向为穿出纸面。又因为载流导体在磁场中会受到电磁力的作用,根据左手定则可判断出位于 N 极下的导条受力方向向左;位于 S 极下的导条受力方向向右。这样,在笼型转子上形成一个逆时针方向的电磁转矩,从而驱动转子跟随旋转磁场按逆时针方向转动起来。

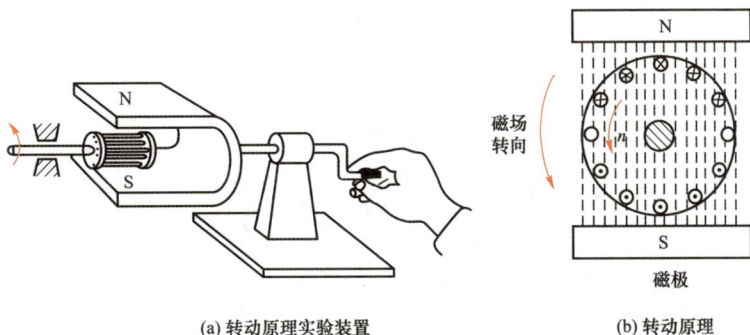

(a) 转动原理实验装置　　　(b) 转动原理

图 4.4　三相异步电动机的转动原理

若磁极按顺时针方向旋转,同理,转子也会改变方向朝顺时针方向转动。另外,若磁场加快旋转,转子上感应电流及电磁转矩将增大,则转子转速加快。

那么对"异步"的现象又如何解释呢?由上述原理可知,异步电动机的转子转向与旋转磁场转向一致,如果转子与旋转磁场转速相等,则转子与旋转磁场之间没有相对运动,转子导条不再切割磁感应线,没有电磁感应,感应电流和电磁转矩为零,转子失去旋转动力,在固有阻力矩的作用下,转子转速必然低于旋转磁场转速,所以称为异步电动机。

如果能设法使电动机转子与旋转磁场以相同的转速旋转,这种电动机称为同步电动机。

异步电动机旋转磁场转速(也称同步转速 n_0)与转子转速 n 之差称为转差,转差与同步转

速 n_0 的比值用转差率 s 表示：

$$s = \frac{n_0 - n}{n_0} \tag{4.1}$$

转差率 s 是反映异步电动机运行状态的一个重要参数。异步电动机额定转速时的转差率称为额定转差率 s_N，一般很小（2%～5%），即异步电动机在额定状态下运行时的转速 n_N 很接近同步转速 n_0。

例 4.1　某台三相异步电动机的同步转速为 1 500 r/min，电动机的额定转速为 1 470 r/min，求电动机的额定转差率。

解：$s = \dfrac{n_0 - n}{n_0} = \dfrac{1\,500 - 1\,470}{1\,500} \times 100\% = 2\%$

2. 旋转磁场

由以上分析可知，异步电动机必须首先建立一个旋转磁场，这样才能驱动转子旋转。三相异步电动机的旋转磁场是由对称的三相定子绕组通入对称的三相电流（在时间上互有 120° 相位差）产生的。

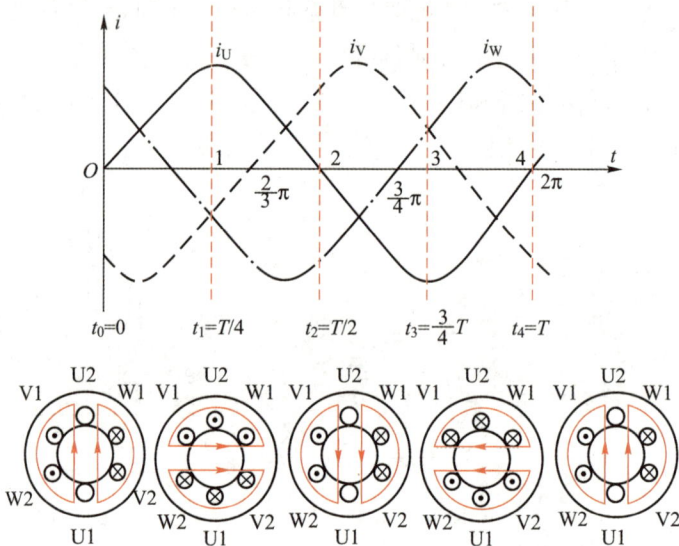

图 4.5　三相交变电流产生的旋转磁场

对称的三相电流和对称的三相定子绕组在电流的一个周期内 $t_0 \sim t_4$ 五个时刻所产生的合成磁场的方向如图 4.5 所示，由图可见，电流交变一周，合成磁场的方向也在空间旋转了一圈（360°）。图 4.5 所示为一对磁极（$p=1$）的情况，如果三相异步电动机的定子绕组每相由两组线圈组成，分布如图 4.6 所示，各相绕组首端或尾端在空间上互差 60°（电角度仍是 120°）。通入三相对称电流后，用同样方法可判断电动机将产生两对磁极，并且仍按 U1→V1→W1 方向旋转。但是，当电流变化一个周期 360°，合成磁场只转了半圈 180°。由此归纳，旋转磁场的转速 n_0（同步转速）与交流电源的频率 f 成正比，而与磁极对数 p 成反比，即

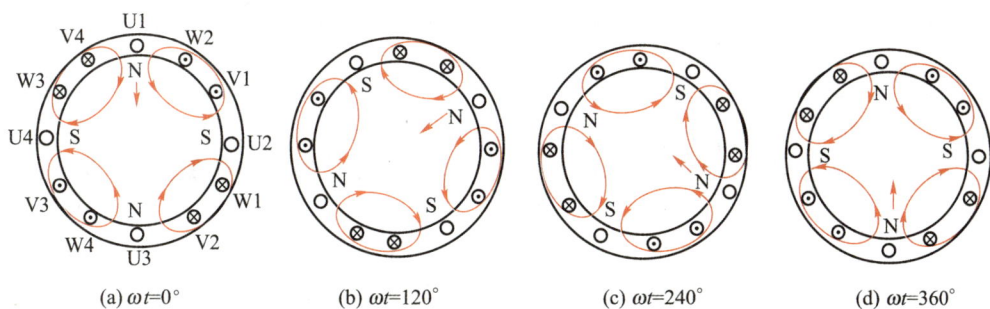

(a) $\omega t = 0°$ (b) $\omega t = 120°$ (c) $\omega t = 240°$ (d) $\omega t = 360°$

图 4.6 两对磁极的旋转磁场

$$n_0 = \frac{60f}{p} \tag{4.2}$$

式中，f 为交流电源的频率；p 为定子磁极对数。

旋转磁场建立后，利用旋转磁场与转子的转速差在转子上产生电流，产生电磁转矩，使电动机沿旋转磁场方向旋转起来。

4.1.3 三相异步电动机的机械特性

1. 三相异步电动机的机械特性曲线

电动机作为一种动力设备，人们在使用时最关心的是电动机的输出转矩和转速，转矩与转速之间的关系称为机械特性。如果用横坐标表示转矩，纵坐标表示转速，将机械特性用曲线表示出来，则称为（电动机的）机械特性曲线。图 4.7 所示为三相异步电动机的机械特性曲线，图中 A、B、C、D 四点分别为电动机的同步点、额定运行点、临界点和起动点。由图可见，电动机在 D 点起动后，随着转速的上升转矩随之上升，在达到转矩的最大值（C 点）后，进入 A—C 段的工作区域。

2. 三相异步电动机的运行性能

下面用图 4.7 所示的机械特性曲线来分析三相异步电动机的运行性能。

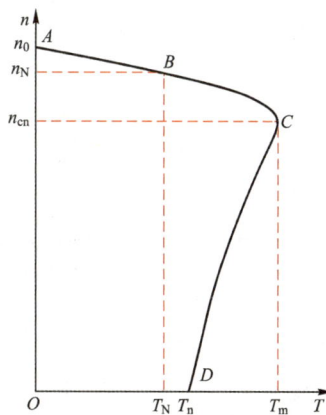

图 4.7 三相异步电动机的机械特性

① 曲线的 A—C 段。这一段曲线近似于线性，随着异步电动机的转矩增加，转速略有下降，从同步点 A（$n = n_0$，$s = 0$，$T = 0$）到满载的 B 点（额定运行点），转速仅下降 $2\%\sim6\%$，可见，三相异步电动机在 A—C 段的工作区域有较"硬"的机械特性。

② 额定运行状态。在 B 点，电动机工作在额定运行状态，在额定电压、额定电流下产生额定的电磁转矩，以拖动额定的负载，此时对应的转速、转差率均为额定值（额定值均用下标 N 表示）。电动机工作时应尽量接近额定状态运行，以使电动机有较高的效率和功率因数。

③ 临界状态。C 点称为"临界点"，在该点产生的转矩为最大转矩 T_m，它是电动机运行的临界转矩，因为一旦负载转矩大于 T_m，电动机因无法拖动而使转速下降，工作点进入曲线的

C—D 段,在 C—D 段,随着转速的下降,转矩继续减小,使转速很快下降至零,电动机出现堵转。C 点为曲线 A—C 段与 C—D 段的交界点,所以称为"临界点",该点对应的转差率均为临界值。

电动机产生的最大转矩 T_m 与额定转矩 T_N 之比称为电动机的过载能力 λ,即

$$\lambda = \frac{T_m}{T_N} \tag{4.3}$$

一般来说,三相异步电动机的 λ 在 1.8~2.2 之间,这表明在短时间内电动机轴上带动的负载只要不超过 $(1.8~2.2)T_N$,电动机仍能继续运行,因此一定的 λ 表明电动机所具有的过载能力的大小。

④ 起动状态。D 点称为"起动点"。在电动机起动瞬间,$n=0$,$s=1$,电动机轴上产生的转矩称为起动转矩 T_{st}(又称为"堵转转矩")。T_{st} 必须大于负载转矩,电动机才能起动,否则电动机将无法起动。

电动机产生的起动转矩 T_{st} 与额定转矩 T_N 之比称为电动机的起动能力,即

$$起动能力 = \frac{T_{st}}{T_N} \tag{4.4}$$

一般情况下,三相异步电动机的起动能力在 1~2 之间。

4.1.4　三相异步电动机的型号和技术数据

1. 三相异步电动机的铭牌

在每台电动机的外壳上都有一块标牌,一般是用金属制作的,因此称为"铭牌",图 4.8 所示为一块三相异步电动机的铭牌。在铭牌上标注出了电动机的型号和主要技术数据,因此,电动机的额定值又称铭牌值。现分别说明如下。

三相异步电动机			
型号 Y-112M-4		编号	
4.0 kW		8.8 A	
380 V	1 440 r/min		LW 82 dB
接法△	防护等级IP44	50 Hz	45 kg
标准编号	工作制SI	B级绝缘	年　月
××××　　　　　　　　电机厂			

图 4.8　三相异步电动机的铭牌

2. 型号

以 Y-112M-4 型为例:

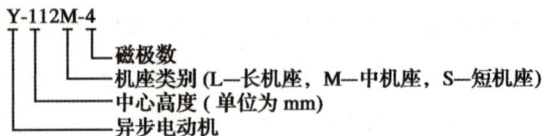

```
Y-112M-4
   └─ 磁极数
   └── 机座类别 (L—长机座,M—中机座,S—短机座)
   └─── 中心高度 (单位为 mm)
   └──── 异步电动机
```

3. 电动机的额定值

在第 1 章曾经介绍过:电气设备的额定工作状态是指电气设备处于最经济合理和安全可靠并能够保证其有效使用寿命的工作状态。同样,电动机的额定工作状态是指电动机能够可靠地运行并具有良好性能的最佳工作状态,此时电动机的有关数据称为电动机的额定值,主要有:

(1) 额定电压(380 V)

指在额定的条件下向电动机绕组所加的工作电压(单位:V)。

(2) 额定功率(40 kW)

指电动机在长期持续运行时转轴上输出的机械功率(单位:W 或 kW)。

(3) 额定电流(8.8 A)

指电动机输出额定功率时,电源电路通过的电流(单位:A)。

(4) 额定转速(1 440 r/min)

指电动机在额定状态下运行时的转速(单位:r/min)。

(5) 额定转矩

指电动机在额定状态下运行时产生的电磁转矩(单位:N·m)。

转矩与功率、转速之间的关系为

$$T_N = 9\,550 \times \frac{P_N}{n_N} \tag{4.5}$$

式中,T_N 为额定转矩(N·m),P_N 为额定功率(kW),n_N 为额定转速(r/min)。

4. 电动机的其他技术数据

(1) 起动电流 I_{st} 和起动转矩 T_{st}

电动机的起动状态是指电动机已接通电源产生运转的动力,但因机械惯性还没有转动起来(转速为零),此时的电流和电磁转矩分别称为起动电流和起动转矩。

(2) 最大转矩 T_m

最大转矩指电动机所能产生的电磁转矩的最大值。

(3) 电动机的效率

电动机由电源输入电功率,通过内部的电磁作用产生电磁转矩,驱动机械负载旋转做功。电动机在将电功率转换为机械功率的同时,也会在其内部产生损耗,这些损耗包括铜损耗(电路的损耗)、铁损耗(磁路的损耗)和机械损耗。电动机的效率为输出的机械功率与输入的电功率之比,即

$$\eta = \frac{P_2}{P_1} \times 100\% \tag{4.6}$$

式中,η 为电动机的效率,P_2 和 P_1 分别为电动机输出的机械功率和输入的电功率。

5. 电动机的定额工作制

电动机的定额工作制是指电动机按额定值工作时,可以持续运行的时间和顺序。一般电

动机的定额为 S1、S2、S3 三种：

（1）连续定额 S1

表示电动机按额定值工作时可以长期连续运行。这种工作制较适用于水泵、风机等。

（2）短时定额 S2

表示电动机按额定值工作时只能在规定的时间内短时运行。我国规定的短时运行时间为 10 min、30 min、60 min 和 90 min 四种。这种工作制较适用于制冷用电动机等。

（3）断续定额 S3

表示电动机按额定值工作时，要运行一段时间、停止一段时间地周期性地运行。我国规定一个周期为 10 min，持续运行时间为工作周期的 15％、25％、40％和 60％四种。

除了上面介绍过的数据外，还有电动机的联结、防护等级和绝缘等级等。所谓绝缘等级，是指电动机所用的绝缘材料按其耐热性能区分的等级，国产电动机所使用的绝缘材料等级为 B、F、H、C 四级，绝缘材料的最高允许温度分别为 130 ℃、155 ℃、180 ℃和>180 ℃。

4.2　三相异步电动机基本控制电路

为了使电动机能够按照设备的要求运转，需要对电动机进行控制。传统的电动机控制系统主要由各种低压电器组成，称为继电器-接触器控制系统。图 4.9 所示是一个最简单的三相异步电动机控制电路，用一个闸刀开关控制电动机的起动和停机，用三相熔断器对电动机进行短路保护，这个简单的电路具有对电动机进行控制和保护的基本功能。

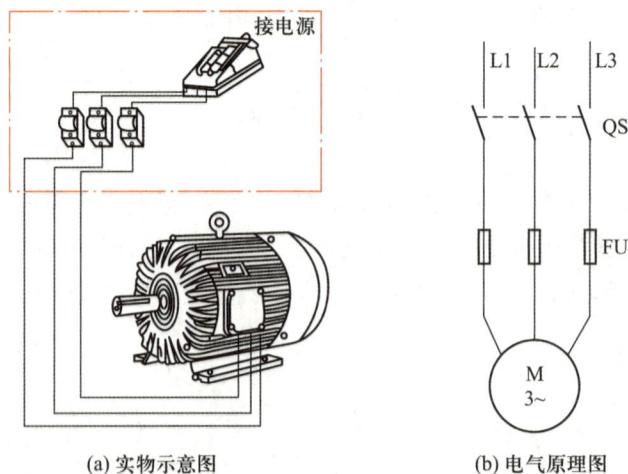

动画：
闸刀开关

(a) 实物示意图　　　(b) 电气原理图

图 4.9　用闸刀开关控制三相异步电动机单向运行电路图

图 4.9 所示的电路只能对电动机进行手动控制,自动控制电路由各种开关、继电器、接触器等电器组成,它能够根据人所发出的控制指令信号,实现对电动机的自动控制、保护和监测等功能。电动机的继电器-接触器控制系统由各种低压电器所组成。所谓"电器",是指可以根据控制指令,自动或手动接通和断开电路,实现对用电设备或非电对象的切换、控制、保护、检测和调节的电气设备,例如各种开关、继电器、接触器、熔断器。而"低压电器"是指工作电压在交流 1 200 V 或直流 1 500 V 以下的电器。

根据其动作原理的不同,电器可分为手控电器和自动电器;而根据其功能的不同,又可以分为控制电器和保护电器。我国低压电器型号是按照产品的种类编制的,具体可查阅有关资料,下面将在介绍电动机控制电路时结合介绍电器的型号、功能和使用方法。

4.2.1 三相异步电动机单向运行控制电路

1. 用刀开关控制电动机单向运行的电路

图 4.9 所示为用刀开关控制三相异步电动机单向运行的电路,图(a)为实物示意图,图(b)为电气原理图。该电路的工作原理是:

合上电源开关 QS→三相异步电动机通电→电动机起动;

断开 QS→电动机断电停转。

该电路除电动机外,使用的电器有刀开关和熔断器两种。

(1) 刀开关

刀开关属于手动电器,可用于不频繁地接通和分断容量不大的低压供电线路,也可以用来直接起动小容量的三相异步电动机(如图 4.9 所示),其主要用途是作为电源隔离开关(如图 4.18 所示)。刀开关的文字符号为 QS,图形符号如图 4.10(c)、(d)所示(FU 为刀开关所附熔断器的文字符号)。常用的刀开关有开启式负荷开关、封闭式负荷开关和组合开关三种。

① 开启式负荷开关。

开启式负荷开关又称胶盖瓷底闸刀开关,其外形、文字符号与图形符号如图 4.10 所示。在结构上由刀开关和熔断器两部分组成,外面罩上塑料外壳,作为绝缘和防护。闸刀开关有双

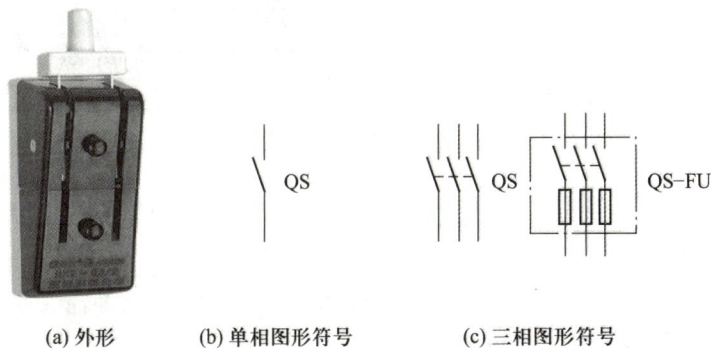

(a) 外形　　　(b) 单相图形符号　　　(c) 三相图形符号

图 4.10　开启式负荷开关

刀和三刀两种,可用作单相和三相线路的电源隔离开关。闸刀开关的主要缺点是动作速度慢,带负荷动作时容易产生电弧,不安全,而且体积较大,现已普遍被断路器所取代。如用三刀开关直接控制三相异步电动机不频繁地起动和停机,则电动机的功率一般不能超过 5.5 kW。

常用开启式负荷开关的 HK 系列型号的含义如下:

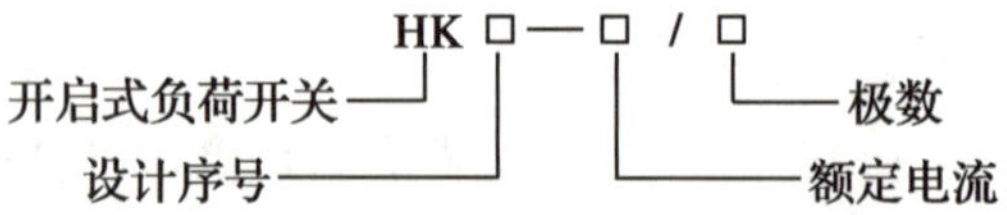

```
          HK □ — □ / □
开启式负荷开关 ——           —— 极数
设计序号 ——                —— 额定电流
```

例如:HK2-15/3 型——HK2 系列,额定电流为 15 A,3 极(三刀)。

② 封闭式负荷开关。

封闭式负荷开关因其早期产品都有一个铸铁的外壳,所以也称铁壳开关,如今这种外壳已被结构轻巧、强度更高的薄钢板冲压外壳所取代,有些进口负荷开关的外壳采用工程塑料制成。封闭式负荷开关的外形和结构如图 4.11 所示,其结构上有三个特点:一是装有储能作用的速断弹簧,提高了开关的动作速度和灭弧性能;二是设有箱盖和操作手柄的联锁装置,保证在开关合闸时不能打开箱盖,在箱盖打开时也不能合闸;三是有灭弧装置。因此与闸刀开关相比,铁壳开关的使用更加安全,可用于分断较大的负荷,如用于电力排灌,在电热器和电气照明的配电设备中不频繁地接通和分断电路,也可以不频繁地直接起动三相异步电动机。封闭式负荷开关内也带有熔断器。

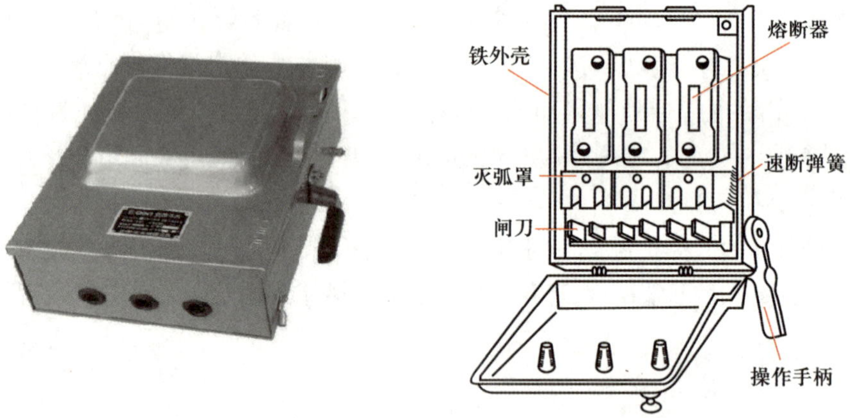

(a) 外形　　　(b) 结构

图 4.11 封闭式负荷开关

封闭式负荷开关的系列代号为 HH,如 HH3-30/3 型(HH3 系列,额定电流为 30 A,三刀)。

③ 组合开关。

组合开关又称转换开关,其外形与内部结构如图 4.12 所示。与前面介绍的两种开关不同的是,组合开关通过旋转手柄左右转动使开关动作,且不带有熔断器;组合开关在转轴上也装有储能弹簧,使开关动作的速度与手柄旋转速度无关。组合开关的结构较紧凑,体积较小,便于安装在电气控制面板上和控制箱内,一般用于不频繁地接通和分断小容量的用电设备和三相异步电动机。

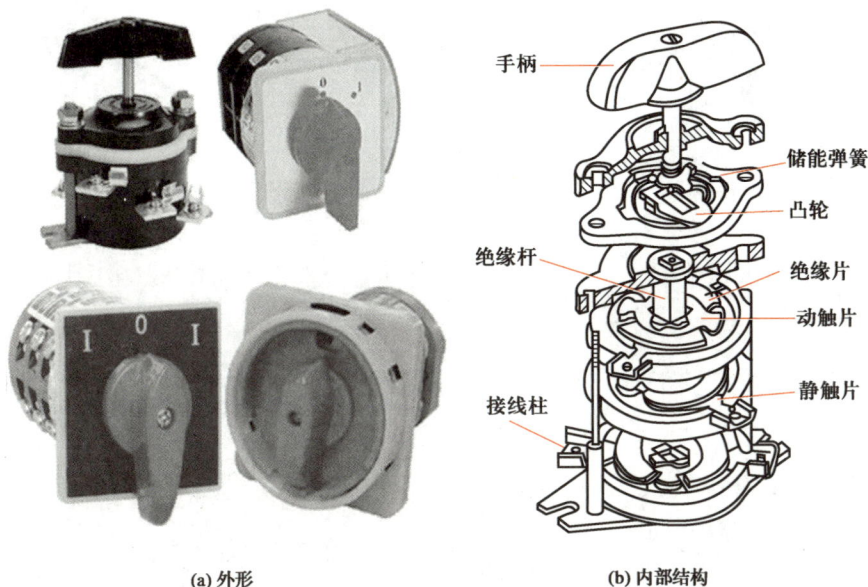

手柄

储能弹簧

凸轮

绝缘杆

绝缘片

动触片

静触片

接线柱

(a) 外形　　　　　　　　　　　(b) 内部结构

图 4.12　HZ10 系列组合开关

组合开关的系列代号为 HZ,如 HZ10-60 型(HZ10 系列,额定电流为 60 A)。

(2) 熔断器

各种熔断器的外形如图 4.13(a)、(b)所示,熔断器的文字符号为 FU,图形符号如图 4.13(c)所示。熔断器是一种使用广泛的短路保护电器,将它串联在被保护的电路中,当电路因发生严重过载或者短路而流过大电流时,由低熔点合金制成的熔体由于过热迅速熔断,从而在设备和线路被损坏前切断电路。不仅电动机控制电路采用熔断器作短路保护,一般照明电路及许多电气设备上都装有熔断器作短路保护。

电动机控制电路中常用的熔断器是螺旋式熔断器,其结构如图 4.13(b)所示,由熔管及其支持件(瓷底座、瓷套和带螺纹的瓷帽)组成。熔体装在熔管内并填满灭弧用的石英砂,熔管上端的色点是熔断的标志,熔体熔断后,色标脱落,需要更换熔管。在装接时,注意将熔管的色点向上,以便观察。同时注意将电源进线接瓷底座的下接线端,负荷线接与金属螺纹壳相连的上接线端。螺旋式熔断器体积小,熔管被瓷帽旋紧不容易因震动而松脱,所以常用在机床电路中。其系列代号为 RL,常用的有 RL1、RL6、RL7 等系列。其他类型的熔断器还有半封闭式插入式熔断器、有填料的和无填料的封闭管式熔断器、快速熔断器等。

熔断器的主要技术参数有额定电压、额定电流和熔体(熔丝)的额定电流,选用时应保证熔断器的额定电压大于或等于线路的额定电压,熔断器的额定电流大于或等于熔体的额定电流,而熔体的额定电流则根据不同的负载及其负荷电流的大小来选定。

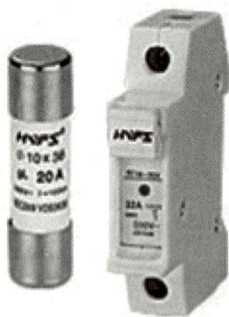

RT18 圆筒形帽熔断器　　　RTO 系列有填料封闭管式熔断器　　　RM10 无填料封闭管式熔断器

(a) 外形

观察孔

瓷帽

熔芯

瓷套

上接线柱

下接线柱

瓷底座

FU

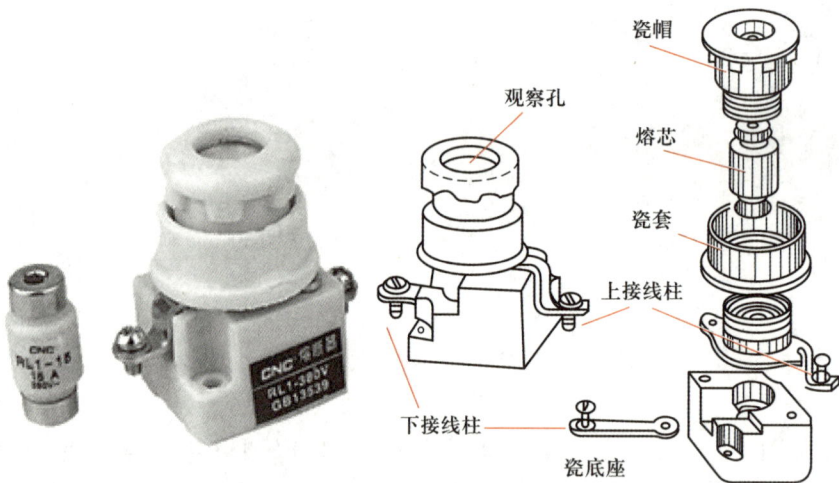

(b) RL1系列螺旋式熔断器　　　　　　　　　　　　(c) 图形符号和文字符号

图 4.13　熔断器的外形、结构与符号

2. 用接触器控制电动机单向起动的电路

采用刀开关控制的电路仅适用于不频繁起动的小容量电动机，如果要实现对电动机的远距离控制和自动控制，就需要采用接触器控制电路。除前面介绍的刀开关和熔断器外，接触器控制电路所使用的还有接触器、热继电器和按钮开关三种低压电器。

（1）接触器

接触器是一种自动控制电器，它可以用于频繁地远距离接通或切断交直流电路及大容量控制电路。接触器的主要控制对象是电动机，也可用于控制其他电力负载，例如电焊机、电阻炉。按照所通断电流的种类，接触器分为交流接触器和直流接触器两大类，使用较多的是交流接触器。交流接触器从结构上可分为电磁系统、触点系统和灭弧装置三大部分。图 4.14 为交流接触器的基本结构

动画：
熔断器结构

动画：交流接触器工作原理

和工作原理示意图。接触器的工作原理是：当电磁线圈通电后，产生的电磁吸力将动铁心向下吸，带动动触点向下运动，使动断触点断开、动合触点闭合，从而分断和接通电路。当线圈断电时，动铁心在反作用弹簧的作用下向上弹回原位，动断触点重新接通，动合触点重新断开。由此可见，接触器实际上是一个电磁开关，它由电磁线圈电路控制开关（触点系统）的动作。

图 4.14 交流接触器的基本结构和工作原理示意图

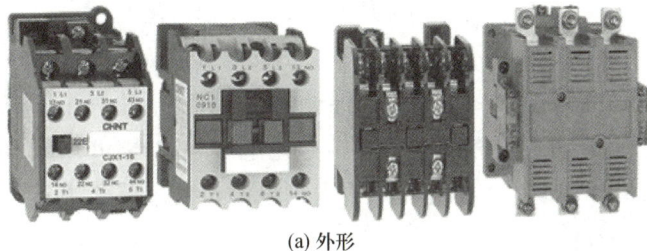

接触器的触点又分为主触点和辅助触点。主触点一般为三极动合触点，可通过的电流较大，用于通断三相负载的主电路。辅助触点有动合触点和动断触点，用于通断电流较小的控制电路。由于主触点通过的电流较大，一般配有灭弧罩，在切断电路时产生的电弧在灭弧罩内被分割、冷却而迅速熄灭。

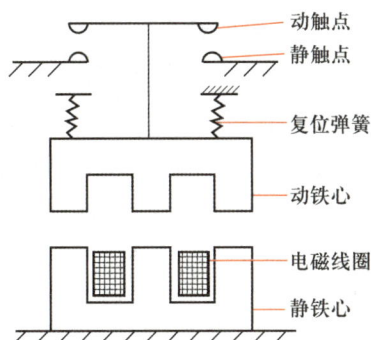

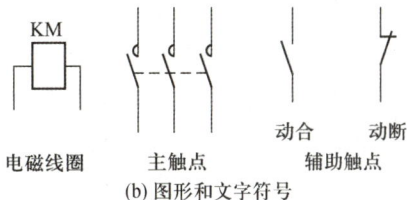

(a) 外形
(b) 图形和文字符号
图 4.15 交流接触器

接触器的文字符号为 KM，图形符号如图 4.15(b)所示。目前常用的国产型号的交流接触器有 CJ10、CJ12、CJ20 系列产品。其中，CJ10 系列为国产老型号产品。CJ20 系列为国内 20世纪 80 年代开发的新产品，可取代 CJ10 系列。CJ12 系列主要用于冶金、矿山机械及起重机等设备中。型号的含义是："C"表示接触器，"J"表示交流，数字为产品序列代号，短杠后的数字则表示主触点的额定电流，例如 CJ20-63 型（CJ20 系列交流接触器，主触点的额定电流为 63 A）。此外，还有许多引进国外技术生产的新产品，如 3TB 和 3TF 系列、LC1-D 系列、B 系列，这些产品的特点是其结构和材质有所改进，体积小，并采用"积木式"组合结构，可与多种附件组装以增加触点数量及扩大使用功能，使用更加灵活方便。

（2）热继电器

继电器是一种根据外界输入信号来控制电路通断的自动切换电器。继电器的种类很多，应用广泛。按照用途可分为控制继电器和保护继电器；按照输入的信号分，有电压继电器、电流继电器、时间继电器、热继电器与温度继电器、速度继电器、压力继电器等。

动画：热继电器结构

热继电器是继电器中的一种，主要用于电动机的过载保护、断相及电流不平衡运行的保护。热继电器根据电动机过载保护需要而设计，它利用电流热效应的原

理,当热量积聚到一定程度时使触点动作,从而切断电路以实现对电动机的保护。按照动作的方式,热继电器可分为双金属片式、热敏电阻式、易熔合金式、电子式等几种,使用最普遍的是双金属片式,它结构简单、成本较低,且具有良好的反时限特性(即电流越大,动作时间越短,电流与动作时间成反比)。双金属片式热继电器的外形如图 4.16(b)所示,其基本工作原理是:双金属片是由两种热膨胀系数不同的金属材料压合而成;绕在双金属片外面的发热元件串联在电动机的主电路中;当电动机过载时,过载电流产生的热量大于正常的发热量,双金属片受热弯曲;电流越大,过载时间越长,则双金属片越弯,达到一定程度时,通过传动机构使触点系统动作。热继电器动作后,等待一段时间,待双金属片冷却后,才能按下复位按钮,使触点复位。热继电器动作电流值的大小可用位于复位按钮旁边的旋钮进行调节。

热继电器的文字符号为 FR,图形符号如图 4.16(c)所示。目前国产热继电器的品种很多,常用的有 JR0、JR15、JR16、JR20 等系列。其中,JR15 系列为两相结构,其余大多为三相结构,并可带断相保护装置。JR20 系列为更新换代产品,用来与 CJ20 型交流接触器配套使用。型号中的"J"表示"继电器","R"表示"热",例如,JR16-20/3D 型表示 JR16 系列热继电器,额定电流为 20 A,三相结构,"D"表示带断相保护装置。一种型号的热继电器可配有若干种不同规格的热元件,并有一定的调节范围,选用热元件时应根据电动机的额定电流来选择,并用调节旋钮将其整定在电动机额定电流的 0.95~1.05 倍,在使用中再根据电动机的过载能力进行调节。

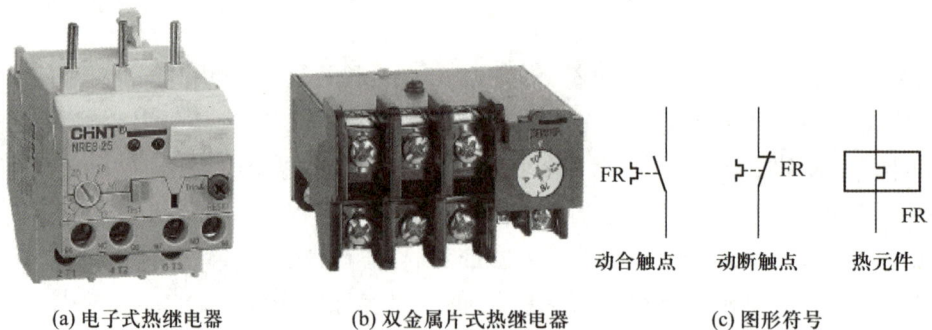

(a) 电子式热继电器　　　(b) 双金属片式热继电器　　　(c) 图形符号

图 4.16　热继电器

需要指出的是:现已介绍的熔断器和热继电器这两种保护电器,都是利用电流的热效应原理作过流保护的,但它们的动作原理不同,用途也有所不同。熔断器是由熔体直接受热而在瞬间迅速熔断,主要用于短路保护;为避免其在电动机起动时熔断,应选择熔体的额定电流大于电动机的额定电流,因此在电动机过载量不大时,熔断器不会熔断,所以熔断器不宜作电动机的过载保护。而热继电器动作有一定的惯性,在过流时不可能迅速切断电路,所以绝不能用作短路保护。

阅读材料

交流异步电动机的过载保护

交流异步电动机轻载时的功率因数比较低,因此要避免将电动机的容量选得过大,造成所谓"大马拉小车"的状况。但是在实际应用中,电动机所拖动的机械负载的功率经常变化,甚至是无规律地变化,如果电动机的容量选得过小,又容易出现"小马拉大车"的超载状况,电动机会因经常过载发热而使绝缘老化,工作寿命缩短。因此,为了充分发挥设备的潜力,既要允许电动机短时过载,又要防止电动机长时间过载运行,这就是对电动机进行过载保护的目的和要求。

（3）按钮开关

按钮开关也称控制按钮或按钮。作为一种典型的主令电器,按钮主要用于发出控制指令,接通和分断控制电路。按钮的文字符号是 SB,其外形、内部结构及符号如图 4.17 所示。

(a) 外形

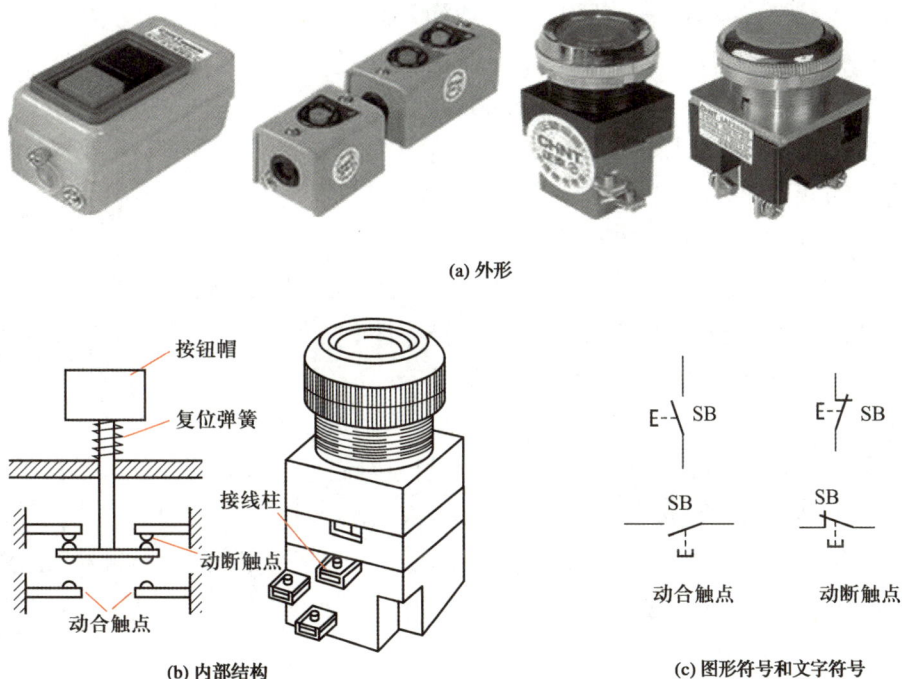

(b) 内部结构　　　　　　　　(c) 图形符号和文字符号

图 4.17　按钮开关

按钮开关是一种手动电器,由图 4.17(b)可见:当按下按钮帽时,上面的动断触点先断开,下面的动合触点后闭合;当松开时,在复位弹簧作用下触点复位。按钮开关的种类很多,有单个的,也有两个或数个组合的;有不同的触点类型和数目;根据使用需要,还有带指示灯的和旋钮式、钥匙式的,等等。国产型号有 LA10、LA18、LA19、LA20、LA25 等系列,其中,LA25 为更新换代产品;引进国外技术生产的有 LAZ 等系列。

（4）控制电路

采用接触器控制三相异步电动机单向起动的电路如图 4.18 所示,电路的工作原理和操作过程如下:

① 合上电源开关 QS。

② 起动:

按下起动按钮 SB2→接触器 KM 因电磁线圈通电吸

合 ┤
├→KM 主触点闭合→电动机 M 起动
└→KM 辅助动合触点闭合→进行自锁

③ 停机:

按下停机按钮 SB1→KM 因线圈断电而释

放 ┤
├→KM 主触点断开→电动机 M 停转
└→KM 辅助动合触点断开→解除自锁

在电路中,接触器 KM 的辅助动合触点与起动按钮 SB2 并联,当松开 SB2 后,KM 的电磁线圈仍能依靠其辅助动合触点保持通电,使电动机连续运行,这一作用称为“自锁”（或自保）,KM 的辅助动合

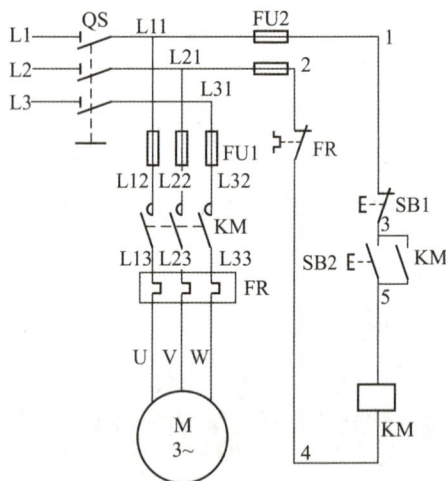

图 4.18 接触器控制三相异步
电动机单向起动的电路

触点也称自锁触点。显然,如果没有接自锁触点,当按下 SB2 时,电动机运行,一旦松手,电动机即停转,这称为点动控制。

图 4.18 所示电路对电动机有四种保护功能:

① 短路保护。由熔断器 FU1、FU2 分别对主电路和控制电路实行短路保护。

② 过载保护。由热继电器 FR 实现。FR 的热元件串联在电动机的主电路中,当电动机过载达到一定程度时,FR 的动断触点断开,KM 因线圈断电而释放,从而切断电动机的主电路。

③ 失压保护。图 4.18 所示电路每次必须按下起动按钮 SB2,电动机才能起动运行,这就保证了在突然停电而又恢复供电时,不会因电动机自行起动而造成设备和人身事故。这种在突然停电时能够自动切断电动机电源的保护称为失压（或零压）保护。

④ 欠压保护。如果电源电压过低（如降至额定电压的 85% 以下）,则接触器线圈产生的电磁吸力不足,接触器会在复位弹簧的作用下释放,从而切断电动机电源。所以接触器控制电路对电动机有欠压保护的作用。

阅读材料

电动机控制电路电气原理图的构成与读图的基本方法

电气原理图主要反映电气设备和线路的工作原理,而不反映电气元件的实际结构、安装位置和连线情况,在读图时应注意:

① 电气原理图所示电路分为主电路、控制电路和辅助电路。如图 4.18 所示电路中,主电路为从三相电源经刀开关 QS、熔断器 FU1、接触器 KM 的主触点、热继电器 FR 的热元件到三相异步电动机的电路;控制电路为接触器 KM 的电磁线圈的回路;辅助电路包括信号指示、检测等电路。

② 在电气原理图中,电器的元(部)件是按其功能而不是按其结构画在一起的。如图 4.18 所示电路中,接触器 KM 的主触点、辅助动合触点和电磁线圈分别画在主电路和控制电路中,热继电器 FR 的热元件和动断触点也是如此。但应注意同一电器的所有部件必须用相同的文字符号标注。

③ 一般主电路画在左侧;控制电路和其他辅助电路画在右侧,且电路按动作顺序和信号流程自左至右排列。

④ 图中各电器应是未通电时的状态,二进制逻辑元件应是置零的状态,机械开关应是循环开始前的状态,即按电路的"常态"画出。

3. 用低压断路器控制电动机单向运行的电路

低压断路器也称空气断路器、自动开关等,简称断路器。它相当于刀开关、熔断器、热继电器和欠电压继电器的组合,是一种既有手动开关作用又能自动进行欠压、失压、过载和短路保护的电器。图 4.19 所示为用低压断路器控制三相异步电动机单向运行的电路。

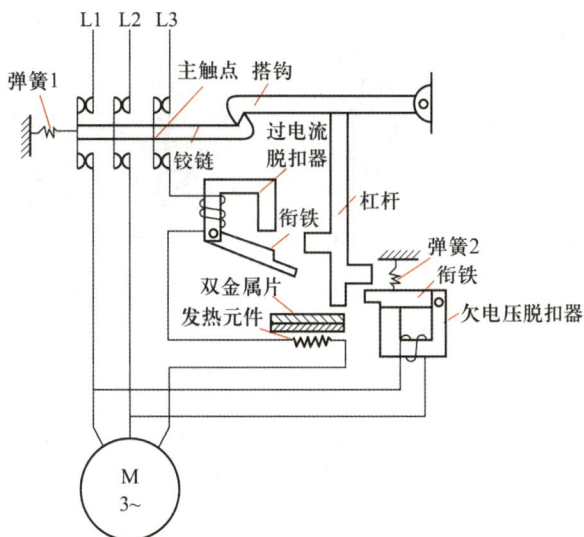

动画:
低压断路器

图 4.19 用低压断路器控制三相异步电动机单向运行的电路

由图 4.19 所示电路可以了解低压断路器的基本结构和动作原理。由图可见,低压断路器的三对主触点串联在电动机的主电路中,合闸后,搭钩将锁键钩住,使主触点闭合,电动机通电起动运行。扳动手柄于"分"的位置(或按下"分"的按钮),搭钩脱开,主触点在复位弹

簧的拉力作用下断开,切断电动机电源。除手动分断之外,断路器还可以分别由三个脱扣器自动分断。

① 过电流脱扣器。由图 4.19 所示电路可见,过电流脱扣器的线圈与主电路串联,当线路电流正常时,所产生的电磁吸力不足以吸合衔铁;只有当线路过电流时,其电磁吸力才能将衔铁吸合,将杠杆往上顶,使搭钩脱开,主触点复位,切断电源。

② 热脱扣器。热脱扣器的原理与前述双金属片式热继电器一样,主电路的过电流使双金属片向上弯曲,达到一定程度即可推动杠杆动作。

③ 欠电压脱扣器。与过电流脱扣器相反,欠电压脱扣器的线圈并联在主电路中,当线路电压正常时,所产生的电磁吸力足以吸合衔铁;当线路电压下降到电磁吸力小于弹簧的反作用力时,衔铁释放,将杠杆往上顶而切断主电路。

与刀开关和熔断器相比较,低压断路器具有结构紧凑、功能完善、操作安全且方便等优点,而且其脱扣器可重复使用,不必更换,因而使用广泛。除应用于电动机控制电路外,还在各种低压配电线路中使用。低压断路器的种类很多,主要有万能式断路器和塑料外壳式断路器。万能式断路器又称"框架式"断路器,其代表产品有 DW10、DW15 系列。塑料外壳式断路器的产品型号为 DZ 系列。常用的有保护电动机用的 DZ5、DZ15 型,配电及保护用的 DZ10 型,照明线路保护用的 DZ12、DZ13、DZ15 型等,还有近些年引进国外技术生产的 C45、S250S、S060 等系列,它可以单极开关为单元组合拼装成双极、三极、四极,拼装的多极开关需在手柄上加一联动罩,以使其同步动作。各种低压断路器的外形、图形符号与文字符号如图 4.20 所示。

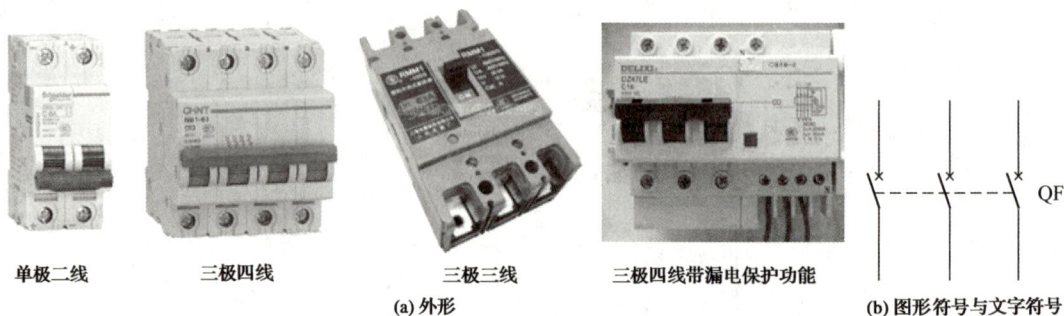

单极二线　　　三极四线　　　三极三线　　　三极四线带漏电保护功能　　　(b) 图形符号与文字符号

(a) 外形

图 4.20　低压断路器

4.2.2　三相异步电动机的正反转控制电路

1. 按钮开关控制电动机正反转电路

图 4.18 所示电路只能控制电动机朝一个方向旋转,而许多机械设备要求实现正反两个方向的运动,如机床主轴的正反转、工作台的前进与后退、提升机构的上升与下降、机械装置的夹紧与放松等,因此要求拖动电动机能够正反转,所以电动机的正反转控制电路是经常用到的。根据三相异步电动机的工作原理,只要将电动机主电路三根电源线的其中两根对调就可以实现电动机的正反转。图 4.21 所示是使用两个交流接触器控制电动机正反转的电路。

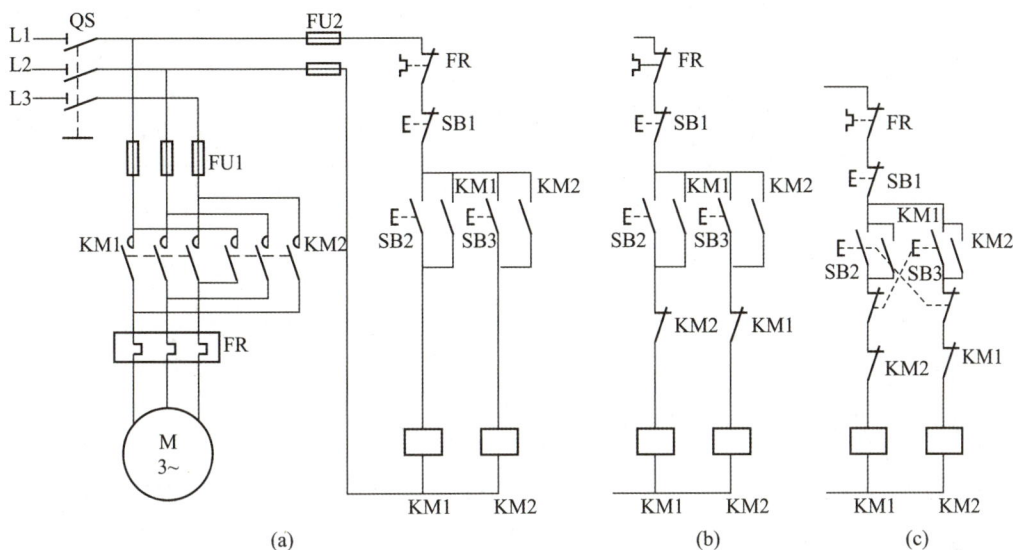

图 4.21　按钮开关控制电动机正反转电路

先分析图 4.21(a)所示电路：图中接触器 KM1 和 KM2 的主触点使三相电源的其中两相调换，因此 KM1 和 KM2 分别控制电动机的正、反转，SB2 和 SB3 分别为正、反转控制按钮，SB1 为停机按钮。

图 4.21(a)所示电路存在的问题是：按下正转按钮 SB2，电动机正转，如果需要电动机反转，若未按停止按钮 SB1 而直接按反转按钮 SB3，则将使 KM1 和 KM2 同时接通，造成电动机主电路两相电源短路。也就是说，KM1 和 KM2 两个接触器在任何时候只能接通其中一个，因此在接通其中一个之后就要设法保证另一个不能接通。这种相互制约的控制称为"互锁"（或联锁）控制。

图 4.21(b)、(c)所示为互锁控制电路[图 4.21(b)、(c)中只画出控制电路，其主电路与图 4.21(a)所示相同]。在图 4.21(b)所示电路中采取的方法是：将 KM1、KM2 的辅助动断触点分别串联在对方线圈的支路之中。显然，其中一个接触器通电后，由于其动断触点的断开，保证另一个接触器不能再通电。两个实现互锁控制的动断触点称为"互锁触点"。

但是，图 4.21(b)所示控制电路在电动机运行后，若要改变电动机的转向，必须先按下停机按钮 SB1，操作不够方便。此外，如果互锁触点损坏而无法断开，同样可能会造成 KM1 和 KM2 同时通电。图 4.21(c)所示电路对此作了进一步的改进，除了用 KM1、KM2 的辅助动断触点作互锁之外，还各串入了正、反转起动按钮 SB2、SB3 的一对动断触点，起双重保险作用，因此称为"双重联锁"控制电路。该电路可实现电动机的直接正反转，但在操作时应注意不要使电动机的反转过于频繁（特别是大容量的电动机）。

动画：双重
联锁正反转
控制电路

2. 行程位置控制电路

对于许多机械设备，需要对其运动部件的行程位置进行控制，较典型的如电梯行驶到一定位置要停下来,起重机将重物提升到一定高度要停止上升。又如图 4.22 所示的机床工作台,需要控制在行程开关 SQ1、SQ2 所限制的区间内自动往复运动,其极限为不能超越行程开关 SQ3、SQ4 所限制的区间。实现行程位置控制的电器主要是行程开关。

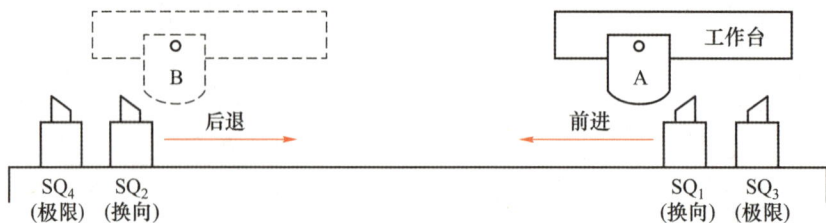

图 4.22　机床工作台往复运动示意图

图 4.23 所示为行程开关的外形,内部结构和符号。行程开关的原理与按钮开关相同,所不同的是行程开关不是手动操作,而是靠机械运动部件撞击其推杆或滚轮,使内部的触点动作,从而对控制电路发出位置控制信号。行程开关有按钮式(又称直动式)、旋转式(又称滚动式)和微动式等,常用的产品有 LX19、LX21、LX23、JLXK1 等系列。

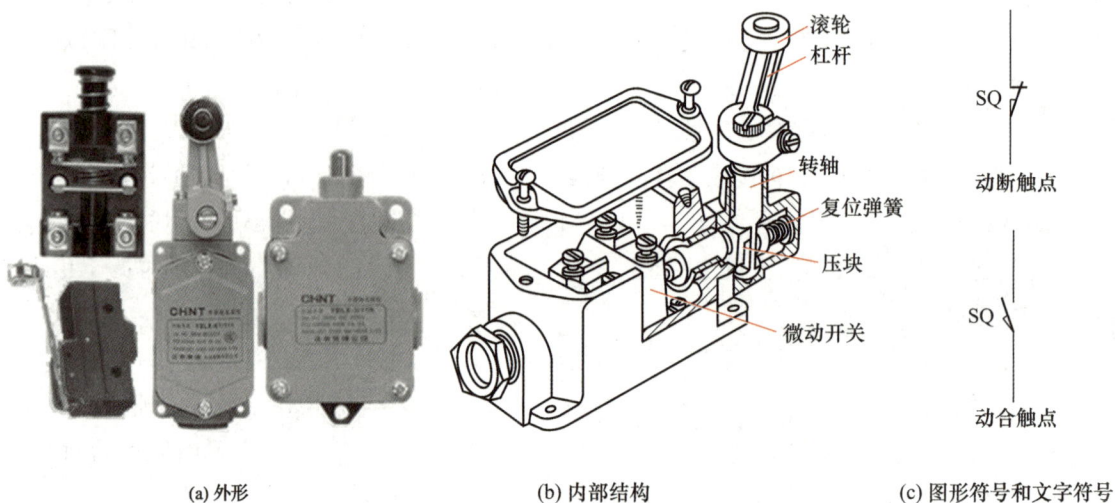

(a) 外形　　　　　　　(b) 内部结构　　　　　　　(c) 图形符号和文字符号

图 4.23　行程开关

实现图 4.22 所示机床工作台往复运动的、用行程开关控制电动机正反转电路如图 4.24 所示,与图 4.21(c)所示电路相对比,不同之处在于用行程开关 SQ1、SQ2 取代了正反转起动按钮 SB2、SB3;此外,还在 KM1、KM2 支路中分别串入了 SQ3、SQ4 的动断触点,其作用是在因 SQ1、SQ2 损坏而超越行程时作极限位置保护。在掌握图 4.21 所示电路工作原理的基础上,不难分析图 4.24 所示电路的工作原理和过程。

行程开关因经常受机械撞击而容易损坏,因此常用干簧管继电器或电子接近开关代替。

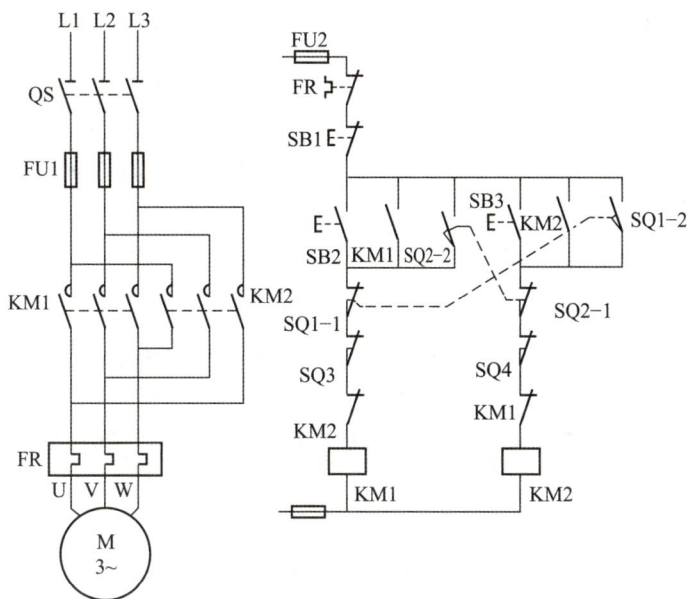

图 4.24　行程开关控制电动机正反转电路

4.2.3　三相异步电动机降压起动控制电路

1. 三相异步电动机的起动

所谓"起动"是指电动机通电后转速从零开始逐渐加速到正常运转的过程。异步电动机在开始起动的瞬间,定子绕组已接通电源,而转子因惯性仍未转动起来,此刻 $n=0$,$s=1$,转子绕组感应出很大的电流,定子绕组的起动电流也可达到额定电流的 5~7 倍。虽然起动时转子电流很大,但因为转子功率因数最低,所以起动转矩并不大,最大也只有额定转矩的两倍左右。因此,异步电动机起动的主要问题是:起动电流大而起动转矩并不大。

在正常情况下,异步电动机的起动时间很短(一般为几秒到十几秒),短时间的起动大电流一般不会对电动机造成损害(但对于频繁起动的电动机,则需要注意起动电流对电动机工作寿命的影响),但它会在电网上造成较大的电压降,从而使供电电压下降,影响同一电网上其他用电设备的正常工作,同时又会造成正在起动的电动机起动转矩减小、起动时间延长甚至无法起动。

另一方面,由于异步电动机的起动转矩不大,因此对于某些用异步电动机拖动的机械,可使电动机先空载或轻载起动,待升速后再用机械离合器加上负载。但对于某些设备(如起重机械)要求电动机能带负载起动,因此要求电动机有较大的起动转矩。但过大的起动转矩又可能会使电动机加速过猛,使机械传动机构受到冲击而容易损坏,所以有时又要求电动机在起动时先减小其起动转矩,以消除转动间隙,然后再过渡到所需的起动转矩负载起动。

综上所述,对异步电动机起动的基本要求是:在保证有足够的起动转矩的前提下,尽量减小起动电流,并尽可能采取简单易行的起动方法。

在一般情况下,如果电动机的容量不超过供电变压器容量的 30%,则可以将电动机直接接到电网上进行起动,称为"直接起动"。在此之前介绍的电动机单向运转电路或正反转控制电路都是直接起动的电路。直接起动方法简单易行,工作可靠且起动时间短,但要求能够将电动机起动所造成的电网电压降控制在许可范围以内(一般不超过线路额定电压的 5%)。一般 20 kW 以下的电动机允许直接起动。

如果电动机的容量相对供电变压器的容量较大,就不能采取直接起动,而需要采用降压起动。所谓"降压起动"是在起动时采用各种方法先降低电动机定子绕组的电压,以减小起动电流,待电动机升速后再加上额定电压运行。降压起动的主要问题是造成起动转矩的减小,所以应考虑保证有足够的起动转矩。

笼型异步电动机常用的降压起动方法有:串电阻(电抗)降压起动、星-三角降压起动和自耦变压器降压起动。

2. 串电阻(电抗)降压起动控制电路

串电阻降压起动控制电路如图 4.25 所示。在起动时,电动机定子绕组先串入三相电阻(或电抗)降压,待升速后再用刀开关将电阻短接,使电动机全压运行。由于电阻(电抗)上有一定的功率损耗,所以这种降压起动方法仅适用于容量较小的电动机。

3. 星-三角降压起动控制电路

(1) 星-三角降压起动的原理

如果三相异步电动机正常运行时定子绕组为三角形接法,而在起动时先将定子绕组接成星形,则定子相电压仅为额定电压的 $1/\sqrt{3}$,因此起动电流和起动转矩均降至全压起动时的 1/3(可见本书第 2 章)。星-三角降压起动方法比较简单,不需要附加设备,而且没有串电阻起动时的能量损耗。目前功率在 4 kW 以上的国产三相异步电动机均为三角形联结,就是为了便于采用星-三角降压起动方法。但由于起动时转矩下降较多,所以仅适用于空载或轻载起动的电动机。

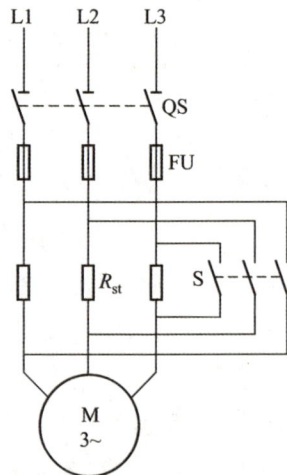

图 4.25　串电阻降压起动控制电路

(2) 星-三角降压起动自动控制电路

星-三角降压起动自动控制电路如图 4.26 所示,电路由三个交流接触器、一个热继电器、两个按钮开关和一个时间继电器组成。该电路已有定型产品,装在金属箱内,有的还带有指示灯和主电路电流表,和控制按钮一起装在箱盖上,称为"自动星-三角起动器"。

图 4.26 所示电路使用了时间继电器 KT 作电动机起动延时控制。时间继电器也称延时继电器,当其感测部分接收到输入信号后,需要经过一段时间(延时),执行部分才会动作。时间继电器主要用于时间控制,在电动机控制电路中也很常用。目前常用的时间继电器有空气式、电动式、电子式,其外形、图形符号与文字符号如图 4.27 所示。

动画:星-三角降压起动控制电路

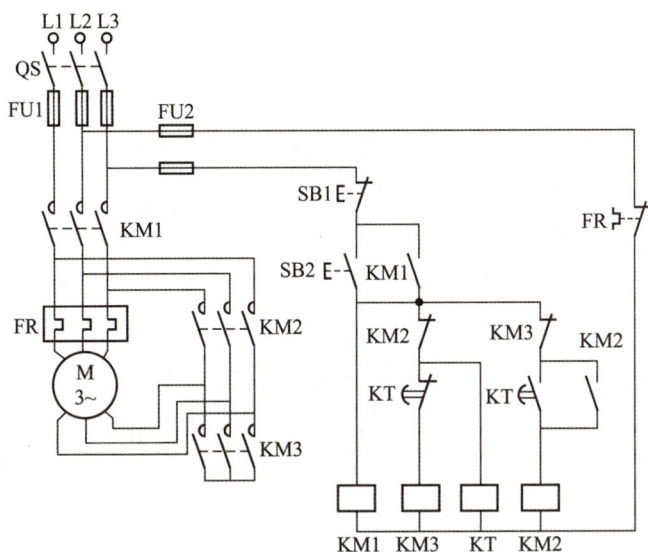

图 4.26 星-三角降压起动自动控制电路

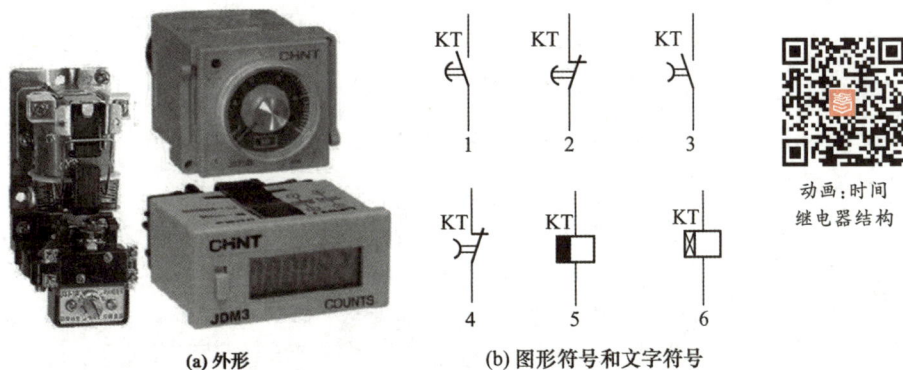

(a) 外形　　　　(b) 图形符号和文字符号

1—延时闭合瞬时断开动合触点；2—延时断开瞬时闭合动断触点；3—瞬时闭合延时断开动合触点；
4—瞬时断开延时闭合动断触点；5—断电延时线圈；6—通电延时线圈。

图 4.27 时间继电器

图 4.26 所示电路的电动机起动过程为：

　　在使用时应按照需要,调节时间继电器的延时时间,如果延时时间过短,会使电动机未升到额定转速就加上全压,达不到降压起动的目的；如果延时时间过长,又会造成电动机长时间星形联结运行,容易过载。

阅读材料

三相异步电动机的调速

1. 三相异步电动机的调速方法

许多机械设备在运行时都要求能根据需要调节转速,如金属切削机床要求有不同的切削速度,起重机械在提升和下降重物时要求有不同的升降速度,电梯在平层前要换成慢速运行,电风扇要有快挡和慢挡以调节风量,等等。调速的方法分为机械调速和电气调速。例如,用齿轮箱变速的方法就是机械调速,电气调速是指调节拖动电动机的转速,这两种方法可以分开使用也可以结合使用。采用电气调速的方法具有调速精度高、平滑性好以及可以简化机械传动系统等优点。以前在调速要求高的场合,一般多使用调速性能较好的直流电动机,随着电力半导体器件的发展,交流电动机变频调速技术的应用越来越广泛,电气调速已进入交流化时代。

根据异步电动机的转差率公式可知,异步电动机的转速

$$n = n_1(1-s) = \frac{60f_1}{p}(1-s) \tag{4.7}$$

可见,三相异步电动机的调速方法有以下三种:一是改变异步电动机定子绕组磁极对数 p 的变极调速,二是改变异步电动机转差率 s 的调速,三是改变电源频率 f_1 的变频调速。这里只介绍三相异步电动机的变极调速控制电路。

2. 变极调速控制电路

变极调速是三相异步电动机一种简单易行的调速方式,其基本原理是:按照三相异步电动机的工作原理,在电源频率恒定的前提下,异步电动机的同步转速与旋转磁场的磁极对数成反

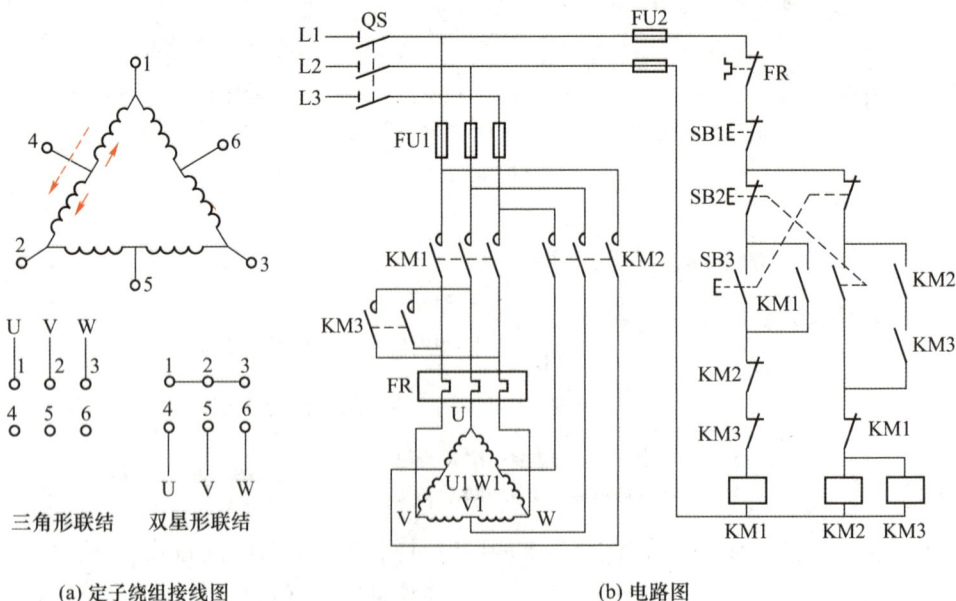

(a) 定子绕组接线图　　　　(b) 电路图

图 4.28　双速电动机控制电路

比,磁极对数增加一倍时,同步转速则下降一半,电动机转子的转速也近似下降一半。通过改变异步电动机旋转磁场的磁极对数来改变其同步转速,即可以调节电动机的转速。

由此可见,变极调速是有级调速,而不可能是平滑的无级调速。而且改变旋转磁场的磁极对数,是通过改变电动机定子绕组的接线方式实现的,因此要使用专门制造的多速电动机,一般也只能有 2~4 种同步转速,调速范围有限。图 4.28 所示是一台双速电动机的控制电路,电动机的定子绕组有两种接法:在三角形联结时,$p=2$,$n_1=1\,500$ r/min,为低速运行;而在双星形联结时,电动机两个定子绕组星接并联,则 $p=1$,$n_1=3\,000$ r/min,为高速运行。在该电路中,KM1 为低速控制接触器,其主触点将电动机定子绕组接成三角形;KM2 和 KM3 同为高速接触器,其主触点将电动机定子绕组接成双星形。SB2 为高速控制按钮,SB3 为低速控制按钮,电路采用按钮开关和接触器双重互锁。电路的工作原理可自行分析。

3. 变转差率调速

对于笼型异步电动机,可采用调节定子电压的方法进行调速。由图 4.29 可见,当定子电压下降时,电动机的转矩特性曲线是一簇临界转差率不变而最大转矩随电压的平方下降的曲线。对于通风机型负载(负载转矩与转速的平方成正比,如图中的曲线 T_L 所示),可获得较低的稳定转速和较宽的调速范围(如图中对应的 a、a'、a'' 点所示)。因此,目前电风扇多采用串电抗器调压调速或用晶闸管调压调速。而对于绕线转子三相异步电动机,则可以采用调节转子电阻的方法调节电动机的转速。

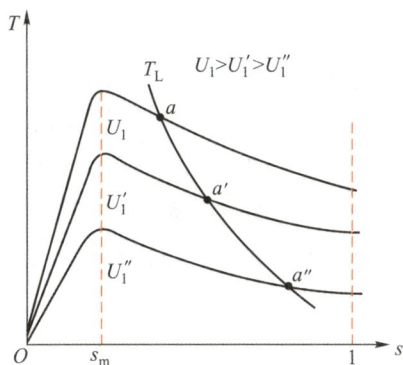

图 4.29　笼型异步电动机调压调速转矩特性曲线

4. 变频调速

由式(4.7)可见,当磁极对数 p 不变时,电动机的转速 n 与电源频率 f_1 成正比,如果能够连续地改变电源的频率,就可以连续平滑地调节电动机的转速,这就是变频调速的原理。显然,变频调速完全不同于前面介绍的两种调速方式,它具有调速范围宽、平滑性好、机械特性较硬等优点,能够获得较好的调速性能。随着交流变频技术的成熟并进入实用化,变频调速已成为异步电动机最主要的调速方式,变频调速得到广泛应用。在工业领域,交流异步电动机的变频调速已广泛应用于运输机械、电动汽车、电梯、机床,以及冶金、化工、造纸、纺织、轻工等行业

图 4.30　各种变频器

的机械设备中,以其高效的驱动性能和良好的控制特性,在提高产品的数量和质量、节约电能等方面取得显著的效果,已成为改造传统产业、实现机电一体化的重要手段。据统计,风机、水泵、压缩机等流体机械中拖动电动机的用电量占电动机总用电量的 70% 以上,如果使用变频器并按照负载的变化相应调节电动机的转速,则可实现较大幅度的节能;在交流电梯中使用全数字控制的变频调速系统,可有效地提高电梯的乘坐舒适度等性能指标;而采用变频调速的交流电动机已逐步取代直流电动机作为电传动机车和城市轨道交通的动力。同时,变频技术也被应用到日用电器中(如变频空调器)。图 4.30 所示为几种常用的变频器。

实训 4　三相异步电动机的控制电路

一、实训目的

1. 进一步理解接触器、热继电器、按钮开关、熔断器等电器的结构和作用。
2. 学会连接三相异步电动机的点动控制、连续运行控制和正反转控制电路。
3. 进一步熟悉测量三相异步电动机工作电流的方法。

二、相关知识与复习内容

本实训内容是安装图 4.18 所示电路,该电路的电气安装接线图如图 4.31 所示(供参考)。

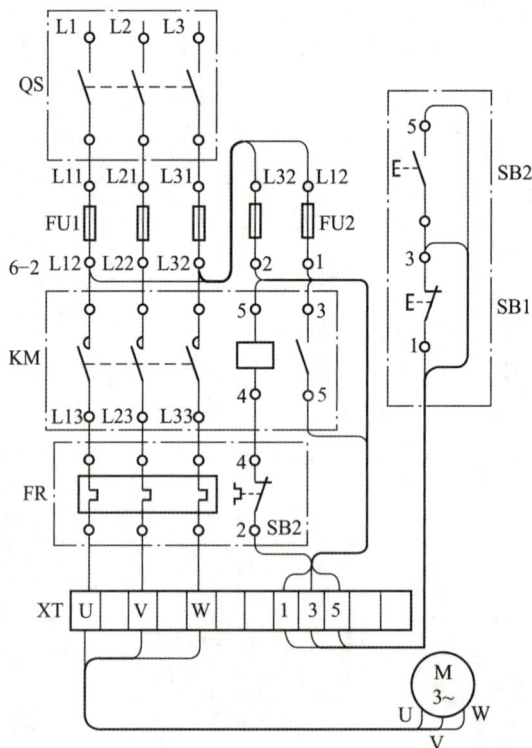

图 4.31　电动机单向运行控制电路安装接线图

1.复习本章第 4.1 节、第 4.2 节中有关三相异步电动机点动、连续运行和正反转的运行原理和控制电路的内容。

2.由实训指导教师简单介绍电动机电气控制电路箱(板)安装和配线的基本方法。

3.可预先画出图 4.18 所示电路图和图 4.31 所示电路的安装接线图。

4.阅读"绝缘电阻表和钳形电流表及其使用方法"。

三、实训器材

按表 4.1 准备好所需的工具、器材和设备。

表 4.1　工具与器材、设备明细表

序号	名　　称	符号	型号/规格	单位	数量
1	三相四线制电源		3×380 V/220 V,16 A		
2	单相交流电源		220 V、36 V、6 V		
3	三相异步电动机	M	Y2-802-4,0.75 kW,2A,1 390 r/min	台	1
4	组合开关	QS	HZ10-10/3,10 A	个	1
5	交流接触器	KM	CJ20-16,线圈电压为 380 V	只	1
6	热继电器	FR	JR16-20/3D,配 6 号热元件	只	1
7	熔断器	FU1	RL1-15,配 5 A 熔体	套	3
8	熔断器	FU2	RL1-15,配 2 A 熔体	套	2
9	按钮开关	SB1、SB2	LA10-2 H,500 V,5 A,按钮数为 2	个	1
10	接线端子排		JX2-1015,500 V,10 A,15 节	条	1
11	木螺钉		$\phi 3 \times 20$ mm	颗	25
12	平垫圈		$\phi 4$ mm	个	25
13	塑料软铜线		BVR-2.5 mm^2,颜色自定	m	10
14	塑料软铜线		BVR-1.5 mm^2,颜色自定	m	10
15	塑料软铜线		BVR-0.75 mm^2,颜色自定	m	5
16	木板		500 mm×450 mm×20 mm	块	1
17	线槽		TC3025,长 34 cm,两边打直径为 3.5 mm 的孔	条	5
18	异形塑料管		3 mm^2	m	0.2
19	万用表		500 型或 MF-47 型	个	1
20	钳形电流表		MG-27 型,0-10 A-50 A-250 A,0-300 A-600 V,0～300 Ω	个	1
21	绝缘电阻表		ZC11-8 型,500 V,0～100 MΩ	个	1
22	电工电子实训通用工具		试电笔、榔头、螺丝刀(一字和十字)、电工刀、电工钳、尖嘴钳、剥线钳、镊子、小刀、小剪刀、活动扳手等	套	1
23	圆珠笔(或 2B 铅笔)			支	1

四、实训内容与步骤

（一）电路安装与接线

1. 熟悉图 4.18 所示电路与图 4.31 所示的安装接线图。

2. 按照图 4.18 所示电路与图 4.31 所示的安装接线图将电器安装在控制板上。

【注意】① 在控制板上安装电器时要注意定位准确,使电器排列整齐。

② 安装要牢固,拧紧螺钉时用力要适中,注意不要拧得过紧,导致电器的底座(如熔断器的陶瓷底座)破裂。

3. 进行配线。

【注意】接线时不要接错(特别是穿软管的接线),应每接一个线头就套一个编码套管,并随即在接线图上做好标记。

（二）通电试运行

1. 进行通电前的检查

安装完毕的控制电路箱(板),必须经过认真检查后,才能通电试运行,检查的主要内容和一般步骤如下:

(1) 按电气原理图或接线图,从电源端开始,逐段核对接线是否正确及接线端子处的线号。重点检查主电路有无错接、漏接及控制电路中容易错接之处。检查导线压接是否牢固,接触是否良好,以避免在带负载运行时产生闪弧现象。

(2) 用万用表检查电路的通断情况。可先断开控制电路,用万用表的电阻挡检查主电路有无短路或开路;然后再断开主电路,检查控制电路有无短路或开路,检查自锁和互锁触点动作的可靠性。

(3) 用绝缘电阻表检查线路的绝缘电阻,应不小于 2 MΩ。一般应检查以下部位:导电部件(如电气设备的金属外壳、底座、支架、铁心等)对地;两个不同的电路之间(如交流电路各相之间,主电路与控制电路之间,交、直流电路之间)。

(4) 在通电试运行之前,应再次仔细检查电源和相关设备。

因图 4.20 所示电路比较简单,检查的主要内容如下:

(1) 检查电路的接线是否正确、牢固。

(2) 检查电气设备的接线端有无接错,具体如下:

① QS 与 FU 的进线端与出线端。

② KM 的主触点与辅助触点。

③ KM 的辅助触点中的动合触点与动断触点。

④ FR 的热元件接点与动断触点。

(3) 测量线路的绝缘电阻。

(4) 调整热继电器的整定值。

(5) 检查各熔断器是否已装上熔体,以及熔体是否符合规格。

2. 通电试运行

通电试运行的顺序一般如下：

① 空载试运行：合上电源开关接通电源，用试电笔检查熔断器的出线端，或用万用表交流电压挡测量三相电源的线电压和相电压。按下操作按钮，观察接触器、继电器等电器的动作情况是否正常，是否符合电路功能的要求；观察电气元件的动作是否灵活，有无异常声响和异味。测量负载接线端的三相电源是否正常。如此反复操作几次均为正常后，方可进行带负载试运行。

② 带负载试运行：先检查电动机的接线，再合闸通电。按控制原理和操作顺序起动电动机，当电动机平稳运行时，用钳形电流表测量三相电流是否平衡。通电试运行完毕，待电动机停稳后，先拆除电源接线再拆除电动机的接线。

在试运行中，如果出现熔断器熔断或继电保护装置动作，应查明原因，不得任意增大整定值，再次强行通电。

对图 4.18 所示电路通电试运行的步骤是：

① 先拆开与 SB2 并联的 KM 辅助动合触点的接线；合上 QS，接通电源；按下 SB2，观察电动机点动运行的情况。

② 接上与 SB2 并联的 KM 辅助动合触点；按下 SB2，观察电动机起动的情况；起动结束后，按下 SB1，电动机停转。

③ 如果电动机起动过程正常，再重新起动一次，用钳形电流表测量起动瞬间和稳定运行后电动机的电流值（可重复测量 2~3 次，取其平均值），并记录于表 4.2 中。

表 4.2　电流测量记录表

起动电流/A （图 4.18 所示电路和图 4.21 所示电路）	稳定运行电流/A （图 4.18 所示电路）	反转电流/A （图 4.21 所示电路）

技能拓展

正反转控制电路的安装

① 在图 4.18 所示电路的基础上，按图 4.21 所示电路［控制电路选择图 4.21(a)所示电路］接线（尝试自行绘制安装接线的草图）。

② 经检查确认无误后，合上 QS，接通电源。

③ 操作 SB1、SB2 和 SB3，观察电动机起动和反转的情况（可操作电动机直接反转）。

④ 用钳形电流表测量电动机的起动和反转电流，并记录于表 4.2 中。

阅读材料

绝缘电阻表和钳形电流表及其使用方法

1.绝缘电阻表及使用绝缘电阻表测量电动机绝缘电阻的方法

绝缘电阻表别称兆欧表,主要由一台小容量、输出高电压的手摇直流发电机和一只磁电系比率表及测量线路组成,因此又称摇表,其外形如图 4.32(a) 所示。

动画:兆欧表

使用绝缘电阻表测量电动机绝缘电阻的方法如下:

① 测量前,需使被测设备与电源脱离,禁止在设备带电的状态下测量。

② 使用前应先对绝缘电阻表进行检查。方法是:将绝缘电阻表水平放置。“线(L)”与“保护环”或“屏蔽(G)”端子开路时,表针应在自由状态。然后,将“线(L)”与“地(E)”端子短接,按规定的方向缓慢摇动手柄,观察指针是否指向“0”刻度。若不能,则绝缘电阻表有故障,不能用于测量。

③ 测量前要将被测端短路放电,以防止测试前的设备电容储能在测量时放电,对操作者或绝缘电阻表造成损坏。

④ 测量时一般只使用绝缘电阻表的“线(L)”和“地(E)”两个接线端接被测对象,测量电路如图 4.9(b)所示。

⑤ 连接绝缘电阻表与被测对象时宜使用单股导线,不要使用双股绞线或双股并行线,并注意不要让两根测量线缠绕在一起,以免影响读数的准确性。

⑥ 手柄的摇动速度尽量保持为 120 r/min,待指针稳定 1 min 后进行读数。

⑦ 测试完毕,先降低手柄的摇动速度,并将“线(L)”端子与被测对象断开,然后停止摇动手柄,以防止设备的电容对绝缘电阻表造成损害。注意此时手勿接触导电部分。

小型电动机维修常用的绝缘电阻表如 ZC11-8 型(500 V,0~100 MΩ)。

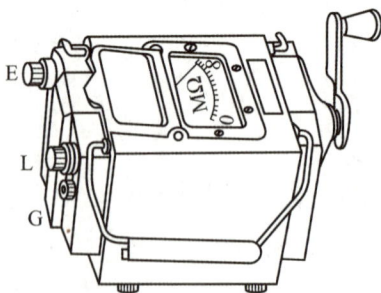

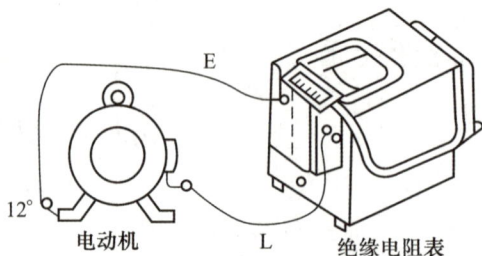

(a) 外形图　　　　　　　　(b) 测量电动机绝缘电阻的示意图

图 4.32　绝缘电阻表

2.钳形(交流)电流表及其使用方法

钳形(交流)电流表简称钳表或卡表,外形如图 4.33(b)所示,主要用于测量交流电流。钳形电流表的工作原理如图 4.33(a)所示,测量时先将转换开关置于比预测电流略大的量程上,然后手握胶木手柄扳动铁心开关,将钳口张开,将被测的导线放入钳口中,并松开开关,使铁心闭合,利用互感器的原理,从电表中读出被测导线的电流值。

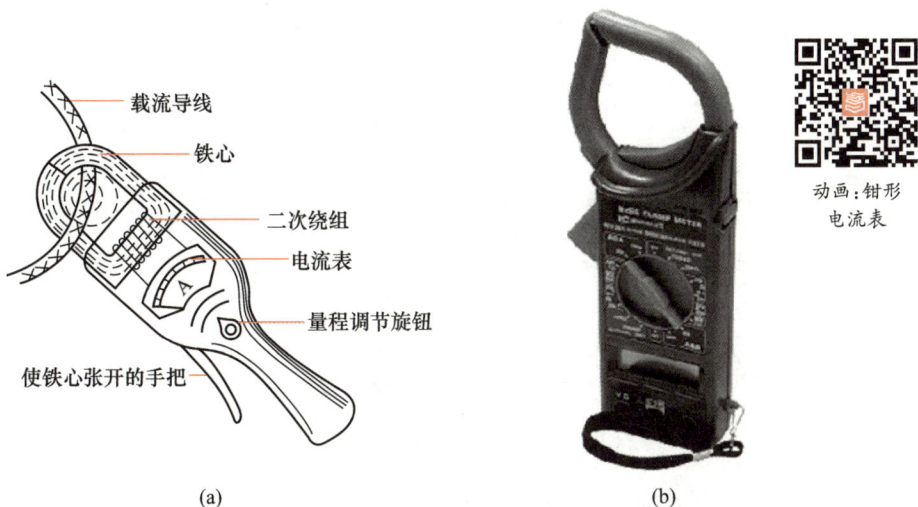

载流导线

铁心

二次绕组

电流表

量程调节旋钮

使铁心张开的手把

动画:钳形
电流表

(a)　　　　　　　　　　　　(b)

图 4.33　钳形电流表

用钳形电流表测量交流电流虽然准确度不高,但可以不用断开被测电路,使用方便,因而得到广泛应用。使用钳形电流表测量时应注意:

① 使用前,应检查钳形电流表的外观是否完好,绝缘有无破损,钳口铁心的表面有无污垢和锈蚀。

② 为使读数准确,钳口铁心两表面应紧密闭合。如铁心有杂声,可将钳口重新开合一次;如仍有杂声,就要将钳口铁心两表面上的污垢擦拭干净再测量。

③ 在测量小电流时,若指针的偏转角很小,读数不准确,可将被测导线在钳口上绕几圈以增大读数,此时实际测量值应为表头的读数除以所绕的圈数。

④ 钳形电流表一般用于测量低压电流,而不能用于测量高压电流。在测量时,为保证安全,应戴上绝缘手套,身体各部位应与带电体保持不小于 0.1 m 的安全距离。为防止造成短路事故,一般钳形电流表不得用于测量裸导线,也不准将钳口套在开关的闸嘴上或套在熔断管上进行测量。

⑤ 在测量中不准带电流转换量程挡位,应将被测导线退出钳口或张开钳口后再换挡。使用完毕,应将钳形电流表的量程挡位开关置于最大量程挡。

小型电动机维修常使用互感式钳形交流电流表,型号如 MG-27 型(0-10 A-50 A-250 A,0-300 V-600 V,0~300 Ω)。

想一想

1. 在使用钳形电流表测量交流电流时,若读数太小,为什么将被测导线在钳口上绕几圈就可以增大读数?

2. 在用钳形电流表测量单相交流电流时,若将相线和中性线两根导线都夹在钳口内,此时电表的读数应是多少?

4.3　单相异步电动机

由于单相异步电动机使用的是单相交流电源,所以被广泛应用于没有三相电源的场所,如用于各种日用电器和办公用电器中。

4.3.1　单相异步电动机的转动原理

单相异步电动机的结构与工作原理与三相异步电动机相似。单相异步电动机的定子绕组为单相绕组,通入单相交流电流后所产生的磁场如图 4.34 所示。假设在交流电的正半周时,电流从单相定子绕组的右半侧流入而从左半侧流出,则此时电流产生的磁场如图 4.34(a)所示,该磁场的大小随电流的大小而变化,方向则保持不变;当电流过零时,磁场也为零;在交流电的负半周时,由于电流反向,所产生的磁场也反向,如图 4.34(b)所示。可见,这个磁场的特点是其大小和方向按正弦规律周期性地变化,但磁场的轴线(图中为纵轴)却固定不变,这种磁场称为脉动磁场。

动画:单相
异步电动机

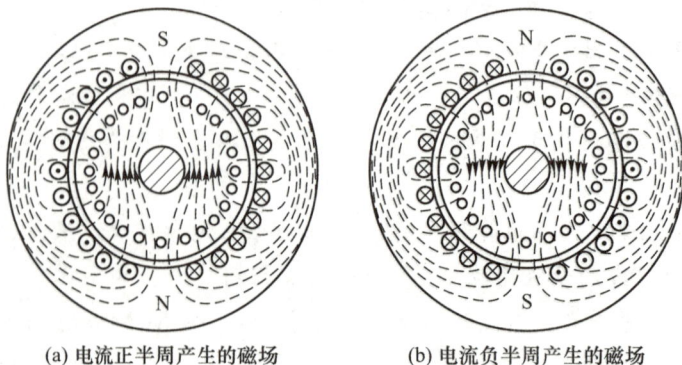

(a) 电流正半周产生的磁场　　　　(b) 电流负半周产生的磁场

图 4.34　单相异步电动机的脉动磁场

做一做

将一台没有起动绕组的单相异步电动机(或一台小型三相异步电动机)接单相交流电源,观察电动机的状况。电动机能否自行起动? 如果拨动电动机的转子,电动机能否转动起来? 转向如何?

由实验结果可知,单相异步电动机通电后不能自行起动,需要拨动一下电动机的转子,电动机才能朝拨动的方向转动起来。这是由于脉动磁场可以分解为大小相等、速度相同,但方向相反的两个旋转磁场,它们共同作用于同一个转子上,所以在脉动磁场作用下的电动机,相当于两个相反相序的三相异步电动机同轴连接的情况。所以单相交流电流产生的脉动磁场在转子上形成的合成转矩为零,电动机无法自行起动,如图4.35所示的单相异步电动机机械特性曲线中的坐标原点。但是如果在任意一个方向有外力(如用手拨动)推动转子达到一定速度(如图4.35中的 a 点),只要电动机的合成

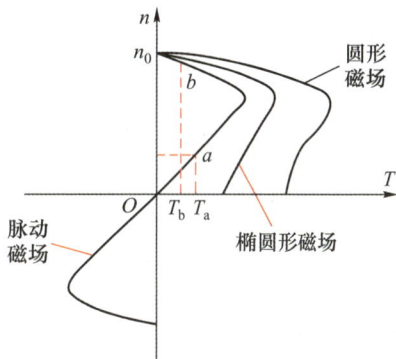

图 4.35　单相异步电动机的机械特性曲线

转矩 T_a 大于阻转矩 T_b,即使去掉外力,电动机也将自动加速,一直到达 b 点稳定运行。若外力使电动机反向转动,则电动机反向加速运行(图中第Ⅲ象限的曲线),了解这一点将有助于分析单相异步电动机的故障。

结论:

(1) 单相绕组只能建立脉动磁场。

(2) 在脉动磁场作用下,电动机的起动转矩为零,电动机不能自行起动,但在外力作用下起动后能够运行。

想一想

为什么只要拨动一下电动机的转子,电动机就能够转动起来? 而且转向与拨动的方向相一致?

为解决单相异步电动机的起动问题,必须在起动时建立一个旋转磁场,产生起动转矩。所以在电动机定子铁心上嵌放了主绕组(运行绕组或工作绕组)和辅助绕组(起动绕组),且两绕组在空间上互差90°电角度。为使两绕组在接同一单相电源时能产生相位不同的两相电流,往往在起动绕组中串入电容或电阻(也可以利用两绕组自身阻抗的不同)进行分相,这样的电动机称为分相式单相异步电动机。按起动、运行方式的不同,分相式异步电动机又分为电阻起动、电容起动、电容起动与运转等各种类型。还有一种结构更简单的单相异步电动机,其定子与分相式电动机的定子不同,根据其定子磁极的结构特点称为罩极式电动机。下面分别简单介绍。

4.3.2　电阻起动式单相异步电动机

电阻起动式单相异步电动机的原理图如图 4.36(a)所示,图中"1"表示主绕组,"2"表示起动绕组,起动绕组通过一个起动开关 S 与主绕组并联接到单相电源上。起动绕组仅在起动时工作,一般按短时工作制设计,匝数少,导线细,电阻大,有时还可以将其正绕几匝再反绕几匝,以增加电阻而不改变其有效匝数和电抗值。

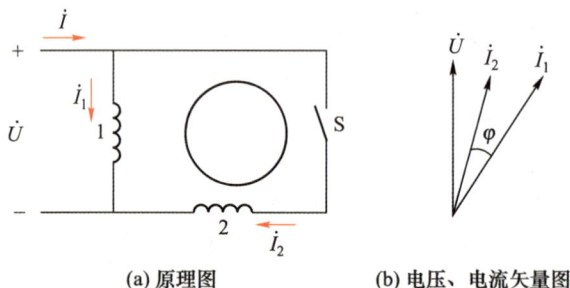

(a) 原理图　　　　(b) 电压、电流矢量图

图 4.36　电阻起动式单相电动机

与主绕组相比,起动绕组的电抗较小,电阻较大,因此其电流 I_2 超前主绕组电流 I_1,如图 4.36(b)所示。因两绕组都呈电感性,I_1 与 I_2 之间的相位差 φ 较小,远小于 $90°$,所以形成的是椭圆形旋转磁场,起动转矩较小,起动电流较大。适用于空载或轻载起动的场合,如电冰箱压缩机、鼓风机、医疗器械。

起动开关 S 的作用是避免起动绕组长时间工作过热,当转子转速上升到一定大小时(约 $75\%n_0$),自动断开起动绕组。这时只有主绕组通电,电动机在脉动磁场下维持运行。

4.3.3　电容起动式单相异步电动机

电容起动式单相异步电动机的原理如图 4.37(a)所示。起动绕组与一个电容器串联,再与起动开关串联后和主绕组一起并联接在单相交流电源上。电容器的作用:首先能使起动绕组电路呈电容性,电流 I_2 超前电源电压 U 一个相位角,而主绕组电路呈电感性,I_1 滞后电源电压 U 一个相位角,因此两绕组电流的相位差较大,如果电容 C 选择适当,可使相位差等于或接近 $90°$,如图 4.37(b)所示。其次,电容还可以抵消起动绕组电路的电抗值,所以

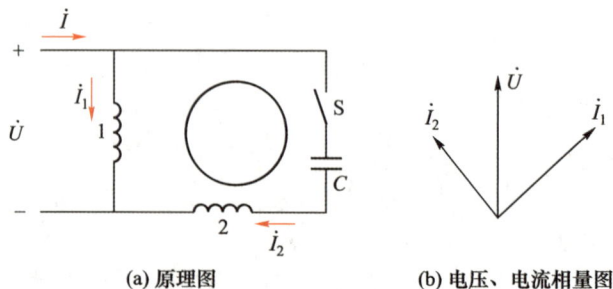

(a) 原理图　　　　(b) 电压、电流相量图

图 4.37　电容起动式单相异步电动机

起动绕组匝数可以多一些,以增大其磁势,甚至与主绕组磁势相等。这样,与电阻起动式单相异步电动机相比,电容起动式单相异步电动机在起动时,可以产生一个较强的圆形旋转磁场,起动转矩较大。另外,两绕组电流的相位差较大,合成电流小,所以电动机起动电流较小。

由于电容器仅在电动机起动时使用,通电时间不长,耐压要求不高,但电容量要求较大,所以一般选用电解电容器。起动结束后,起动开关断开起动绕组,电动机在主绕组脉动磁场下继续运行。

电容起动式单相异步电动机具有良好的起动性能,适用于水泵、小型空气压缩机、电冰箱及重载起动设备。

4.3.4 电容运转式单相异步电动机和电容起动运转式单相异步电动机

1. 电容运转式单相异步电动机

电容运转式单相异步电动机与电容起动式单相异步电动机相似,只是起动绕组(辅助绕组)电路中不设置起动开关。前两种单相异步电动机都是分相(两相)起动,单相运行;而电容运转式单相异步电动机的辅助绕组不仅为了起动,而且也参与运行,实际上是一个两相电动机。辅助绕组应按长期工作设计,电容器一般采用油浸或金属膜纸介质电容器。电容器容量的选择应能使电动机运行时产生圆形或接近圆形旋转磁场。这样,起动时却只能是椭圆形旋转磁场。所以它的运行性能比电阻或电容起动式电动机要好,但起动性能较差。其实,电容量一旦确定,仅在某一转速下磁场才是圆形的。所以一般要求电容运转式单相异步电动机在额定转速下运行。

电容运转式单相异步电动机具有体积小、重量轻、噪音小、效率和功率因数较高,起动转矩低的特点,适用于电风扇、通风机、录音机等日用电器。

2. 电容起动运转式单相异步电动机

电容起动运转式单相异步电动机结合了电容起动式和电容运转式单相异步电动机的优点,即起动性能和运行性能都比较好。为此,在辅助绕组中使用了 C_1 和 C_2 两个并联电容器,其中, C_1 与起动开关 S 串联,接法如图 4.38 所示。起动时,两个电容器同时工作,总电容量较大;运行时,起动开关 S 动作,切除 C_1,减小电容器容量。适当选择 C_1 和 C_2 的容量,可使电动机起动、运行时都能产生近似圆形旋转磁场,以获得较高的起动转矩、过载能力、功率因数和效率。

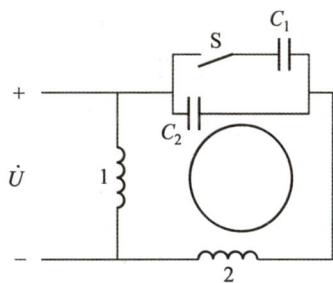

图 4.38　电容起动运转式单相异步电动机

电容起动运转式单相异步电动机是最理想的一种单相异步电动机,适用于各种家用电器、泵和小型机床等。

4.3.5 罩极式单相异步电动机

罩极式单相异步电动机是一种结构简单、成本低、噪音小的单相异步电动机。根据其定子结构,分为凸极式和隐极式两种,其中凸极式较为常见,图4.39所示为凸极式罩极电动机的结构,由图可见,凸极式罩极电动机的定子主绕组采用集中绕组形式套在凸起的定子磁极上;在凸极的一侧开有小槽,槽内套入一个较粗的短路铜环(罩极线圈)作为辅助绕组,罩住1/3磁极表面。为了改善电动机磁场,两磁极间一般插有磁分流片(磁桥),也可以直接与磁极做成一体。

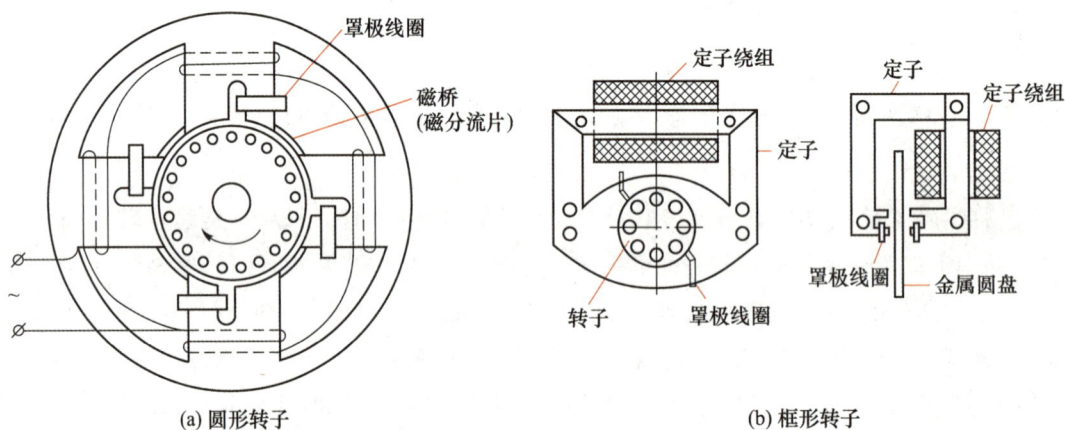

图 4.39 凸极式罩极电动机结构

当主绕组通入单相交流电流时,便产生脉动磁场,其中一部分磁通 Φ_1 不穿过短路环;另一部分磁通则穿过短路环。根据楞次定律,在短路环中产生的感应电流将阻碍罩极侧原磁通的变化,使得罩极侧合成磁通 Φ_2 的相位滞后 Φ_1,在空间位置上,Φ_1 和 Φ_2 也存在一定的角度差。这样,罩极式电动机形成的合成磁场是一个椭圆度很大的旋转磁场,旋转方向总是从磁极的未罩部分转向罩极部分。这种磁场作用于转子也能使电动机获得一定的起动转矩,朝磁场旋转方向起动并运行。与其他圆形或椭圆形旋转磁场不同,罩极式电动机的磁场实际上是一种"移动磁场"。正因为如此,罩极式电动机的起动和运行性能较差,效率和功率因数较低,只适用于空载或轻载起动的小容量负载,如电风扇、电唱机。

阅读材料

(一) 常用的各种电动机

在各种日用电器、办公设备、电动工具、汽车和医疗器械中使用电动机最多的是单相异步电动机,此外还有单相同步电动机、单相串励电动机、直流电动机等,具体见表4.3。

表 4.3　常用的各种电动机

电动机类型		主要用途
交流电动机	单相电阻起动式异步电动机	电冰箱用压缩机、食物搅拌器、抽湿机、小型空调器
	单相电容起动式异步电动机	电冰箱用压缩机、空调器用压缩机、小型机床
	单相电容运行式异步电动机	冷藏箱用压缩机、空调器用风扇、台扇、吊扇、转页扇、排气扇、洗衣机、干衣机、洗碗机、抽油烟机
	单相电容起动运转式电动机	大型冷藏箱、冷饮机、大型空调器用压缩机
	罩极式电动机	台扇、洗衣机、通风机、电唱机、电吹风
	三相异步电动机	变频空调器
	单相同步电动机	电子钟、电动程控定时器、记录仪、复印机、电唱机、录音机、录像机、转页扇导风轮电动机
直流电动机	单相串励电动机	电动工具、洗衣机、食物搅拌器和粉碎器、电吹风、家用吸尘器、家用电动缝纫机
	永磁式(有刷)直流电动机	录音机、电唱机、电动玩具、电吹风、吸尘器、电动剃须刀、汽车刮水器、汽车水泵、汽车窗门升降电动机
	无刷直流电动机	计算机、打印机、摄像机、家用音响影视设备、电风扇
步进电动机		计算机外围设备、办公自动化设备、指针式电子钟表

想一想

据你观察,在一辆小轿车上有哪些电动机? 你了解这些电动机的类型吗?

(二) 日用电器中使用的单相异步电动机控制实例

在此介绍电风扇和洗衣机中的单相异步电动机控制电路实例。

1. 电风扇控制电路

电风扇是常见的通风降温用电器,有台扇、吊扇、转页扇、换气扇等种类。电风扇电动机一般选用电容式单相异步电动机,通过调节电动机的转速,来达到调节电风扇的风量和风速的目的。电风扇电动机调速的特点是调速范围小,其调速比(即最低与最高转速之比)一般在 $60\%\sim80\%$ 之间,因此宜采用较简单的降压调速方法,以降低制造成本,常用的方法有改变电动机定子绕组的匝数和串联电抗、电容器降压调速。

图 4.40 所示为几种电风扇的典型控制电路:图 4.40(a)、(b)、(c)分别为台扇、转页扇和吊扇的调速电路。

在图 4.40(a)所示的台扇调速电路中,利用转换开关或琴键开关换接中间绕组(调速绕组)的不同抽头,以获得三挡不同的转速。

图 4.40(b)所示为转页扇调速电路,除了有台扇电路的功能外,还有导风轮电动机及其开

关、安全(防跌倒)开关等。

图 4.40(c)所示的吊扇电路采用晶闸管调压的无级调速控制,整个电路只用了双向晶闸管、双向二极管、电位器(带电源开关)、电阻和电容器共五个元件,电路结构简单。旋动电位器旋钮,改变晶闸管的导通角,则能够调节电动机的电压从而调节其转速。

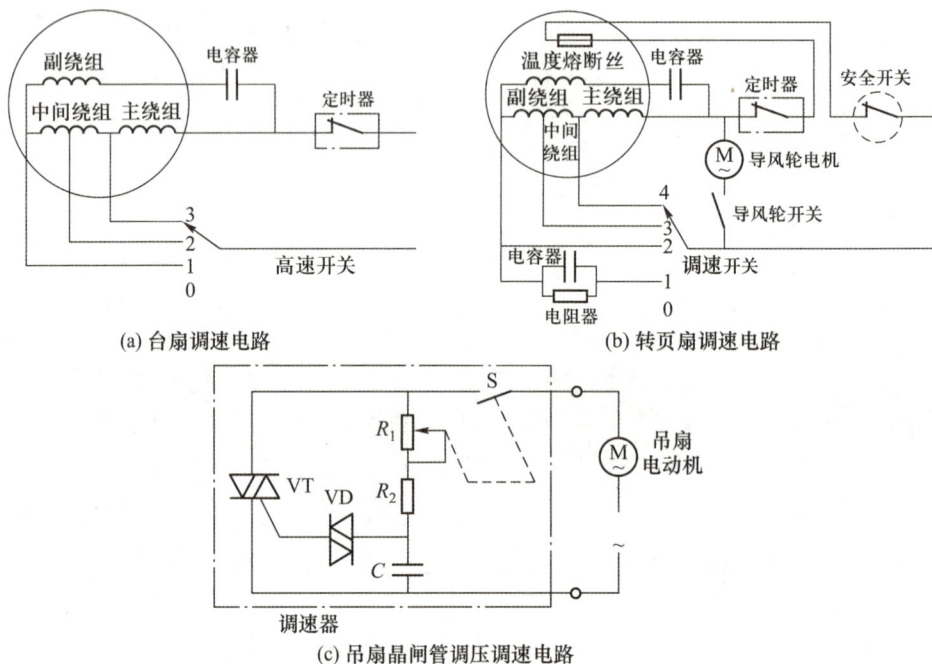

(a) 台扇调速电路   (b) 转页扇调速电路

(c) 吊扇晶闸管调压调速电路

图 4.40 电风扇控制电路

2. 洗衣机控制电路

洗衣机也是一种常用的家用电器,有很多种类型。如果按洗涤方式可分为波轮式、搅拌式和滚筒式三类;按控制方式又可分为普通型、半自动型和全自动型三种;如果按结构型式分类,还可以分为普通型单缸、双缸、半自动双缸、波轮式全自动、滚筒式全自动等类型。目前在家庭中使用较多的是普通型双缸波轮式洗衣机,它采用两台电容运转式单相异步电动机驱动,一台是洗涤电动机,另一台是脱水电动机。洗涤电动机在运行时要频繁地正反转,所以定子主、副绕组的线径、匝数均相同;而脱水电动机只要求单向运转,所以主、副绕组不同。图 4.41 所示为国产波轮式双缸洗衣机中较为典型的控制电路图。

在图 4.41 所示电路中,M1 为洗涤电动机,采用电容运转式单相异步电动机,通过改变电容器与主、副绕组的串联关系来改变电动机的转向,从而改变洗衣机的洗涤方式。普通型洗衣机一般有强洗、标准洗两种方式,通过选择开关 S3 和洗涤定时器 S1、S2 控制。洗涤定时器多为发条式(即机械式)时间继电器,定时时间最长为 15 min,在定时时间内,触点 S1 接通;而触点 S2 在定时器凸轮的作用下轮换接通接点 1、2、3,分别控制洗涤电动机正转、停、反转。当选择"强洗"时,S3 接上接点,电动机单向旋转,此时 S2 不起作用;若选择"标准洗",S3 接下接点,由 S2 控制洗涤电动机正转→停→反转的时间为 30 s→5 s→30 s。定时时间到,S1 断开,洗涤结束。M2 为脱水电动机,其定时器 S4 的定时时间最长为 5 min。因为脱水电动机的原理是利用脱水桶高速旋转(转速达 1 300 r/min 以上),使衣物中的水分在离心力作用下被甩出桶外,所以为安全起见,设有与脱水桶盖联锁的安全开关 S5,当脱水桶盖打开时,由 S5 立即切断M2 电源,机械制动器能在 10 s 内使脱水桶停转。

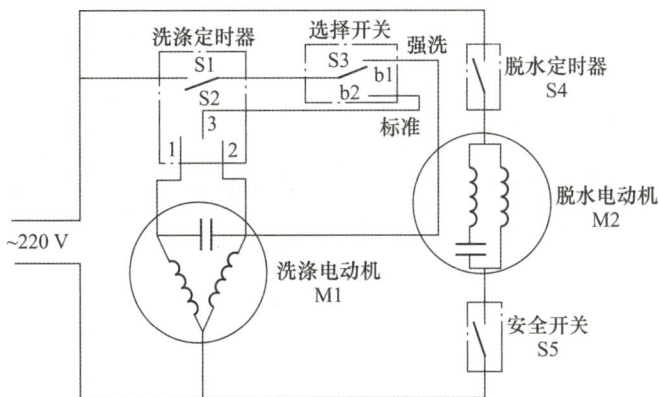

图 4.41 双缸洗衣机控制电路

近年来,双缸洗衣机产品一般还设有"弱洗"(轻柔洗)挡,由定时器的另一组触点控制洗涤电动机正转→停→反转的时间为 4 s→8 s→4 s(不同产品的控制时间不同),另外还设有指示灯、报告洗涤结束的蜂鸣器等。随着社会经济的发展和人民生活水平的提高,目前全自动洗衣机和滚筒式洗衣机已大量进入家庭,其控制方式也采用微处理器控制、由电力电子器件驱动,可实现多种洗涤和脱水方式,实现较复杂的控制功能(如模糊控制)。有兴趣的读者可查阅相关资料。

4.4 直流电动机

4.4.1 直流电动机的基本结构

直流电动机使用直流电源,与交流异步电动机相比,直流电动机具有更好的起动和运行性能,因此直流电动机应用在起重、运输机械、传动机构、精密机械、自动控制系统、汽车、电子电器和日用电器中。

和交流电动机相同,直流电动机的基本结构也是由定子、转子和结构件(端盖、轴承等)三大部分所组成。图 4.42 是一台直流电动机的结构示意图。

拓展:
直流电动机

前端盖　　　　风扇　　　　机座

转子　　　　　电刷装置　　　后端盖

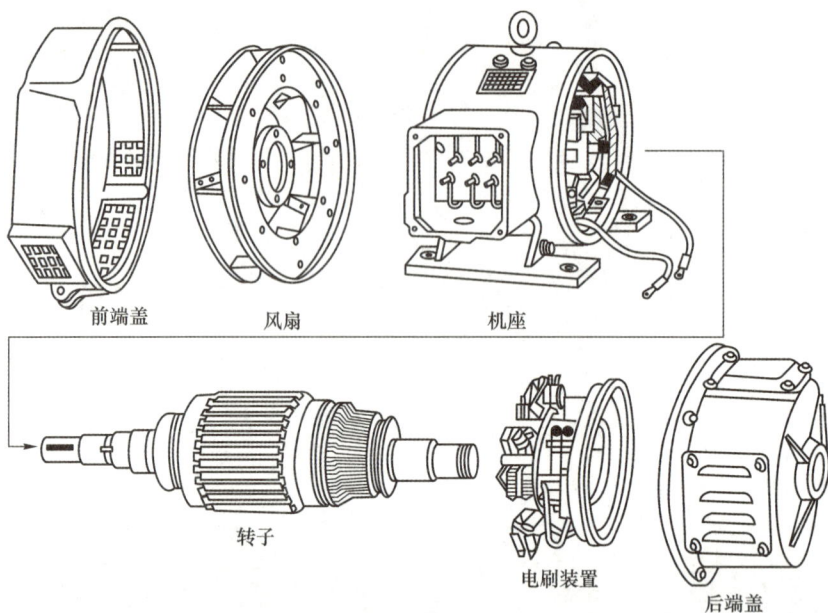

动画:
直流电机结构

图 4.42　直流电动机的结构示意图

4.4.2　直流电动机的转动原理

直流电动机的转动原理示意图如图 4.43 所示:假设定子是永久磁铁(也可以是铁心上绕有励磁线圈的电磁铁),转子是矩形的线圈(图中只画出一匝)。为线圈接上直流电源,因为转子可以绕轴 OO' 转动,所以为线圈通电需通过电刷与换向器。由图 4.43(a)可见,电刷 A 接电源正极,电刷 B 接负极,通过换向器(即图中两片半圆形的铜片),电流在线圈中的方向是 d→c→b→a。根据载流导体在磁场中要受磁场力作用的原理,并按照左手定则,可判断出线圈的两条边在磁场中受力的方向是:ab 边向上,cd 边向下,所产生的力矩使线圈绕轴顺时针方向转动。当线圈转过了 180°,如图 4.43(b)所示,线圈 ab 与 cd 两条边在磁场中的位置刚好对调,此时电流的方向为 a→b→c→d,虽然电流的方向改变,但在两磁极(N、S 极)下导体电流的方向和受力的方向不变,因此线圈继续按顺时针方向转动。这就是直流电动机产生持续的旋转运动动力的原理。

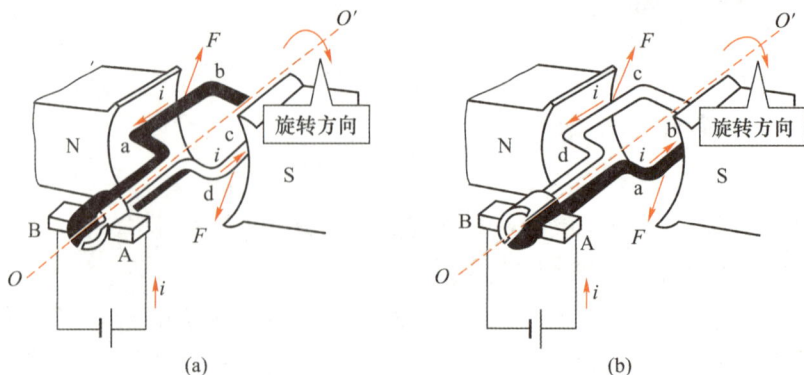

(a)　　　　　　　　　　　　　　　(b)

图 4.43　直流电动机的转动原理示意图

4.4.3 直流电动机的分类

根据定子磁场的不同,直流电动机主要可分为永磁式和励磁(电磁)式两大类,永磁式可分为有(电)刷和无(电)刷两类,而励磁式根据励磁绕组通电方式的不同,又可分成串励、并励、复励和他励四类:

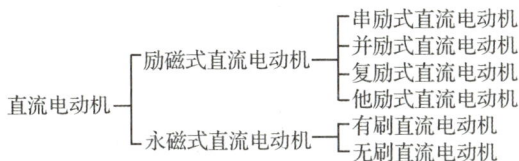

$$
\text{直流电动机}
\begin{cases}
\text{励磁式直流电动机}
\begin{cases}
\text{串励式直流电动机} \\
\text{并励式直流电动机} \\
\text{复励式直流电动机} \\
\text{他励式直流电动机}
\end{cases} \\
\text{永磁式直流电动机}
\begin{cases}
\text{有刷直流电动机} \\
\text{无刷直流电动机}
\end{cases}
\end{cases}
$$

4.4.4 直流电动机的机械特性

上述四种励磁式直流电动机的机械特性如图 4.44 所示。可见,他励、并励式直流电动机具有较"硬"的机械特性,因而被广泛应用于要求转速较稳定且调速范围较大的场合,如轧钢机、金属切削机床、纺织印染、造纸和印刷机械等。而串励式直流电动机具有"软"的机械特性,由图 4.44 可见,电动机空载时转速很高,满载时转速很低。这种机械特性对电动工具很适用。

串励式直流电动机适用于负载经常变化而不要求转速稳定的场合,当负载增加时,转速将自动降低,而其输出功率却变化不大。因串励式直流电动机的电磁转矩与电枢电流的平方成正比,因此,当转矩增加很多时,电流却增加不多,所以串励式直流电动机具有较强的过载能力。但是在轻载时转速将很高,空载时将出现"飞车"现象,因此绝不允许空载或轻载运行,在起动时至少要带上 20%~30% 的额定负载。此外,规定这种电动机与负载之间只能是齿轮或联轴器传动,而不能用皮带传动,以防皮带滑脱而造成"飞车"事故。

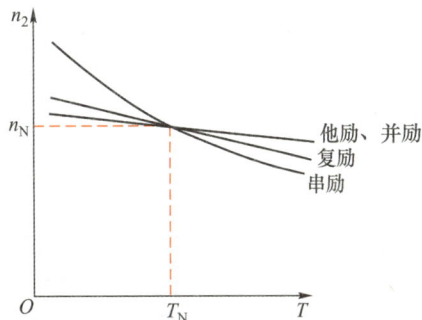

图 4.44 励磁式直流电动机的机械特性

复励式直流电动机的机械特性则介于上述两种电动机的机械特性之间,适用于起动转矩较大而转速变化不大的负载。

4.5 汽车用电机

4.5.1 汽车交流发电机

交流发电机是汽车的主要电源,当汽车的发动机在怠速以上运转时,发电机向起动机以外的汽车用电设备供电,同时还向蓄电池充电。现简单介绍汽车交流发电机的原理、结构与应用。

1. 汽车交流发电机的型号

我国汽车交流发电机的型号由五部分组成:

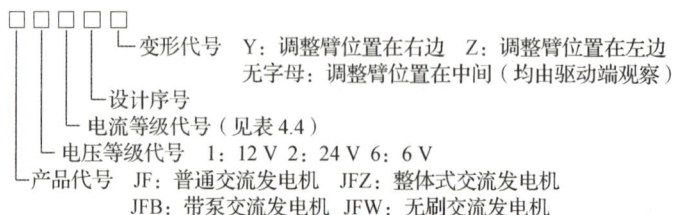

变形代号　Y:调整臂位置在右边　Z:调整臂位置在左边
无字母:调整臂位置在中间(均由驱动端观察)
设计序号
电流等级代号(见表 4.4)
电压等级代号　1:12 V　2:24 V　6:6 V
产品代号　JF:普通交流发电机　JFZ:整体式交流发电机
JFB:带泵交流发电机　JFW:无刷交流发电机

表 4.4　电流等级代号

电流等级代号	1	2	3	4	5	6	7	8	9
电流范围/A	≤19	20~29	30~39	40~49	50~59	60~69	70~79	80~89	≥90

例如:桑塔纳、奥迪等轿车上使用的 JFZ1913Z 型交流发电机是电压等级为 12 V、电流等级大于等于 90 A、第 13 次设计、调整臂位置在左边的整体式交流发电机。

2. 交流发电机的工作原理

图 4.45 所示为三相同步交流发电机工作原理示意图。图中,发电机的转子为磁极,磁极绕组通过电刷和集电环引入直流电而产生磁场。发电机的定子为电枢,三相定子绕组按彼此相差 120° 电角度分布在定子槽中。当转子在原动机带动下旋转时,相对静止的定子绕组切割磁力线而产生感应电动势,感应电动势与磁通量和转速成正比。

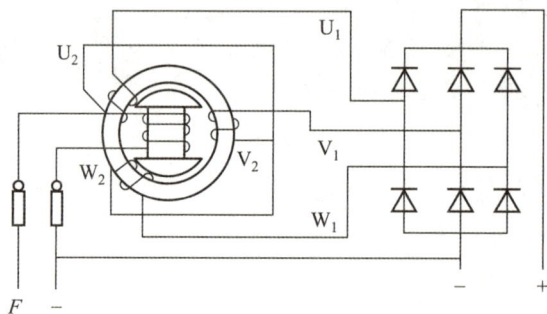

图 4.45　三相同步交流发电机工作原理示意图

图 4.45 右部所示为三相整流电路,其原理将在第 7 章介绍。

3. 交流发电机的励磁方式

交流发电机的励磁回路如图 4.46 所示。由图可见,发电机电枢的正极接线柱经电压调节器接到励磁绕组。当发电机转速较低时,电枢产生的感应电压不能克服二极管的正向电阻,因此发电机无法提供励磁电流,此时由蓄电池向励磁绕组供电,发电机处于他励状态;当电枢电压增大到略高于蓄电池电压时,二极管正向导通,励磁电路接通,发电机进入自励状态。

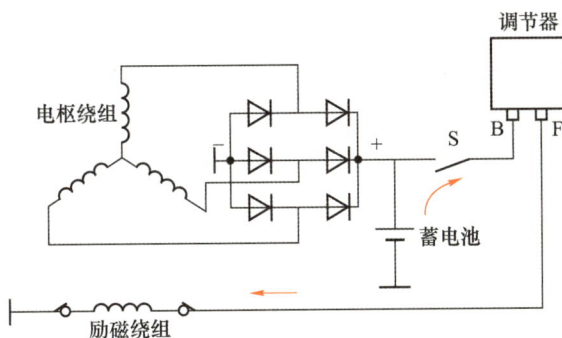

图 4.46 交流发电机的励磁回路

4. 交流发电机的结构

图 4.47 所示为典型交流发电机的结构图,由图可见,交流发电机由转子,定子,整流器和整流板(元件板),前、后端盖,电刷装置和风扇等组成。

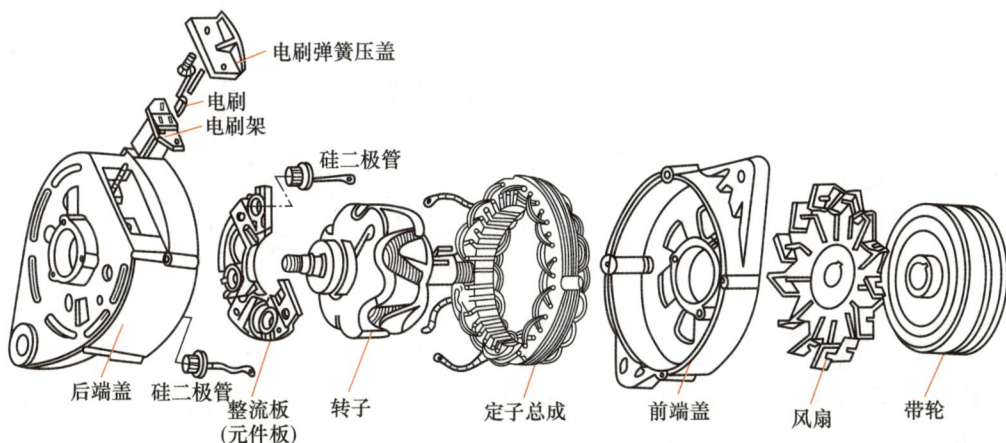

图 4.47 交流发电机的结构

(1) 转子

转子是交流发电机的磁极部分,用于产生磁场。转子由爪极、铁心、励磁绕组和集电环等组成,如图 4.48 所示。爪极有两块,每块有 6 个鸟嘴形磁极,以使所产生的磁场呈正弦分布

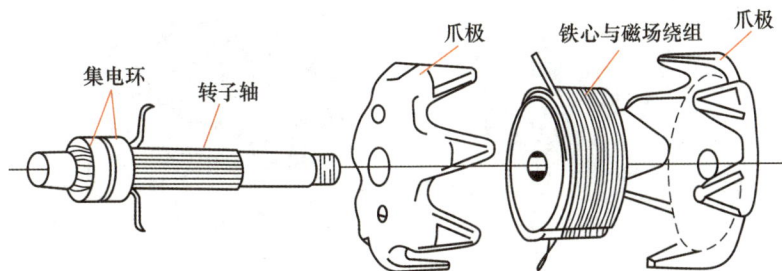

图 4.48 交流发电机转子的结构

(使电枢绕组产生的感应电动势有较好的正弦波形)。两块爪极间装有铁心(磁轭)并绕有励磁绕组,绕组的接线端通过集电环与电刷接触,将直流电源引入绕组,产生轴向的磁场,使一块爪极磁化成 N 极,另一块磁化成 S 极,从而形成 6 对相互交错的磁极,如图 4.49 所示。

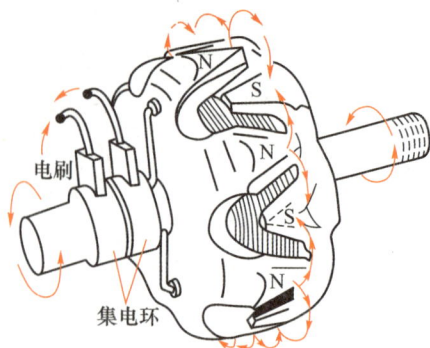

图 4.49 交流发电机转子的磁场

（2）定子

如上所述,交流发电机的定子用于产生感应电动势。定子由定子铁心和对称(在空间互差 120°电角度)的三相定子绕组组成。

（3）整流器

交流发电机整流器的作用是将电枢绕组产生的三相交流电转换成直流电。三相整流电路如图 4.45 所示。由 6 只整流二极管组成。其中 3 只正极管压装在整流板上,正极由固定在整流板上的螺栓引出;3 只负极管压装在后端盖上,和外壳一起组成发电机的负极。

（4）端盖与电刷装置

交流发电机的前、后端盖一般由铝合金铸成,电刷装置装在后端盖上,包括电刷、电刷架和电刷弹簧。

带动交流发电机转子转动的带轮上装有通风散热用的风扇叶片。一般体积较大的发电机采用外装式叶片,叶片装在机壳的外部;体积较小、结构紧凑的发电机采用内装式叶片,叶片直接装在转子上。

4.5.2 伺服电动机

伺服电动机(如图 4.50 所示)的作用是将输入的电压信号(即控制电压)转换成轴上的角位移或角速度输出,在自动控制系统中常作为执行元件,所以伺服电动机又称执行电动机。伺服电动机最大的特点是:有控制电压时转子立即旋转,无控制电压时转子立即停转。转轴转向和转速是由控制电压的方向和大小决定的。

伺服电动机主要用于机械手、机器人、数控机床和复印机、打印机的自动控制系统中。在汽车上,伺服电动机常用于发动机的节气门开度控制和自动离合器的离合控制等。

图 4.50 伺服电动机

伺服电动机分为交流和直流两大类,在此仅介绍汽车上常用的直流伺服电动机。直流伺服电动机的工作原理与他励直流电动机的基本相同,只是为了减小转子的转动惯量,其转子的结构型式与一般直流电动机有较大的区别。此外,为了减轻电动机的重量,其励磁方式往往采用永磁式。随着近年来电子技术的发展和自动化程度的不断提高,直流伺服电动机的应用日益广泛,要求也不断提高,因此出现了许多新的结构型式,如印制绕组永磁式直流伺服电动机、空心杯电枢直流伺服电动机、无槽电枢直流伺服电动机。

1. 印制绕组永磁式直流伺服电动机

这种电动机又称盘状转子直流伺服电动机,因其转子如盘状[如图 4.51(b)所示]而得名,由于转子的铁心很小,因而这种电动机惯性很小,可以快速起动和制动。

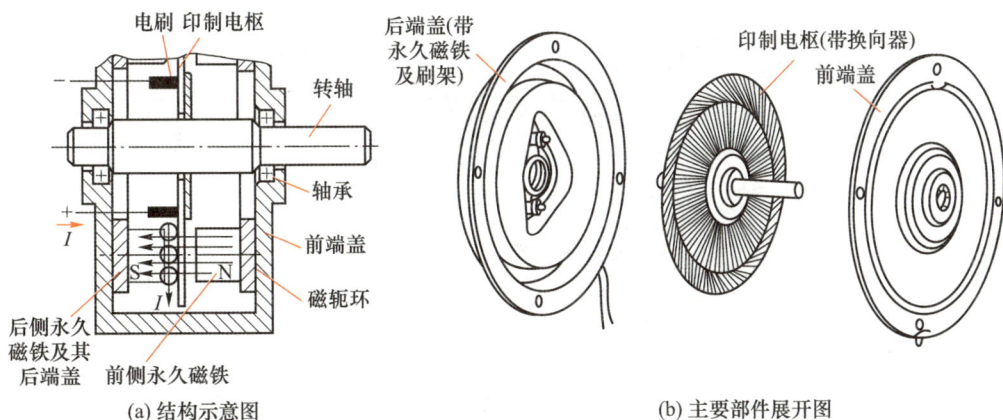

(a) 结构示意图　　　　　　　　　　　　(b) 主要部件展开图

图 4.51　印制绕组永磁式直流伺服电动机结构图

印制绕组永磁式直流伺服电动机的结构如图 4.51 所示。其圆盘状转子的基片由塑料材料压制而成,绕组由铜箔冲制而成,并贴在转子基片上(也有用导线绕制后与塑料基片塑压而成),绕组导体沿径向成辐射状排列。直流电源通过正、负极电刷直接与导体接触输入。磁场由永久磁铁产生,永久磁铁安装在机座两侧的端盖上,与机座一起构成闭合磁路。当转子导体通入直流电后,将在磁场中受到电磁力的作用而产生电磁转矩,驱动转子旋转。如果改变转子电流的方向,转子就会反转。

这种电动机的主要优点是机械和电磁的惯性小,可以在极短的时间内达到恒定的转速或制动停转;换向性能好,在低速运转时较平稳,且有较精确的转子定位;转子导体散热条件好,可允许较大的短时过载;电动机轴向尺寸小,适合于要求薄形安装的场合。印制绕组永磁式直流伺服电动机主要适用于低速运转和起动、正反转频繁的控制系统,如机床控制系统、计算机设备、摄像机等。如果作驱动电动机使用,则用于电力机车、吊扇、汽车电器等。国产印制绕组永磁式直流伺服电动机的型号为 SN 型。

2. 空心杯电枢直流伺服电动机

这种伺服电动机的结构特点是电枢没有铁心只有绕组,该绕组按一定形式编织成薄壁圆筒形,用环氧树脂黏结成形,并与电枢支架黏结在一起成杯子形状,所以称为"空心杯电枢",如图 4.52(b)所示。

(a) 结构示意图

(b) 杯形电枢

(c) 电动机的磁路

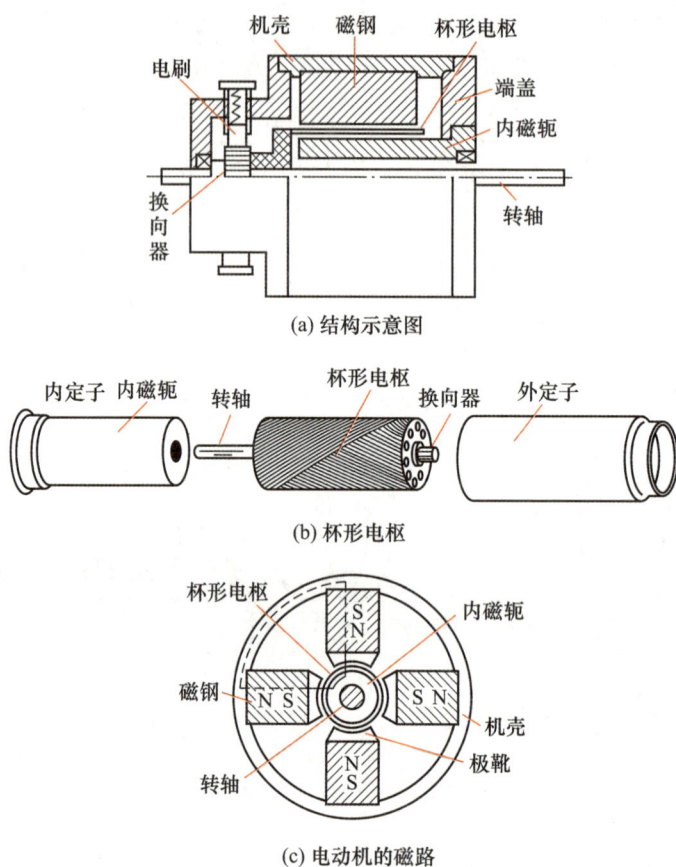

图 4.52　空心杯电枢直流伺服电动机

空心杯电枢直流伺服电动机的磁路如图 4.52(c) 所示,主磁极由永久磁钢制成,外加直流电源通过正、负极电刷加给杯形转子绕组后,带电流的转子绕组在磁场中产生电磁转矩而转动起来。

空心杯电枢直流伺服电动机的优点是其电枢质量轻,转动惯量小,因而机械和电磁惯性是直流电动机中最小的一种,因此快速响应性能好,主要用于高精度的自动控制系统中。缺点是杯形转子生产工艺复杂,价格较高。国产空心杯电枢直流伺服电动机的型号为 SYK 型。

3. 无槽电枢直流伺服电动机

无槽电枢直流伺服电动机的结构与一般直流电动机相似,主要区别是电枢铁心上没有齿槽,电枢绕组均匀分布在光滑的电枢铁心外圆上,并用环氧树脂等材料将绕组和铁心紧固在一起。其磁极可以是永久磁钢,也可以采用电磁式结构。无槽电枢直流伺服电动机的运行性能虽然不及空心杯电枢电动机,但结构较简单,制造方便,且工作可靠。国产无槽电枢直流伺服电动机的型号为 SWC 型。

4.5.3 步进电动机

一般的电动机都是连续运转的,而步进电动机却是一步一步地转动的(因此称为"步进"电动机)。每输入一个电脉冲信号时,它就转动一个对应的角度,所以步进电动机是一种将电脉冲信号转换成机械位移(角位移或直线位移)的执行元件。与前面介绍的伺服电动机一样,属于"控制电动机"。

按照运动方式,步进电动机可分为旋转式和直线式;按照转子的励磁方式,旋转式步进电动机又可分为反应式、永磁式和混合式三种。目前,步进电动机在数控机床、自动化仪表、计算机设备、办公自动化设备中应用越来越广泛,如汽车装置、计算机外围设备和办公自动化设备中的打印机、传真机的送纸机构、打印头等大多采用永磁式步进电动机,而在软、硬盘的磁头驱动系统中,大多采用混合式步进电动机,反应式步进电动机则多用于数控系统中。下面简单介绍这三种步进电动机。

1. 反应式步进电动机

图 4.53 所示为三相反应式步进电动机原理图,在其定子上装有六个均匀分布的磁极,每个磁极上都绕有控制绕组。转子为四个凸极。当向 U 相绕组通入电脉冲时,由于磁通总是沿磁阻最小的路径闭合,于是产生磁场力,使转子铁心齿 1、3 与 U 相绕组的轴线 U1－U2 对齐[如图 4.53(a)所示];当输入的电脉冲由 U 相转换到 V 相绕组时,根据同样的原理,转子铁心齿 2、4 与 V 相绕组的轴线 V1－V2 对齐[如图 4.53(b)所示]。以此类推,当定子绕组按 U－V－W－U…的顺序通入电脉冲信号时,则转子按顺时针的方向一步一步地转动。输入脉冲信号的频率越高,电动机的转速就越快。

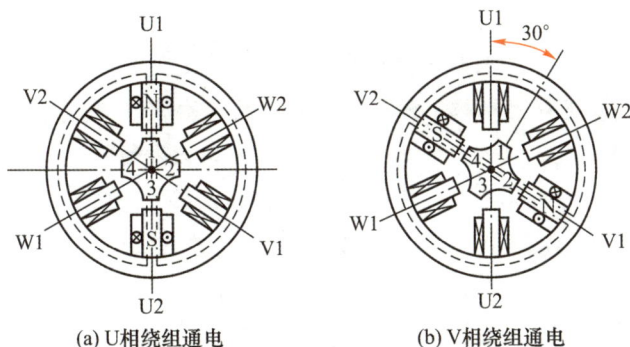

(a) U相绕组通电　　　　(b) V相绕组通电

图 4.53　反应式步进电动机原理图

步进电动机每步转过的角度称为步距角 θ(如以上作为原理分析的步进电动机 $\theta=30°$),步距角越小,控制精度越高。常用的步进电动机,磁极数较多,因此步距角一般较小。例如,丰田皇冠 3.0 轿车的 ZJZ-GE 型发动机采用的永磁式步进电动机 $\theta=11.25°$,奥迪 200 型轿车采用的永磁式步进电动机 $\theta=15°$。

2. 永磁式步进电动机和混合式步进电动机

图 4.54(a)所示是永磁式步进电动机的典型结构,其定子和反应式步进电动机的相似,转子用永磁材料制成,转子的磁极数应与定子的每相极数相同。永磁式步进电动机的步距角较

大〔图 4.54(a)所示的永磁式步进电动机 $\theta = 45°$〕,但消耗的功率要比反应式步进电动机小。

图 4.54(b)所示是混合式步进电动机的典型结构,其定子分成若干个磁极,每极上有小齿,绕有控制绕组。转子用环形磁钢和两段铁心制成,上面开有小齿,且与定子小齿的齿距相同。两段铁心装在磁钢的两端并相互错开半个齿距,与转子磁钢 N 极相接的那段转子铁心,整个圆周都呈 N 极,而与磁钢 S 极相接的另一段转子铁心,整个圆周都呈 S 极。由于两面转子铁心呈现不同的磁极,彼此又错开半个齿距,所以当定子绕组通电时,定子磁势与两段转子铁心产生的电磁转矩的方向相同。混合式步进电动机具有功耗小、运行平稳、步距精度高等特点。

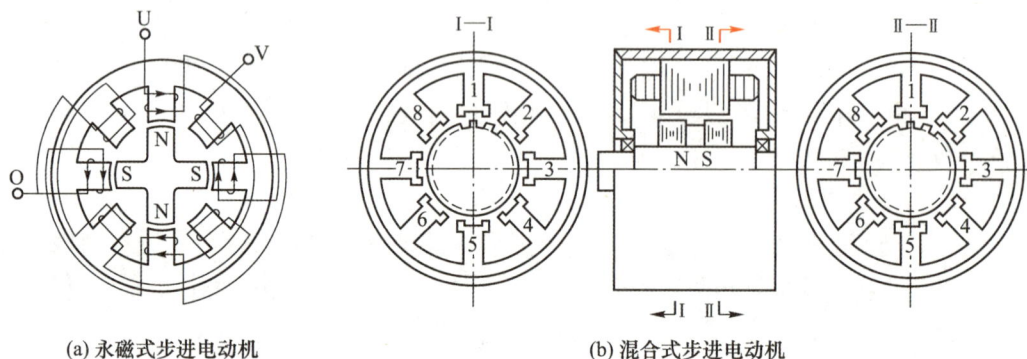

(a) 永磁式步进电动机　　　　(b) 混合式步进电动机

图 4.54　步进电动机的典型结构

阅读材料

永磁式步进电动机在汽车上的应用

图 4.55 是永磁式步进电动机控制汽车怠速空气阀结构原理图。由图可见,空气阀的螺母与步进电动机的转子制成一体,螺母与螺杆的配合可将电动机转子的旋转运动变成螺杆的直线运动,因此,当步进电动机的转子转动一圈时,螺杆移动一个螺距。由于空气阀的阀心与螺杆连接,所以螺杆将带动阀心开大或关小,以控制阀门的开启度。

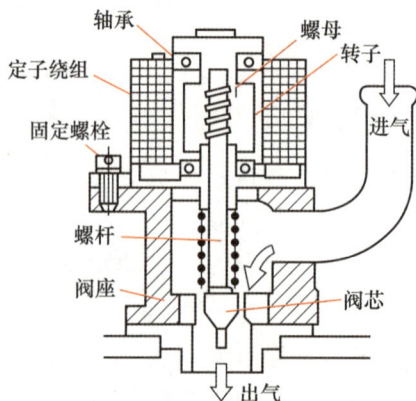

图 4.55　永磁式步进电动机控制汽车怠速空气阀结构原理图

4.5.4 永磁式直流电动机

1. 永磁式直流电动机的结构

永磁式直流电动机的定子是由永久磁铁制成,其他部分的结构与他励式直流电动机没有太大的区别,一般的永磁式直流电动机的结构示意图如图 4.56 所示,主要由定子、转子和端盖三部分组成。

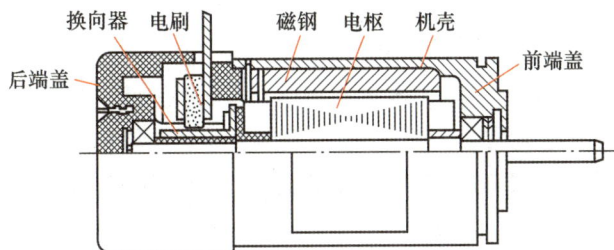

图 4.56　永磁式直流电动机结构示意图

（1）定子

定子包括永久磁铁（磁钢）和机壳。永久磁铁采用铁氧体、铝镍钴和稀土（包括钕铁硼）三类永磁材料制成,其充磁方式有两种:一种是沿磁钢的长度方向充磁,电动机的外壳采用不导磁的铝合金;另一种是沿磁钢的径向充磁,外壳采用铁磁性材料制成,构成电动机磁路的一部分。

（2）转子

永磁式直流电动机的转子铁心一般由硅钢片叠压而成,铁心上绕有电枢绕组,铁心中间穿有转轴,转轴两端与轴承配合。转轴上套有换向器。换向器由三块瓦形换向片装在塑料衬套上构成圆柱形,三槽电枢绕组的线端与相应的换向片相连。

（3）端盖

后端盖一般由塑料材料制成,在端盖内装有一对电刷。两片电刷应平行地装在换向器的两面,依靠其弹性与换向器保持紧密接触,直流电源通过电刷和换向器送入电枢绕组。

2. 永磁式直流电动机的运行特性

永磁式直流电动机的机械特性与他励（并励）式直流电动机基本相同。但永磁式直流电动机的工作电压一般较低,因此电刷与换向器的接触电阻及由此产生的电压降对电动机的运行影响较大。此外,永磁式直流电动机一般采用直接起动,在直接起动、堵转和反转瞬间产生的大电流会对磁钢起去磁作用,这在使用电动机和选择电源时应特别注意。

3. 永磁式直流电动机在汽车上的应用

永磁式直流电动机在汽车上的应用比较广泛,较典型的为用作刮水电动机、鼓风电动机、车窗玻璃升降电动机、电动门锁电动机,在此仅介绍作刮水电动机的应用。

刮水电动机是汽车电动刮水器的动力,用于驱动刮水片来回刮除汽车前窗玻璃上的雨水和尘土。刮水电动机使用的是永磁式双速电动机,在电枢上用弹簧压着三个电刷,利用三个电刷改变正、负电刷之间串联的绕组线圈数,以获得不同的转速,其工作原理如图 4.57 所示。由图可见,在永久磁铁的样极之间有 1～6 六个绕组,通过 B_1、B_2、B_3 三个电刷经控制开关接电源。

当开关拨到"L"位置时,B_1 接电源正极,为正电刷,B_3 接电源负极,为负电刷,正、负电刷之间形成绕组"1－6－5"和绕组"2－3－4"两条对称的支路。在电动机转动时,两边绕组产生的反电动势相等,两条支路中均有三个绕组产生反电动势与电源电压相平衡,所以电动机以较低的转速旋转,拖动刮水片慢速摆动。

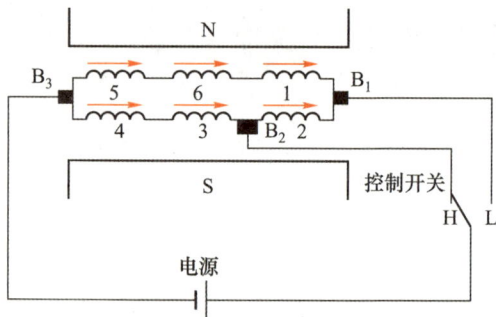

图 4.57　刮水电动机的工作原理

当开关拨到"H"位置时,B_2 接电源正极,为正电刷,B_3 仍接电源负极,为负电刷,正、负电刷之间形成两条不对称的支路:一条由"绕组 3－4"组成,另一条由绕组"2－1－6－5"组成。由于绕组 1、6、5 的反电动势与绕组 2 相反,所以 1、6、5 三个绕组当中要有一个绕组产生的反电动势与绕组 2 的电动势相抵消。由于两条支路中都只有两个绕组产生的反电动势与电源电压相平衡,所以需要增大单个绕组的反电动势,电动机的转速相对提高。因此在该挡时电动机以较高的转速旋转,拖动刮水片高速摆动。

实训 5　汽车交流发电机的测量

一、实训目的
1. 掌握汽车发电机的测量方法。
2. 了解汽车发电机的结构。
二、相关知识与复习内容
复习汽车发电机的原理、结构等内容。
三、实训器材
按表 4.5 准备好所需的设备、工具和器材。

表 4.5　工具与器材、设备明细表

序号	名　称	型号/规格	单位	数量
1	汽车交流发电机		台	2～3
2	万用表	500 型或 MF-47 型	个	1
3	电工电子实训通用工具	试电笔、榔头、螺丝刀(一字和十字)、电工刀、电工钳、尖嘴钳、剥线钳、镊子、小刀、小剪刀、活动扳手等	套	1
4	汽车发电机拆装专用工具		套	1
5	圆珠笔(或 2B 铅笔)		支	1

四、实训内容与步骤

① 使用万用表对汽车发电机的外接线柱进行测量,可初步判断发电机的状态。常用的汽车发电机各接线柱间的电阻值可参考表 4.6。

表 4.6　常用的汽车发电机各接线柱间的电阻值

发电机型号	F－E 间电阻值/Ω	B－E 间电阻值		N－E 间或 N－B 间电阻值	
		正向/Ω	反向/kΩ	正向/Ω	反向/kΩ
JF11、13、15、21、132N	4～7	40～50	≥10	10～15	≥10
JWF14(无刷)	3.5～3.8	40～50	≥10	10～15	≥10
夏利 JFZ1542	2.8～3.0	40～50	≥10	10～15	≥10
桑塔纳 JFZ1913	2.8～3.0	65～80	≥10	10～15	≥10

② 用万用表进行测量,将测量值记入表 4.7 中,并由此判断发电机的状态。

表 4.7　汽车发电机测量记录表

发电机型号	F－E 间电阻值/Ω	B－E 间电阻值/Ω		N－E 间或 N－B 间电阻值/Ω	
		正向	反向	正向	反向

技能拓展

汽车发电机的拆装

如有条件,可在教师的指导下,拆装一台汽车发电机,并记录拆装的步骤。

阅读材料

可编程控制器(PLC)简介

1. 什么是 PLC

可编程控制器(简称 PLC)是一种专门用于工业控制的电子计算机。国际电工委员会(IEC)曾对 PLC 作出了如下定义:“可编程控制器是一种数字运算操作的电子系统,专为在工业环境下应用而设计。它采用可编程序的存储器,用来在其内部存储执行逻辑运算、顺序控制、定时、计数和算术运算等操作命令,并通过数字式和模拟式的输入和输出,控制各种类型的机械或生产过程。可编程控制器及其有关的设备,都应按易于与工业控制系统连成一个整体、易于扩充功能的原则而设计。”FX_{2N}-32MR 型 PLC 如图 4.58 所示。

图 4.58　FX$_{2N}$-32MR 型 PLC

本章介绍的电动机的继电器-接触器控制系统能够实现对电动机等控制对象的手动和自动控制,能够在一定范围内适应单机和生产自动线的控制需要,因而目前仍广泛使用。但是随着生产技术的发展、生产规模的扩大和产品更新换代周期的缩短,继电器-接触器控制系统逐渐暴露出其使用的单一性和控制功能简单(局限于逻辑控制和定时、计数等简单控制)的缺点。因此迫切需要一种能够适应产品更新快、生产工艺和流程经常变化的控制要求的工业控制装置来取代它。1968 年,美国通用汽车(GM)公司首先公开招标,提出了研制新型工业控制器的十项功能指标。根据这十项指标的要求,在一年后,由美国数据设备公司(DEC)研制出世界上第一台可编程控制器,并且成功地应用在 GM 公司的生产线上。此后,日本的日立公司通过从美国引进技术,于 1971 年试制出日本的第一台可编程控制器。1973 年,德国的西门子公司独立研制出欧洲的第一台可编程控制器。在这一时期的可编程控制器虽然也采用了计算机的设计思想,但仅有逻辑控制、定时、计数等控制功能,只能进行顺序控制,故称为"可编程逻辑控制器"(Programmable Logic Controller),这就是 PLC 这一简称的由来。

到了 20 世纪 70 年代后期,随着微电子技术和计算机技术的发展,PLC 在处理速度和控制功能上都有了很大提高,不仅可以进行开关量的逻辑控制,还可以对模拟量进行控制,且具有数据处理、PID 控制和数据通信功能,已发展成为一种新型的工业自动控制标准装置,因此于 1980 年由美国电气制造协会(NEMA)命名为"可编程控制器"(Programmable Controller),简称 PC。但由于 PC 容易和个人计算机(Personal Computer)相混淆,所以在我国仍习惯以 PLC 作为可编程控制器的简称。

用 PLC 取代继电器-接触器控制系统实现工业自动控制,不仅用软件编程取代了硬件接线,在改变控制要求时只需要改变程序而无须重新配线,而且由于用 PLC 内部的"软继电器"取代了许多电器,从而极大减少了电器的数量,简化了电气控制系统的接线,减小了电气控制柜的安装尺寸,充分体现出设计、施工周期短,通用性强,可靠性高,成本低的优点。特别是 PLC 采用的梯形图编程语言是以继电器梯形图为基础的形象编程语言,一般电气技术人员和技术工人经过简单的培训就可以掌握,所以 PLC 又称"蓝领计算机"。

自 20 世纪 80 年代以来,PLC 在处理速度、控制功能、通信能力以及控制领域等方面都不断有新的突破,正朝着电气控制、仪表控制、计算机控制一体化和网络化的方向发展。PLC 技术、CAD/CAM/CAE(计算机辅助设计/计算机辅助制造/计算机辅助工程)技术和工业机器人已成为现代工业自动化的三大支柱,当今的可编程控制系统已经是集计算机技术、通信技术和自动控制技术为一体的新型的工业控制装置。

2. PLC 的硬件结构

继电器-接触器控制系统由输入电路、输出电路和逻辑控制电路组成[如图 4.59(a)所示],其中逻辑控制电路一般由若干个继电器及有关电器的触点组成,其逻辑关系已经固化在硬接线的线路中,不能灵活变更。PLC 控制系统也可以看成由这几个对应的部分所组成,所不同的是由中央处理器和存储器组成的控制组件取代了继电器的逻辑控制电路,从而实现了"软接线"(因其控制程序可通过编程而灵活变更,相当于改变了继电器控制电路的接线)。由图 4.59(b)可见,PLC 的硬件结构主要由控制组件和输入/输出(I/O)接口电路及编程器三大部分所组成。

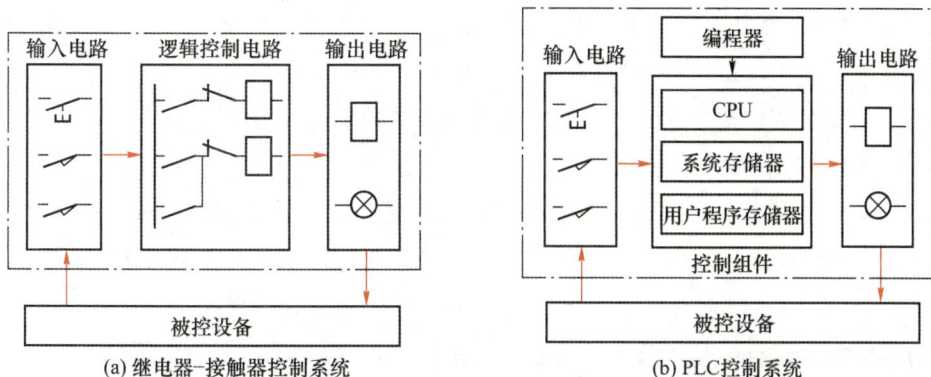

图 4.59　PLC 的基本结构

(1) 控制组件

PLC 的控制组件主要由 CPU 和存储器组成。CPU 是中央处理器(Central Processing Unit)的英文缩写,它相当于人的大脑,是 PLC 的控制指挥中心,主要完成读取输入信号、对指令进行编译、完成程序指令规定的各种操作、并将操作结果送到输出端等功能。PLC 的存储器分为系统程序存储器、用户程序存储器和数据存储器。系统程序存储器用于固化系统管理和监控程序,并对用户程序作编译处理。用户程序存储器用于存放用户编制的控制程序、各种数据和中间结果,在主机停电时由后备电池供电,或采用可随时读写的快闪存储器,使断电后存储的内容也不会丢失。数据存储器按输入、输出和内部寄存器、定时器、计数器、数据寄存器等单元定义存储数据或状态。

(2) I/O 接口

PLC 通过 I/O 接口实现与外围设备的连接。外围设备输入 PLC 的各种控制信号,如各种主令电器、检测元件输出的开关量或模拟量,通过输入接口转换成 PLC 的控制组件能够接收和处理的数字信号。而控制组件输出的控制信号又通过输出接口转换成现场设备所需要的控制信号,一般可直接驱动执行元件(如继电器、接触器、电磁阀、微电机、指示灯)。PLC 对 I/O 接口主要有两点要求:一是要有较强的抗干扰能力,二是能够满足现场各种信号的匹配要求。PLC 常用的 I/O 接口有:开关量输入、输出接口,用于模拟量与数字信号转换的 A/D 和 D/A 转换单元,以及用于 PLC 与各种智能控制单元(如 PID 控制单元、温度控制单元、高速计数器单元)连接的智能 I/O 接口。

(3) 编程器

编程器用于用户程序的编制、调试和运行监控。PLC 的编程器一般有手编程器和计算机编程两种,目前多采用计算机编程,将 PLC 与计算机通过通信口相连接,采用专用的编程软件在计算机上编程并实现各种功能。

3. PLC 的内部寄存器

PLC 的内部存储器划分为输入、输出和内部寄存器、定时器、计数器、数据寄存器等寄存器区域,每个区域分配有一定数量的寄存器单元,并按不同类型的 PLC 进行定义编号。从工业控制器的角度来看,PLC 可以将这些内部寄存器视为功能各异的继电器(即"软继电器"),PLC 就是通过这些软继电器执行指令来实现各种控制功能。

4. PLC 的应用软件——指令系统

PLC 的软件包括系统软件和应用软件。系统软件主要是系统的管理程序和用户指令的解释程序,已固化在系统程序存储器中,用户不能够更改。应用软件即用户程序,是由用户根据控制要求,按照 PLC 编程语言自行编制的程序。PLC 通过执行程序,可实现许多继电器-接触器控制系统难以实现的复杂的控制功能。如三菱 FX_2 系列 PLC 的指令系统包括 20 条基本指令、2 条步进指令和 87 条功能指令。

PLC 的编程语言主要是梯形图语言和助记符语言。梯形图语言是从继电器梯形图演变过来的一种图形语言,不仅形象而且逻辑关系清晰直观,容易掌握,是使用最多的 PLC 编程语言。

5. PLC 应用举例

下面以本章第 4.2 节中介绍的三相异步电动机自动星-三角降压起动控制电路(图 4.26)改为 PLC 控制为例,简单介绍 PLC 控制系统的基本组成和两种编程语言。

用 PLC 取代图 4.26 所示的继电器-接触器控制电路,实现对电动机星-三角降压起动自动控制的电路如图 4.60 所示。将图 4.60 所示电路与图 4.26 所示电路相比较可见,两者的主电路相同,不同之处在于用 PLC 取代了图 4.26 所示电路中的控制电路部分。该电路需要连接到 PLC 的输入、输出端口只有 5 点:两个控制按钮和三个交流接触器。因此可选用型号为 FX_{2N}-16M 的 PLC(输入、输出端口各 8 点,其地址分别为 X000~X007,Y000~Y007)。I/O 口地址分配见表 4.8。

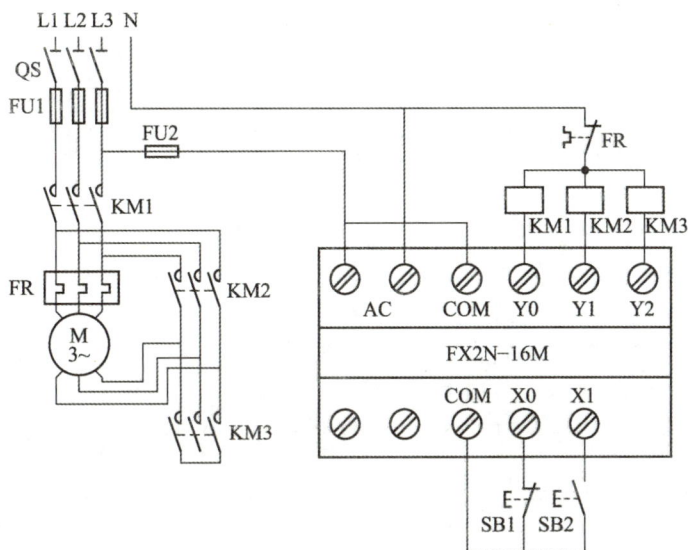

图 4.60　用 PLC 控制三相异步电动机星-三角降压起动电路图

表 4.8　I/O 口分配表

输入点地址	所连接主令电器	输出点地址	所控制负载
X000	停止按钮 SB1	Y000	接触器 KM1
X001	起动按钮 SB2	Y001	接触器 KM2
		Y002	接触器 KM3

　　实现图 4.26 所示电路控制功能的控制程序见表 4.9,表中左侧为程序的梯形图,右侧为助记符。梯形图按由左至右、由上至下的顺序画出,左侧为起始母线,每个逻辑行必须从起始母线开始画起,由左至右先画开关后画输出变量,在梯形图中表示软继电器"开关"的符号只有两种:用┤├表示动合触点,用┤╱├表示动断触点;而用─○─表示该逻辑行的输出。输出变量可以并联但不能串联,在输出变量的右侧也不能画输入开关;最右侧为结束母线。

　　在此应指出的是:PLC 梯形图与继电器电路图虽然相似,两者所表达的逻辑关系也基本相同,但具体表达方式及其内涵则有本质的区别。在继电器电路图中,每个电气符号代表一个实际的电器或电气部件,之间的连线表示各电器间的连接线(即硬接线),因此继电器电路图表示的是实际的电路;而 PLC 梯形图表示的是程序,图中的继电器并不是物理继电器,它实质上是 PLC 的内部寄存器,其间的连线表示的是它们之间的逻辑关系,即所谓软接线。此外,继电器电路图中的每个电器的触点是有限的,其使用寿命也是有限的;而 PLC 梯形图中每个符号对应的是一个内部存储单元,其状态可在整个程序中多次反复地读取,因此可认为 PLC 内部的软继电器有无数个动合触点与动断触点供用户编程使用,而且无使用次数的限制,这为设计控制程序提供了极大方便。

表 4.9　星—三角降压起动控制程序

梯 形 图	助 记 符		
	步序号	操作码	操作数
	0	LD	X001
	1	OR	Y000
	2	AND	X000
	3	OUT	Y000
	4	LD	Y000
	5	OUT	T0
			K100
	8	LD	Y000
	9	ANI	T0
	10	OUT	Y002
	11	LD	T0
	12	OUT	T1
			K10
	15	LD	T1
	16	ANI	Y002
	17	OUT	Y001
	18	END	

有关 PLC 指令的功能等可阅读相关专业书籍。在此需要说明的是：如果单纯从经济角度考虑，图 4.26 所示这样简单的电路在实用中并不一定要采用 PLC 控制，在此仅作为应用举例与继电器控制系统进行比较。对于较复杂的控制系统，采用 PLC 控制更能充分体现出其优点。

本 章 小 结

● 电机包括电动机和发电机。电动机是将电能转换为机械能的旋转电气设备。使用最普遍的电动机是三相和单相交流异步电动机、直流电动机。

● 在对称的三相定子绕组中通入对称的三相电流，将产生一个沿定子内圆周旋转的旋转磁场。旋转磁场是交流电动机旋转的动力源。

● 旋转磁场的转速和转向是决定异步电动机运行的重要因素，因为异步电动机的转速接近于旋转磁场的转速，而转向与旋转磁场的转向相一致。

● 异步电动机的转速随转矩变化的关系称为异步电动机的机械特性,机械特性是描述异步电动机起动与运行的基本特性。

● 三相异步电动机的起动方法分为直接起动和降压起动,常用的降压起动方法有定子绕组串电阻(电抗)降压起动和星-三角降压起动。常用的调速方法有变极、变频和变压调速。

● 三相异步电动机的基本控制电路由若干基本的控制和保护环节所组成,包括自锁、互锁、正反转控制、时间控制和行程位置控制,短路、过载、失电压、欠电压、限位等保护作用。

● 单相异步电动机包括电阻起动式、电容起动式、电容运转式、电容起动运转式和罩极式电动机。使用最多的是电容运转式电动机。

● 直流电动机按励磁方式分为他励、并励、串励和复励四种,使用最多的是并励和串励电动机。与交流电动机相比较,直流电动机具有较大的起动转矩和较好的调速性能。

● 在本章的最后一节简单介绍了几种汽车用电机,包括交流发电机、伺服电动机、步进电机和永磁直流电动机。

习 题 4

一、填空题

1. 当三相六极异步电动机的负载由空载增至满载时,其转差率由 0.5% 增至 4%,则转速由_____ r/min 降至_____ r/min(电源频率均为 50 Hz,下同)。

2. 根据三相异步电动机的工作原理,只要_____,就可以实现电动机的正反转。

3. 额定转速为 1 470 r/min 的三相异步电动机,其额定转差率为_____%,这是一台_____极的电动机。

4. 三相异步电动机在起动时转差率 $s=$_____,空载运行时 s_____,额定运行时 s_____,反接制动(转子的转向与旋转磁场的转向相反)时 s_____,再生发电制动(转子的转速高于旋转磁场的转速)时 s_____。

5. 三相异步电动机的三种调速方法是:调节_____调速、调节_____调速和调节_____调速。

6. 电器是指_____的电气设备,而低压电器是指其工作电压在交流_____V 或直流_____V 以下的电器。

7. 根据其动作原理的不同,电器可分为_____电器和_____电器;而根据其功能的不同,又可以分为_____电器和_____电器。

8. 交流接触器从结构上可分为_____、_____和_____三大部分。

9. 接触器的触点分为主触点和辅助触点。主触点一般为三极_____触点,主要用于_____。辅助触点有_____和_____触点,主要用于_____。

10. 在图 4.18 所示电路中,起短路保护作用的电器是_____,起过载保护作用的电器是_____,起失电压保护作用的电器是_____,起欠电压保护作用的电器是_____。

11. 选用热继电器时应根据电动机的_____电流来选择热元件,并用调节旋钮将其整定在电动机_____电流的_____倍左右。

12. 在图 4.21(c)所示电路中采用了_____触点和_____触点,实现了双重互锁。

13. 三相异步电动机在_____的情况下允许直接起动,一般_____kW 以下的电动机允许直接起动。

14. 采用星-三角降压起动的三相异步电动机在起动时,定子相电压为额定电压的_____,起动电流和起动转矩均为全压起动时的_____。

15. 请画出时间继电器触点的图形符号。
    ① 通电延时型时间继电器的动合触点:_____;
    ② 通电延时型时间继电器的动断触点:_____;
    ③ 断电延时型时间继电器的动合触点:_____。

16. 请画出下列电器的动断触点的图形符号。
    ① 行程开关的动断触点:_____;
    ② 热继电器的动断触点:_____;
    ③ 断电延时型时间继电器的动断触点:_____。

17. 请画出这些电器的动合触点的图形符号。
    ① 按钮开关的动合触点:_____;
    ② 接触器的动合触点:_____;
    ③ 行程开关的动合触点:_____。

二、选择题

1. 在电源电压不变的情况下,若在允许的范围内增加三相异步电动机的负载转矩,则电动机的转速将( ),电磁转矩将( ),定子线电流将( )。
   A. 增大　　　　　　　　B. 减小　　　　　　　　C. 不变

2. 当电网电压下降时,三相异步电动机的最大电磁转矩将( );适当增加转子电路电阻时,最大电磁转矩将( ),起动转矩将( )。
   A. 增大　　　　　　　　B. 减小　　　　　　　　C. 不变

3. 三相异步电动机的额定功率是指( )。
   A. 电动机在额定状态下运行时输出的机械功率
   B. 电动机从电网吸收的有功功率
   C. 电动机的视在功率

4. 三相异步电动机的转向由( )决定。
   A. 交流电源的频率　　　B. 旋转磁场的转向　　　C. 转差率的大小

5. 三相异步电动机的转速在（   ）时最高。

    A. 空载   B. 额定负载   C. 超载

6. 三相异步电动机的电磁转矩在（   ）达到最大值。

    A. 起动时   B. 起动后某时刻   C. 达到额定转速时

7. （   ）式直流电动机的机械特性最"硬"。

    A. 他励   B. 串励   C. 复励

8. CJ20-63 型交流接触器，其型号中的"63"是指（   ）的额定电流为 63 A。

    A. 主触点   B. 辅助触点   C. 电磁线圈

9. JR16-20/3D 型热继电器，其型号中的"20"是指（   ）的额定电流为 20 A。

    A. 热继电器   B. 热继电器的动断触点 C. 热继电器的热元件

10. 熔断器主要用作（   ）保护，热继电器主要用作（   ）保护。

    A. 欠电压   B. 短路   C. 过载

11. 交流接触器主要用作（   ），中间继电器主要用作（   ）。

    A. 控制大容量的三相交流负载

    B. 扩展电路的触点数量，传递控制信号

    C. 发出控制指令，接通和分断控制电路

12. 在图 4.21(a)、(b)、(c)所示的三个控制电路中，如果同时按下两个起动按钮 SB2 和 SB3，在正常情况下会出现的现象分别是：图(a)所示电路：（   ）；图(b)所示电路：（   ）；图(c)所示电路：（   ）。

    A. 电动机起动运行，但运转方向不确定

    B. 电源短路，电动机不能起动运行

    C. 电源不会短路，但电动机也不能起动

13. 在图 4.21(b)所示电路中，如果将 KM1、KM2 的互锁动断触点调换接错，当按下起动按钮 SB2 或 SB3 时，在正常情况下会出现的现象是（   ）。

    A. 电动机起动运行，但运转方向不确定

    B. 电源短路，电动机不能起动运行

    C. 电源不会短路，但电动机也不能起动

14. 在图 4.21(c)所示电路中，如果将 SB2、SB3 的互锁动断触点调换接错，当按下起动按钮 SB2 或 SB3 时，在正常情况下会出现的现象是（   ）。

    A. 电动机起动运行，但运转方向不确定

    B. 电源短路，电动机不能起动运行

    C. 电源不会短路，但电动机也不能起动

15. 在图 4.26 所示电路中，起行程位置控制作用的是（   ），起限位保护作用的是（   ）。

    A. SB1、SB2   B. SQ1、SQ2   C. SQ3、SQ4

16. 步进电动机的转速由（　　　）决定。

　　A. 负载　　　　　　　　　　B. 输入电脉冲的幅值　　　C. 输入电脉冲的频率

三、判断题

1. 旋转磁场的同步转速与外加电压的大小有关，而与电源频率无关。　　　　　　　（　　）

2. 旋转磁场转向的变化并不影响交流电动机转子的旋转方向。　　　　　　　　　（　　）

3. 从工作原理上讲，如果将三相异步电动机的定子与转子的结构相互对调，电动机也有
   电磁转矩产生。　　　　　　　　　　　　　　　　　　　　　　　　　　　　　（　　）

4. 异步电动机的转差率越高，则转速越低。　　　　　　　　　　　　　　　　　　（　　）

5. 当异步电动机的转速等于同步转速时，电动机所产生的电磁转矩最大。　　　　　（　　）

6. 当交流电源频率一定时，交流电动机的磁极对数越多，则旋转磁场的转速越低。

　　　　　　　　　　　　　　　　　　　　　　　　　　　　　　　　　　　　　（　　）

7. 因为三相异步电动机的起动电流可达额定电流的 $5\sim7$ 倍，所以在电动机起动时，
   按 $1.5\sim2.5$ 倍额定电流选定的熔断器熔体会因过电流而熔断，从而造成电动机无法
   起动。　　　　　　　　　　　　　　　　　　　　　　　　　　　　　　　　　（　　）

8. 只要电路中有热继电器作保护，就不需要熔断器来保护。　　　　　　　　　　　（　　）

9. 熔断器不宜用于电动机的过载保护。　　　　　　　　　　　　　　　　　　　　（　　）

10. 热继电器不能用于短路保护。　　　　　　　　　　　　　　　　　　　　　　　（　　）

11. 在电动机控制电路中既然装有热继电器，则不需要安装熔断器。　　　　　　　　（　　）

12. 一种型号的热继电器只配有一种规格的热元件。　　　　　　　　　　　　　　　（　　）

13. 图 4.18 所示电路具有过载、失电压和欠电压保护功能。　　　　　　　　　　　（　　）

14. 单相电容运行异步电动机的主绕组和副绕组中的电流同相位。　　　　　　　　　（　　）

15. 同时改变主绕组和副绕组的电流方向，可以使单相异步电动机反转。　　　　　　（　　）

16. 改变定子绕组的接法则可以改变罩极式电动机的转向。　　　　　　　　　　　　（　　）

四、综合题

1. 三相定子绕组通入三相电流，为什么能产生三相旋转磁场？

2. 三相异步电动机的笼型转子既无磁性又无通电，为什么在旋转磁场中能产生转矩而转
   动起来？为什么在转动时达不到同步转速？如果电动机的转速达到或超过同步转速
   会怎么样？

3. 三相异步电动机负载运行后，为什么随着负载的增加转速将下降，而定子电流将增大？

4. 为什么三相异步电动机起动时起动电流达额定电流的 $4\sim7$ 倍，而起动转矩一般最大
   也只有额定转矩的 2.2 倍？

5. 如果将一台 28 kW、1 420 r/min 的三相异步电动机替换为一台 14 kW、1 420 r/min 的
   同类型电动机也能正常工作，这样可以节省一半功率吗？为什么？

6. 假若有两台额定功率相同的三相异步电动机，一台为两极，另一台为六极，哪一台额定
   转速高？哪一台额定转矩大？为什么？

7. 一台三相异步电动机的起动转矩是额定转矩的 1.5 倍,当负载为额定值的 60% 时,若采用星-三角降压起动法,电动机能否起动? 为什么?

8. 什么是低压电器? 低压电器按其动作原理可分为哪两大类? 按其功能又可分为哪两大类? 试各举一例说明。

9. 刀开关的主要用途是什么? 常用的刀开关有哪几种? 各有什么特点?

10. 接触器的主要用途和原理是什么?

11. 异步电动机的起动电流较大,在电动机起动时,熔断器会不会熔断? 热继电器会不会动作? 为什么?

12. 按钮开关、行程开关和刀开关都是开关,它们的作用有什么不同? 可否用按钮开关直接控制三相异步电动机?

13. 低压断路器能实现哪几种保护?

14. 熔断器的作用是什么? 电动机控制电路中常用的熔断器有哪几种? 各有什么特点?

15. 既然在电动机的主电路中装有熔断器,为什么还要装热继电器? 它们的作用有什么不同? 安装热继电器后可不可以不安装熔断器? 为什么?

16. 什么是电气原理图? 电气原理图的构成规则是什么? 在阅读电气原理图时应注意什么?

17. 什么是自锁功能? 在图 4.18 所示电路中,如果没有 KM 的自锁触点有什么影响? 如果自锁触点因熔焊而不能断开有什么影响?

18. 什么是失电压保护? 失电压保护与欠电压保护有什么不同?

19. 三相异步电动机的主电路如何实现电动机的反转? 图 4.21 所示的三个控制电路各有什么特点? 试分析:在这三个控制电路中,如果同时按下正、反转起动按钮,分别会出现什么情况?

20. 什么是互锁? 在控制电路中互锁起什么作用? 什么是电气控制中的电气互锁和机械互锁?

21. 时间继电器的主要用途是什么? 如何从时间继电器的图形符号上区分是通电延时类型还是断电延时类型?

22. 星-三角降压起动适用于哪种类型的电动机?

23. 试用流程图叙述图 4.24 所示电路控制机床工作台往复运动的工作过程。

24. 对于图 4.24 所示自动往复控制电路,如果其中一个行程开关 SQ2 损坏,其触点都不能动作,会出现什么问题? 应如何处理?

25. 图 4.24 所示电路中的 SQ3、SQ4 两个行程开关的作用是什么? 如果这两个行程开关的触点接反了,会出现什么问题?

26. 三相异步电动机起动的主要问题是什么? 对三相异步电动机起动的基本要求是什么?

27. 单相异步电动机与三相异步电动机的反转原理与方法有什么不同?

28. 试分析图 4.61 所示各控制电路有何不当之处。

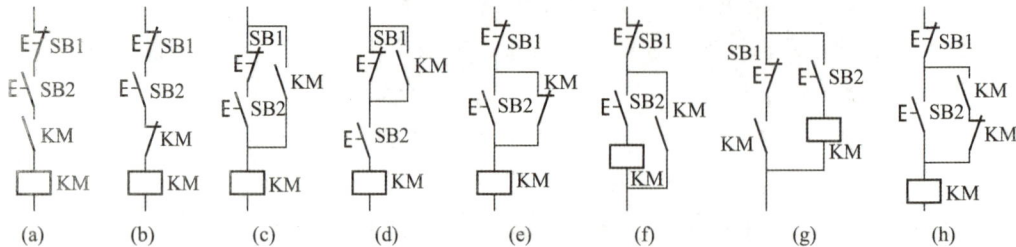

图 4.61　综合题第 28 题图

29. 有两台三相异步电动机 M1 和 M2,要求:(1)M1 先起动,M1 起动 20 s 后,M2 才能起动;(2)若 M2 起动,M1 立即停机。试画出其控制电路。

30. 试画出用两个起动按钮和两个停机按钮在两个不同地点对同一台三相异步电动机进行起动、停机控制的电路。

题解:
习题 4 答案

阅读材料

磁悬浮列车——直线电动机的应用

1. 直线电动机

本章所介绍的电动机都是作圆周旋转运动。蒸汽机的往复运动唤起了人们早期对电动机的设想,但是直到 20 世纪中期,作圆周运动的电动机要经过许多复杂的传动机构才能驱动那些作简单直线运动的机械(如牛头刨床)。从 20 世纪 50 年代开始研制的直线电动机实现了将电能转换成直线运动动力的设想。直线电动机也可分为直线直流电动机、直线异步电动机、直线同步电动机和直线步进电动机等几种,目前应用较多的是直线异步电动机。

从交流异步电动机的原理可知,旋转磁场是使电动机转动的动力。如果将一台普通的旋转型异步电动机沿径向剖开并将定子、转子圆周展开成直线,则其(从原理上)成为一台直线异步电动机,或者可以将直线异步电动机看成一台定子直径很大的三相异步电动机。由定子转变而来的一侧称为一次侧,由转子转变而来的一侧称为二次侧(或称为“滑子”),它是直线电动机中作直线运动的部件。

在向直线异步电动机一次侧三相绕组中通入三相电流后,也将产生一个气隙磁场,而且磁场的分布情况与旋转电机相似,沿直线方向呈正弦分布且作直线移动,称为“行波磁场”。该行波磁场在移动时将切割滑子导体,从而产生电磁力,使滑子沿行波磁场移动的方向作直线运动。这就是直线电动机运行的基本原理。

2. 磁悬浮列车

在铁路出现一百多年以来,由车轮在钢轨上滚动使列车前进的传统方式,运行速度已达到 300 km/h 的纪录(法国某电力机车牵引的铁路客车创下了 306 km/h 的最高纪录),速度再进一步提高已相当困难。而磁悬浮列车采用电磁力将列车浮起,取消了车轮,用直线电动机驱动列车前进。由于不存在车轮与钢轨之间的滚动摩擦阻力,故列车的速度最高已达 517 km/h,而且运行平稳,能耗低,具有很强的爬长陡坡道的能力,有极大的发展前途。

磁悬浮列车目前比较成熟的技术有两种,一种是日本的超导电动式,另一种是德国的常导吸引式。常导吸引式列车采用安装在车上的常导电磁铁和地面上沿线铺设的导轨进行磁悬浮、导向控制及驱动,如图 4.62 所示,磁悬浮气隙约 1 cm,驱动部分采用长定子直线同步电动机。车上的常导电磁铁既作为悬浮电磁铁用,又作为同步电动机的励磁转子。作为列车驱动动力的同步直线电动机的三相定子绕组安装在导轨两侧,这两部分定子在电路上为串联。三相定子绕组也由绝缘导线构成,并预先成形。定子铁心由硅钢片叠成,铁心被加固在导轨下部。

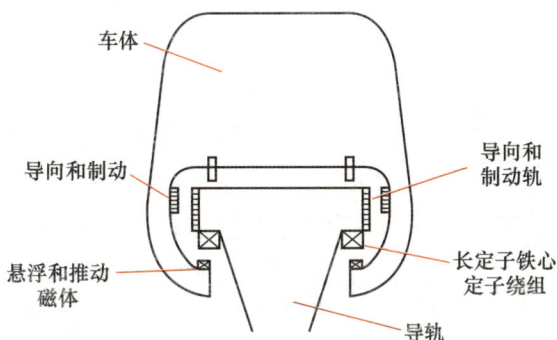

图 4.62　高速磁悬浮列车截面图

继上海浦东机场的磁悬浮列车线之后,我国的第二条磁悬浮列车线——上海—杭州磁悬浮列车线即将投入建设,据报道,该线路全长 175 km,列车的正常运行速度为 450 km/h。

chapter 5
第 5 章

电器及用电技术

学习目标

本章介绍常用的电器及其用电技术，主要包括：

● 常用的电-光和电-热转换电器。

● 汽车用传感器。

● 安全用电和节约用电。

通过本章的学习，应能理解所介绍的电器的基本原理和使用方法，能够了解安全用电和节约用电的常识，并且掌握触电救护的基本方法。

5.1　电光转换电器

在第 3 章 3.1 节曾介绍：电能之所以成为当今人类社会所利用的最主要的能源，其主要原因之一就是电能容易转换成其他形式的能源而便于人们利用。将电能转换成其他形式的能源需要通过各种电器来实现，最主要的有：电能-机械能、电能-光能、电能-热能以及电能-化学能的转换。实现电能与机械能转换的各种电动机已在第 4 章中介绍。实现电能与化学能转换的主要是各种电化学电池，还有电镀和电解；各种电池也在第 1 章的阅读材料中简单介绍了。在本节和下一节，将简单介绍几种主要的电能-光能、电能-热能转换电器。

电光转换电器中最主要、最普遍的是各种电光源。转换成光能至今仍是人类使用电能的主要用途之一，各种电光源取代了过去的煤油灯和蜡烛，为人们驱走了长夜的黑暗，使人们能够在各种时间和地点工作。目前常用电光源可分为热辐射光源和气体放电光源两大类，见表 5.1。

表 5.1 常用电光源的适用场合

类 别	名 称	适用场合
热辐射光源	钨丝白炽灯	照度要求较低,开关次数频繁的场合
	卤钨灯	照度要求较高,悬挂高度在 6 m 以上
气体放电光源	荧光灯	照度要求较高,开关次数不频繁的室内
	高压汞灯	悬挂高度在 5 m 以上的大面积室内外照明
	高压钠灯、低压钠灯	悬挂高度在 6 m 以上的道路、广场照明
	氙灯	要正确辨色的工业生产场所及广场、车站、码头等大面积照明
	金属卤化物灯	悬挂高度在 6 m 以上的大面积照明

5.1.1 热辐射光源

热辐射光源结构简单,所需附件较少,价格便宜,缺点是电源波动对其寿命和发光效率影响很大。热辐射光源主要有白炽灯和卤钨灯(包括碘钨灯和溴钨灯)。

1. 白炽灯

世界上第一盏碳丝白炽灯是爱迪生在 1879 年发明的。现在使用的白炽灯的灯丝是由钨丝制成的,绕成单螺旋或双螺旋状,通过电流,灯丝被加热达 3 600 ℃左右的白炽状态而发光。为了在这样高的温度下灯丝不氧化或蒸发,一般将玻璃泡抽成真空然后充入惰性气体。

常用的白炽灯有插口和螺口两种,如图 5.1 所示。使用时应注意将相线接到螺口灯泡顶部的电极上,并选用与电源电压相符的白炽灯。

白炽灯原来是使用最普遍的电光源,但现在已逐渐被更为节能的节能灯所取代(因为在相同的照明效果下,白炽灯所消耗的电能是节能灯的 5~7 倍)。

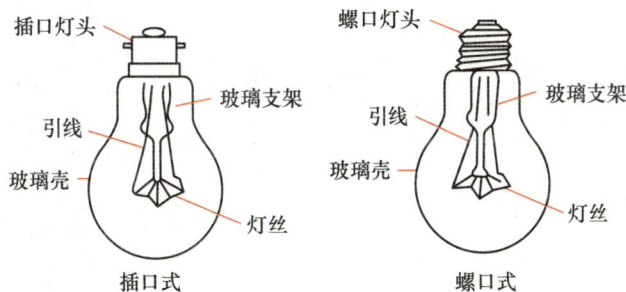

图 5.1 白炽灯

2. 卤钨灯

卤钨灯(如图 5.2 所示)的发光原理与白炽灯相同。在耐高温的石英管内充入含有少量卤族元素或卤化物(如碘化物或溴化物)的气体,以防止钨蒸发沉积在灯管壁上影响发光。卤钨灯在安装时须保持水平(倾角不得大于 4°),否则容易将灯管烧坏。

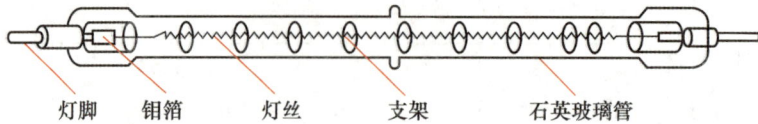

灯脚　钼箔　灯丝　支架　石英玻璃管

图 5.2　卤钨灯

5.1.2　三基色节能荧光灯

三基色节能荧光灯的发光效率比普通荧光灯提高 30% 左右,是白炽灯的 5~7 倍,也就是说,一只 7 W 的三基色节能荧光灯发出的光通量与一只 40 W 白炽灯发出的光通量相当。而且光色柔和、显色性好、体积小、造型别致,其外形有直管形、单 U 形、双 U 形、环形、2D 形、H 形等。H 形三基色节能荧光灯由两根平等排列且顶部相通的玻璃灯管和灯头组成,如图 5.3 所示。H 形三基色节能荧光灯应采用专用灯座,拆装时应捏住灯头的铝壳部分平行地拔出,不要捏住玻璃灯管摇动和推拉,以免灯管与灯头松脱。

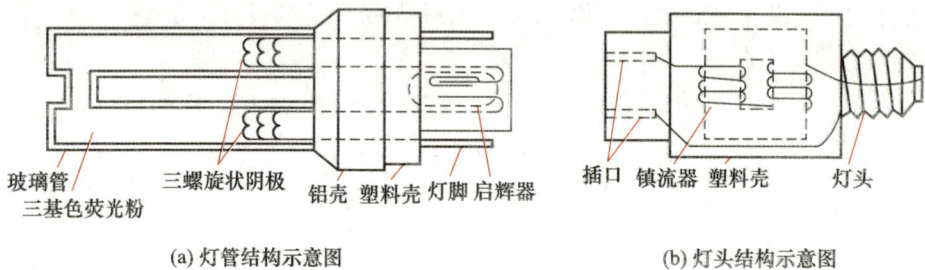

玻璃管　三螺旋状阴极　铝壳　塑料壳　灯脚　启辉器
三基色荧光粉

(a) 灯管结构示意图

插口　镇流器　塑料壳　灯头

(b) 灯头结构示意图

图 5.3　三基色节能荧光灯

5.1.3　气体放电光源

气体放电光源是利用气体放电辐射发光的原理,相对于热辐射而言,气体放电发光效率较高,寿命长,受电源电压波动的影响较小;但缺点是控制电路较复杂,附件多,价格相对较高。

1. 荧光灯

对荧光灯的介绍可见"实训 2"。与白炽灯相比较,荧光灯发光效率高(比白炽灯高 5 倍)且寿命长,缺点是功率因数较低,存在频闪效应(即灯光随电流的周期性变化而频繁闪烁),容易使人产生错觉。一般在有旋转机械的车间尽量少用荧光灯,如果要使用,则要设法消除频闪效应,方法是在一个灯具内装两只或三只荧光灯,每根灯管分别接到不同的相线上。

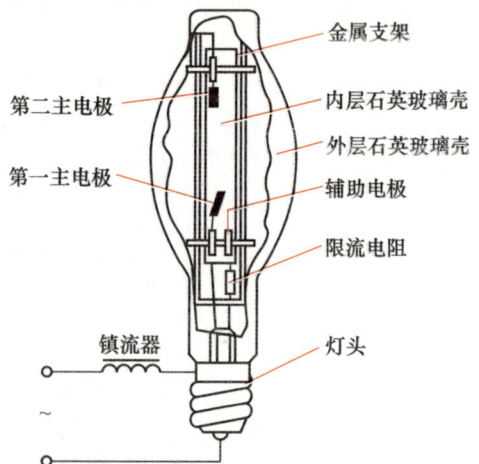

第二主电极

第一主电极

金属支架
内层石英玻璃壳
外层石英玻璃壳
辅助电极
限流电阻

镇流器　灯头

图 5.4　高压汞灯

2. 高压汞灯

高压汞灯也称高压水银灯,其原理与荧光灯相同,结构如图5.4所示。

高压汞灯在工作时第一主电极与辅助电极间先行放电,使内层石英放电管内汞气化,而后第一、第二主电极之间弧光放电,辐射大量紫外线,致使外层石英玻璃壳内壁上的荧光粉受激发而发出可见光。因为石英放电管内部气压在电极放电后可达2~6个大气压,所以称为高压汞灯。高压汞灯发光效率高,功率较大,所以适用于大面积的室外(如广场)照明。缺点是启动时间较长。

3. 高压钠灯和其他气体放电光源

高压钠灯的结构与高压汞灯的基本相同,如图5.5所示。高压钠灯利用高气压的钠蒸气放电发光,其发光效率比高压汞灯高一倍,但启动的时间也较长。

金属卤化物灯是在高压汞灯的基础上为改善光色而研制的一种电光源。氙灯是一种充有高压氙气的大功率(可达100 kW)气体放电光源,俗称"人造小太阳"。此外,还有各种用于特殊用途的气体放电光源,如用于广告和装饰的霓虹灯,用于消毒的紫外线灯和作为热源的红外线灯等。

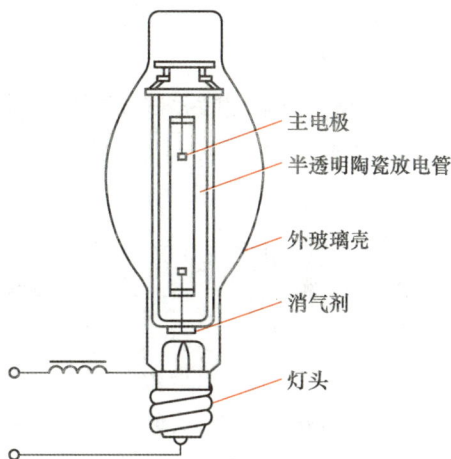

图5.5　高压钠灯

（标注：主电极、半透明陶瓷放电管、外玻璃壳、消气剂、灯头）

阅读材料

LED 灯

LED 灯(如图5.6所示)的主要发光器件是LED(发光二极管),这是一种能够将电能直接转换为光能的半导体器件(可见第6章)。LED可以用作各种仪器仪表的指示光源及各种信息的大面积显示屏幕。由于LED具有使用寿命长、照明效率高和节能等优点(相同光效下,比白炽灯节约80％电能),现在,各种光色的LED在各种照明场合(如建筑物的照明、装饰照明)以及交通信号灯等场合,得到越来越普遍的使用。

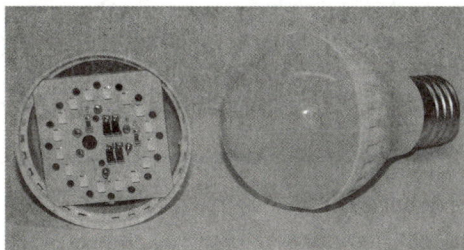

图5.6　LED 灯

5.2　电热转换电器

按照电能转换为热能的形式,可分为电阻加热、电弧加热、微波加热、远红外加热和感应加热五种类型,现针对每一种类型均选取一两种较常见的和较有代表性的电器予以介绍。

5.2.1　电阻加热电器

电阻加热是将电能转换为热能的主要形式。

1. 电烙铁

电烙铁是电子线路焊接的主要工具,属于电阻加热电器。

2. 电饭锅

许多电热类日用电器都是采用电阻加热的形式,如图 5.7 所示的电饭锅,其一种比较简单的控制电路如图 5.7(b) 所示,其工作原理如下:电路中有两个温控开关:S1 为磁钢限温器开关,其控制温度为 103 ℃±2 ℃;S2 为双金属片温控开关(动断触点),控制温度为 70 ℃±5 ℃。当插上电源插头后,同时按下 S1 的按钮,使 S1 闭合,加热板通电发热,锅内的温度上升。当上升到70 ℃时,S2 断开,但由于 S1 仍然闭合,所以锅内温度继续上升,直至锅内的水沸腾开始煮饭。在煮饭过程中,只要锅内有一定的水,温度就不会超过 100 ℃;当锅内的水煮干后,温度超过 100 ℃,S1 断开,切断加热板电源,煮饭过程结束。当锅内温度低于 70 ℃时,S2 又闭合,接通加热板;当超过70 ℃时 S2 又断开,如此反复以实现保温的作用。

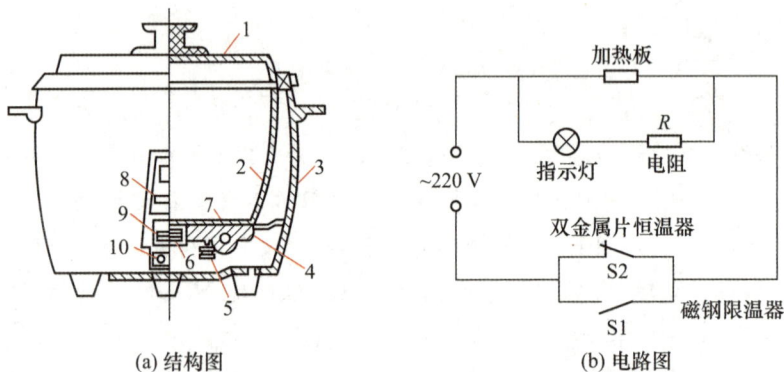

(a) 结构图　　　　(b) 电路图

1—锅盖;2—内锅;3—外壳;4—电热板;5—双金属片恒温器;6—磁钢限温器;
7—管状电热元件;8—指示灯;9—开关;10—电源插座。

图 5.7　电饭锅

5.2.2　电弧加热电器

电弧加热是利用电极与电极(或电极与工件)之间产生放电,使空气电离形成电弧发出高温来加热物体。日用电器中的电子点火器和生产中常用的电弧焊机均属于此类电器。电弧焊机是以电弧为焊接热源,来熔化焊条、金属和母材而形成焊缝的焊接设备,主要有交流弧焊机、直流弧焊机和电子控制式弧焊机三类。交流弧焊机实际上是一台结构特殊的降压变压器。直流弧焊机有旋转式和整流式两种类型,其中整流式直流弧焊机的基本原理是利用电子功率器件将交流电转变为直流电来作为电源。这两种弧焊机的控制方式分别是机械控制式和电磁控制式。前者是用机械的方法移动铁心或绕组的位置,或者通过换接抽头顺序来改变电抗,从而控制弧焊机的静、动特性;后者是通过改变主回路中饱和电抗器的磁饱和程度或发电机磁路的励磁程度来控制弧焊机的静、动特性。电子控制式弧焊机作为上述两种控制方式弧焊机的更新换代产品,具有良好的静、动特性,输出电压、电流稳定,控制性能好,抗干扰能力强,便于编程和采用计算机群控,是全方位自动弧焊机器人的理想弧焊电源。

5.2.3　微波加热电器

波长在厘米波段的电磁波称为微波,微波具有遇金属反射,遇绝缘材料可透过,遇水或含水材料则被吸收并转化为热能的特性。利用这一特性制成了各种微波加热电器,最常见的是家用微波炉,如图 5.8 所示。微波炉内的磁控管产生 2 450 MHz 的微波,经波导管传输到炉腔内,再通过炉腔反射,激励食物中的水分子以每秒 24.5 亿次的频率高速振动,相互摩擦产生高热以煮熟或加热食物。微波炉内的玻璃转盘在食物加热过程中不断转动,以使食物加热均匀。功率调节器和定时器用来调节加热的功率和时间。

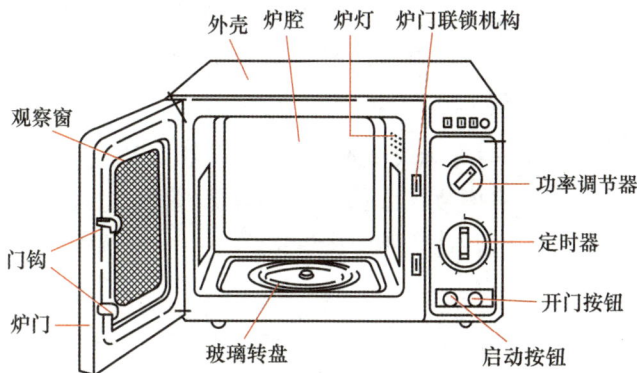

图 5.8　家用微波炉

微波加热具有加热速度快、效率高,因物体从内部加热而受热均匀、表层过热危险小等特点,所以微波加热技术也广泛应用于工业生产中。

5.2.4　远红外加热电器

波长为 $3 \sim 15\ \mu m$ 的电磁波称为远红外线。远红外加热技术是指大多数加热物质(特别是有机化合物)的红外吸收光谱都在 $3 \sim 15\ \mu m$ 的远红外区域,并在这个波段上吸收来自于热源的辐射,使被加热物体内部产生热量而达到加热的目的。远红外线穿透力强,加热迅速且均匀,所以远红外加热技术是一种高效节能的加热技术。

图 5.9 所示的石英电暖器是一种家庭常用的远红外加热电器,由石英管产生远红外线,经反射罩反射后照射在人体或物体上,利用人体或物体对远红外线较强的吸收功能,达到取暖加热的效果。

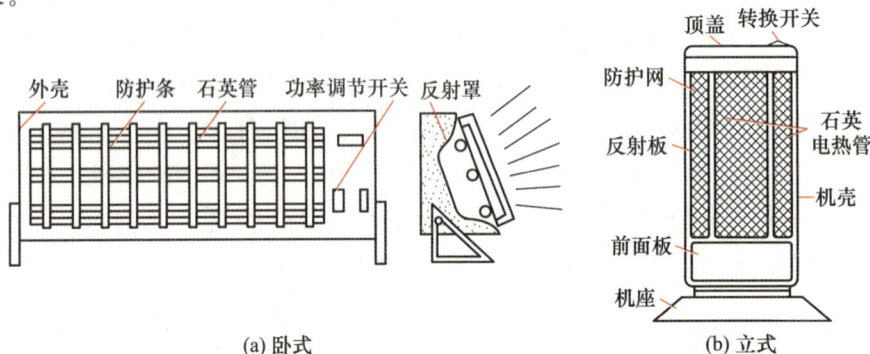

图 5.9　石英电暖器

5.2.5　感应加热电器

通过学习变压器原理可知,若在交流铁心线圈中通入交变的电流,则在铁心中产生交变磁场,使铁心磁化并感应出涡流,导致涡流损耗和磁滞损耗,使铁心发热。这是人们所不期望的。但是可以利用这一原理,将电能转换成热能,制作成感应加热电器。感应加热包括工频(交流电流频率为 50 Hz)、中频(几百赫至几十千赫)、超音频(10~50 kHz)、高频(100~400 kHz)、超高频(1~100 MHz)五种。图 5.10 所示为工频感应电炉,在通入工频交流电流后,炉体——坩埚内待熔化的金属材料中就有交变磁场穿过,产生强大的涡流,使金属加热熔化。

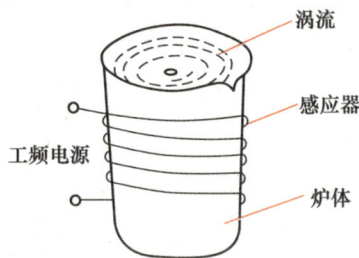

图 5.10　工频感应电炉原理图

5.3　车用传感器简介

5.3.1　传感器简述

1. 传感器的定义

传感器是能感受规定的被测量并按照一定的规律将其转换成有用输出信号(一般为电信号)的器件或装置。

传感器在汽车上的应用非常多,作为汽车电气控制系统的信号输入装置,传感器将汽车运行中的各种状态信息(如车速、车况、各种介质的温度、汽车发动机的运转状态以及路面的各种信息)转换为电信号输入控制系统,以控制汽车处于最佳的运行状态。目前一辆普通的轿车上安装有几十到上百只传感器,而在豪华轿车上则有二百余只传感器。本节仅简单介绍传感器的基本知识和几种主要的车用传感器。有关传感器的系统知识可参阅相关资料。

2. 传感器的组成

传感器一般由敏感元件、转换元件和转换电路及辅助电源等四部分组成,如图 5.11 所示。

① 敏感元件——传感器中能直接感受或响应被测量的部分。

② 转换元件——传感器中将敏感元件感受或响应的被测量转换成适用于传输或测量的电信号的部分。

③ 转换电路——将转换元件输出的电参量转换成电压、电流或频率量的电路。

④ 辅助电源——用于提供传感器正常工作能源的电源。

图 5.11　传感器的组成

3. 传感器的分类

(1) 按工作原理分类

传感器
- 参量传感器——触点传感器、电阻式传感器、电感式传感器、电容式传感器等
- 发电传感器——热电偶传感器、压电式传感器、霍尔式传感器、磁电式传感器等
- 数字传感器——光栅式传感器、脉冲编码器、磁栅式传感器、感应同步器等
- 特殊传感器——超声波探头、红外探测器、激光检测器等

(2) 按被测量性质分类

传感器
- 机械量传感器——机械量:力、长度、位移、速度、加速度等
- 热工量传感器——热工量:温度、压力、流量等
- 成分量传感器——检测各种气体、液体、固体的化学成分的传感器
- 状态量传感器——检测设备运行状态的传感器
- 探伤传感器——检测金属内部裂缝、人体内部病灶的传感器

(3) 按输出量种类分类

可分为模拟式传感器和数字式传感器。

(4) 按传感器的结构分类

可分为直接传感器、差分传感器和补偿传感器等。

5.3.2　车用传感器

1. 电阻式传感器

从工作原理上,电阻式传感器属于参量传感器,它将各种非电量(如力、位移、速度、温度等)的变化转换成电量(如电路中的电阻值)的变化。下面介绍三种汽车上应用的电阻式传感器。

（1）电位器

电位器是将机械位移（直线或角度的位移）转换为电阻值的传感器。例如，在汽车电控发电机中的可变电阻式节气门位置传感器和翼片式空气流量计中，均使用了电位器作为检测组件。

电位器实际上是一个可调电阻器，其原理很简单，如图 5.12 所示，电阻片两端（O—B 点之间）的电阻值 R_{OB} 是固定的，当滑动触点（电刷）在电阻片上滑动时，与电刷连接的 A 点与 O、B 两点间的电阻值都在变化，如电刷顺时针转动时，R_{AO} 变大而 R_{AB} 变小。因常用作分压器使用，所以称为"电位器"。

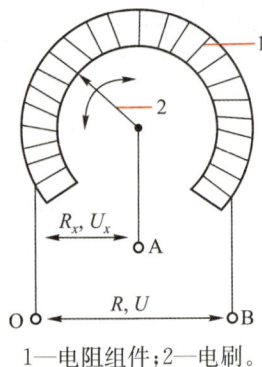

1—电阻组件；2—电刷。

图 5.12　电位器

（2）热敏电阻

热敏电阻是一种半导体测温元件，其电阻值可随测量温度的变化而变化。热敏电阻分为负温度系数（NTC）、正温度系数（PTC）和临界温度系数（CTR）三种，如图 5.13 所示。

在汽车上普遍采用由 NTC 型热敏电阻构成的温度传感器来检测发动机冷却水的温度、进气温度和润滑油的温度等。冷却水温传感器接线如图 5.14 所示。

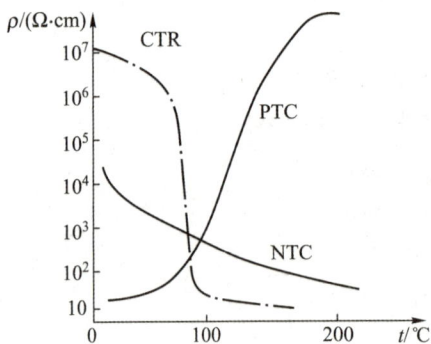

图 5.13　三种热敏电阻和温度-电阻变化曲线

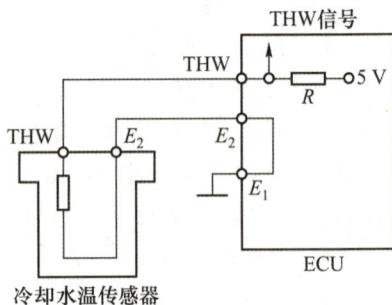

图 5.14　冷却水温传感器接线图

（3）压敏电阻

半导体材料在外力作用下产生机械形变，其电阻会发生显著变化。利用半导体材料的这一特性（称为压阻效应）制成的压力传感器在汽车上被广泛应用。例如，图 5.15 所示为汽车发动机的进气歧管压力传感器及其接线图，通过压力传感器的检测，实现发动机进气量的自动控制。

2. 光电式传感器

（1）原理、结构和分类

光电式传感器是用光电转换器件作为测控元件，将光信号转换为电信号的装置。光电式传感器主要由光发射器和光接收器组成，光发射器用于发射红外光或可见光，光接收器用于接收发射器发射的光，并将光信号转换成电信号以开关量形式输出。光电式传感器的种类很多，

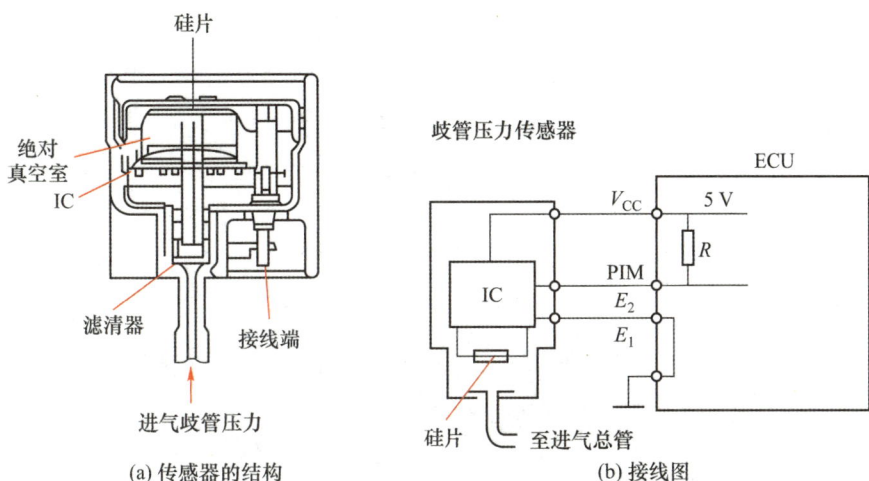

图 5.15 汽车发动机的进气歧管压力传感器及其接线图

应用也很广泛。按照接收器接收光的方式,可分为对射式、反射式和漫射式。例如,图 5.16 所示为反射式光电传感器及其应用实例——用于控制大门的开、关。反射式光电传感器在工业上常用于自动线传送带上工件的检测,如果传送带上有可感应的介质工件经过,则光电传感器有相应的信号输出[如图 5.16(c)所示]。

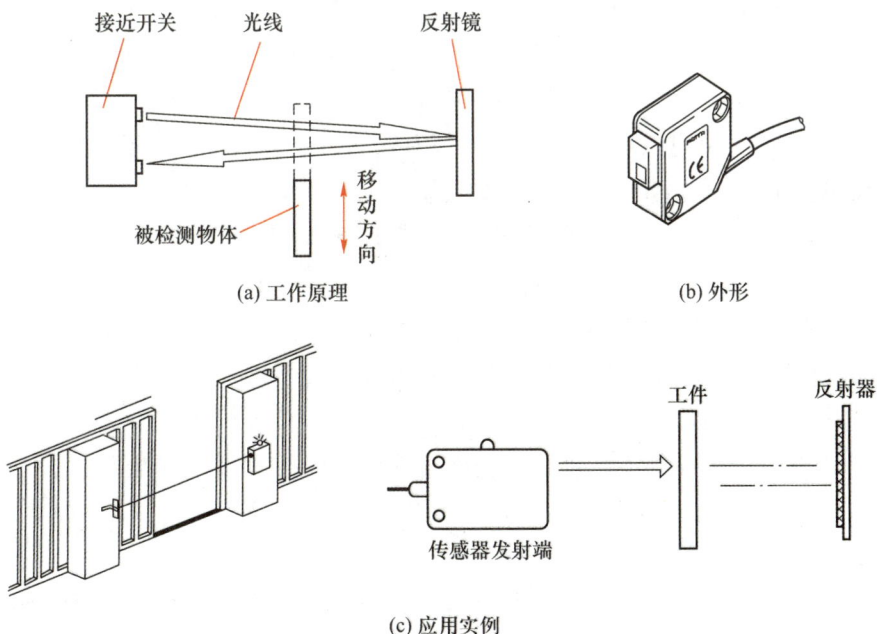

图 5.16 反射式光电传感器及其应用实例

(2) 汽车发动机转速传感器

图 5.17 所示为使用光电式传感器检测汽车发动机转速示意图,由图 5.17(a)可见,在发光

二极管(作光发射器)和光电二极管(作光接收器)之间具有一个转盘[信号盘,如图 5.17(b)所示],当转盘随发动机旋转时,光电二极管间隔产生的脉冲电信号由相关电路处理后便可检测出发动机的转速(发光二极管与光电二极管的相关介绍可见第 6 章)。

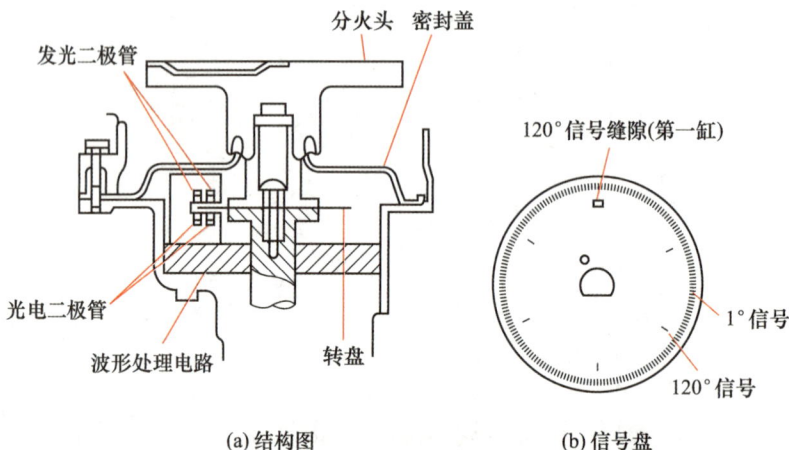

(a) 结构图　　　　　(b) 信号盘

图 5.17　使用光电式传感器检测汽车发动机转速示意图

3. 压电式传感器

压电式传感器在工作原理上属于发电传感器,其基本原理是利用某些电介质在一定方向上受到外力的作用产生形变时,其表面会产生电荷;当外力消失后,又重新回到不带电的状态,这种现象称为压电效应。压电式传感器就是利用这种压电效应工作的。压电式传感器多用于测试加速度或动态的力和压力,如用于测试金属切削机床的动态切削力。在汽车上,压电式传感器常用于测试发动机的爆震,称为"爆震传感器"(如图 5.18 所示)。汽车的发动机在发生爆震时,机体产生剧烈的震动,发出尖锐的敲缸声,持续的爆震会导致发动机损坏。爆震传

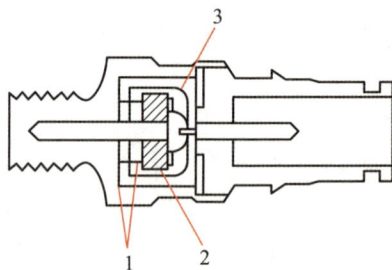

1—压电元件;2—配重块;3—引线。

图 5.18　汽车发动机的爆震
传感器结构图

感器装在发动机的缸体上,当发生爆震时,机体的震动加剧,使爆震传感器输出的电压值增大,通过控制系统改变发动机的点火时刻,从而避免发动机产生爆震。

4. 气敏传感器

气敏传感器的传感元件是气敏电阻,其原理比较复杂,它能够检测某些气体(如可燃性气体)并将其变化转换成电阻值的变化。如用气敏传感器制成的烟雾报警器。在汽车上,将气敏传感器安装在汽车发动机的排气管上,用于检测发动机排放的尾气中氧分子的浓度,因此称为"氧传感器"。当发动机尾气中氧分子的浓度不同时,通过电控系统来控制发动机的燃料和空气的配比。

5.4 安全用电

安全用电包括供电系统安全、用电设备安全和人身安全三个方面,这三个方面是密切相关的。如本书"绪论"中所述,电能的应用在给人类社会带来巨大的经济效益与社会效益的同时,也会给人带来危害,在电气化已经越来越普遍的今天,电击、电伤和电气火灾时刻威胁着人们的生命财产安全。因此,在掌握电能应用的知识与技能的同时,也需要掌握安全用电的基本知识,这样才能驾驭并应用好电能,趋利避害,确保用电安全。

5.4.1 电流对人体的伤害

1. 电流对人体的作用及其影响

（1）电流强度对人体的影响

因为人体是导体,所以当人体接触带电体而构成电流回路时,就会有电流通过人体,对人体造成不同程度的伤害,这种现象称为"触电"。通过人体的电流强度大小是造成伤害程度主要和直接的因素。电流越大,通电时间越长,对人体的伤害就越严重（见表 5.2）。按照对人体的伤害程度可分为三种情况:

表 5.2 电流对人体的影响

电流/mA	通电时间	交流电/50 Hz	直流电
		人体反应	
0～0.5	连续	无感觉	无感觉
0.5～5	连续	有麻刺、疼痛感,无痉挛	无感觉
5～10	数分钟内	痉挛、剧痛,但可摆脱电源	有针刺、压迫及灼热感
10～30	数分钟内	迅速麻痹,呼吸困难,不能自由活动	压痛、刺痛,灼热强烈,有痉挛
30～50	数至数分钟	心跳不规则,昏迷,强烈痉挛	感觉强烈,有剧痛痉挛
50～100	超过 3 s	心室颤动,呼吸麻痹,心脏麻痹而停止跳动	剧痛,强烈痉挛,呼吸困难或死亡

① 感知电流,即能够引起人体感觉的最小电流。人体对电流的最初感觉是轻微的麻感或针刺感,一般不会造成伤害;随着电流增大,感觉越来越明显。实验证明,成年男、女子的感知电流分别约为 1.1 mA 和 0.7 mA。

② 摆脱电流,即人体触电后能够自行摆脱的最大电流。成年男子、女子的摆脱电流分别约为 16 mA 和 10 mA。

③ 室颤电流,即能够引起心室发生纤维性颤动的电流。室颤电流的大小取决于电流通过人体的持续时间。当持续时间超过人的心脏搏动周期（约 750 ms）时,就会有生命危险,此时室颤电流约为 50 mA;若持续时间小于人的心脏搏动周期,室颤电流约为数百毫安。

综合各种因素，一般认为人体的摆脱电流约为 10 mA，室颤电流约为 50 mA。因此，在一般场所设定 30 mA 为安全电流，在危险场所设定 10 mA 为安全电流，在空中或水中则设定 5 mA 为安全电流。

（2）电压高低和人体电阻的影响

电压越高，人体电阻越小，流经人体的电流就越大。人体的电阻与身体状况、人体的部位及环境等因素有关，一般在 1～1.5 kΩ 之间。因此我国规定 36 V 以下为安全工作电压。（应注意在一些特殊环境下，36 V 的电压对人体也是不安全的，例如，在湿润条件下人体电阻可降至 500 Ω 甚至更低。）此外，虽然高压对人的危险性更大，但由于高压设备的安全防范措施一般比较完善，一般人接触高压设备的机会也比较少，加上人们对高电压的防范心理较强，所以高压触电反而比低压触电少得多。据统计，70% 以上的触电死亡事故出自于 220 V 以下的电压。

（3）其他因素的影响

电流对人体的伤害程度除了与电流的大小、通电时间的长短有关，还与电源的频率、电流流经人体的途径以及健康状况等因素有关。

① 电源频率在 50～60 Hz 的交流电对人体的危害最严重，直流电和高频电流的危险性稍低。

② 电流通过心脏的危险性最大。此外，电流通过人的头部、脊髓和中枢神经系统等部位时危险性也很大。实践证明，由人的左手至前胸是最危险的电流流通途径。

③ 男性、成年人和身体健康者对电流的抵抗能力较强。

2. 电流对人体伤害的种类

（1）电伤

电伤是指由电流的热效应、化学效应、机械效应等对人体的外部器官造成的伤害。常见的电伤有灼伤、烙伤、皮肤金属化、机械损伤和电光眼等。

灼伤是最常见的电伤（约占 40%）。大部分触电事故都含有灼伤的成分。灼伤分为电流灼伤和电弧烧伤，是由于电流或电弧的热效应造成皮肤红肿、烧焦或皮下组织的损伤。

烙伤是电流通过人体后，在接触部位留下的斑痕。斑痕处皮肤硬变，失去原有的弹性和色泽，甚至皮肤表层坏死、失去知觉。

皮肤金属化是在电伤时由于金属微粒渗入皮肤表层，造成受伤部位变得粗糙、张紧而留下硬块。

机械损伤是由于电流通过人体时肌肉不由自主地强烈收缩而造成的，包括肌腱、皮肤和血管、神经组织断裂，以及关节脱位、骨折等伤害。应注意与触电时引起的坠落、碰撞等二次伤害相区别。

电光眼是指电弧产生强烈的弧光造成眼睛的角膜和结膜发炎。

（2）电击

电击是电流通过人体使人的机体组织受到伤害。通常所说的触电多指的是电击，电击比电伤更危害人的生命安全，绝大部分的触电死亡都是由电击造成的。

5.4.2　人体触电的方式

人体触电的方式主要有直接触电和间接触电两种。直接触电是指人体触及或过分靠近带电体造成的触电,包括有单相触电、两相触电和电弧伤害;间接触电是指人体触及因故障而带电(在正常情况下不带电)的部件所造成的触电,包括接触电压触电和跨步电压触电。此外,还有高压电场、高频电磁场、静电感应和雷击等对人体造成的伤害。下面主要介绍单相触电、两相触电和跨步电压触电三种触电方式。

1. 单相触电

如图 5.19(a)所示,当人体直接接触带电设备或线路的一相导体时,电流通过人体而发生的触电现象称为单相触电。现今供电系统大部分采用三相四线制,如果系统的中性点接地,则人体承受的电压为相电压 220 V,流过人体的电流可达 220 mA(人体电阻加上接地电阻按 1 kΩ 计算),足以危及生命。在中性点不接地时,虽然线路的对地绝缘电阻可以起到限制人体电流的作用,但线路同时还存在对地电容,而且对地绝缘电阻也因环境而异,所以触电电流仍然可能达到危及生命的程度。在发生的触电事故中大多数属于单相触电方式。

2. 两相触电

如图 5.19(b)所示,如果人体的两个不同部位同时分别触及两相导体称为两相触电。这时人体承受的电压为线电压 380 V,而且可能大部分电流流过心脏,所以两相触电的危险性比单相触电更大。

3. 跨步电压触电

当电气设备发生接地故障时(如架空输电线断线,一根带电导线与地面接触),以电流入地点为圆心,形成一个半径约 20 m 的电位分布区域[如图 5.19(c)所示,圆心处的电位最高,距离圆心越远,电位越低,距圆心 20 m 处的地面电位接近于零]。如果人进入这一区域,两脚之间的电位差形成跨步电压,使电流通过两脚形成回路,这种触电方式称为跨步电压触电。

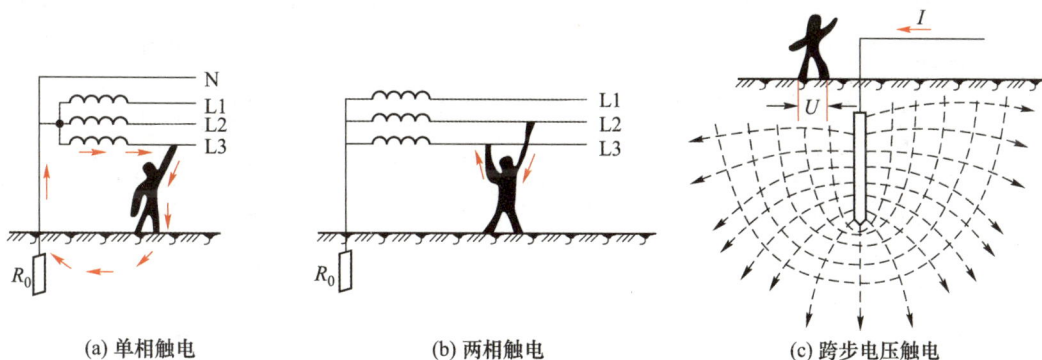

(a) 单相触电　　　　　(b) 两相触电　　　　　(c) 跨步电压触电

图 5.19　触电方式

想一想

在你的工作场所或日常生活中,在什么场所容易发生单相触电、两相触电和跨步电压触电?

5.4.3　防止触电的保护措施

保护接地和保护接零是防止触电事故的主要措施。

1. 保护接地

保护接地适用于 1 000 V 以上的电气设备及电源中性线不直接接地的 1 000 V 以下的电气设备。保护接地是将电气设备的金属外壳或构架等接地。采取了保护接地措施后，即使偶然触及漏电的电气设备，也能有效地防止触电。在图 5.20(a)中，中性点不接地的供电系统中电动机的外壳未接地，电动机若发生单相碰壳，当人体接触电动机的外壳时，接地电流 I_d 通过人体和电网对地绝缘阻抗形成回路，可能会造成触电事故。如图 5.20(b)所示，将电动机的外壳保护接地，由于人体电阻 R_r 与接地电阻 R_b 并联，而 R_r 远大于 R_b，所以电流大部分流经接地装置，从而保证了人身安全。

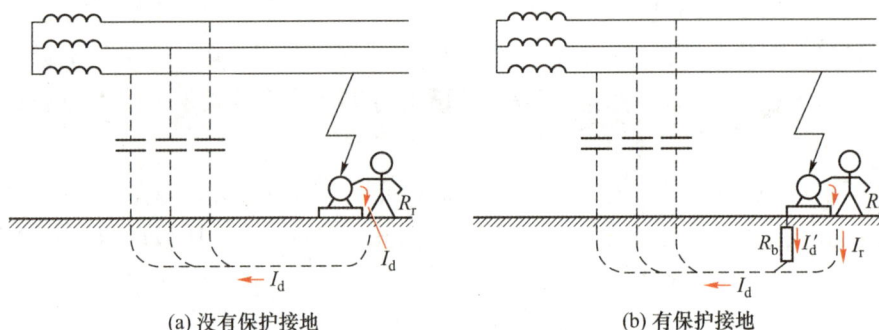

(a) 没有保护接地　　　(b) 有保护接地

图 5.20　保护接地

2. 保护接零

保护接零适用于三相四线制、中性线直接接地的供电系统。保护接零是将电气设备的金属外壳或构架等与中性线(零线)相接。采取了保护接零措施后，如果电气设备的某相绝缘损坏，电流可经过中性线形成回路进而形成短路电流，立即使该相的熔体熔断或其他过电流保护电器动作，即使人体触及漏电的电气设备外壳也不会发生触电事故，如图 5.21 所示。

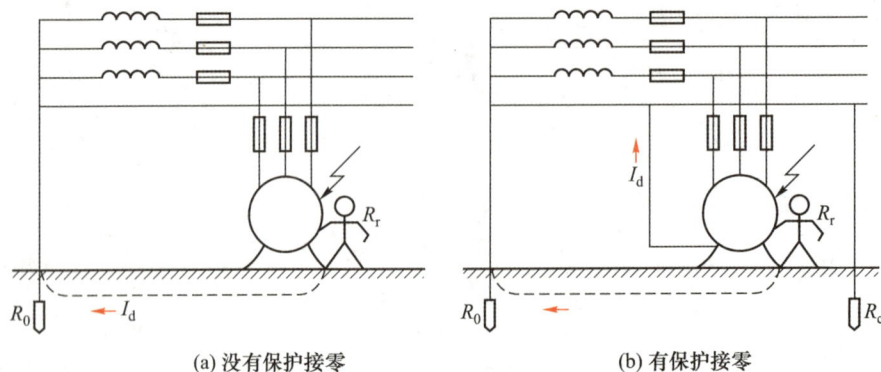

(a) 没有保护接零　　　(b) 有保护接零

图 5.21　保护接零

必须指出,在同一个供电系统中,绝不允许一部分电气设备采用保护接地而另一部分设备采用保护接零,否则会发生严重后果。如果采用保护接地的设备的某相绝缘损坏,将使中性线的电位升高,致使所有接零设备的外壳都带上危险的电压。

5.4.4 触电急救

触电急救的要点是:①动作迅速;②方法正确;③贵在坚持。触电后抢救时间越早效果越好,据统计:如果在触电后 1 min 内开始抢救,有 90%的救活希望;如果在触电后 6 min 开始抢救,只有 10%的希望;如果在触电后 12 min 才开始抢救,则救活的希望已经很小。

1. 脱离电源的方法

发现有人触电后首先是尽快使触电者脱离电源,基本的方法如下:

① 如果附近有电源开关,应立即拉下开关切断电源。

② 如果开关离事故现场较远,则可用绝缘钳或装有干燥木柄的工具(如斧头、锄头等)将电线切断。若导线落在触电者身上,可用干燥的物体(如木棒、竹竿等)或有绝缘柄的工具将电线挑开。应注意防止切断或挑开的电线触及自己或其他人的身体。

③ 如果触电者是趴在电源上,其衣服是干燥的且不是紧裹在身上,则施救者可以戴上绝缘手套,穿上绝缘鞋,或站在绝缘垫上(也可站在干燥的木板或凳子上),用手将触电者拉开使其脱离电源。但应注意不要触及触电者的皮肤。

④ 如果触电者是在高压设备上触电,应立即一面通知有关部门切断高压电源,一面准备抢救。戴上绝缘手套,穿上绝缘鞋,使用适合于该电压等级的绝缘工具使触电者脱离电源。

⑤ 可以采用一根导线一端接地,另一端接在触电者接触的导线上,制造人为短路的方法使熔断器熔断或保护电器跳闸,从而切断电源。但要注意自身的安全。

⑥ 如果触电者在电源被切断后有可能从高处坠落,应采取妥当的措施以防摔伤造成二次事故。

此外,应考虑到如果切断电源后会影响现场的照明,要事先准备好照明用具。

2. 现场急救的方法

使触电者脱离电源后,应根据不同的情况采取适当的救护方法。

① 如果触电者尚未失去知觉,仅因触电时间较长,或在触电过程中一度昏迷,则应让其保持安静,立即请医生来诊治或送医院。同时密切注意触电者的情况。

② 如果触电者已失去知觉,但还存在呼吸。则应让其安静平卧,解开衣服,保持空气流通,同时可用毛巾蘸少量酒精或水擦热全身(天气寒冷时应注意保暖)。立即请医生来诊治或送医院。同时密切注意触电者的呼吸情况,如果出现呼吸困难或抽筋,应准备随时进行人工呼吸。

③ 如果触电者呼吸、脉搏、心跳均已停止,应立即施行人工呼吸(注意不能就此认为触电者已经死亡而放弃抢救,因为经常会出现"假死"的状态),同时立即请医生来诊治。人工呼吸应持续不断地进行,必须有耐心和信心(实践证明有的人需经几个小时的人工呼吸后方能恢复

呼吸和知觉）。直至触电者出现尸斑或身体僵冷，并经医生作出诊断确认已经死亡后方可停止。

3. 人工呼吸法

（1）口对口人工呼吸法

① 将触电者抬到通风阴凉处平躺，并迅速解开衣服，使其胸部能自由扩张。

② 清除触电者口腔内的异物，以免堵塞呼吸道。

③ 用一只手捏住触电者的鼻孔，另一只手托住其后颈，使其脖子后仰，嘴巴张开，如图 5.22（a）所示。

④ 救护人深吸一口气后，紧贴触电者口部，向内吹气 2 s，如图 5.22（b）所示。

⑤ 吹气完毕，立即松开触电者的鼻孔，口离开触电者的嘴，让其自行将气吐出，3 s 左右，如图 5.22（c）所示。

⑥ 如触电者口腔张开有困难，可以紧闭其嘴唇，改用口对鼻人工呼吸法。

⑦ 如果对儿童进行口对口人工呼吸法，可不用捏鼻子，而且吹气要平稳些，以免造成肺泡破裂。

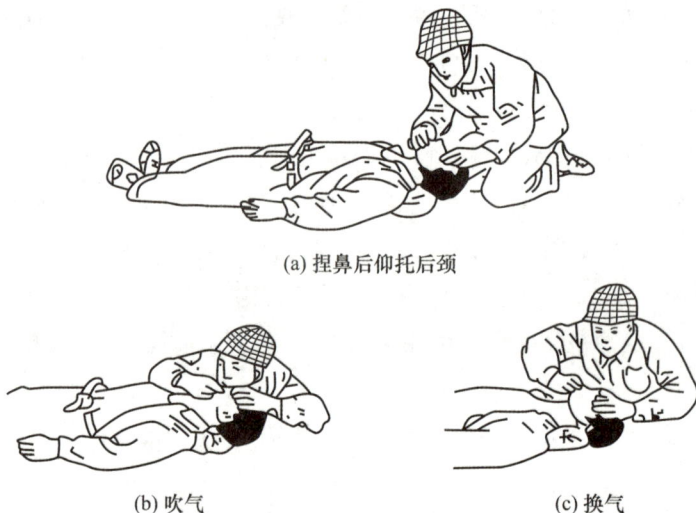

(a) 捏鼻后仰托后颈

(b) 吹气　　　　　　　　　　　　(c) 换气

图 5.22　口对口人工呼吸法

（2）人工胸外按压法

① 将触电者抬到通风阴凉处平躺，头稍向后仰，解开衣服，并清除口腔内的异物。

② 救护人跨跪在触电者的髂腰两侧，两手重叠，手掌放在胸骨下三分之一处，此为正确的压点，如图 5.23（a）、（b）所示。

③ 掌根垂直向下用力按压 3～4 cm，突然松开，以让心脏里的血液被挤出后再收回。按压速度以每分钟 60 次为宜，如图 5.23（c）、（d）所示。如此反复，直到触电者恢复呼吸为止。

④ 如果对儿童进行胸外按压法，则可用一只手按压，而且用力要轻些，以免压伤胸骨，按压速度则以每分钟 100 次为宜。

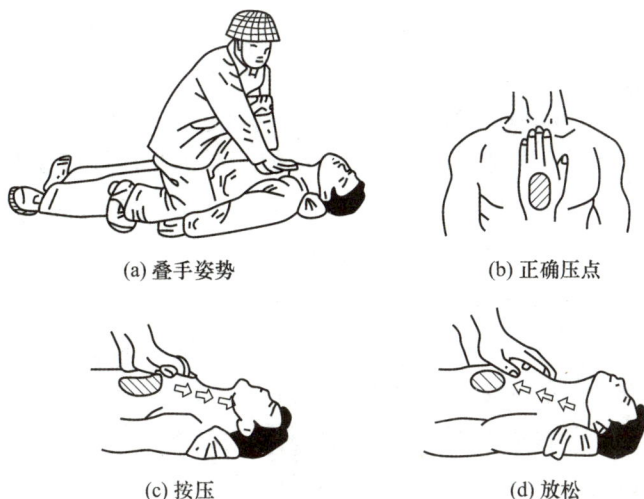

(a) 叠手姿势　　　　　　　　(b) 正确压点

(c) 按压　　　　　　　　　　(d) 放松

图 5.23　胸外按压法

5.4.5　维修电工安全技术操作规程

维修电工安全技术操作规程一般包括以下内容。

1. 上班前的检查和准备工作

① 上班前必须按规定穿戴好工作服、工作帽、工作鞋。女同志应戴工作帽,披肩长发、长辫必须罩入工作帽内。手和脖子不准佩戴金属饰物,以防止在操作时触电。

② 在安装和维修电气设备之前,要清扫工作场地和工作台面,防止灰尘等杂物进入电气设备内造成故障。

③ 上班前不准饮酒。工作时应集中精神,不准做与本职工作无关的事情。

④ 必须检查工具、测量仪表的防护用具是否完好。

2. 文明操作和安全技术

① 检修电气设备时,应先切断电源,并用试电笔测试是否带电。在确定不带电后,才能进行检查修理。

② 在断开电源开关进行检修时,应在电源开关处挂上"有人工作,禁止合闸"的标牌。

③ 在电气设备拆除送修后,对可能通电的线头应用绝缘胶布包好。

④ 严禁非电气作业人员装修电气设备和线路。

⑤ 严禁在工作场地,特别是有易燃、易爆物品的场所吸烟及明火作业,以防止火灾发生。

⑥ 使用起重设备吊运电动机、变压器时,要仔细检查被吊的设备是否牢固,并有专人指挥,不准歪拉斜吊,在吊物下和旁边严禁站人。

⑦ 在检修电气设备内部故障时,应选用 36 V 安全电压的灯具照明。

⑧ 在电动机通电试验前,应先检查其绝缘是否良好、机壳是否接地。在试运转时,应注意观察转向,听声音,测温度。在场人员要避开联轴节旋转方向,非操作人员不准靠近电动机和试验设备,以防止触电。

⑨ 在拆卸和装配电气设备时,操作要平稳,用力应均匀,不要强拉硬敲,防止损坏设备的各部分。

⑩ 在烘干电动机和变压器的绕组时,不许在烘房或烘箱周围存放易燃、易爆物品,不准在烘箱附近用易燃溶剂清洗零件或喷漆。在将绕组浸漆烘干时,应严格按照工艺规程进行。必须待漆滴尽后才放入烘箱内的铁网架上,严禁与烘箱的电阻丝直接接触,严禁超量超载。在烘烤时要有专人值班,随时注意温度的变化,并作好记录。

⑪ 在过滤变压器油时,应先检查好滤油机并接好地线,在滤油现场严禁烟火。

3. 下班前的结束工作

① 下班前要清理好现场,擦拭干净工具和仪器,并放置好。

② 下班前要断开电源总开关,防止电气设备起火造成事故。

③ 修理过的电器、设备应放在干燥、干净的场地,并摆放整齐。

④ 注意做好记录(值班),特别是设备检修的记录,以便积累检修经验。

5.4.6　电气设备消防及灭火

1. 电气设备常用的消防措施

(1) 引起电气火灾的原因

引起电气设备发生火灾的原因很多,如设备的绝缘强度降低,设备过载,导线严重超负荷,安装质量不好,电路出现漏电,接线松动或短路,以及设备及安装不符合防火要求,机械损伤、使用不当等,都可能酿成电气火灾。

(2) 消防措施

① 选用的电气装置应具有合格的绝缘强度。

② 经常监视实际用电负荷的情况,不使设备长时间过载、过热。

③ 按照安装标准装设各类电气设施,严格保证安装质量。

④ 合理使用电气设备,防止出现机械损伤、绝缘损伤等造成短路故障。

⑤ 电线和其他导体的接触点必须牢固,接触要良好,以防止过热氧化。在铜、铝导线连接处,应防止电化腐蚀。

⑥ 在生产工艺过程中产生有害静电时,要采取相应的措施予以消除。

2. 电气火灾的扑救方法

对电气火灾除了做好预防工作外,还应做好灭火的准备工作,万一发生火灾时,能够及时有效地扑灭火灾。电气火灾的扑救方法如下。

(1) 断电灭火

在发生电气火灾时,应首先切断电源,然后立即救火和报警。在切断电源时,应注意安全操作,防止造成触电和短路事故,并考虑到切断电源是否会影响灭火工作的进行(如照明问题)。

(2) 带电灭火

如果没有机会断电灭火,为争取时间及时控制火势,就需要在保证救火人员安全的前提下进行带电灭火。带电灭火应注意：

① 不能直接使用导电的灭火剂（如水、泡沫灭火器等）进行喷射，应使用不导电的灭火剂（如二氧化碳、1211 灭火器、干粉灭火器等）。

② 如果是有油的电气设备的油发生燃烧，则应使用干砂灭火。但应注意对旋转的电动机不能使用干砂和干粉灭火。

③ 灭火时注意不要发生触电事故。

5.5 节约用电

目前，我国的电力生产得到了飞速发展，电力供求的矛盾有所缓解。但是，随着国民经济的快速发展和人们生活水平的不断提高，电力供求矛盾仍然是一个长期存在的问题，仍然需要采取开发与节约并重的方针，所以节约用电对于建设能源节约型、环境友好型社会具有十分重要的意义。

节约用电的主要途径包括技术改造和科学管理两个方面，具体如下：

1. 合理使用电气设备

（1）合理使用电动机和变压器

通过学习电动机的原理知道：电动机在空载或轻载状态下运行时，其功率因数和效率都很低，损耗大，浪费了很多电能。因此要正确选用电动机的容量，既要防止过载，又要避免"大马拉小车"的现象。一般选择电动机的额定功率比实际负载大 10%～15% 为宜。对于变压器也是同样，一般中小型变压器在 60%～85% 额定容量时的效率最高，因此在使用时也要防止变压器在空载或轻载状态下运行。

（2）更新淘汰低效率的旧型号供用电设备

在第 3 章、第 4 章的阅读材料中介绍，新型号的变压器和电动机具有效率更高、损耗更低的突出优点，所以应选用新型号的电气设备。

2. 提高用电功率因数

通常采用两种方法：一是提高用电设备的自然功率因数；二是采用人工补偿法，如在用户端并联适当的电容器或同步补偿器等。

3. 革新挖潜，改造生产工艺和设备

对生产工艺和设备进行技术革新和技术改造，不但可以提高产品质量，降低成本，而且可以节约生产工艺过程和设备的用电。

4. 降低供电线路的损耗

一般可以从以下三方面着手：

① 选用最佳的导线直径,减小导线的电阻。

② 减小线路电流。在设备条件许可的前提下,设法减小线路输送的无功电流,或提高电网的运行电压。

③ 减小变压器的损耗。

5. 节约空调和照明用电

① 科学地设计建筑物的空调和照明系统。例如,充分利用自然光线和空气调节;选择合理的照明方式,提高照明效率;采用合理的控制方式;等等。

② 采用高效率的电光源和空调设备。如推广使用前面介绍的三基色节能荧光灯。

③ 提高公民的节电意识。

6. 推广节电新技术

积极开发并应用广谱变频节能技术。广谱变频节能技术是一种将微电子、电力电子、电子计量与监测、能源优化与控制以及节能等多项技术有机地结合,可为各种传统设备和产业提供最佳频率和功率,实现高效运行的工程新技术。它是应用在节能技术领域中的电子技术,是交叉电力、电子和控制技术的边缘学科,是一项新兴的、发展迅速的高新科技。

本 章 小 结

● 电能是人类利用的最主要的能源,人类利用电能都是将电能转换成其他形式的能源,包括机械能、热能、光能和化学能等。在第 4 章介绍实现电能-机械能转换的主要电气设备——电动机的基础上,本章介绍实现电能-光能和电能-热能转换的几种常见的、有代表性的电器。

● 电光转换电器主要是照明电器,常用电光源可分为热辐射光源和气体放电光源两大类。热辐射光源主要有白炽灯、卤钨灯和节能荧光灯;气体放电光源包括荧光灯、高压汞灯、高压钠灯、金属卤化物灯和氙灯等。

● 电热转换电器可分为电阻加热电器、电弧加热电器、微波加热电器、远红外加热电器和感应加热电器五种类型。

● 传感器是能感受规定的被测量并按照一定的规律将其转换成有用输出信号的器件或装置。传感器一般由敏感元件、转换元件和转换电路及辅助电源等部分组成。本章介绍了几种常用的车用传感器,如电阻式传感器、光电式传感器、压电式传感器和气敏传感器。

● 能源问题是世界性的问题。要解决能源问题有两条途径:一是开源,开发现在使用的能源和开发可替代的能源;二是节能,主要依靠技术创新和知识更新,在这方面改造电能转换技术将发挥重要的作用。

● 掌握安全用电知识是学习电工技术一个很重要的方面,所以,应掌握防止触电、触电救护和电气火灾扑救的基本知识。

● 节约用电对于建设能源节约型、环境友好型社会具有十分重要的意义。节约用电的主要途径包括技术改造和科学管理两个方面。

习　题　5

一、填空题

1. 常用电光源可分为_____光源和_____光源两大类。

2. 微波具有遇_____材料反射,遇_____材料可透过,遇_____材料则被吸收并转换为热能的特性。

3. 电弧加热是利用_____电离形成电弧发出高温来加热物体的。

4. 从工作原理上,电阻式传感器属于_____传感器。

5. 汽车上使用的冷却水温传感器采用_____型热敏电阻。

6. 安全用电包括_____安全、_____安全和_____安全三个方面。

7. 触电对人体的伤害一般分为_____和_____两种。

8. 触电方式一般有_____、_____和_____三种。

9. 触电急救的要点是:①_____;②_____;③_____。

10. 节约用电的主要途径包括_____和_____两个方面。

二、选择题

1. (　　)存在频闪效应。

　A. 白炽灯　　　　　　　　B. 荧光灯　　　　　　　　C. 节能灯

2. 卤钨灯在安装时必须保持(　　)。

　A. 水平　　　　　　　　　B. 垂直　　　　　　　　　C. 倾斜

3. 石英电暖器属于(　　)型加热电器。

　A. 电阻加热　　　　　　　B. 远红外加热　　　　　　C. 感应加热

4. 交流电焊机属于(　　)型加热电器。

　A. 电阻加热　　　　　　　B. 电弧加热　　　　　　　C. 感应加热

5. 波长在(　　)波段的电磁波称为微波。

　A. 分米　　　　　　　　　B. 厘米　　　　　　　　　C. 毫米

6. 压电式传感器用于检测(　　)。

　A. 压力　　　　　　　　　B. 位移　　　　　　　　　C. 流量

7. 气敏传感器将检测的气体直接转换成(　　)值的变化

　A. 电压　　　　　　　　　B. 电流　　　　　　　　　C. 电阻

8. 我国规定(　　)V以下的电压为安全工作电压。

　A. 36　　　　　　　　　　B. 110　　　　　　　　　　C. 220

9. 频率在(   )的电流对人体的危害最严重。

    A. 零(直流)　　　　　　　B. 工频　　　　　　　C. 高频

10. 在两相触电时,人体承受的电压是(   )。

    A. 线电压　　　　　　　　B. 相电压　　　　　　　C. 跨步电压

11. 在三种人体触电方式中,以(   )最危险。

    A. 单相触电　　　　　　　B. 两相触电　　　　　　C. 跨步电压触电

三、判断题

1. 气体放电光源是借助两电极之间的气体电离激发而发光的。　　　　　　　(   )

2. 从用电的角度来说,40 W 的荧光灯比 40 W 的白炽灯耗电量少。　　　　　(   )

3. 高压汞灯和高压钠灯的特点是启动时间短。　　　　　　　　　　　　　(   )

4. 荧光灯不宜用作紧急照明。　　　　　　　　　　　　　　　　　　　(   )

5. 只要触电电压不高,触电时通过人体的电流再大也不会有危险。　　　　　(   )

6. 在带电灭火时,切忌用直流水枪和泡沫灭火剂灭火。　　　　　　　　　(   )

四、综合题

1. 热辐射光源和气体放电光源的原理有什么区别?

2. 节能灯有什么优点?

3. 荧光灯有什么优缺点?

4. 微波加热具有什么特点?

5. 图 5.7 所示电饭锅电路中开关 S1 与 S2 的作用分别是什么?

6. 人体触电有哪几种方式?试比较其危害程度。

7. 除了书上所介绍的例子之外,你能否再列举出几个电-光转换的例子吗?

8. 除了书上所介绍的例子之外,你能否再列举出几个电-热转换的例子吗?

9. 除了书上所介绍的例子之外,你能否再列举出车用传感器的例子吗?

10. 在日常生活和工作中,应该如何节约用电?

题解:
习题 5 答案

阅读材料

光 纤 通 信

光纤通信也是属于电-光转换技术的领域。

在当今信息社会里,随着人们对通信容量、传输距离,特别是对数字信号的传输要求越来越高,采用电缆和微波通信已远不能满足需要。自从光纤这种理想的传输介质问世并应用到通信领域以来,光缆线路以其容量大、频带宽、中继距离长、抗干扰性能好、保密性强,以及成本低、传输质量高等突出优点,正在逐步取代现有的电缆线路,从而建立起全新的各类有线信息网络。光纤通信作为一门新兴技术日臻成熟,已成为信息社会的显著标志和重要支柱。

光纤通信系统由发射机、光纤光缆和光接收机三个主要部分组成。光发射机由发送电端机与发送光端机组成。发送电端机将待传送的模拟信号转换为数字信号送入发送光端机。发送光端机的作用是将电信号转换为光信号,并将光信号送入传输光纤中。光纤是用石英玻璃拉成的纤维丝,裸光纤由两部分组成,中间部分称为纤芯,外层为包层,光纤的结构如图 5.24(a)所示。光波在光纤内成"之"字形路径向前传播,如图 5.24(b)所示。光接收机由接收光端机和接收电端机组成,接收光端机将光纤传来的已调光信号转换成相应的电信号,经放大电路放大,然后由接收电端机将接收光端机输出的数字信号恢复成原来的模拟信号,其原理如图 5.24(c)所示。

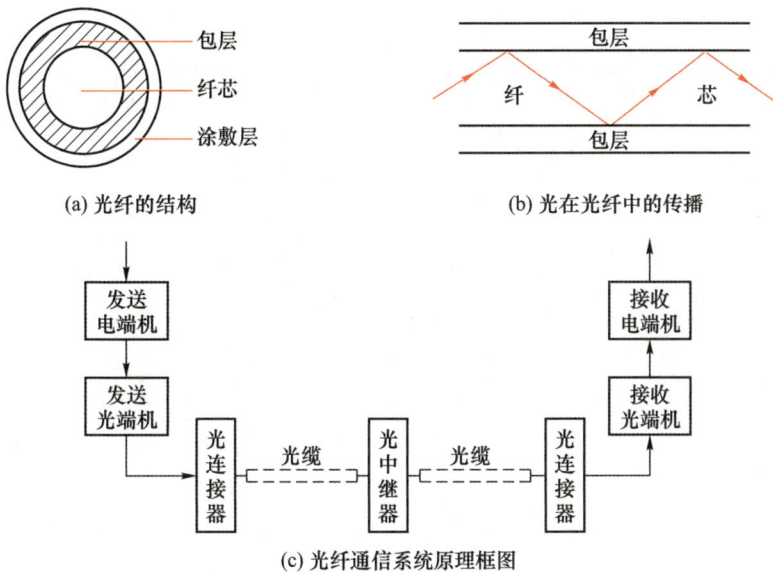

(a) 光纤的结构

(b) 光在光纤中的传播

(c) 光纤通信系统原理框图

图 5.24　光纤通信

第 **3** 篇　模拟电子技术

　　本书的第 3、4 篇为电子技术的内容。在电子技术中,按照电路传递和处理的信号可分为模拟信号和数字信号两大类:在时间上和数值上是连续变化的信号称为模拟信号;在时间上和数值上都是不连续的信号称为数字信号。与之相对应,传递和处理这些信号的电路分别称为模拟电路和数字电路。第 3 篇为模拟电路的内容,包括常用的半导体器件,整流、滤波及稳压电路,放大电路与集成运算放大器等。

chapter 6
第 6 章 | **常用半导体器件**

学习目标

本章主要介绍各种常用的半导体元器件,主要包括:

- 半导体基础知识。
- 二极管及其特性。
- 三极管及其特性。
- 晶闸管简介。
- 单结晶体管。
- 场效晶体管。
- 集成器件。

本章是学习电子技术的基础。通过本章的学习,应能掌握、理解各种常用的半导体器件的基本概念和基本原理。

6.1 二极管

6.1.1 半导体基础知识

1. 半导体材料的导电特性

自然界中存在的各种物质如果按导电能力来区分,可以分为导体、绝缘体和半导体三大类:导电性能良好的物质为导体,常见的如银、铜、铝等各种金属;几乎完全不能导电的物质为绝缘体,常见的有非金属物质,如塑料、橡胶、陶瓷等;而导电能力介于导体与绝缘体之间的物质为半导体,常用的半导体材料有硅、锗、金属氧化物等。

由第 1 章可知,带电粒子的定向移动形成电流。在金属导体中,自由电子作为唯一的一种载体(又称载流子)携带着电荷移动形成电流;在电解液中,正、负离子的移动也形成电流。在半导体中,通常有两种载流子,一种是带负电荷的自由电子(简称电子),另一种是带正电荷的空穴。在外电场的作用下,这两种载流子都可以作定向移动而形成电流。

由于半导体的材料及其制造工艺的不同,利用不同载流子形成电流可产生导电情况不同的半导体,即电子导电型(又称 N 型)半导体和空穴导电型(又称 P 型)半导体;在 N 型半导体中,电子为多数载流子,主要依靠电子来导电;在 P 型半导体中,空穴为多数载流子,主要依靠空穴来导电。

2. PN 结

将一块半导体材料通过特殊的工艺过程使其一侧形成 P 型半导体,另一侧形成 N 型半导体,则在两种半导体之间出现一种特殊的接触面——PN 结(如图 6.1 所示)。PN 结是构成各种半导体器件的核心。

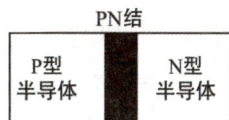

图 6.1 PN 结

6.1.2 二极管

1. 二极管的结构与电路符号

将一个 PN 结从 P 区和 N 区各引出一个电极,并用玻璃或塑料制造的外壳封装起来,则制成一个二极管,如图 6.2(a)所示。由 P 区引出的电极为正(+)极,也称阳极;由 N 区引出的电极为负(-)极,也称阴极。二极管的文字符号用"VD"表示,如图 6.2(b)所示,图形符号中的三角形表示通过二极管正向电流的方向。

根据制造材料的不同,分为硅二极管和锗二极管。

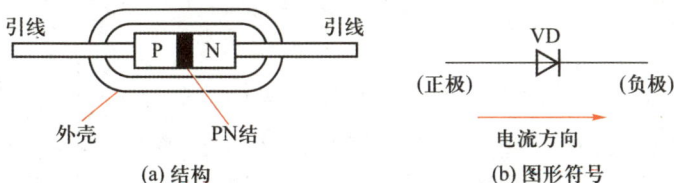

图 6.2 二极管的结构与图形符号

2. 二极管的特性

可以通过一个演示来观察二极管的导电特性:按图 6.3(a)所示连接电路,直流电源正极接二极管正极,电源负极接二极管的负极(称为"正向偏置",简称"正偏"),二极管导通,指示灯亮;如果按图 6.3(b)所示连接电路,为二极管加上反向偏置电压时,二极管不导通,指示灯不亮。由此可见:组成二极管的 PN 结具有单向导电性。

3. 二极管的伏安特性曲线

二极管的单向导电性常用其伏安特性曲线来描述。伏安特性是指加到元器件两端的电压与通过电流之间的关系。二极管的伏安特性曲线如图 6.4 所示。

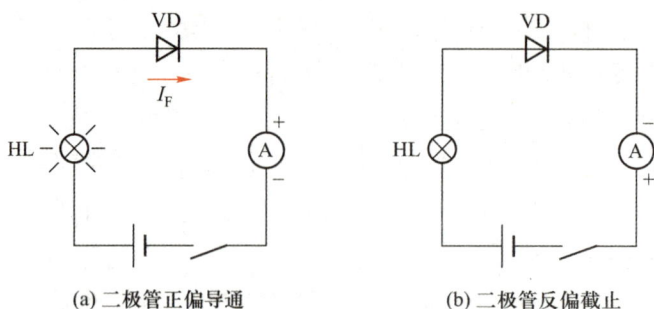

(a) 二极管正偏导通　　　　　　　　　(b) 二极管反偏截止

图 6.3　二极管的单向导电性

（1）正向特性

正向特性是指二极管加正偏电压时的伏安特性，如图 6.4 中的第 Ⅰ 象限曲线。

当二极管两端所加的正偏电压 U 较小时，正向电流 I 极小（近似为 0），二极管处于截止状态；当正偏电压 U 超过某一值时（通常称为截止电压），正向电流 I 迅速增加，二极管进入导通状态。正偏电压 U 的微小增加会使正向电流 I 急剧增大，如图 6.4 中的 AB 段所示。正偏电压从 0 V 至截止电压的区域范围通常称为死区。硅二极管的截止电压约为 0.5 V，锗二极管的截止电压约为 0.2 V。

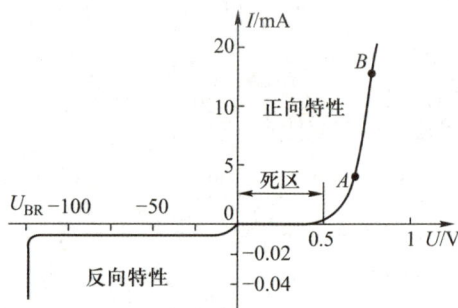

图 6.4　二极管的伏安特性曲线

当二极管正常导通后，所承受的正向电压称为管压降（硅二极管约为 0.7 V，锗二极管约为 0.3 V）。这个电压比较稳定，几乎不随流过的电流大小而变化。

（2）反向特性

反向特性是指二极管加反偏电压时的伏安特性，如图 6.4 中的第 Ⅲ 象限曲线。

当二极管的两端加反向电压时，反向电流很小（称为反向饱和电流），二极管处于截止状态，而且在反向电压不超过某一限度时，反向饱和电流几乎不变。但当反向电压增大到一定数值 U_{BR} 时，反向电流会突然增大，这种现象称为反向击穿，与之相对应的电压称为反向击穿电压（U_{BR}）。这表明二极管已失去单向导电性，如果不加以限制，会造成二极管的永久性损坏。

4. 二极管的主要参数

① 最大整流电流 I_{FM}——二极管长时间工作时允许通过的最大正向直流电流的平均值。使用时，二极管的工作电流应小于最大整流电流。

② 最高反向工作电压 U_{RM}——确保二极管不被击穿损坏而承受的最大反向工作电压。使用时，该值一般为反向击穿电压 U_{BR} 的 1/2 或 1/3。

③ 反向饱和电流 I_R——二极管未进入击穿区的反向电流。该值越小，则二极管的单向导电性能越好。

5. 二极管的种类

（1）按制造工艺分类

① 点接触型——PN 结接触面积较小，工作电流小，常用于高频小信号电路。

② 面接触型——PN 结接触面积较大，工作电流大，多用于整流电路。

③ 平面型——PN 结接触面积较大，常用于集成电路中。

（2）按制造材料分类

如前所述，按照制造材料可分为硅二极管和锗二极管。硅二极管的热稳定性较好，锗二极管的热稳定性相对较差。

（3）按用途分类

按照用途可分为整流二极管、稳压二极管、发光二极管、光电二极管和变容二极管等。几种二极管的外形如图 6.5 所示。

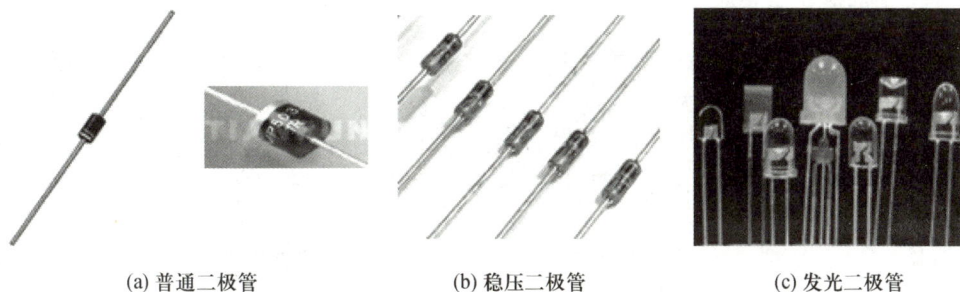

(a) 普通二极管　　　　　　(b) 稳压二极管　　　　　　(c) 发光二极管

图 6.5　几种二极管的外形

6. 特殊二极管简介

（1）光电二极管

光电二极管的结构与普通二极管相似，但在它的 PN 结处，通过管壳上的玻璃窗口能接收外部的光照。这种器件在反向偏置状态下运行，它的反向电流随光照强度的增加而上升。光电二极管是将光信号转换为电信号的常用器件。

（2）发光二极管［如图 6.5(c) 和图 5.6 所示］

发光二极管（LED）通常由砷化镓、磷化镓等材料制成，当有电流通过时，管子可以发出光，它是一种能够将电能直接转换为光能的半导体器件。LED 可以用作各种仪器仪表的指示光源，及各种信息的大面积显示屏幕。由于 LED 具有使用寿命长、照明效率高和节能等优点（相同光效下，比白炽灯节约 80％的电能），现在各种光色的 LED 在各种照明场合（如建筑物的照明、装饰照明）以及交通信号灯等场合，正得到越来越普遍的推广（在第 5 章 5.1 节的阅读材料中曾介绍过）。

（3）变容二极管

变容二极管是利用 PN 结的电容效应工作的一种特殊二极管，它工作在反向偏置状态，改变反向偏置直流电压，则可以改变其电容量。变容二极管应用于谐振电路中，例如，在电视机电路中将变容二极管作为调谐回路的可变电容器，实现频道的选择。

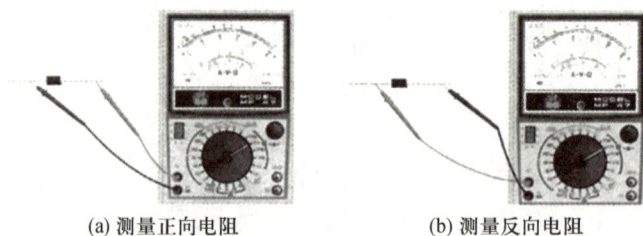
做一做

在实际中,常使用万用表的电阻挡对二极管进行极性判别及其性能的检测。测量时,首先选择万用表的电阻挡 $R \times 100$ 挡(也可以选择 $R \times 1$ k 挡),再将万用表的红、黑表笔分别接二极管的两端。

① 测得电阻值较小时,黑表笔接二极管的一端为正极($+$),红表笔接的一端为负极($-$),如图 6.6(a)所示,此时测得的电阻值称为正向电阻。

② 测得电阻值较大时,黑表笔接二极管的一端为负极($-$),红表笔接的一端为正极($+$),如图 6.6(b)所示,此时测得的阻值称为反向电阻。

正常二极管的正、反向电阻应相差很大。如正向电阻一般为几百欧至几千欧,而反向电阻一般为几十千欧至几百千欧。

③ 测得电阻值为 0 时,将二极管的两端或万用表的两表笔对调位置,如果测得的电阻值仍为 0,表明该二极管内部短路,已经损坏。

④ 测得电阻值为无穷大时,将二极管的两端或万用表的两表笔对调位置,如果测得的电阻值仍为无穷大,表明该二极管内部开路,已经损坏。

(a) 测量正向电阻　　　　　　　　　(b) 测量反向电阻

图 6.6　用万用表检测二极管

6.2　三极管

6.2.1　三极管的结构、类型与符号

1. 结构

在一块半导体基片上形成三个导电区和两个 PN 结(如图 6.7 所示),则可组成一只三极管。三个区分别称为集电区、基区和发射区;集电区与基区之间的 PN 结称为集电结,基区与发射区之间的 PN 结称为发射结。由集电区、基区和发射区各引出一根导线,分别称为集电极、基极和发射极(分别用 c、b、e 表示)。

知识拓展:
三极管

三极管内部结构的特点：①基区做得很薄；②发射区多数载流子的浓度比基区和集电区高得多；③集电结的面积比发射结的面积大。因此，三极管在使用时集电极与发射极不能互换。

图 6.7　三极管的结构

2. 类型与符号

三极管根据结构分为 NPN 型和 PNP 型两种，如图 6.8 所示。根据所用的半导体材料可分为硅管和锗管。目前我国制造的硅管多为 NPN 型，锗管多为 PNP 型；而且硅管相对于锗管而言，受温度的影响较小，性能更稳定，因而使用更为广泛。

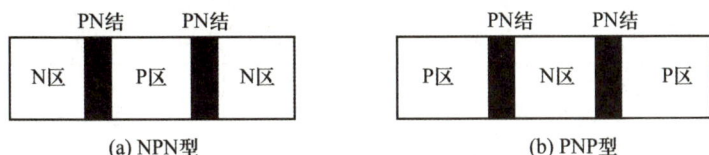

图 6.8　NPN 型和 PNP 型

另外，根据功率可分为小功率管、中功率管和大功率管；根据工作频率可分为低频管、高频管、超高频管、甚高频管等；根据用途还可分为放大管和开关管等。

三极管的图形符号如图 6.9 所示；文字符号用"VT"表示。外形如图 6.10 所示。

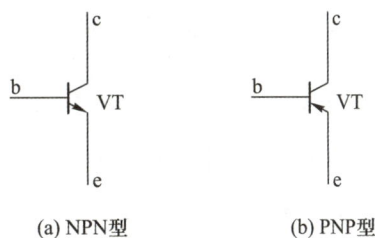

图 6.9　三极管的图形符号

图 6.10　各种三极管的外形

6.2.2　三极管的电流放大作用

1. 实现电流放大作用的条件

三极管具有电流放大作用的外部条件是：发射结加正向偏置电压，集电结加反向偏置电压。

2. 三极管的电流放大作用

通过图 6.11 所示电路可测量 I_B、I_C、I_E 并研究它们之间的相互关系：改变 R_P 可以改变基

极电流 I_B，而且集电极电流 I_C 与发射极电流 I_E 也随之改变，测量结果见表 6.1。

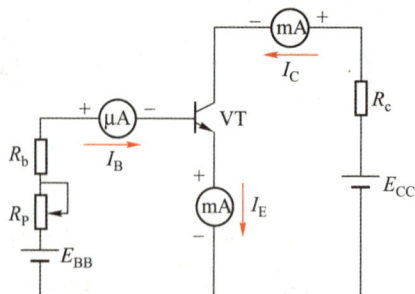

图 6.11 三极管电流测试电路

表 6.1 三极管电流放大实验测试数据

电流/mA	实验次数		
	1	2	3
I_B	0	0.02	0.04
I_C	≈ 0	1.14	2.31
I_E	≈ 0	1.16	2.35

比较表 6.1 中的三组测量数据可以得出以下结论：

① 三个电流符合基尔霍夫电流定律：

$$I_E = I_C + I_B$$

② 对一个确定的三极管，I_C 与 I_B 的比值基本不变，该比值称为三极管的共发射极直流电流放大系数：

$$\bar{\beta} = \frac{I_C}{I_B} \tag{6.1}$$

③ 基极电流的微小变化（ΔI_B）能引起集电极电流的较大变化（ΔI_C），其比值称为三极管的共发射极交流电流放大系数：

$$\beta = \frac{\Delta I_C}{\Delta I_B} \tag{6.2}$$

④ 当基极开路（即 $I_B = 0$）时，I_C 不为零。这时的 I_C 值称为穿透电流，记作 I_{CEO}。I_{CEO} 很小且不受 I_B 的控制，但受温度的影响较大。

⑤ β 和 $\bar{\beta}$ 的区别和联系。因为 $I_B = 0$ 时，$I_C = I_{CEO}$；基极电流由 0 增至 I_B 时，集电极电流也相应地由 I_{CEO} 增至 I_C，可得出：

$$I_C = \beta I_B + I_{CEO} \tag{6.3}$$

所以：

$$\beta = \frac{\Delta I_C}{\Delta I_B} = \frac{I_C - I_{CEO}}{I_B - 0}$$

因为 I_{CEO} 很小,所以 $I_C \approx \beta I_B$,或 $\beta \approx \bar{\beta}$。在工程上一般对 β 和 $\bar{\beta}$ 不作严格区分,估算时可以通用。

由以上的分析可见:三极管基极电流 I_B 的微小变化(ΔI_B)能够引起集电极电流 I_C 的显著变化(ΔI_C),即小电流可以控制大电流,这就是三极管电流放大作用的实质。

6.2.3 三极管的特性

1. 输入特性及其曲线

输入特性是指 U_{CE} 为定值时 U_{BE} 与 I_B 之间的关系,其曲线如图 6.12 所示。从输入特性曲线可见,三极管的 U_{BE} 只有大于截止电压(硅管的截止电压约为 0.5 V,锗管的截止电压约为 0.2 V),I_B 才大于 0。

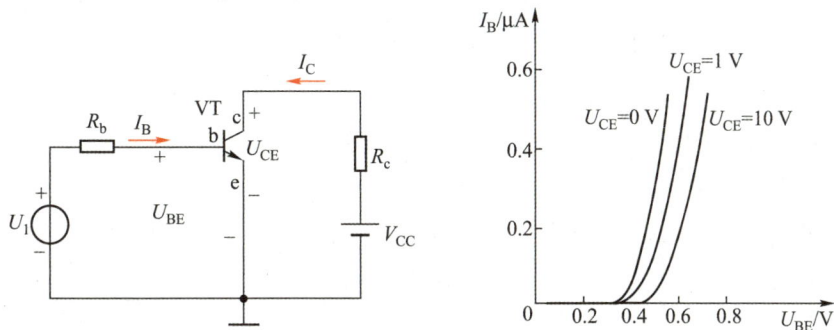

图 6.12 三极管的输入特性及其曲线

2. 输出特性及其曲线

输出特性是指 I_B 为定值时 U_{CE} 与 I_C 之间的关系,其曲线如图 6.13(a)所示。当改变 I_B 值时,就可得到另一条曲线,因此每一个 I_B 值就有一条曲线与之对应,所以三极管的输出特性曲线实际是一组曲线簇,如图 6.13(b)所示。

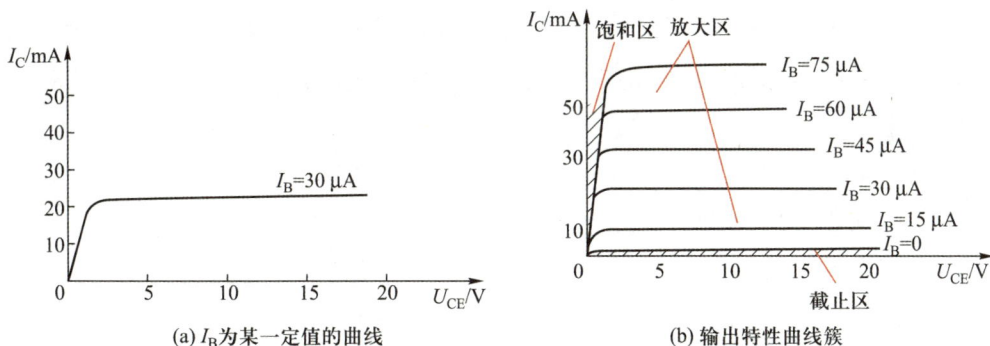

(a) I_B 为某一定值的曲线   (b) 输出特性曲线簇

图 6.13 三极管的输出特性曲线

3. 工作状态

根据三极管的输出特性曲线,可以分成三个区及其对应的三种工作状态,如图 6.13(b)

所示。

（1）截止区（截止状态）

截止区是指 $I_B=0$ 曲线以下的区域。

根据三极管的输入特性曲线，$I_B=0$ 时，U_{BE} 小于截止电压。根据三极管的输出特性曲线，$I_B=0$ 时，I_C 为很小的数值，该数值称为穿透电流（I_{CEO}）。因此，三极管的截止状态是 $U_{BE}<$ 截止电压的区域，$I_B=0$，$I_C≈0$。

（2）放大区（放大状态）

放大区是指曲线之间的距离基本相等并互相平行的区域。

根据三极管的输入特性曲线，U_{BE} 大于截止电压时，I_B 大于 0。根据三极管的输出特性曲线，不同的 I_B 值，就有相应的 I_C 值；而且微小的 ΔI_B 可以得到较大的 ΔI_C，这就是三极管的电流放大作用。因此，三极管的放大状态是 $U_{BE}>$ 截止电压，且 $U_{CE}>U_{BE}$，I_C 受 I_B 控制。此时，硅三极管的管压降 U_{BE} 约为 0.7 V，锗三极管的管压降 U_{BE} 约为 0.3 V。

（3）饱和区（饱和状态）

饱和区是指 U_{CE} 较小、I_C 较大的狭窄区域。

三极管的饱和状态是 $U_{CE}<U_{BE}$，I_C 不再受 I_B 控制；此时，三极管将失去电流的放大作用。在饱和状态下，U_{CE} 较小，该值称为饱和压降 U_{CES}。

6.2.4　三极管的主要参数

1. 共发射极电流放大系数 β

三极管的 β 值通常在 20～200 之间。若 β 值太小，则其放大能力差；若 β 值太大，则其工作性能不稳定，所以一般选 β 值在 60～100 之间。

2. 极间反向饱和电流 I_{CBO}、I_{CEO}

I_{CEO} 与 I_{CBO} 之间的关系为：$I_{CEO}=(1+\beta)I_{CBO}$。

I_{CEO} 与 I_{CBO} 都随温度的上升而增大。I_{CEO} 又称穿透电流。I_{CEO} 越小，三极管对温度的稳定性越好，因此要选用 I_{CEO} 和 I_{CBO} 小的三极管。硅管的穿透电流通常要比锗管小，因此硅管对温度的稳定性较好。

3. 极限参数

（1）集电极最大允许电流 I_{CM}

若 $I_C>I_{CM}$，则放大能力变差；若 $I_C≫I_{CM}$，将会使三极管损坏。

（2）反向击穿电压 U_{CEO}

若 $U_{CE}>U_{CEO}$ 时，I_C 会急剧增大，造成三极管击穿损坏。

（3）集电极最大耗散功率 P_{CM}

若 $I_C·U_{CE}>P_{CM}$，将使三极管的工作温度过高而损坏。大功率的三极管为防止工作温度过高，通常装有散热片。

做一做

可使用万用表电阻挡($R \times 100$ 挡或 $R \times 1\,\text{k}$ 挡)对三极引进行管型和引脚的判断及其性能估测。

1. 管型和基极的判断

① 若采用红表笔搭接三极管的某一引脚,黑表笔分别搭接另外两引脚,不断变换;若测得两次阻值都很小时,红表笔搭接的引脚即为 PNP 型管的基极。

② 若采用黑表笔搭接三极管的某一引脚,红表笔分别搭接另外两引脚,不断变换;若测得两次阻值都很小时,黑表笔搭接的引脚即为 NPN 型管的基极。

2. 集电极和发射极的判断

管型和基极确定后,用表笔分别搭接测量另外两个引脚的电阻值,对调表笔再测一次;比较二次测量结果,测量结果(阻值)较大的一次,红表笔接的是 PNP 型三极管的发射极(或 NPN 型三极管的集电极),黑表笔接的是 PNP 型三极管的集电极(或 NPN 型三极管的发射极)。

通常,金属类三极管的金属外壳为集电极。

3. 性能估测

① 选择万用表的电阻挡 $R \times 1\,\text{k}$ 挡,红表笔搭接 PNP 型三极管的集电极(或 NPN 型管的发射极),黑表笔搭接发射极(或 NPN 管的集电极);测得电阻值越大,说明穿透电流 I_{CEO} 越小,三极管的性能越好。

② 在基极和集电极之间接入一个 $100\,\text{k}\Omega$ 的电阻,再测量集电极和发射极之间的电阻(PNP 型管时黑表笔接发射极,或 NPN 型管时红表笔接发射极)。比较接入电阻前后两次测量的电阻值,相差很小,表示三极管无放大作用或放大系数 β 很小;相差越大,表示放大系数 β 越大。

③ 黑表笔接 PNP 型三极管的发射极(或 NPN 型三极管的集电极),红表笔接集电极(或 NPN 型三极管的发射极);用手捏住管的外壳(相当于加温),若电阻变化不大,则说明管的稳定性好,反之稳定性差。

阅读材料

国产半导体元器件型号的命名

我国半导体器件的型号由五部分组成,其各组成部分的符号及其意义见表 6.2。

表 6.2　中国半导体器件型号组成部分的符号及其意义

第一部分		第二部分		第三部分				第四部分	第五部分
用数字表示器件的电极数目		用汉语拼音表示器件的材料和极性		用汉语拼音表示器件的类型				用数字表示器件序号	用汉语拼音表示规格号
符号	意义	符号	意义	符号	意义	符号	意义	意义	意义
2	二极管	A	N型,锗材料	P	普通管	D	低频大功率管	反映直流参数、交流参数和极限参数等的差别	反映承受反向击穿电压和程度,如规格号为A、B、C、D、…其中,A承受的反向击穿电压最低,B次之,以此类推
		B	P型,锗材料	V	微波管	A	高频大功率管		
		C	N型,硅材料	W	稳压管	T	半导体闸流管(可控整流器)		
		D	P型,硅材料	C	参量管				
				Z	整流管	Y	体效晶体器件		
				L	整流堆	B	雪崩管		
3	三极管	A	PNP型,锗材料	S	隧道管	J	阶跃恢复管		
		B	NPN型,锗材料	N	阻尼管	CS	场效晶体管		
		C	PNP型,硅材料	U	光电器件	BT	半导体特殊器件		
		D	NPN型,硅材料	K	开关管	FH	复合管		
		E	化合物材料	X	低频小功率管	PIN	PIN管		
				G	高频小功率管	JG	激光器件		

注:场效应晶体管、半导体特殊元器件、复合管、PIN型管和激光元器件等型号只由第三、四、五部分组成。

举例:

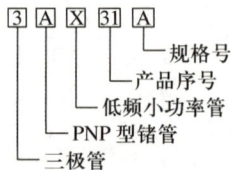

3 A X 31 A
— 规格号
— 产品序号
— 低频小功率管
— PNP 型锗管
— 三极管

6.3　晶闸管

6.3.1　晶闸管及其应用

晶闸管俗称可控硅,是目前用途非常广泛的功率电子器件。晶闸管不仅具有硅整流器的特性,更重要的是其工作过程可控,能以小功率信号控制大功率系统。因此它是半导体器件从弱电领域进入强电领域中制造技术最成熟、应用最广泛的器件之一。晶闸管在电力电子设备中主要应用于四个方面:

① 可控整流——将交流电变成可以调节的直流电。

② 交流调压——调节交流电压的高低。

知识拓展:
晶闸管

③ 交、直流开关——作为交流或直流回路的电子开关。

④ 逆变——把直流电转变成交流电,或把一种频率的交流电转变成另一种频率的交流电。

简单介绍一个晶闸管应用的例子:ZX5 系列晶闸管直流焊机(如图 6.14 所示)是供单人手工焊接的直流电源,是替代目前使用的 AX 系列旋转式直流焊机的节能产品。该焊机具有良好的动态特性和静态特性以及噪声小、焊接稳定、飞溅小、电弧弹性好、熔深大等特点。该焊机适用于各种低碳钢、中碳钢、低合金钢及不锈钢等构件的焊接,已广泛应用于锅炉、压力容器制造和石油化工机械、造船等行业中。

图 6.14　晶闸管直流焊机

晶闸管的种类很多,可分为普通型单向晶闸管和特种晶闸管,特种晶闸管包括双向晶闸管、快速晶闸管、可关断晶闸管和光控晶闸管等。

6.3.2　单向晶闸管

1. 外形

晶闸管有单向和双向两种。单向晶闸管的外形如图 6.15(a)所示。

(a) 外形　　　　　　　　　　　　　　　　　　　　(b) 引脚

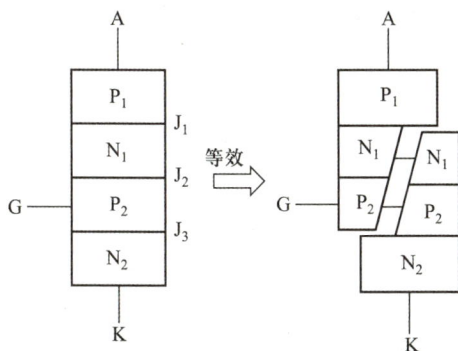

(c) 结构

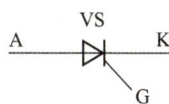

(d) 符号

图 6.15　单向晶闸管的结构与符号

2. 结构与符号

单向晶闸管是由三个 PN 结及其划分的四个区组成,如图 6.15(c)所示。其内部为 PNPN 四层结构,形成三个 PN 结。因此可等效为由一个 PNP 型三极管与一个 NPN 型三极管组成的器件。由外层的 P 型和 N 型半导体分别引出阳极 A 和阴极 K,由中间的 P 型半导体引出控制极 G。图 6.15(d)所示为单向晶闸管的图形符号,相当于在二极管符号的基础上增加一个控制极,表示有控制端的单向导电器件(而普通二极管是无控制端的单向导电器件)。文字符号用"VS"表示。

3. 工作特性

① 单向晶闸管的导通必须具备两个条件:

● 阳极(A)与阴极(K)之间必须为正向电压(或正向偏压),即:$U_{AK} > 0$。

● 控制极(G)与阴极(K)之间也应有正向触发电压,即:$U_{GK} > 0$。

② 晶闸管导通后,控制极(G)将失去作用,即:当 $U_{GK} = 0$ 时,晶闸管仍然导通。

③ 单向晶闸管要关断时必须满足:

导通(工作)电流小于晶闸管的维持电流值,或在阳极(A)与阴极(K)之间加上反向电压(反向偏压),即:$I_V < I_H$ 或 $U_{AK} < 0$。

4. 主要参数

(1) 额定正向平均电流 I_T

额定正向平均电流 I_T 是指在规定的环境温度和散热条件下,允许通过阳极和阴极之间的电流平均值。

(2) 维持电流 I_H

维持电流 I_H 是指在规定的环境温度和控制极 G 断开的条件下,保持晶闸管处于导通状态所需要的最小正向电流。

(3) 控制极触发电压和电流

控制极触发电压和电流是指在规定的环境温度和一定的正向电压条件下,使晶闸管从关断到导通时,控制极 G 所需要的最小正向电压和电流。

(4) 反向阻断峰值电压(额定电压)

反向阻断峰值电压是指在规定的环境温度和控制极 G 断开的条件下,可以允许重复加到晶闸管的反向峰值电压,又称晶闸管的额定电压。

6.3.3 双向晶闸管

1. 外形、结构与符号

(1) 外形

双向晶闸管的外形如图 6.16(a)所示。

(2) 结构与符号

双向晶闸管的结构如图 6.16(b)所示,可见,它是一个 NPNPN 五层结构的半导体器件,其功能相当于一对反向并联的单向晶闸管,电流可以从两个方向通过。所引出的三个电极分别为第一阳极 T1、第二阳极 T2 和控制极 G。双向晶闸管的符号如图 6.16(c)所示。

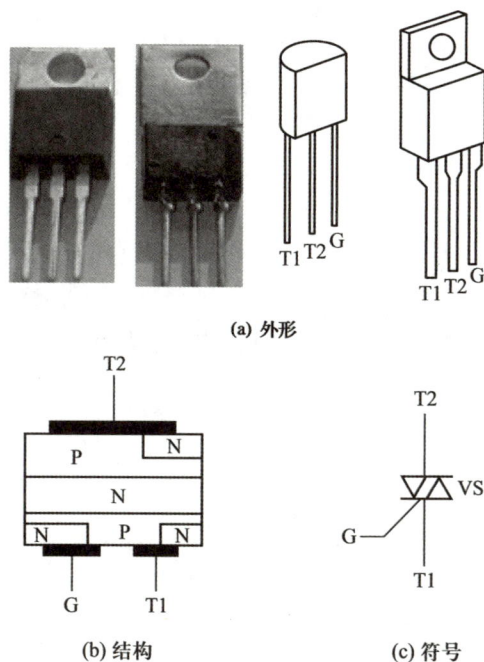

(a) 外形

(b) 结构

(c) 符号

图 6.16　双向晶闸管的外形、结构与符号

2. 工作特性

① 双向晶闸管的导通必须具备的条件是：只要在控制极(G)加正向或负向触发电压(即 $U_G>0$ 或 $U_G<0$)，则不论第一阳极(T1)与第二阳极(T2)之间加正向电压或是反向电压，晶闸管都能导通。

② 晶闸管导通后，控制极(G)将失去作用，即：当 $U_G=0$，晶闸管仍然导通。

③ 只要使其导通(工作)电流小于晶闸管的维持电流值，或第一阳极(T1)与第二阳极(T2)间外加的电压过零，双向晶闸管都将关断。

3. 主要参数

(1) 额定正向平均电流 I_T

额定正向平均电流 I_T 是指在规定的环境温度和散热条件下，允许通过阳极和阴极之间的电流平均值。

(2) 维持电流 I_H

维持电流 I_H 是指在规定的环境温度和控制极 G 断开的条件下，保持晶闸管处于导通状态所需要的最小正向电流。

(3) 控制极触发电压和电流

控制极触发电压和电流是指在规定的环境温度和一定的正向电压条件下，使晶闸管从关断到导通时，控制极 G 所需要的最小正向电压和电流。

（4）反向阻断峰值电压（额定电压）

反向阻断峰值电压是指在规定的环境温度和控制极 G 断开的条件下,可以允许重复加到晶闸管的反向峰值电压,又称晶闸管的额定电压。

做一做

可使用万用表电阻挡（$R \times 100$ 挡或 $R \times 1$ k 挡）对晶闸管进行极性判别与检测。

① 选择万用表的电阻挡 $R \times 100$ 挡。黑表笔固定接一引脚,红表笔分别接其余两个引脚,测得一组电阻值;不断变换;若只有一组测得的电阻值均为较小时,黑表笔所接的引脚为 G 极,红表笔所接的引脚为 K 极,剩余一引脚为 A 极。

② 将黑表笔接 A 极,红表笔接 K 极;再将 G 极与黑表笔（或 A 极）相碰触一下,单向晶闸管出现导通状态并应能够维持。

6.4　单结晶体管和场效晶体管

6.4.1　单结晶体管

1. 结构、符号与外形

单结晶体管的结构如图 6.17（a）所示,它是在一块高阻率的 N 型硅基片上用镀金陶瓷片制作成两个接触电阻很小的极,作为第一基极 b1 和第二基极 b2,在硅基片的另一侧靠近 b2 处掺入 P 型杂质,从而形成 PN 结,并引出电极作为发射极 e。其等效电路是由第一基极 b1 和第二基极 b2 之间的电阻 R_{bb}（$R_{bb} = R_{b1} + R_{b2}$）、发射极 e 与两基极之间的 PN 结（即二极管 VD）所组成,如图 6.17（c）所示。单结晶体管的图形符号如图 6.17（b）所示,文字符号也用"VT"表示,其外形如图 6.17（d）所示。

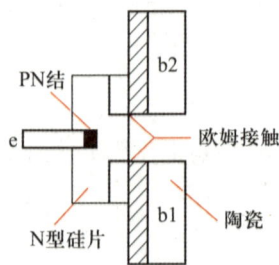
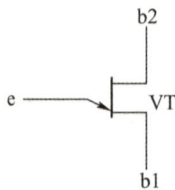
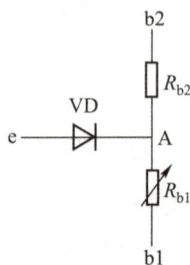

(a) 结构　　　　　　　(b) 符号　　　　　(c) 等效电路　　　　(d) 外形

图 6.17　单结晶体管的结构与符号

2. 工作特性

① 单结晶体管的 e 极与 b1 极之间的电阻 r_{eb1} 随发射极电流 I_E 而变。当 I_E 上升时，r_{eb1} 就会下降。单结晶体管的 e 极与 b2 极之间的电阻 r_{eb2} 与发射极电流 I_E 无关。

② 单结晶体管的导通条件为：在 e 极与 b1 极之间应为正向电压（即 $U_{eb1} > 0$），且在 b2 极与 b1 极之间也应为正向电压（即 $U_{b2b1} \gg 0$）。

③ 特性：当 U_{eb1} 较低时，单结晶体管 VT 是截止的；但当 U_{eb1} 上升至某一数值时，I_E 会加大，而 r_{eb1} 迅速下降，即单结晶体管迅速导通，相当于开关的闭合。因此，只要改变 U_{eb1} 的大小，就可控制单结晶体管迅速导通或截止。

3. 主要参数

（1）基极电阻 R_{bb}

基极电阻 R_{bb} 是指发射极 e 开路时第一基极 b1 和第二基极 b2 之间的电阻。

R_{bb} 一般为 2～10 kΩ。其阻值随着温度上升而增大。

（2）分压比 η

分压比 η 是发射极 e 与第一基极 b1 之间的电压 U_{eb1} 和第二基极 b2 与第一基极 b1 之间的电压 U_{b2b1} 之比，即 $\eta = U_{eb1} / U_{b2b1}$。$\eta$ 一般为 0.3～0.9。

做一做

同样可使用万用表电阻挡（$R \times 100$ 挡或 $R \times 1$ k 挡）对单结晶体管进行极性判别与检测。

1. e 极的确定

将万用表调到电阻挡 $R \times 100$ 挡；用黑表笔固定接某一引脚，红表笔分别接其余两个引脚，测读一组电阻值；不断变换；若测得其中一组的电阻值均为较小时，则黑表笔所接的引脚为 e 极。

2. b1 和 b2 极的判别

用黑表笔固定接 e 极，红表笔分别接其余两个引脚，测读其电阻；比较两次测得的电阻值，电阻值较大的一次，红表笔接的为 b1，剩余的那个引脚为 b2 极。通常，金属类的单结晶体管的金属外壳为 b2 极。

6.4.2 场效晶体管

半导体三极管是电流控制型器件，其工作是通过输入电流对输出电流产生控制作用，场效晶体管（又称场效应管）则是电压控制型器件，其工作是通过输入电压对输出电流产生的控制作用。

1. 分类和符号

根据结构和工作原理的不同，场效应管可分为结型（JFET）和绝缘栅型（MOSFET）两大类。又根据材料的不同，结型和绝缘栅型又分为 N 沟道和 P 沟道。绝缘栅型根据生产工艺又

分为增强型的 N 沟道和 P 沟道以及耗尽型的 N 沟道和
P 沟道。

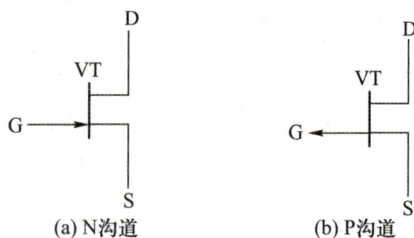

场效晶体管有三个电极,分别称为栅极(G)、源极
(S)和漏极(D)。文字符号用 VT 表示。

（1）结型(JFET)

图形符号如图 6.18 所示。

图 6.18　结型场效晶体管图形符号

（2）绝缘栅型(MOSFET)

绝缘栅型(MOSFET)场效应管又称 MOS 场效应管;N 沟道的 MOS 场效晶体管简称
NMOS 管,P 沟道的 MOS 场效晶体管简称 PMOS 管。图形符号如图 6.19 所示。

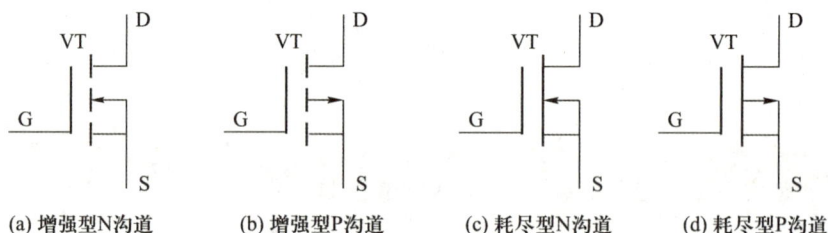

(a) 增强型N沟道　　(b) 增强型P沟道　　(c) 耗尽型N沟道　　(d) 耗尽型P沟道

图 6.19　绝缘栅型场效晶体管图形符号

2. 特点

① 控制方式为电压控制方式。场效晶体管的漏极电流受控于栅源极电压,即 U_{GS} 控
制 I_D。

② 输入电阻极大,一般在 $10^5 \sim 10^7 \, \Omega$。

③ 温度稳定性好,即受温度的影响很小,工作稳定。

3. 主要参数

① 跨导 g_m——指当 U_{DS} 为一定值时,漏极电流 I_D 的微小变化量与栅源电压 U_{GS} 的微小
变化量之比,单位为 mS。g_m 反映栅源电压 U_{GS} 对漏极电流 I_D 的控制能力。其值越大,说明
场效晶体管的放大能力越强。

② 夹断电压 U_P——当 U_{DS} 为确定值时,使 $I_D = 0$ 时的 U_{GS} 值。

③ 开启电压 U_T——使场效晶体管开始导通时的 U_{GS} 值。

④ 饱和漏极电流 I_{DSS}——场效晶体管放大时的最大输出电流。I_{DSS} 值越大,表明信号的
动态范围就越大。

⑤ 最大漏源极间电压 $U_{(BR)DS}$——漏极与源极之间的最大反向击穿电压。

⑥ 最大耗散功率 P_{DM}——I_D 与 U_{DS} 的乘积的最大允许值。超过 P_{DM} 值时,将过热烧坏
管子。

4. 使用注意事项

① 在使用中要注意电压极性;电压和电流的数值不能超过最大的允许值。

② 在焊接时,要使用小功率的电烙铁,动作要迅速或切断电源后利用余热进行焊接。焊接时应先焊源极,后焊栅极。

③ 要有良好的接地线,因此要求测试仪器及电烙铁等都必须有外接地线。

④ 使用时要绝对防止栅极悬空;在不用时应将三个电极短接。

⑤ 通常场效晶体管的漏极和源极为对称制成,故可互换使用。但要注意也有部分产品因工艺要求使漏极和源极不能互换使用。

6.5 集成器件

如"绪论"所述,在电子技术的发展史中,经历了电子管和晶体(半导体)管两大电子器件为核心组成的电路及其电子设备。将电子管或晶体管、电阻器、电容器等元件组装成的电子线路,称为分立元件的电路形式。于 1958 年问世的集成电路将电子元器件(半导体、电阻、小电容等)和连接导线集中制作在一小块半导体芯片上形成一个整体,实现了材料、元器件与电路三者之间的统一。集成电路极大地缩小了电路及其电子设备的体积和重量,降低了成本,并大幅提高了电路工作的可靠性,减少了组装和调试的难度等。集成电路标志着电子技术又发展到一个更新的阶段,随着材料技术和制造工艺的进步,现在的超大规模集成电路已充分显示出其无可比拟的优越性。

6.5.1 工艺特点

① 集成电路中的元器件都是采用相同的工艺在相同的一块硅片上大批制造,因此各元器件的性能一致,对称性好。

② 集成电路中的电阻器是利用 P 型半导体(即 P 区)的内电阻制成,阻值的范围一般在几十欧至几十千欧之间。若使用的电阻器阻值超出范围(太高或太低)则只能采用外接固定电阻方式。

③ 集成电路中的电容器是利用 PN 结的结电容制成,容量一般小于 100 pF。若使用的电容器容量超出范围时,同样只能采用外接固定电容方式。

④ 目前利用集成电路制造电感器在工艺上尚不能完成。

6.5.2 种类

1. 按功能分类

集成电路分为模拟集成电路和数字集成电路两大类。

① 模拟集成电路:用于对模拟信号的处理。模拟集成电路又分为线性和非线性集成电路

两类。常用的模拟集成电路有集成运算放大器、集成功率放大器、集成稳压器、集成数模转换器和集成模数转换器等。

② 数字集成电路:用于对数字信号的处理。常用的数字集成电路有各种集成门电路、触发器、计数器、寄存器、译码器,以及各种数码存储器等。

2. 按导电类型分类

集成电路分为单极型(MOS 场效晶体管)、双极型(PNP 型或 NPN 型)和二者兼容型三种。

单极型集成电路又分为三种:采用 P 沟道 MOS 管构成的,称为 PMOS 型;采用 N 沟道 MOS 管构成的,称为 N 沟道 MOS 型;同时采用 P 沟道和 N 沟道 MOS 管互补应用构成的,称为 CMOS 型。

知识拓展:
集成电路

3. 按集成程度分类

集成电路分为小规模、中规模、大规模和超大规模等几种。在一块芯片上包含一百个及以下元器件称为小规模集成电路;包含一百到一千个元器件称为中规模集成电路;包含一千到十万个元器件称为大规模集成电路;包含十万个以上元器件称为超大规模集成电路。

4. 按制造工艺分类

集成电路半导体集成电路、薄膜集成电路和厚膜集成电路等。

5. 按照外形分类

集成电路陶瓷双列直插、塑料双列直插、陶瓷扁平、塑料扁平、金属圆形等多种,如图 6.20 所示。

图 6.20　集成电路的外形

阅读材料

国产集成电路简介

集成电路的型号由五部分组成,各部分的符号和意义见表 6.3。

表 6.3　半导体集成电路的型号命名方法

第零部分		第一部分		第二部分	第三部分		第四部分	
用字母表示器件		用字母表示器件的类型		用数字表示器件系列和品种代号	用字母表示器件工作温度范围		用字母表示器件封装	
符号	意义	符号	意义		符号	意义	符号	意义
C	中国制造	T H E C F B D W J M μ	TTL HTL ECL CMOS 线性放大器 非线性电路 音响电视电路 稳压器 接口电路 存储器 微型机电路		C E R M …	0～70 ℃ —40～85 ℃ —55～85 ℃ —55～125 ℃ …	W B F D P J K T …	陶瓷扁平 塑料扁平 全密封扁平 陶瓷直插 塑料直插 黑陶瓷直插 金属菱形 金属圆形

实训 6　电子技术实训基础

一、实训目的

1. 掌握焊接工具和材料的使用。

2. 掌握焊接技术,熟悉焊接过程。

3. 掌握常用仪器、仪表的使用。

4. 学会电子电路的调试。

二、相关知识与预习内容

（一）焊接工具和材料

1. 电烙铁

电烙铁是焊接电子元器件的主要工具。它直接影响焊接的质量。

按电烙铁的结构来分类,可分为外热式和内热式两种,外形如图 6.21 所示。

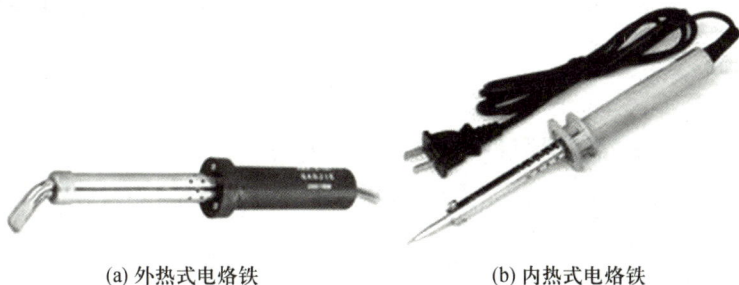

(a) 外热式电烙铁　　　　　　(b) 内热式电烙铁

图 6.21　电烙铁外形

按电烙铁的功率来分类,通常有 15 W、20 W、25 W、30 W、35 W 等。一般焊接半导体及其小型的电子元器件应选用 15~25 W 的电烙铁;如果焊接较特殊的器件,如 MOS 电路,应选用内热式 20~25 W 的电烙铁,并且电烙铁的外壳要有良好接地;如果焊接大型元器件或焊接面积较大场合,可选用 40 W 的电烙铁;如果焊接金属底板、粗地线等热容量大的物件,则需用 75 W 及以上的电烙铁。因此,根据焊接任务的不同,应注意选用不同功率的电烙铁。

选用电烙铁的形式以使用方便为宜。

新电烙铁使用前应将烙铁头锉干净,可按照工作需要锉成一定形状,如楔形、圆锥形、角锥形、斜面形、平顶形。待通电加热后,先涂层松香,再挂一层锡,防止因长时间加热氧化而被"烧死",不再"吃锡"。长时间使用的电烙铁,不焊接时可将电源电压调低一些,避免烙铁头"烧死"。

2. 焊锡

焊锡是一种"铅锡合金"材料,比纯锡的熔点要低,约为 190 ℃,机械强度高于锡、铅。熔化后其表面张力和黏度降低,增加了流动性;焊接后有较强的抗氧化能力。

常用的焊锡有焊条和焊锡丝。焊条在使用前应先加工成小块或焊丝。目前焊锡主要采用焊锡丝(如图 6.22所示),而且大多已夹入松香焊剂,所以使用比较方便。

图 6.22　焊锡丝

3. 助焊剂

焊接过程中常需要使用助焊剂。常用的助焊剂有松香、松香酒精溶液、焊油、焊锡膏等。松香(如图 6.23 所示)和松香酒精溶液属于中性焊剂,不腐蚀电路元器件,也不影响电路板的绝缘性能,助焊效果好,因此使用较多。

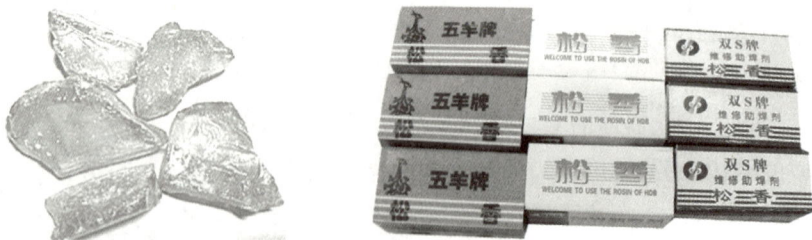

图 6.23　松香

为了去除焊点处的锈渍,确保焊点质量,有时也采用少量焊油或焊锡膏,因对金属有腐蚀作用,焊接后一定要用酒精将焊点擦洗干净,以防损害印制电路板和元器件引线。

4. 烙铁架

为了便于放置电烙铁和焊剂等,一般应配置烙铁架。烙铁架外形如图 6.24 所示。

图 6.24　烙铁架外形

（二）电子元器件的焊接技术

为确保焊接的质量，使焊点光亮、圆滑、牢固而不出"虚焊"现象，则必须掌握焊接技术和焊接工艺。

1. 一般的焊接要求和过程

① 对焊接部位的金属表面及元器件的引线、引脚等净化处理。

② 将电烙铁上锡并将焊接部位加热至焊锡熔化的程度，涂上松香，挂上锡，使焊锡填充被焊位置或元器件。

③ 移开电烙铁，待焊锡自然冷却。

2. 焊接工艺和要求

（1）掌握好焊接温度和时间

如温度不够，将造成焊锡流动性差，很容易凝固，出现焊点不亮或成"豆腐渣"状；如温度过高，则焊锡流淌，焊点不易存锡。如焊接时间太短，焊剂不能充分挥发，很容易形成"虚焊"现象；如焊接时间过长，会使元器件因受热过度而损坏或使印制线路点或条翘起。因此，焊接温度和时间应以使焊锡点光亮、圆滑为宜。

（2）元器件扶稳不晃，蘸锡要适当

在焊接时，电子元器件要扶稳、扶牢，使电烙铁不必要加压力或来回移动。尤其在焊锡凝固过程中，不要晃动被焊的元器件，否则容易造成"虚焊"。

烙铁头蘸锡量视焊点大小而定。尽量使所蘸锡量刚好能包住被焊物。若一次上锡不够，则可以再次填补，但补锡时一定待上次的锡一同熔化后方可移开烙铁头，以使焊点熔为一体。

（3）对元器件整形

一般先将电阻、电容、二极管等电子元件的引线弯成所需的形状，插入电路板的焊孔并排列整齐，然后统一焊接；检查焊点后剪去过长的电子元件引线。

焊接元器件的顺序，一般是焊完电阻、电容和二极管等元件后，再焊三极管或集成电路。

三极管和集成电路的焊接时间一般要短些，注意引脚不宜剪得太短，防止在焊接时烫坏管子；可用镊子夹住引脚进行焊接，以便通过镊子散热，保护三极管。

（4）焊接完成后要检查焊点质量

检查有无漏焊、错焊和虚焊等问题。

可用尖嘴钳或镊子将被焊元器件拉一拉，若有松动应重新焊接。质量好的焊接应当是焊锡饱满适中，焊点表面光滑，被焊引线着锡均匀，焊点周围干净、无毛刺等。

（三）常用仪器、仪表

1. 低频信号发生器

低频信号发生器是用于产生标准低频的正弦波信号，作为测试或检修时用的信号源。低频信号发生器的种类很多，这里仅介绍 XD-2 型低频信号发生器。其面板如图 6.25 所示。

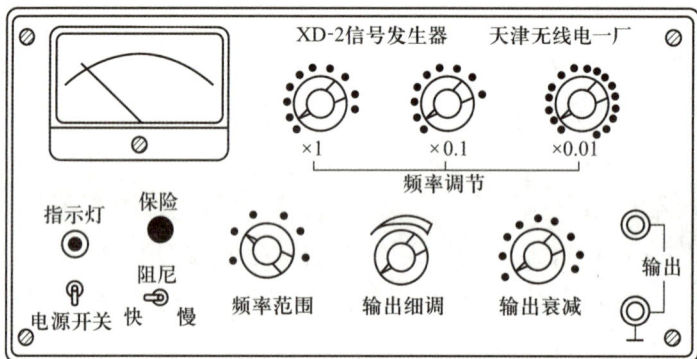

图 6.25　XD-2 型低频信号发生器面板

使用步骤与注意事项：

① 开机前应将输出电压微调电位器旋至最小输出。

② 开机预热 20～30 min 后方可达到足够的频率稳定度。

③ 选择频率时先选择相应频段，然后再微调到所需频率。

④ 在使用电压输出时，负载阻抗通常要大于 5 kΩ。

⑤ 在使用功率输出时，一般要求实际的负载阻抗≥仪器阻抗。

⑥ 为预防干扰，连接的导线必须采用屏蔽电缆。

2. 晶体管毫伏表

晶体管毫伏表是用于测量一定频率范围的电压，作为测试或检修时用的仪表。毫伏表的种类很多，这里仅介绍 DA-16 型晶体管毫伏表。其面板如图 6.26 所示。

使用步骤与注意事项：

① 接通电源开关，将输入端短接。调整仪表面板的调零电位器，使指针调整在零位。

② 估算被测信号的数值，选择合适的量程。若无法估算被测量，可先选择最大量程，然后根据表的指示值逐步减少量程，直至合适量程。

③ 将仪表并联接入被测电路。

④ 指针指示值应在满刻度的 1/3～1/2 段。此使读数精度最高。

⑤ 读数时应根据量程选择开关的位置,选择相对应的刻度线来读数。

⑥ 连接导线应尽可能短,并使用金属屏蔽线。

⑦ 测量非正弦波电压时,指针读数无意义。若测量有规则的波形(如方波、锯齿波),可按波形因数进行换算,再得出测量结果。

⑧ 测量较高电压(如 220 V)时,应将被测相线接高压端,中性线接地端,切勿接反。

3. 示波器

示波器是能够直接显示、观察、测量电信号波形的仪器。用于显示电信号波形,测量电信号幅度、频率、周期和相位,观察电信号的形状(如非线形失真)等。

通用示波器分为单踪和双踪两种。单踪、双踪示波器的外形如图 6.27(a)、(b)所示。

通用示波器型号很多,面板也各有不同,但各控制部件及其作用、使用等都基本相同。

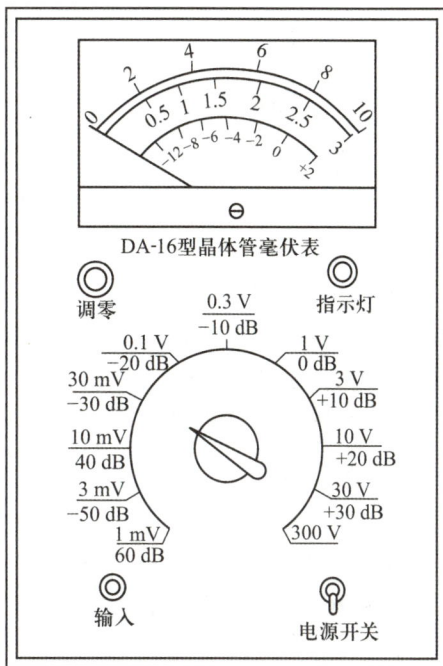

图 6.26　DA-16 型晶体管毫伏表面板

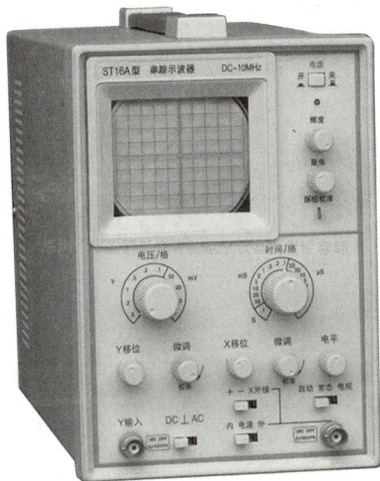

(a) 单踪示波器

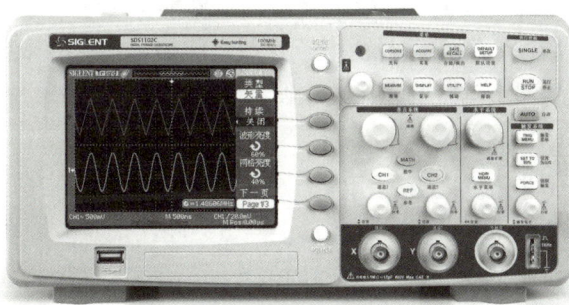

(b) 双踪示波器

图 6.27　通用示波器

使用步骤与注意事项:

(1) 闭合电源开关,指示灯发亮

① 调节辉度旋钮,控制(调节)光点、光线或波形的亮度。

② 调节聚焦旋钮,控制(调节)光点、光线或波形的清晰度。

③ 调节辅助聚焦旋钮,并与聚焦旋钮配合使用,使光点、光线或波形更清晰。

④ 调节 X 轴位移(← →)和 Y 轴位移(↑↓)旋钮,使光点或光线调到所需位置。

(2) 调节 Y 轴部分

① 输入选择开关(DC—⊥—AC)。DC 是直接耦合方式,即输入含直流分量的信号。⊥是接地耦合方式,用于观察地电位的位置。

AC 是只能输入交流分量的信号耦合方式。

② 偏转因数选择开关(V/cm 或 V/div),又称灵敏度选择开关。适当调节使波形显示的幅度适中,然后用开关指示的数值乘以波形在 Y 轴方向所占的格数,即波形的电压值。

③ 微调旋钮。使偏转因数连续可调,实现各步进挡内的覆盖。

④ 极性选择开关(+、-)。使被测信号倒相显示。

⑤ 显示方式开关(A、B、A+B、交替、断续),双踪或多踪示波器特有的开关。

A——Y_A 通道单独显示,即单踪显示。

B——Y_B 通道单独显示,即单踪显示。

A+B——Y_A 和 Y_B 处于同时工作状态,配合极性开关,可显示两输入信号之和或之差的波形。

交替——Y_A 和 Y_B 处于交替工作状态,显示双踪频率较高的信号。

断续——Y_A 和 Y_B 受电子开关的控制,实现显示双踪频率较低的信号。

⑥ 内触发选择开关(常态、Y_A、Y_B),双踪或多踪示波器特有的开关。

常态——触发信号由电子开关之后取出,Y_A、Y_B 轮流作为触发信号,用于一般波形的观察,但不能比较两信号的相位关系。

Y_A——触发信号由电子开关之前的 Y_A 取出,双踪显示时,扫描始终由 Y_A 来同步,可以比较与另一个信号的相位关系。

Y_B——触发信号由电子开关之前的 Y_B 取出,双踪显示时,扫描始终由 Y_B 来同步,可以比较与另一个信号的相位关系。

(3) 调节 X 轴部分

① 扫描因数选择开关(t/cm 或 t/div),又称扫速开关。适当调节使波形显示的宽度适中,用开关指示的数值乘以波形上两点之间在水平方向所占格数,即为两点间的时间。若两点是信号的一个周期,则该时间的倒数即为重复频率。

② 微调旋钮。可连续微调扫速。

③ 扩展开关(×10)。使 X 轴放大器放大量扩大至 10 倍,扫速相应扩展至 10 倍。

④ 稳定性旋钮,又称稳定度旋钮或触发稳定旋钮。与触发电平旋钮配合调整,使波形稳定显示。

⑤ 触发电平旋钮。与稳定性旋钮配合调整,稳定波形。

⑥ 触发信号选择开关(内、外、电源)。

内——来自机内 Y 通道的被测信号。

外——来自外触发插座的信号。

电源——来自机内 50 Hz 工频,适用于观察与工频有关的信号。

⑦ 触发极性开关(＋、－)。

＋——选择触发信号的上升部分来触发扫描。

－——选择触发信号的下降部分来触发扫描。

⑧ 触发耦合方式开关[DC、AC、AC(H)]。

DC——选择内、外触发信号交流耦合。

AC——直接耦合,用于慢变信号的触发。

AC(H)——经高通滤波器后耦合,可抑制低频信号的干扰。

三、实训器材

按表 6.4 准备好完成本任务所需的设备、工具和器材。

表 6.4　工具与器材、设备明细表

序号	名　称	型号	规　格	单位	数量
1	单相交流电源		220 V、36 V、6 V		
2	低频信号发生器	XD-2 型		台	1
3	晶体管毫伏表	DA-16 型		台	1
4	双踪示波器	XC4320 型		台	1
5	万用表	MF-47 型		个	1
6	电工电子实训通用工具		试电笔、榔头、螺丝刀(一字和十字)、电工刀、电工钳、尖嘴钳、剥线钳、镊子、小刀、小剪刀、活动扳手等	套	1
7	焊接工具和材料		15～25 W 电烙铁、焊锡丝、松香助焊剂、烙铁架及印制电路板等	套	1
8	连接导线				若干

四、实训内容与步骤

(一)焊接操作

1. 电烙铁的使用

① 认识电烙铁、焊锡丝、松香助焊剂、烙铁架及印制电路板等。

② 对电烙铁的烙铁头上锡。

③ 电烙铁的规范操作。

2. 焊点的焊接

① 使用电烙铁对印制电路板中的焊点上锡。

② 要求焊锡点光亮、圆滑,锡量要合适。

③ 反复操作,掌握技术要领。

（二）常用仪器、仪表的使用

1. DA-16 型晶体管毫伏表的操作

① 面板各部位的认识。

② 使用前的检测。

2. XD-2 型低频信号发生器面板旋钮的操作

① 将 DA-16 型晶体管毫伏表的测试输入端与 XD-2 型信号发生器的电压输出端连接好，分别接通各自的电源。

② 将信号发生器的频率设置为 1 kHz，调节输出幅度旋钮，使信号发生器的电压表和晶体管毫伏表指示均为零。

③ 调节信号发生器的输出幅度至 1 V。

④ 调节信号发生器的输出衰减，从 0 dB 起，每变换一挡时，读出晶体管毫伏表的指示值，并记录于表 6.5 中。

表 6.5　晶体管毫伏表测量记录

衰减值/dB	0	20	40	60	80
指示值/V					

3. XC4320 型双踪示波器的操作

① 面板各部位及各旋钮的认识。

② 接通电源，调整面板上各控制旋钮，寻找光点或光线；通过光点或光线调整辉度，使光点或光线亮度适当；调整聚焦及辅助聚焦旋钮使光点圆而小或使光线细而清晰。

③ 使信号发生器向示波器输入一个正弦波信号，并显示一个稳定的波形；观察波形，读出示波器的指示值，并记录于表 6.6 中。

电压峰-峰值(mV) = 灵敏度(mV/div) × 格数(div)。

带 10：1 衰减的电压峰-峰值(mV) = 灵敏度(mV/div) × 格数(div) × 10

电压有效值(V) = 电压峰-峰值/$\sqrt{2}$(mV)

表 6.6　示波器的交流电压测量记录

峰-峰值/mV	带衰减的峰-峰值/mV	有效值/mV

④ 改变信号发生器的频率(选择 100 Hz、1 kHz、10 kHz)，观察波形，读出示波器指示的信号周期(频率)值，并记录于表 6.7 中。

表 6.7　示波器的频率测量记录

100 Hz	1 kHz	10 kHz

信号周期 $T＝$ 扫速$(t/div)\times$格数(div)

信号频率 $f＝1/T$

本 章 小 结

● P 型和 N 型半导体分别为空穴型导电半导体和电子型导电半导体,在 P 型和 N 型半导体的交界处形成 PN 结。PN 结具有单向导电特性,即加正向偏置时,呈现很小的正向电阻,相当于导通状态;反向偏置时,呈现很大的反向电阻,相当于截止状态。

● 二极管是由一个 PN 结组成的半导体器件,其最主要的特性是单向导电性,可用伏安特性曲线来形象地描述。选用时主要应考虑最大整流电流 I_{FM} 和最高反向工作电压 U_{RM} 这两个参数。

● 按二极管的用途可分为整流二极管、稳压二极管、发光二极管和光电二极管等。

● 三极管由组成 2 个 PN 结的三个区组成,三个区分别称为集电区、基区和发射区。集电区与基区之间的 PN 结称为集电结,基区与发射区之间的 PN 结称为发射结。在集电区、基区和发射区各引出一根导线,分别称为集电极、基极和发射极,分别用 c、b、e 来表示。

● 三极管根据结构分为 NPN 型和 PNP 型两种;根据材料可分为硅管和锗管;根据功率分为小功率管、中功率管和大功率管;根据工作频率分为低频管、高频管、超高频管、甚高频管等;根据用途还可分为放大管和开关管等。

● 三极管的特性分为输入特性和输出特性。输入特性是指 U_{CE} 为定值时,I_B 与 U_{BE} 之间的关系;输出特性是指 I_B 为定值时,I_C 与 U_{CE} 之间的关系。根据输出特性曲线,可以分成三个区及其对应的三极管的三种工作状态——截止状态、放大状态、饱和状态。

三极管的主要参数有电流放大系数 β,极间反向饱和电流 I_{CBO}、I_{CEO},还有极限参数——集电极最大允许电流 I_{CM}、反向击穿电压 U_{CEO} 和集电极最大耗散功率 P_{CM}。

● 晶闸管是应用广泛的可控功率电子器件,俗称可控硅,有单向晶闸管和双向晶闸管两种。主要应用范围是可控整流、交流调压、表触点开关和大功率变频控制和逆变控制等。

● 单向晶闸管的结构由 4 个区及其 3 个 PN 结组成。具有可控制的单向导电特性:在其阳极和阴极间加上正向电压后,还必须同时在控制极和阴极间加适当的触发脉冲,才能使晶闸管导通。因此,晶闸管在正向电压下的输出取决于触发脉冲到来的时间。

晶闸管被触发导通后,其控制极将失去控制作用。要使晶闸管重新关断,必须通过其工作电流减小到低于维持电流或加上反向电压。

● 只要在双向晶闸管控制极加上正向或负向触发电压,则不论在第一阳极与第二阳极之间加正向或是反向电压,晶闸管都能导通。

同样,双向晶闸管被触发导通后,控制极将失去作用。只要使其导通(工作)电流小于晶闸管的维持电流值,或第一阳极与第二阳极间外加的电压过零时,双向晶闸管都将关断。

● 单结晶体管是只有 1 个 PN 结的三极管,具有两个基极,即第一基极和第二基极。因此又称为双基极二极管。

● 晶闸管的触发脉冲信号可由单结晶体管及其电路产生。

● 场效晶体管是电压控制型器件,其工作是通过输入电压对输出电流产生控制作用。

● 集成电路将电子元器件和连接导线集中制作在一小块半导体芯片上形成一个整体,实现了材料、元器件与电路三者之间的统一。

习　题　6

一、填空题

1. 导电性能介于导体与绝缘体之间的物质称为_____。

2. 在 N 型半导体中,主要是依靠_____来导电。在 P 型半导体,主要是依靠_____来导电。

3. PN 结具有_____的特性。

4. PN 结的正向接法是将电源的正极接_____区,电源的负极接_____区。

5. 硅二极管的截止电压约为_____V,锗二极管的截止电压约为_____V。

6. 二极管正向导通后,硅管管压降约为_____V,锗管管压降约为_____V。

7. 三极管是由_____个 PN 结及其划分的_____个区组成。

8. 三极管的两个 PN 结分别称为_____结和_____结。

9. 三极管具有电流放大作用的外部条件是_____。

10. 硅三极管的截止电压为_____V,锗三极管的截止电压为_____V。

11. 硅三极管的发射结电压降 U_{BE} 约_____V,锗三极管的发射结电压降 U_{BE} 约_____V。

12. 单向晶闸管具有_____极、_____极和_____极。

13. 单向晶闸管导通必须具备_____条件和_____条件。

14. 单向晶闸管要关断时,必须满足_____条件。

15. 维持电流是指在_____条件下,保持晶闸管处于导通的电流。

16. 单结晶体管的_____随发射极电流而变化。

17. 单结晶体管的分压比 η 是_____。

18. 场效晶体管是_____控制型器件。

19. 场效晶体管有三个电极,分别称为_____、_____和_____。

20. 使用场效晶体管时要绝对防止_____极悬空;在不用时应将三个电极_____。

二、选择题

1. 半导体在外电场的作用下,(　　　)做定向移动形成电流。

　　A. 电子　　　　　　　　B. 空穴　　　　　　　　C. 电子和空穴

2. P 型半导体主要依靠(　　　)来导电。

　　A. 电子　　　　　　　　B. 空穴　　　　　　　　C. 电子和空穴

3. PN 结的 P 区接电源负极, N 区接电源正极, 称为( )偏置接法。

    A. 正向   B. 反向   C. 零

4. 在二极管正向导通时, 呈现( )。

    A. 较小电阻   B. 较大电阻   C. 不稳定电阻

5. 二极管正向导通的条件是其正向电压值( )。

    A. 大于 0   B. 大于 0.3 V   C. 大于截止电压

6. 二极管的正极电位为 -2 V, 负极电位为 -1 V, 则二极管处于( )状态。

    A. 正偏   B. 反偏   C. 不稳定

7. 三极管由( )个 PN 结所组成。

    A. 1   B. 2   C. 3

8. 硅三极管的发射结电压降 U_{BE} 约为( )V。

    A. 0.3   B. 0.5   C. 0.7

9. 在一般情况下, 三极管的电流放大系数随温度的增加而( )。

    A. 增加   B. 减小   C. 不变

10. 处于放大状态下的三极管, 其发射极电流是基极电流的( )倍。

    A. 1   B. β C. $1+\beta$

11. 三极管在饱和状态时, I_C( ) I_B 控制。

    A. 由   B. 不再由   C. 等待

12. 穿透电流随温度的上升而( )。

    A. 增加   B. 减小   C. 不变

13. 单向晶闸管有( )个 PN 结。

    A. 1   B. 2   C. 3

14. 单向晶闸管导通必须具备的条件是( )。

    A. $U_{AK}>0$ B. $U_{GK}>0$ C. $U_{AK}>0$ 和 $U_{GK}>0$

15. 晶闸管要关断时, 其导通电流( )晶闸管的维持电流值。

    A. 小于   B. 大于   C. 等于

16. 在晶闸管的阳极与阴极之间加上( )偏压, 晶闸管将要关断。

    A. 正向   B. 反向   C. 双向

17. 单结晶体管有( )个 PN 结。

    A. 1   B. 2   C. 3

18. 改变单结晶体管( )的大小, 可以使其迅速地导通与截止。

    A. U_{BE1} B. U_{EB1} C. U_{BE2}

19. 场效晶体管是( )控制型器件。

    A. 电流   B. 电压   C. 电流和电压

20. ( )是指使场效晶体管开始导通时的 U_{GS} 值。

    A. 夹断电压   B. 开启电压   C. 漏极电流

21. 焊接场效晶体管时应(　　)。

    A. 先焊栅极,后焊源极　　B. 先焊源极,后焊栅极　　C. 焊接各极不用分先后

22. 集成电路中在工艺上尚不能制造(　　)。

    A. 电阻器　　　　　　　　B. 电容器　　　　　　　　C. 电感器

三、判断题

1. 在 N 型半导体中,主要依靠电子来导电。　　　　　　　　　　　　　　　(　　)

2. 二极管具有单向导电性。　　　　　　　　　　　　　　　　　　　　　　(　　)

3. 二极管加正向电压时一定导通。　　　　　　　　　　　　　　　　　　　(　　)

4. PN 结正向偏置时电阻小,反向偏置时电阻大。　　　　　　　　　　　　　(　　)

5. 当二极管加反偏电压且不超过反向击穿电压时,二极管只有很小的反向电流通过。

    　　　　　　　　　　　　　　　　　　　　　　　　　　　　　　　　(　　)

6. 硅二极管的截止电压小于锗二极管的截止电压。　　　　　　　　　　　　(　　)

7. 两个二极管反向连接起来可作为三极管使用。　　　　　　　　　　　　　(　　)

8. 三极管的输出特性曲线实际就是一组曲线簇。　　　　　　　　　　　　　(　　)

9. 三极管的截止状态是指输出特性 $I_B=0$ 曲线以下的区域。　　　　　　　(　　)

10. 三极管的放大状态是 $U_{BE}>$ 截止电压,且 $U_{CE}>U_{BE}$。　　　　　(　　)

11. 三极管的 β 值太大,则其工作性能不稳定。　　　　　　　　　　　　(　　)

12. 三极管的 β 值越大,说明该管的电流控制能力越强。所以选择三极管的 β 值越大越好。

    　　　　　　　　　　　　　　　　　　　　　　　　　　　　　　　　(　　)

13. 工作在放大状态的三极管,其发射极电流要比集电极电流大。　　　　　(　　)

14. 单向晶闸管由两个三极管组成。　　　　　　　　　　　　　　　　　　(　　)

15. 晶闸管的控制极仅在触发晶闸管导通时起作用。　　　　　　　　　　　(　　)

16. 晶闸管的控制极加上触发信号后,则晶闸管导通。　　　　　　　　　　(　　)

17. 当晶闸管阳极电压为零时,晶闸管马上关断。　　　　　　　　　　　　(　　)

18. 只要阳极电流小于维持电流,晶闸管则关断。　　　　　　　　　　　　(　　)

19. 只要给晶闸管加足够大的正向电压,没有控制信号也能导通。　　　　　(　　)

20. 单结晶体管有两个 PN 结。　　　　　　　　　　　　　　　　　　　　(　　)

四、综合题

1. 判别图 6.28 所示二极管的工作状态。

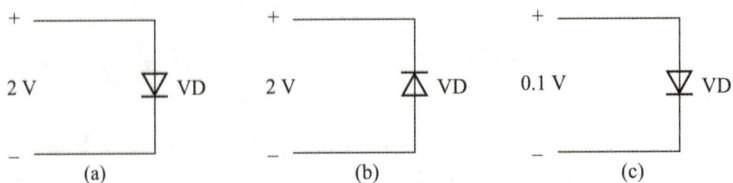

图 6.28　综合题第 1 题图

2. 试确定图 6.29 所示硅二极管两端的电压值。

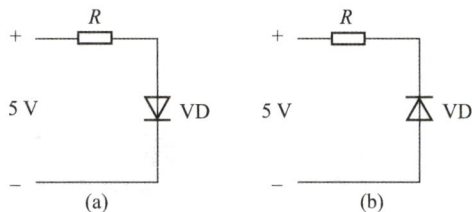

图 6.29　综合题第 2 题图

3. 试确定图 6.30 所示硅二极管两端的电压值。

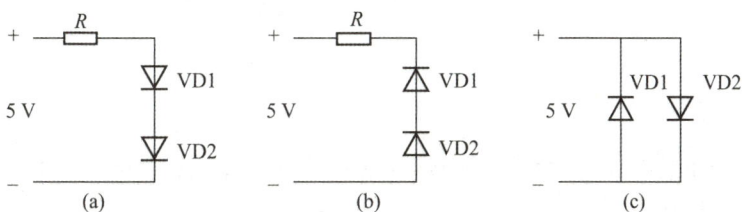

图 6.30　综合题第 3 题图

4. 判断图 6.31 所示三极管的工作状态。

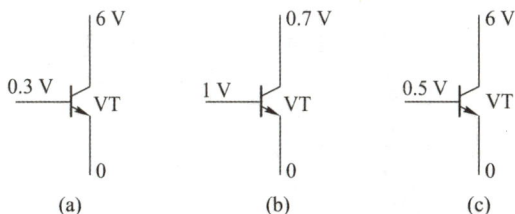

图 6.31　综合题第 4 题图

5. 试确定图 6.32 所示通过三极管的未知电流值。

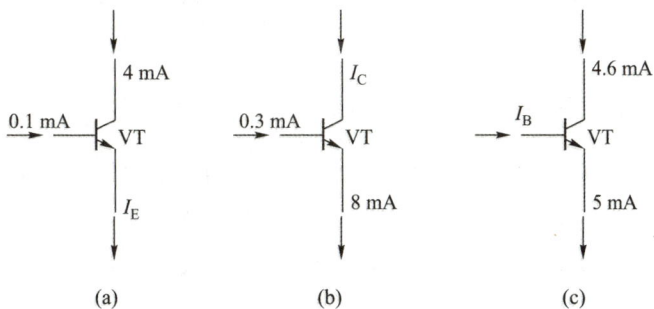

题解：
习题 6 答案

图 6.32　综合题第 5 题图

6. 已知三极管的 $I_B=20\,\mu A$ 时，$I_C=1.4\,mA$；当 $I_B=40\,\mu A$ 时，$I_C=3.2\,mA$。求三极管的 β 值。

chapter 7
第 7 章 | **整流、滤波及稳压电路**

学习目标

本章主要介绍整流、滤波和稳压电路,并学习在实际应用中的一些具体电路,主要包括:

● 单相和三相整流电路。

● 滤波电路。

● 稳压电路。

● 晶闸管单相可控整流电路。

通过本章的学习,理解直流稳压电源的结构和各部分电路作用及其基本原理;能够掌握单相桥式整流电路的结构和工作原理,明确滤波电路和稳压电路的作用;并对集成稳压器的使用有一定的了解。

7.1 整流电路

7.1.1 单相桥式整流电路

将交流电转换为直流电(脉动)的过程称为整流,利用二极管的单向导电性可以实现整流。整流电路可分为单相整流电路和三相整流电路两大类,根据整流电路的形式还可分为半波、全波和桥式整流电路。下面介绍应用广泛的单相桥式整流电路。

1. 电路结构

单相桥式整流电路如图 7.1 所示。在电路中,4 只整流二极管连接成电桥形式,称为桥式整流电路。单相桥式整流电路有多种形式的画法,其中图 7.1(c)所示为最常用的简化画法。

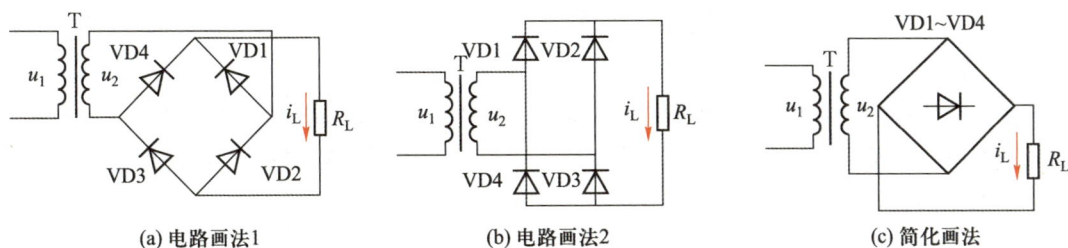

(a) 电路画法1   (b) 电路画法2   (c) 简化画法

图 7.1   单相桥式整流电路

2. 工作原理

经过电源变压器 T 将交流电源电压 u_1 变换为所需要的电压 u_2 后,在交流电压 u_2 的正半周(即 $0\sim t_1$)时,整流二极管 VD1、VD3 正偏导通,VD2、VD4 反偏截止,产生电流 i_L 通过负载电阻 R_L,并在负载电阻 R_L 上形成输出电压 u_L,如图 7.2(a)所示。输出信号的波形如图 7.2(c)所示,通过负载电阻 R_L 的输出电流 i_L 和负载电阻 R_L 上的输出电压 u_L 均为脉动直流电的正半周。

在交流电压 u_2 的负半周(即 $t_1\sim t_2$)时,整流二极管 VD2、VD4 正偏导通,VD1、VD3 反偏截止,产生电流 i_L 同样通过负载电阻 R_L,并在负载电阻 R_L 上形成输出电压 u_L,如图 7.2(b)所示。输出信号的波形如图 7.2(c)所示,此时通过负载电阻 R_L 的输出电流 i_L 和负载电阻 R_L 上的输出电压 u_L 同样均为脉动直流电的正半周。

当交流电压 u_2 进入下一个周期的正半周(即 $t_2\sim t_3$)时,整流电路将重复上述工作过程。

由此可见,在交流电压 u_2 的一个周期(正、负各半周)内,都有同一方向的电流流过 R_L,4 只整流二极管中,两只导通时另两只截止,轮流导通工作,并周期性地重复工作过程。在负载 R_L 上得到大小随时间 t 改变但方向不变的全波脉动直流输出电流 i_L 和输出电压 u_L,所以这种整流电路属于全波整流型电路。

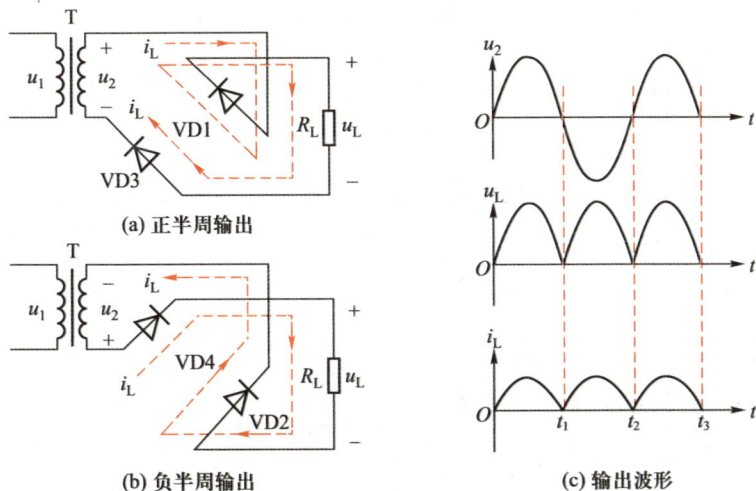

(a) 正半周输出

(b) 负半周输出

(c) 输出波形

图 7.2   单相桥式整流电路工作原理

单相桥式整流电路的特点是:整流效率高(电源利用率高),而且输出信号脉动小,因此应用最为广泛。

在实际应用中经常用到的全桥整流堆是将 4 只整流二极管集中制作成一体,其外形和内部电路如图 7.3 所示。通过全桥整流堆代替 4 只整流二极管与电源变压器连接,就可以直接连接成单相桥式整流电路。

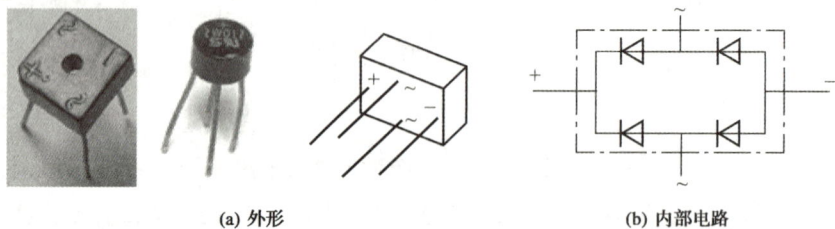

(a) 外形　　　　　　　　　　　　(b) 内部电路

图 7.3　全桥整流堆

想一想

若单相桥式整流电路中的某一只二极管被击穿,则电路的工作过程将会如何?

7.1.2　三相整流电路

单相整流电路的输出功率都较小,因此在设备中使用的大功率直流电源大多数都是从三相整流电路得来的。使用广泛的三相桥式整流电路如图 7.4 所示。

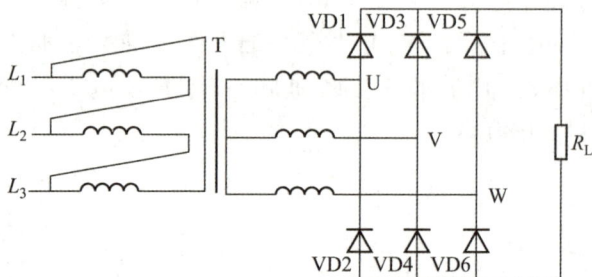

图 7.4　三相桥式整流电路

三相桥式整流电路的特点:电源的利用率较高(即变压器的利用率较高),输出电压比三相半波整流电路的输出电压大一倍,且脉动小,并能使三相电网负荷平衡等,因此广泛应用于要求输出电压高、脉动小的电气设备中。图 4.45 所示的汽车交流发电机电路就应用了三相桥式整流电路。

7.1.3　汽车三相整流电路工作过程

在汽车发电机运转过程中每一个时间区间,总是一相电压最高,一相电压最低,6 只整流二极管中,始终保持两只导通(共正极组和共负极组各有一只),其余 4 只处于截止状态,负载两端得到两相间的线电压。如在 $t_1 \sim t_2$ 时间段内,VD_1 和 VD_5 处于正向电压下而导通,

在 $t_2 \sim t_3$ 时间段内,VD_1 和 VD_6 处于正向电压下而导通。三相电压这样依此类推,循环反复,6 只二极管中共正、负极组各有两只轮流导通,在负载上得到一个比较平稳的脉动直流电压。在每个周期内,每只二极管只有 1/3 周期的时间导通,所以流过每只二极管的平均电流仅为负载电流的 1/3。

7.2 滤波电路

整流电路是将交流电转换成为直流电,但转换后所输出的是脉动直流电,它不是理想的直流电[如图 7.2(c)和图 7.5 所示]。因此,如果要获得波形较平滑的直流电,应尽可能地滤除脉动直流电中包含的纹波成分,而保留其直流成分,这就是滤波的概念。完成滤波作用的电路称为滤波电路或滤波器。滤波电路是由电容、电感或电阻按照一定的连接形式连接在整流电路之后,从而使经整流后的脉动直流电变为较平滑的直流电,如图 7.5 所示。

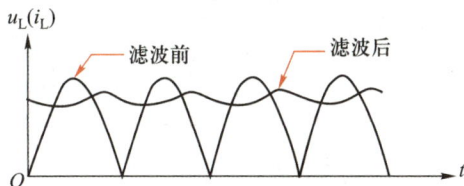

图 7.5 滤波前后电源的波形

1. 电容滤波电路

电容滤波电路如图 7.6 所示。在整流器输出端并接电容 C,利用电容"隔直通交"的特点使经过整流输出后的脉动直流电流分成两部分,一部分为纹波成分 i_C,经电容 C 旁路而被滤除;另一部分为直流成分 I_L,经负载电阻 R_L 输出,使输出的电压 U_L 和电流 I_L 变为较平滑的直流电。

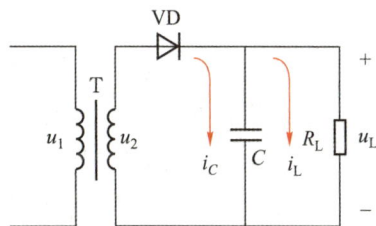

图 7.6 电容滤波电路

电容滤波电路的特点是:纹波成分大幅减少,输出的直流电比较平滑,输出直流电的平均值升高(单相桥式整流、电容滤波电路中有关电量的关系见表 7.1)。电路简单,滤波元件(电容)的体积也较小,适用于小功率且负载变化较小的场合,是较常用的滤波电路。

表 7.1 单相桥式整流、电容滤波电路部分电量关系

负载开路时输出电压	带负载时输出电压	二极管最大反向电压	二极管通过电流	滤波电容器的耐压
$\sqrt{2}U_2$	$1.2U_2$	$\sqrt{2}U_2$	$I_L/2$	$\geqslant\sqrt{2}U_2$

例 7.1　在单相桥式整流电容滤波电路中,如果负载电阻为 500 Ω,整流电路输入的交流电压有效值 $U_2 = 9$ V,试确定电路输出的直流电压,选择整流二极管,并确定滤波电容器的耐压。

解:(1)按表 7.1,电路输出的直流电压 $U_L = 1.2U_2 = 1.2 \times 9$ V $= 10.8$ V

(2) 负载电流 $I_L = U_L/R_L = 10.8/0.5$ mA $= 21.6$ mA

(3) 整流二极管承受的最高反向电压为 $U_{RM} = \sqrt{2}U_2 = \sqrt{2} \times 9$ V ≈ 12.7 V

通过二极管的电流为 $I_F = I_L/2 = 21.6/2$ mA $= 10.8$ mA

因此,可选用最大整流电流为 1 A、最高反向工作电压为 50 V 的二极管(如 1N4001)。

(4) 应选择耐压大于 12.7 V 的滤波电容。

2. 电感滤波电路

电感滤波电路如图 7.7 所示。在整流器输出端串接电感 L,利用电感"通直隔交"的特点,使经过整流输出后的脉动直流电中的纹波成分无法通过电感 L,而脉动直流电中的直流成分 I_L 顺利通过电感 L 输出到负载电阻 R_L。因此,输出的电压 U_L 和电流 I_L 变为较平滑的直流电。

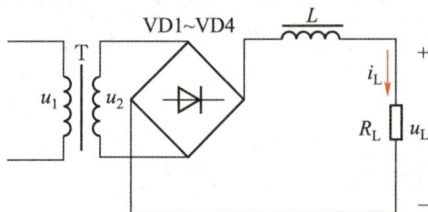

图 7.7　电感滤波电路

电感滤波电路的特点是:纹波成分大幅减少,输出的直流电比较平滑,滤波效果较好;但损耗将增加,成本上升,因此,适用于大功率、大电流而且负载变化较大的场合。

3. 复式滤波电路

复式滤波电路是由电容、电感和电阻组成的滤波电路,其滤波效果比单一使用电容或电感的滤波效果要好,因此应用更为广泛。

(1) π 型 RC 滤波电路

如图 7.8(a)所示电路,在滤波电容 C_1 之后再加上 R 和 C_2 滤波,使交流成分进一步减少,输出的直流电更加平滑;但电阻 R 上的直流压降使输出电压 U_L 降低,损耗加大。

(2) LC 滤波电路

为减少在电阻 R 上的直流压降损失,用电感器 L 代替电阻 R。LC 滤波电路如图 7.8(b)所示。通过电感 L 和电容 C 的双重滤波,使其滤波效果比 π 型 RC 滤波电路要好。

(3) π 型 LC 滤波电路

如图 7.8(c)所示,在 LC 形滤波电路的基础上增加一个滤波电容,滤波效果比前几种滤波电路都要好,因此,π 型 LC 滤波电路适用于滤波要求较高的场合或电子设备。但滤波元件的体积较大,成本较高。

(a) π型RC滤波电路

(b) LC滤波电路

(c) π型LC滤波电路

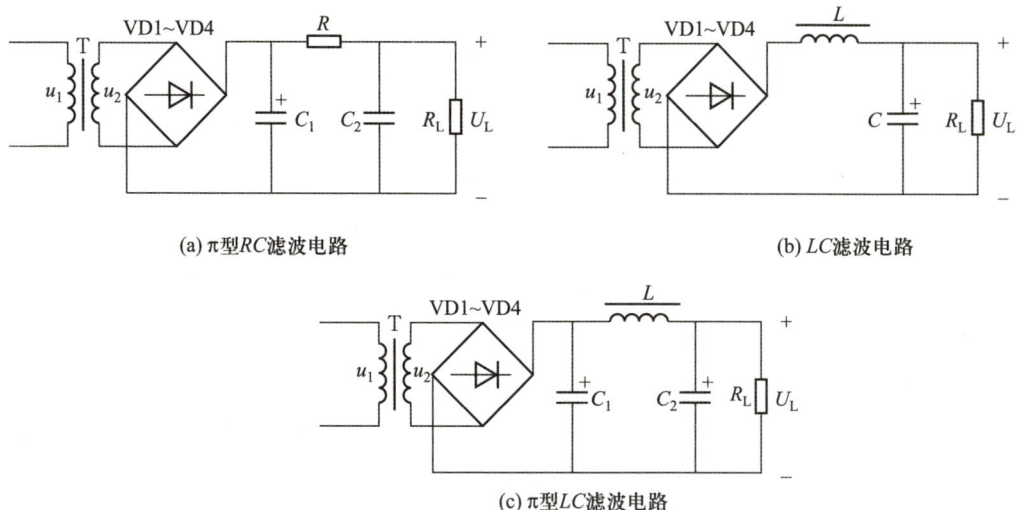

图 7.8 复式滤波电路

7.3 稳压电路

7.3.1 稳压电路概述

交流电经过整流、滤波后转换为平滑的直流电,但由于电网电压或负载的变动,使输出的平滑直流电也随之变动,因此,仍然不够稳定。为适用于精密设备和自动化控制等,有必要在整流、滤波后再加入稳压电路,以确保当电网电压发生波动或负载发生变化时,输出电压不受影响,这就是稳压的概念。完成稳压作用的电路称为稳压电路或稳压器。

7.3.2 稳压二极管稳压电路

1. 稳压二极管及其特性

稳压二极管的图形符号如图 7.9(a)所示,文字符号用"VZ"表示。稳压二极管是用特殊工艺制造的硅二极管,工作在二极管伏安特性曲线的反向击穿区域,其伏安特性曲线如图 7.9(b)所示。由图可见,当反向电压 U 较小时,其反向电流 I_Z 很小;但若反向电压 U 增加到某一值(图中的 A 点)时,反向电流 I_Z 开始急剧增加,进入反向击穿区域;此时反向电压 U 若有微小的增加(ΔU_Z),就会引起反向电流 I_Z 的急剧增大(ΔI_Z),即反向电流大范围的变化(ΔI_Z)而反向电压却几乎不变(ΔU_Z)。稳压二极管就是利用这一特性在电路中起稳压作用。

2. 稳压二极管的主要参数和使用

① 稳定电压 U_Z——稳压二极管在正常工作状态下两端的反向击穿电压值。

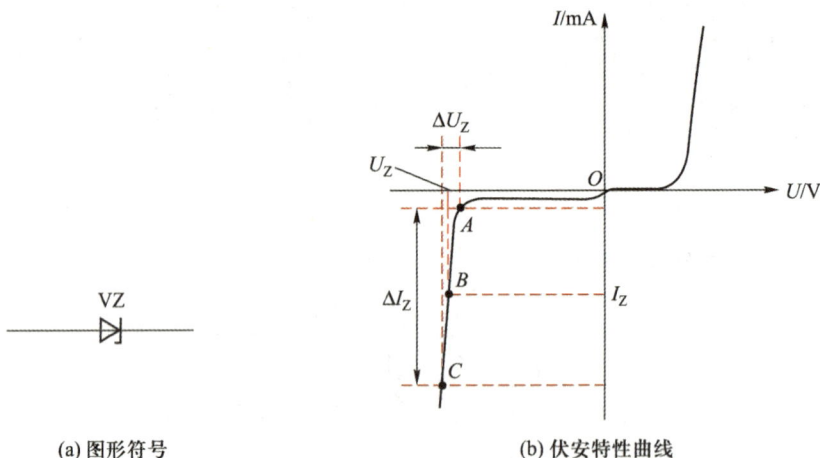

(a) 图形符号　　　　　　　　　　　(b) 伏安特性曲线

图 7.9 硅稳压二极管

② 稳定电流 I_Z——稳压二极管在稳定电压 U_Z 下的工作电流。

③ 最大耗散功率 P_{ZM}——稳压二极管的稳定电压 U_Z 与最大稳定电流 I_{ZM} 的乘积。在使用中若超过 P_{ZM}，稳压管将被烧毁。

④ 温度系数——通常稳压值 U_Z 高于 6 V 的稳压二极管具有正温度系数，稳压值低于 6 V 的稳压二极管具有负温度系数，稳压值在 6 V 左右的稳压二极管温度系数最小。由于硅管的热稳定性比锗管好，所以一般采用硅管做稳压二极管。

3. 稳压二极管稳压电路

（1）电路结构

基本的稳压二极管稳压电路如图 7.10 所示。电路由稳压二极管 VZ 和电阻 R 组成。稳压二极管 VZ 的作用是稳定输出电压 U_L，使 U_L 限制在稳压二极管的稳定电压值 U_Z 上；限流电阻 R 的作用是限制通过稳压二极管的稳定电流 I_Z 不超过最大的允许值，并使输出电压 U_L 趋向稳定。

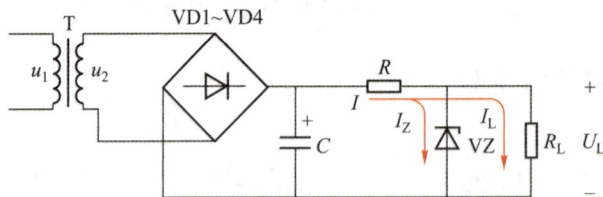

图 7.10 稳压二极管稳压电路

（2）工作原理

① 当电网电压升高时，使 u_1、u_2、整流和滤波电路的输出电压都随之升高，并引起稳压二极管 VZ 两端的电压 U_Z 增加，输出电压 U_L 也增加。根据稳压二极管的反向击穿特性，当反向电压 U 有微小的增加（ΔU_Z）时，就会引起反向电流 I_Z 的急剧增大（ΔI_Z），因此 I_Z 显著增加，导致通过限流电阻 R 的电流及其压降增大，从而使输出电压 U_L 下降，保持稳定。其过程可描述为：电网电压↑→u_1↑→u_2↑→电容 C 两端电压 U_C↑→输出电压 U_L↑→I_Z↑→I↑

→电阻 R 两端电压降 U_R ↑→输出电压 U_L ↓。

② 当负载电阻 R_L 增大时,使输出电流 I_L 减小,通过限流电阻 R 的电流及其电压降都减小,并引起稳压二极管 VZ 的两端电压 U_Z 增加,输出电压 U_L 也增加。根据稳压二极管的反向击穿特性,反向电流 I_Z 将迅速升高,即 I_Z 增大;若 I_Z 的增加量与 I_L 的减小量近似相等时,则通过限流电阻 R 的电流 I 及其电压降 U_R 都基本维持不变,从而使输出电压 U_L 保持稳定。其过程可描述为:负载电阻 R_L ↑→I_L ↓→I ↓→电阻 R 两端电压 U_R ↓→输出电压 U_L ↑→I_Z ↑→I ↑→U_R ↑→输出电压 U_L ↓。

③ 当电网电压下降或负载电阻 R_L 减小时,其稳压过程与上述相反。

由于该电路中稳压二极管与负载并联,所以称为并联型稳压电路(下面介绍的集成稳压电路由于集成三端稳压器与负载串联,所以称为串联型稳压电路)。其优点是采用元件比较少,电路结构比较简单,有一定的稳压效果;但输出电压不能任意调节,稳压性能较差,因此适用于要求不高的场合。在实际使用中,若使用一个稳压二极管时的稳压值达不到要求,可以采用两个或两个以上的稳压二极管串联使用。

7.3.3　集成稳压电路

现在稳压电路多采用单片集成稳压器,其又分为固定输出式三端集成稳压器和可调式三端集成稳压器。

1. 固定输出式三端集成稳压器

固定输出式三端集成稳压器有三个引出端,即接电源的输入端、接负载的输出端和公共接地端,其外形和图形符号如图 7.11 所示。常用的固定输出式三端集成稳压器有 CW78×× 和 CW79×× 两个系列,CW78 系列为正电压输出,CW79 系列为负电压输出,其电路如图 7.12 所示。

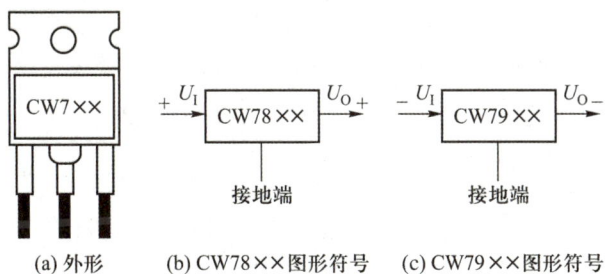

(a) 外形　　　(b) CW78×× 图形符号　　　(c) CW79×× 图形符号

图 7.11　固定输出式三端集成稳压器

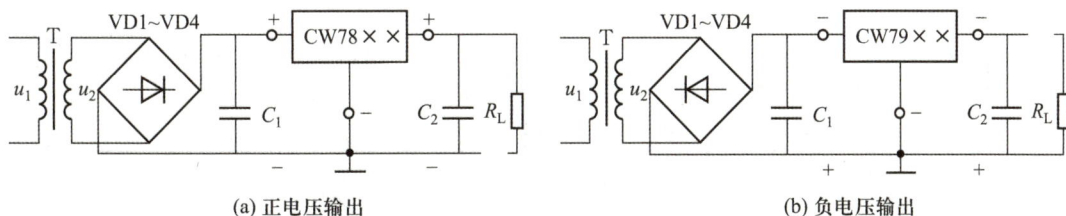

(a) 正电压输出　　　　　　　　　　　(b) 负电压输出

图 7.12　固定输出式集成稳压电路接线图

固定输出式三端集成稳压器型号由五个部分组成,其意义如下:

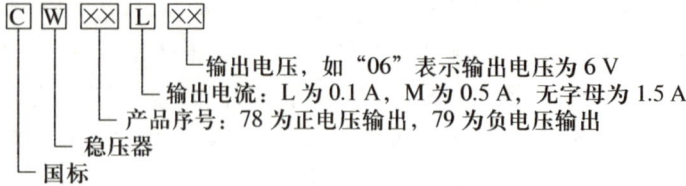

```
C W ×× L ××
```
—输出电压,如"06"表示输出电压为 6 V
—输出电流:L 为 0.1 A,M 为 0.5 A,无字母为 1.5 A
—产品序号:78 为正电压输出,79 为负电压输出
—稳压器
—国标

2. 可调式三端集成稳压器

可调式三端集成稳压器不仅输出电压可调节,而且稳压性能要优于固定式,称为第二代三端集成稳压器。可调式三端集成稳压器也有正电压输出和负电压输出两个系列:CW117×/CW217×/CW317×系列为正电压输出,CW137×/CW237×/CW337×系列为负电压输出,其外形和引脚排列如图 7.13 所示。

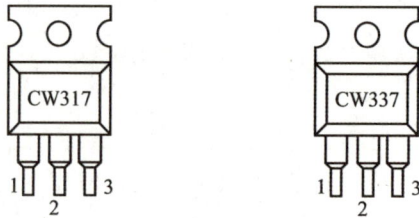

(a) CW317××系列引脚排列图　　(b) CW337××系列引脚排列图

1—公共端;2—输出端;3—输入端。

图 7.13　可调式三端集成稳压器外形和引脚排列图

可调式三端集成稳压器型号也是由五个部分组成,其意义如下:

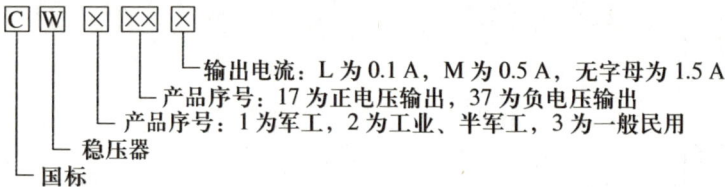

```
C W × ×× ×
```
—输出电流:L 为 0.1 A,M 为 0.5 A,无字母为 1.5 A
—产品序号:17 为正电压输出,37 为负电压输出
—产品序号:1 为军工,2 为工业、半军工,3 为一般民用
—稳压器
—国标

可调式集成稳压电路如图 7.14 所示。其中,电位器 R_P 和电阻 R_1 组成取样电阻分压器,

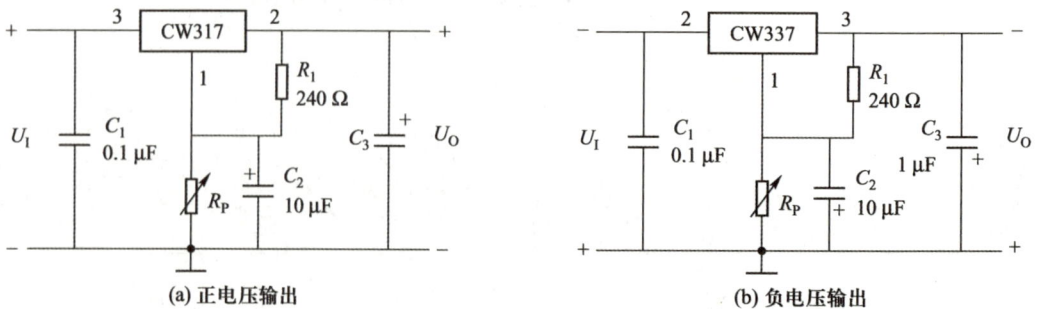

(a) 正电压输出　　　　　　　　(b) 负电压输出

图 7.14　可调式集成稳压电路

接稳压电源的调整端（公共端）1 脚，改变 R_P 可调节输出电压 U_O 的高低，$U_O \approx 1.25$ V $(1+R_P/R_1)$，可在 $1.25 \sim 37$ V 范围内连续可调。在输入端并联电容 C_1，作用是旁路整流电路输出的高频干扰信号；电容 C_2 可以消除 R_P 上的纹波电压，使取样电压稳定；电容 C_3 起消振作用。

7.4　晶闸管单相可控整流电路

如第 6 章介绍，晶闸管是一种可控的元件，并具有用微弱的电触发信号控制较强的电信号输出的作用；利用这种"触发而导通"的特性组成的整流电路，可以使输出到负载的电压 u_L 可控或可调。

1. 电路结构

以图 7.15 所示的单相半控桥式可控整流电路为例，电路中的四个整流元件有两个是晶闸管（V1、V2），两个是二极管（VD1、VD2），故称为半控桥式。若四个整流元件均是晶闸管，则称为单相全控桥式可控整流电路。

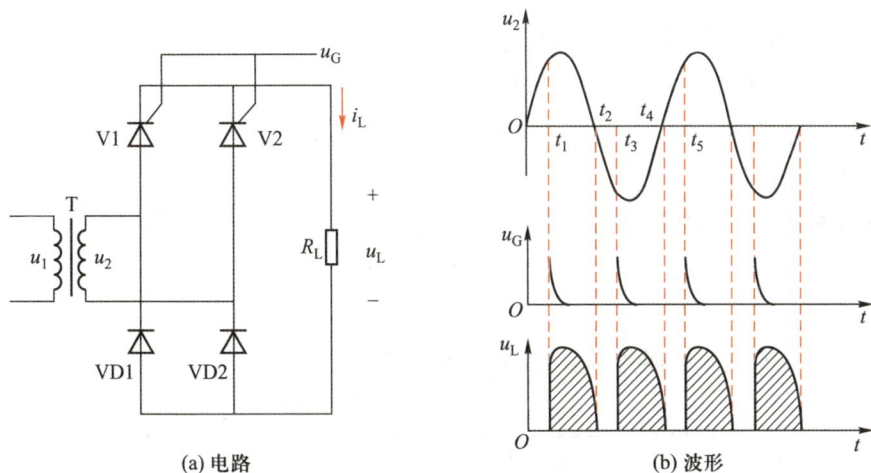

图 7.15　单相半控桥式可控整流电路及波形

2. 电路原理

① 当 $t=0 \sim t_1$ 时，$u_2 > 0$，但 $u_G = 0$，晶闸管 V1、V2 均关断，$u_L = 0$。

② 当 $t = t_1$ 时，$u_2 > 0$，$u_G > 0$，晶闸管 V1 导通，二极管 VD2 也导通，而晶闸管 V2 与二极管 VD1 反偏而关断或截止；电流 i_L 通过负载电阻 R_L，并在负载电阻 R_L 上形成输出电压 u_L。当 $t = t_1 \sim t_2$ 时，晶闸管 V1 维持导通，因此，输出电压 u_L 与 u_2 相等，如图 7.15(b) 中 u_L 的阴影面积部分（即直流电平均值）所示。

③ 当 $t = t_2$ 时，$u_2 = 0$，晶闸管 V1 自行关断，V2 也关断，$u_L = 0$。

④ 当 $t = t_2 \sim t_3$ 时，$u_2 < 0$，但 $u_G = 0$，晶闸管 V1、V2 均关断，$u_L = 0$。

⑤ 当 $t = t_3$ 时，$u_2 < 0$，$u_G > 0$，晶闸管 V2 导通，二极管 VD1 也导通，而晶闸管 V1 与二极管 VD2 反偏而关断或截止；电流 i_L 通过负载电阻 R_L，并在负载电阻 R_L 上形成输出电压 u_L。当 $t = t_3 \sim t_4$ 时，晶闸管 V2 维持导通，因此，输出电压 u_L 与 u_2 相等，如图 7.15(b) 中 u_L 的阴影面积部分（即直流电平均值）所示。

⑥ 当 $t = t_4$ 时，$u_2 = 0$，晶闸管 V2 自行关断，V1 也关断，$u_L = 0$；同时又是进入 u_2 的第二个周期的开始，即从 $t = t_4$ 开始，电路将重复上一周期的变化。不断重复过程。

由上述可见，在 u_2 的一个周期内，不论 u_2 是正半周（即 $u_2 > 0$）或是负半周（即 $u_2 < 0$），总有一只晶闸管和一只二极管同时导通，从而在负载 R_L 上得到单相的全波脉动直流电 u_L。

该电路也是通过调节触发信号 u_G 的到来时间来改变晶闸管的控制角 α，即改变导通角 θ，从而实现控制或调节输出的直流电。

实训 7　单相整流、滤波电路

一、实训目的

1. 进一步掌握单相整流、滤波电路各组成部分的工作原理。

2. 进一步掌握焊接技术，熟悉焊接过程。

3. 分析、测量整流电路和各种滤波电路的输出电压值。

4. 观察整流电路和各种滤波电路的输出波形及其滤波效果。

二、相关知识与复习内容

阅读本章有关单相整流和滤波电路的内容。

三、实训器材

按表 7.2 准备好完成本任务所需的工具、器材与设备。

表 7.2　工具与器材、设备明细表

序号	名　称	符号	型号/规格	单位	数量
1	单相交流电源		9 V、16 V（可调）		
2	二极管	VD1～VD4	1N4001，1 A，50 V	个	6
3	电阻器	R	120 Ω	个	1
4	电阻器	R_L	500 Ω	个	1
5	电容器	C_2	0.22 μF 涤纶电容器	个	1
6	电容器	C_1	2 200 μF/25 V 电解电容器	个	1
7	电感器	L	可选用 20 W 荧光灯镇流器	个	1

续　表

序号	名　称	符号	型号/规格	单位	数量
8	单掷拨动开关	S1～S5	220 V,5 A	个	5
9	指针式万用表		500 型或 MF-47 型	台	1
10	晶体管毫伏表		DA-16 型	台	1
11	双踪示波器		XC4320 型	台	1
12	电烙铁		15～25 W	只	1
13	焊接材料		焊锡丝、松香助焊剂、烙铁架等,连接导线若干	套	1
14	电子实训通用工具		螺丝刀(一字和十字)、尖嘴钳、剥线钳、镊子、小刀、小剪刀等	套	1
15	面包板			块	1

四、实训内容与步骤

（一）电路连接

1. 识别实训室所提供的电子元器件,并判断按表 7.2 所提供的元器件是否符合图 7.16 所示电路的要求(整流电路输入的交流电压有效值 $U_2 = 9$ V)。

2. 在面包板上连接图 7.16 所示电路。

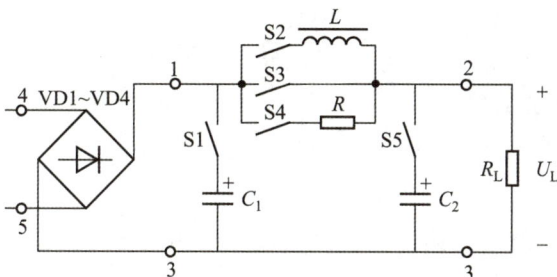

图 7.16　单相桥式整流和滤波电路

（二）电路的调试与测量

完成电路的连接并经检查无误后,接通电源进行调试与测量。

1. 桥式整流电路

（1）在电路"4"、"5"端接入 9 V 交流电源(由实验台提供),所有拨动开关 S1～S5 均断开(如图 7.16 中所示状态)。

（2）用万用表测量输入的交流电压 U_{45} 和桥式整流后的直流电压 U_{13},填入表 7.3 中。

（3）闭合开关 S3,测量负载电阻 R_L 两端电压 U_{23},填入表 7.3 中。

表 7.3　桥式整流电路测量记录

	桥式整流电路的输入电压 U_{45}	整流电压 U_{13}	负载电阻 R_L 两端电压 U_{23}
计算值/V			
测量值/V			

2. 电容滤波电路

(1) 闭合开关 S1,断开开关 S2、S3、S4,电路为不带负载的桥式整流、电容滤波电路。测量 U_{13},并填入表 7.4 中。

(2) 闭合开关 S1 和 S3,断开开关 S2、S4、S5,电路为带负载的桥式整流、电容滤波电路。测量 U_{23},并填入表 7.4 中。

3. 电感滤波电路

闭合开关 S2,断开开关 S1、S3、S4、S5,电路为带负载的桥式整流、电感滤波电路。测量 U_{23},并填入表 7.4 中。

4. 复式滤波(π 型滤波)

闭合开关 S1、S4、S5,断开开关 S2 和 S3,电路为带负载的桥式整流、复式滤波(π 型滤波)电路。测量 U_{23},并填入表 7.4 中。

表 7.4　滤波电路测量记录

	电容滤波电压 U_{13}/V	负载电压 U_{23}/V
电容滤波电路		
电感滤波电路		
复式滤波电路		

(三) 观察输出电压的波形

使用 XC4320 型双踪示波器观察图 7.17 所列波形并记录,分析各种滤波电路的特点。

1. 电容滤波

(1) 断开所有开关 S1～S5,用示波器观察电路中电压 U_{45} 和 U_{13} 的波形,并绘在图 7.17 (a)、(b)、(c)中。

(2) 闭合开关 S1,用示波器观察电路中电容两端电压 U_{C1} 的波形,并绘在图 7.17(a)中;比较开关 S1 闭合前、后电压 U_{13} 的波形。

2. 电感滤波

(1) 闭合开关 S2(其他开关均断开),电路为桥式整流、电感滤波电路;用示波器观察电路中电压 U_{23} 的波形,并绘在图 7.17(b)中。

(2) 比较开关 S2 闭合前后的电压波形。

3. 复合滤波(π 型滤波)

(1) 闭合开关 S1、S4、S5(其他开关均断开),电路为桥式整流、复合滤波(π 型滤波)电路;用示波器观察电路中电压 U_{23} 的波形,并绘在图 7.17(c)中。

（2）比较开关 S1、S4、S5 闭合前、后电压 U_{23} 的波形。

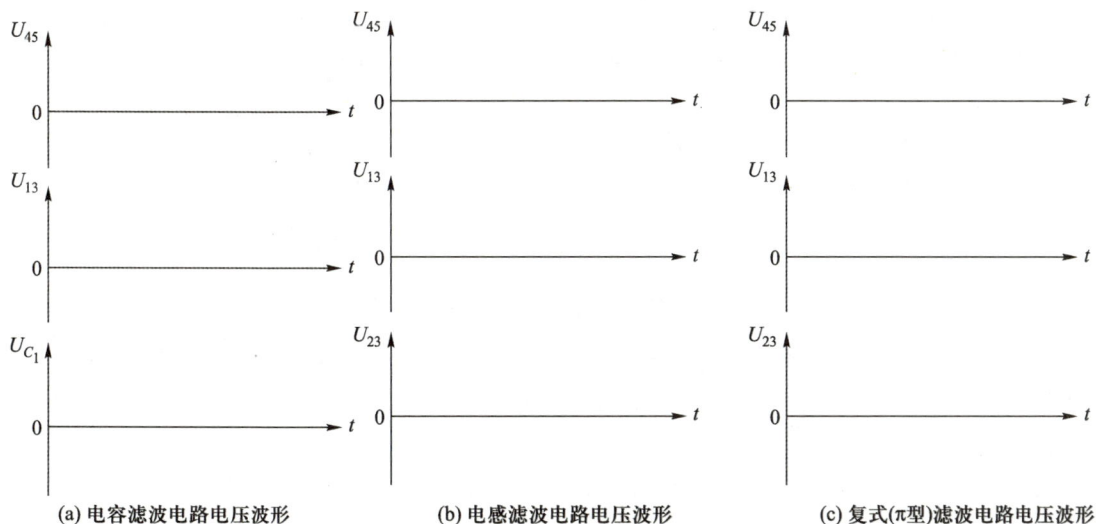

(a) 电容滤波电路电压波形　　　　　　(b) 电感滤波电路电压波形　　　　　　(c) 复式(π型)滤波电路电压波形

图 7.17　滤波电路电压波形记录

技能拓展

安装台灯调光电路

一、实训器材

按表 7.5 准备好完成本任务所需的器材(注：其他工具和设备同表 7.2)。

表 7.5　器材明细表

序号	名　称	符　号	型号/规格	单位	数量
1	二极管	VD1～VD4	1N4004，1 A，400 V	个	4
2	单向晶闸管	VS	3CT	个	1
3	单结晶体管	VT	BT33	个	1
4	电　阻	R_1	51 kΩ	个	1
5	电　阻	R_2	18k Ω	个	1
6	电　阻	R_3	300 Ω	个	1
7	电　阻	R_4	100 Ω	个	1
8	可调电阻	R_P	470 kΩ	个	1
9	电　容	C	0.022 μF，涤纶电容器	个	1
10	灯泡(配灯座)	HL	220 V，15 W	个	1
11	单掷拨动开关	S	220 V，5 A	个	1
12	单孔印制电路板			块	1

二、实训内容与步骤

（一）电路连接

用表 7.5 所提供的元器件，在印制电路板上焊接图 7.18 所示电路。

（二）检查与调试

（1）完成电路的连接，并经仔细检查各元器件的安装情况后，接上灯泡，再接通电源进行调试（由于电路直接与市电相连，因此调试时应注意安全，防止触电）。

（2）插上电源插头，闭合开关，旋转电位器 R_P，灯泡应逐渐变亮或变暗。

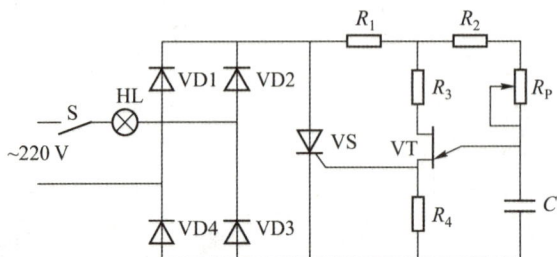

图 7.18　台灯调光电路

本 章 小 结

● 整流是指将交流电转换为脉动直流电的过程。利用二极管的单向导电性，可组成各种整流电路，来完成整流功能。其中单相、三相桥式整流电路应用比较广泛。

● 桥式整流电路是全波整流电路，具有效率高的特点，在输入电源的正、负半周时，有各自的电流回路，并轮流工作。

● 滤波电路的作用是滤除脉动直流电的交流成分，而保留直流成分，从而获得波形较平滑的直流电。常用的滤波电路有电容滤波、电感滤波和复式滤波电路。

● 虽然交流电经过整流、滤波后变为平滑的直流电，但由于电网电压的波动或负载的变化会使输出的直流电压随之变化而不够稳定。因此，往往需要在整流、滤波后再加入稳压电路以保证输出直流电压的稳定。

● 在集成电路已经广泛使用的今天，多采用单片式三端集成稳压器组成集成稳压电路。三端集成稳压器有固定输出和可调输出、正电压输出和负电压输出之分。

● 稳压管是利用在反向击穿状态时电流在较大范围内变化而电压基本保持不变的特性实现稳压。

● 采用晶闸管可构成输出电压可调节的可控整流电路，可以通过改变晶闸管的控制角或导通角的大小来调节输出电压。

习 题 7

一、填空题

1. 整流是将_____变换为_____的过程。

2. 在单相桥式整流电路中,如果负载电流为 10 A,则流过每只整流二极管的电流是_____ A。

3. 滤波是尽可能地滤除脉动直流电中的_____,保留脉动直流电中的_____。

4. 电容滤波是利用电容的_____特点进行滤波。

5. 电感滤波是利用电感的_____特点进行滤波。

6. 常用的滤波电路有_____、_____、复式滤波电路等几种类型。

7. 电容滤波适用于_____场合,电感滤波适用于_____场合。

8. 稳压的作用是当_____发生波动或_____发生变化时,输出电压应不受影响。

9. 硅稳压二极管在电路中时,其正极必须接电源的_____极,其负极必须接电源的_____极。

10. CW78$\times\times$系列集成稳压器为_____电压输出。

11. 晶闸管的控制角 α 越小,导通角 θ _____,输出电压就_____。

二、选择题

1. 在整流电路中起整流作用的元件是( )。

   A. 电阻   B. 电容   C. 二极管

2. 交流电通过单相整流电路后,得到的输出电压是( )。

   A. 交流电压   B. 脉动直流电压   C. 恒定直流电压

3. 单相桥式整流电路中,在输入交流电的每个半周内有( )只二极管导通。

   A. 1   B. 2   C. 4

4. 单相桥式整流电路中,如果电源变压器二次电压为 100 V,则负载电压为( )。

   A. 45 V   B. 90 V   C. 100 V

5. 单相桥式整流电路接入滤波电容后,二极管的导通时间( )。

   A. 变长   B. 变短   C. 不变

6. 单相桥式整流、电容滤波电路中,如果电源变压器二次电压为 100 V,则负载电压为( )。

   A. 90 V   B. 100 V   C. 120 V

7. 几种复合滤波电路比较,滤波效果最好的是( )电路。

   A. π 型 RC 滤波   B. π 型 LC 滤波   C. LC 型滤波

8. 滤波电路中,滤波电容和负载( ),滤波电感和负载( )。

   A. 串联   B. 并联   C. 混联

9. 稳压二极管工作于(　　)偏置状态。

   A. 正向　　　　　　　　　B. 反向　　　　　　　　　C. 正向和反向

10. 在稳压二极管稳压电路中,稳压二极管必须要与负载电阻(　　)。

   A. 串联　　　　　　　　　B. 并联　　　　　　　　　C. 串联和并联

11. 稳定电压是指稳压二极管在正常工作状态下两端的(　　)电压值。

   A. 正向工作　　　　　　　B. 反向工作　　　　　　　C. 反向击穿

12. CW79××系列集成稳压器为(　　)输出

   A. 负电压　　　　　　　　B. 正电压　　　　　　　　C. 正、负电压

三、判断题

1. 单相桥式整流电路中,在输入交流电的每个半周内都有两只二极管导通。　　　　(　　)

2. 单相整流电容滤波电路中,电容器的极性不能接反。　　　　　　　　　　　　(　　)

3. 整流电路接入电容滤波后,输出直流电压下降。　　　　　　　　　　　　　　(　　)

4. 单相整流电容滤波电路中,电容器容量越大,滤波效果越好。　　　　　　　　(　　)

5. 复合滤波电路的滤波效果比单一使用电容或电感的滤波效果要好。　　　　　　(　　)

6. π 型 RC 滤波电路比 LC 型滤波电路的滤波效果要好。　　　　　　　　　　(　　)

7. 稳压二极管具有反向电流大范围变化而反向电压几乎不变的特性。　　　　　　(　　)

8. 在使用中若超过稳压二极管的最大耗散功率,则稳压二极管将被烧毁。　　　　(　　)

9. 硅稳压二极管可以串联使用,也可以并联使用。　　　　　　　　　　　　　　(　　)

10. 单相全控桥式可控整流电路是将单相桥式整流电路中的整流二极管全部改换成晶闸管的电路。　　　　　　　　　　　　　　　　　　　　　　　　　　　　(　　)

四、综合题

1. 在空载时,单相桥式整流、电感滤波电路中的电感有什么作用?

2. 完成图 7.19 所示电路中的整流电路。

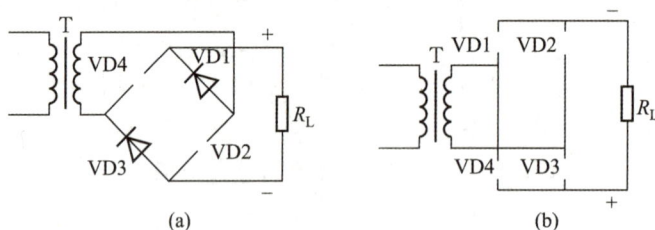

(a)　　　　　　　　　　　　　　　　(b)

图 7.19　综合题第 2 题图

3. 将图 7.20 所示的元件连接成单相桥式整流电路。

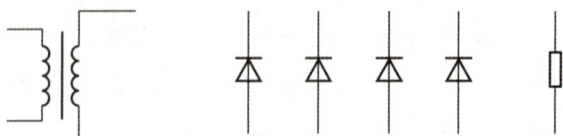

图 7.20　综合题第 3 题图

4. 指出图 7.21 所示电路中的错误之处，并改正。

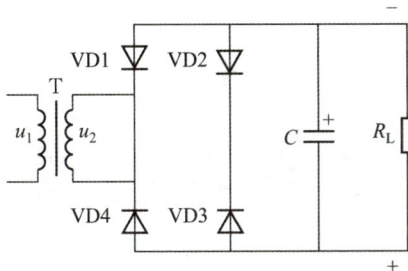

图 7.21　综合题第 4 题图

5. 在图 7.22 所示电路中，若 VD2 烧毁（开路），则电路的负载端电压波形将如何变化？

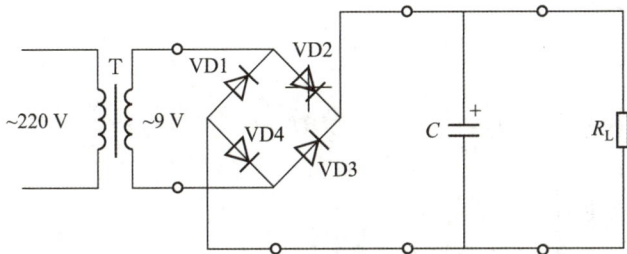

图 7.22　综合题第 5 题图

6. 已知单相变压器的二次电压为 20 V，若采用桥式整流和电容滤波电路时，负载的直流电压和电流为多少？

7. 有一电阻性负载，采用单相桥式整流电容滤波电源供电，如果要求输出电压 12 V，电流 1 A，试选择整流二极管并确定滤波电容器的耐压值。

8. 电路如图 7.23 所示，若 U 为 10 V，稳压管 VZ1、VZ2 的稳压值均为 6 V，则电路的输出电压为多少？

题解：
习题 7 答案

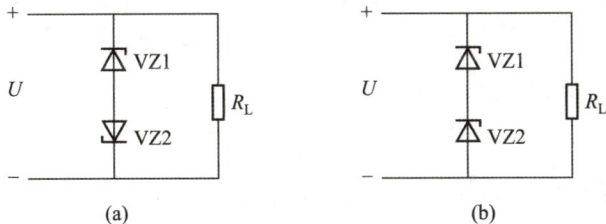

图 7.23　综合题第 8 题图

chapter 8
第 8 章 | # 放大电路与集成运算放大器

学习目标

本章主要介绍由三极管为主的分立元件组成的放大电路和集成器件组成的放大电路，具体包括如下内容：

- 共发射极放大电路。
- 共集电极放大电路(又称射极输出器)。
- 多级放大电路。
- 负反馈的概念。
- 功率放大器。
- 集成运算放大器。
- 差分放大器。
- 正弦波振荡器。

通过本章的学习，理解、掌握各种基本放大电路的基本工作原理，能够按图进行基本的分析；并能对集成电路有一定的了解和进行简单应用。

8.1 共发射极单管放大电路

8.1.1 放大电路概述

1. 基本概念

放大是放大电路(放大器)特定的性能，它能够将微弱的电信号(电压或电流)转变为较强的电信号，如图 8.1 所示。"放大"的实质是以微弱的电信号控制放大电路的工作，将电源的能量转变为与微弱信号相对应的较大能量的大信号,是一种"以弱控强"的方式。

图 8.1 放大器"放大"作用示意图

2. 对放大电路的基本要求

① 要有足够大的放大能力(放大倍数)。

② 非线性失真要小。

③ 稳定性要好。

④ 应具有一定的通频带。

3. 放大电路的分类

① 按三极管的连接方式分类,有共发射极放大器、共基极放大器和共集电极放大器等。

② 按放大信号的工作频率分类,有直流放大器、低频(音频)放大器和高频放大器等。

③ 按放大信号的形式分类,有交流放大器和直流放大器等。

④ 按放大器的级数分类,有单级放大器和多级放大器等。

⑤ 按放大信号的性质分类,有电流放大器、电压放大器和功率放大器等。

⑥ 按被放大信号的强度分类,有小信号放大器和大信号放大器等。

⑦ 按元器件的集成化程度分类,有分立元件放大器和集成电路放大器等。

8.1.2 基本共发射极放大电路

1. 电路的组成及各元器件的作用

NPN 型三极管组成的基本共发射极放大电路如图 8.2 所示。外加的微弱信号 u_i 从基极 b 和发射极 e 输入,经放大后信号 u_o 由集电极 c 和发射极 e 输出。因此,发射极 e 是输入和输出回路的公共端,故称为共发射极放大电路。

电路中各元器件的作用:

① 三极管 VT——起放大作用。工作在放大状态,起电流放大作用,因此是放大电路的核心器件。

② 电源 V_{CC}——直流电源,其作用一是通过 R_b 和 R_c 为三极管提供工作电压,保证发射结正偏、集电结反偏;二是为电路的放大信号提供能源。

③ 基极电阻 R_b——使电源 V_{CC} 为放大管的基极 b 提供一个合适的基极电流 I_B(又称为基极偏置电流),并向发射结提供所需的正向电压 U_{BE},以保证三极管工作在放大状态。该电阻又称为偏流电阻或偏置电阻。

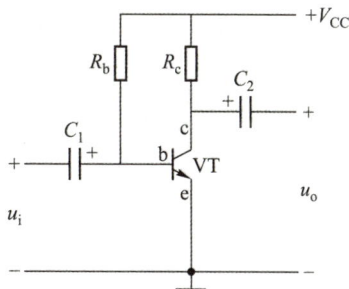

图 8.2 基本共发射极放大电路

动画:
简单放大电路

④ 集电极电阻 R_c——使电源 V_{CC} 供给放大管的集电结所需的反向电压 U_{CE}，与发射结的正向电压 U_{BE} 共同作用，使放大管工作在放大状态；同时，使三极管的电流放大作用转换为电路的电压放大作用。该电阻又称集电极负载电阻。

⑤ 耦合电容 C_1 和 C_2——分别为输入耦合电容和输出耦合电容；在电路中起隔直通交的作用，因此又称隔直电容。其能使交流信号顺利通过，同时隔断前后级的直流通路，以避免互相影响各自的工作状态。由于 C_1 和 C_2 的容量较大，在实际中一般选用电解电容器，因此使用时应注意其极性。

2. 放大电路中的直流通路和交流通路

放大电路中既含有直流又含有交流：直流是因加偏置电压而产生的，为正常放大提供必要的条件；交流是要放大的变化信号，交流信号是叠加在直流信号上进行放大的，是放大的目的。

（1）放大电路的直流通路

① 静态。"静态"是指放大电路未加输入信号（即 $u_i = 0$）时电路的工作状态。此时电路中的电压、电流都是直流信号，I_B、I_C、U_{CE} 的值称为放大电路的静态工作点，记为 $Q(I_{BQ}$、I_{CQ}、$U_{CEQ})$，如图 8.3(a) 所示。

② 直流通路。直流通路是放大电路中直流电流通过的路径。直流通路中电容相当于开路，负载和信号源被电容隔断，所以电路中只需将耦合电容 C_1 和 C_2 看作断路而去掉，剩下的部分就是直流通路，如图 8.3(b) 所示。

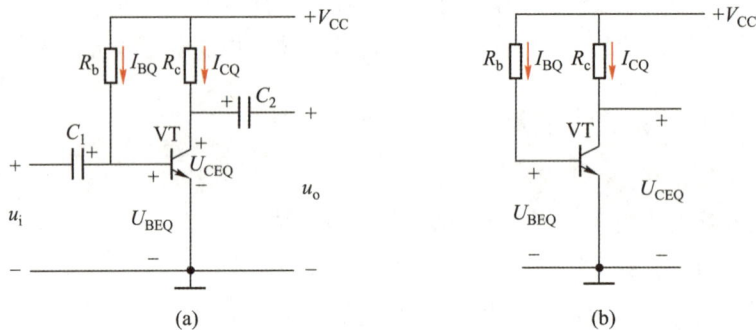

图 8.3　共射放大电路的直流通路

③ 静态工作点的计算。由图 8.3(b) 可知

$$I_{BQ} = \frac{V_{CC} - U_{BEQ}}{R_b} \approx \frac{V_{CC}}{R_b} \tag{8.1}$$

在式 (8.1) 中，三极管的 U_{BEQ} 很小，通常选用硅管，硅管的管压降 U_{BEQ} 约为 0.7 V，锗管的管压降 U_{BEQ} 约为 0.3 V。由于 $V_{CC} \gg U_{BEQ}$，所以，$V_{CC} - U_{BEQ} \approx V_{CC}$。

由三极管的电流放大作用，有：

$$I_{CQ} = \beta I_{BQ} \tag{8.2}$$

再由图 8.3(b) 所示电路可知

$$U_{CEQ} = V_{CC} - R_c I_{CQ} \tag{8.3}$$

例 8.1 在图 8.3 所示的放大电路中,$V_{CC} = 6\,\text{V}$,$R_b = 200\,\text{k}\Omega$,$R_c = 2\,\text{k}\Omega$,$\beta = 50$。试计算放大电路的静态工作点 Q。

解: $I_{BQ} \approx \dfrac{V_{CC}}{R_b} \approx \dfrac{6}{200 \times 10^3}\,\text{A} = 0.03\,\text{mA}$

$I_{CQ} \approx \beta I_{BQ} = 50 \times 0.03\,\text{mA} = 1.5\,\text{mA}$

$U_{CEQ} = V_{CC} - R_c I_{CQ} = (6 - 2 \times 1.5)\,\text{V} = 3\,\text{V}$

做一做

静态工作点 Q 的意义在于:其设置是否合适,关系到输入信号被放大后是否会出现波形的失真。若静态工作点 Q 设置得过低,即 I_{BQ} 太小或 R_b 太大,容易使三极管的工作进入截止区,造成截止失真;若静态工作点 Q 设置得过高,即 I_{BQ} 太大或 R_b 太小,三极管又容易进入饱和区,同样会造成饱和失真;因此,应该合理选择静态工作点。下面通过一个实验来观察输出波形失真的现象。电路与仪器的连接如图 8.4 所示:低频信号发生器作为放大器的信号源,产生工作频率为 $1 \sim 20\,\text{kHz}$ 的正弦波信号 u_i 加到放大器的输入端;双踪示波器作为负载接到放大器的输出端,通过其显示输入信号 u_i 和输出信号 u_o 的电压波形。

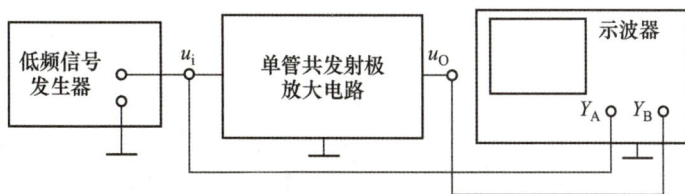

图 8.4　电路与仪器的连接示意图

如果静态工作点 Q 的位置定得太低,即 I_{BQ} 太小,会造成输出电压波形 u_o 的正半周被部分切割,如图 8.5(b) 所示。这种因三极管截止而引起的失真称为截止失真。

如果静态工作点 Q 的位置定得太高,即 I_{BQ} 太大,会造成输出电压波形 u_o 的负半周被部分切割,如图 8.5(c) 所示。这种因三极管饱和而引起的失真称为饱和失真。

两种信号的失真都是由于三极管的工作状态离开了线性放大区而进入非线性的饱和区或截止区所造成的,因此统称非线性失真。

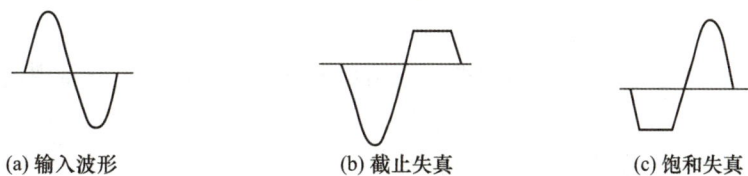

(a) 输入波形　　　　　　(b) 截止失真　　　　　　(c) 饱和失真

图 8.5　非线性失真

想一想

对于上述两种信号的失真应如何调整？（提示：两种信号的失真都与 I_{BQ} 有关）

（2）放大电路的交流通路

① 动态。"动态"是指放大电路的输入端加信号时电路的工作状态，动态时电路同时存在交流量和直流量。

② 交流通路。交流通路是放大电路中交流信号通过的路径。交流通路用来分析放大电路的动态工作情况，计算放大电路的放大倍数。

交流通路的画法：对于频率较高的交流信号，电容相当于短路；且直流电源 V_{CC} 的内阻一般都很小，所以对交流信号来说也可视为短路，如图 8.6 所示。

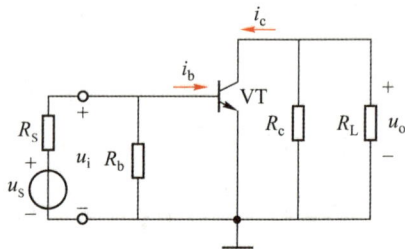

图 8.6　共发射极放大电路的交流通路

3. 放大电路的工作原理

如图 8.7 所示，当输入端加输入信号时（设 u_i 为正弦波信号），在 u_i 的作用下，基射回路中产生一个与 u_i 变化规律相同、相位相同的信号电流 i_b，i_b 与 I_{BQ} 叠加使基极电流 $i_B = I_{BQ} + i_b$，从而使集电极电流 $i_C = I_{CQ} + i_c$。当 i_C 通过 R_c 时使三极管的集-射电压为

$$u_{CE} = U_{CEQ} - i_C R_c$$

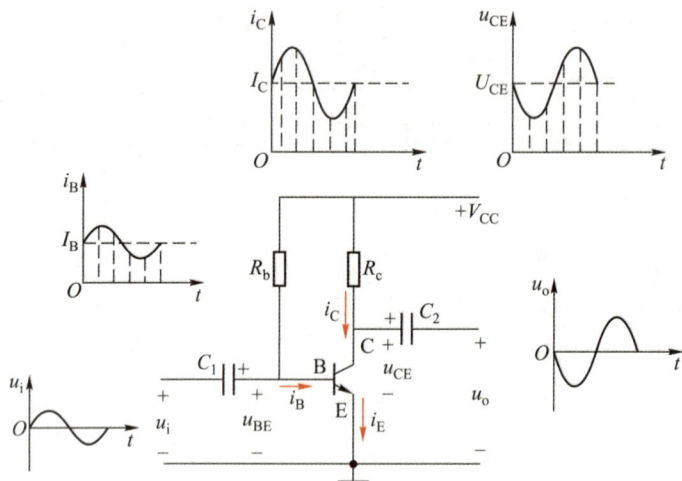

图 8.7　电路的电压放大原理图

由于电容 C_2 的隔直耦合作用，放大电路的输出信号 u_o 只是 u_{CE} 中的交流部分，即 $u_o = -R_c i_c$。

可见，集电极负载电阻 R_c 将三极管的电流放大 $i_c = \beta i_b$ 转换成放大电路的电压放大（R_c 阻值适当，$u_o \gg u_i$）。u_o 与 u_i 相位相反，所以共发射极放大电路具有反相（或倒相）作用。

4. 放大电路的电压放大倍数、输入电阻与输出电阻

（1）放大电路的输入电阻 r_i

r_i 是从放大电路的输入端往里看的等效电阻。如果把内阻为 R_S 的信号源 u_S 加到放大电路的输入端，放大电路就相当于信号源的一个负载，这个负载就是放大电路的输入电阻 r_i。r_i 越大，输入电流 i_i 越小，放大电路对信号源的影响越小。因此从信号源的角度看，希望放大电路的输入电阻越大越好。

$$r_i = \frac{U_i}{I_i} = R_b // r_{be}$$

式中，r_{be} 为三极管 b、e 间的等效电阻，可用公式 $r_{be} = 300\ \Omega + (1+\beta)26\ \text{mV}/I_{EQ}$ 进行估算，一般为 $1\ \text{k}\Omega$ 左右，而 R_b 通常为几十千欧到几百千欧。因为 $R_b \gg r_{be}$，所以放大器的输入电阻可近似为

$$r_i \approx r_{be} \tag{8.4}$$

（2）放大电路的输出电阻 r_o

从放大电路的输出端往里看，共发射极放大电路的输出电阻 r_o 就是电阻 R_c（如图 8.6 所示）。r_o 相当于放大器的电源内阻，r_o 越小，放大器的带负载能力就越强。

（3）放大电路的电压放大倍数

放大电路的电压放大倍数的定义为

$$A_u = \frac{u_o}{u_i}$$

式中，u_o 和 u_i 分别为输出信号电压和输入信号电压。通过分析可得

$$A_u = -\frac{\beta i_b R'_L}{i_b r_{be}} = -\frac{\beta R'_L}{r_{be}} \tag{8.5}$$

式中，$R'_L = R_c // R_L$，负号表示输出电压与输入电压相位相反。

例 8.2　在图 8.8 所示的放大电路中，$V_{CC} = 12\ \text{V}$，$R_b = 270\ \text{k}\Omega$，$R_c = 3\ \text{k}\Omega$，三极管的 $\beta = 50$，试分别计算：（1）输入电阻 r_i；（2）输出电阻 r_o；（3）当 $R_L = \infty$ 和 $R_L = 3\ \text{k}\Omega$ 两种情况下的电压放大倍数 A_u。

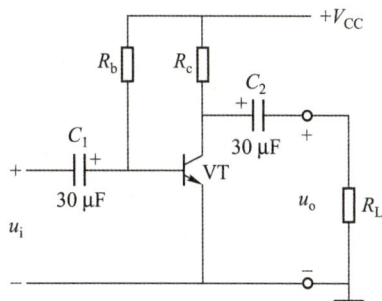

图 8.8　例 8.2 图

解：（1）静态工作点 Q

$I_{BQ} \approx V_{CC}/R_b = 12/(270 \times 10^3)\text{A} \approx 44.4\ \mu\text{A}$

$I_{CQ} \approx \beta I_{BQ} = 50 \times 44.4\ \mu\text{A} = 2.22\ \text{mA}$

$U_{CEQ} = V_{CC} - I_{CQ}R_c = (12 - 2.22 \times 3)\text{V} = 5.34\ \text{V}$

（2）输入电阻 r_i

$r_{be} = 300\ \Omega + (1+\beta)26\ \text{mV}/I_{EQ} = 300\ \Omega + (1+50) \times 26\ \text{mV}/(2.22\ \text{mA}) \approx 897\ \Omega$

因为 $R_b \gg r_{be}$　所以 $r_i \approx r_{be} \approx 897\ \Omega$

（3）输出电阻 r_o

$r_o = R_c = 3 \text{ k}\Omega$

（4）电压放大倍数 A_u

① 当 $R_L = \infty$ 时，$A_u = -\beta \times R_c / r_{be} = -50 \times 3/0.897 \approx -167$

② 当 $R_L = 3 \text{ k}\Omega$ 时，$A_u = -\beta \times (R_c // R_L)/r_{be} = -50 \times 1.5/0.897 \approx -83.6$

可见，放大器在不带负载（空载）时的电压放大倍数 A_u 最大，带上负载后的 A_u 下降；而且负载电阻 R_L 越小，A_u 下降越多。

8.1.3 分压式偏置放大电路

如上所述，放大电路静态工作点的设置会影响三极管的工作状态。即使设置了合适的静态工作点，还希望它在工作时能够稳定。但由于半导体器件参数的离散性较大，而且容易受温度的影响，所以在更换器件或环境温度变化时，都会造成原来的静态工作点发生变化，从而影响放大电路的工作。因此，需要在电路结构上采取一些措施来稳定静态工作点。图 8.9 所示为应用广泛的稳定静态工作点的分压式偏置放大电路。

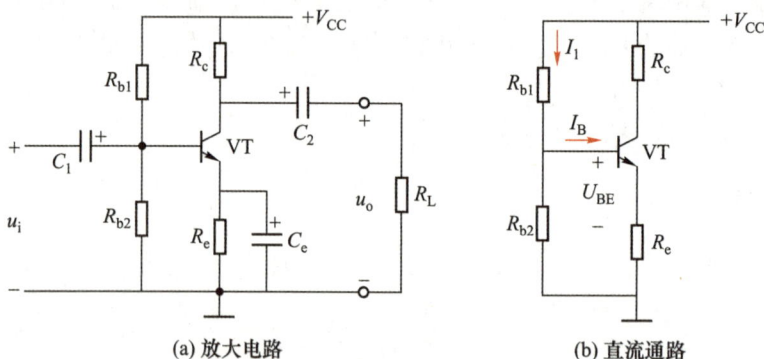

(a) 放大电路   (b) 直流通路

图 8.9 分压式偏置放大电路

在图 8.9 所示电路中，如果 R_{b1} 和 R_{b2} 取值合适，使流过的电流远大于 I_{BQ}，则由 R_{b1} 和 R_{b2} 分压的三极管基极电位 V_{BQ} 近似恒定不变；而发射极电位 $V_{EQ} = V_{BQ} - U_{BE}$ 也近似不变，则集电极电流 $I_{CQ} \approx I_{EQ} = V_{EQ}/R_e$ 也近似恒定不变，从而实现电路静态工作点的稳定。这一稳定作用可用以下过程来描述：

如果因外界因素变化造成 I_{CQ} 增加，则

$$I_{CQ} \uparrow \to I_{EQ} \uparrow \to V_{EQ} = I_{EQ} R_e \uparrow \to (U_{BE} = V_{BQ} - V_{EQ}) \downarrow (因为 V_{BQ} 不变)$$

$$\longleftarrow I_{CQ} \downarrow \leftarrow I_{EQ} \downarrow \longleftarrow$$

在图 8.9 所示电路中，电容 C_e 称为旁路电容。因为对于交流信号，C_e 可视为短路，相当于给交流信号提供一条"旁边的通路"。如果不加 C_e，当交流信号通过发射极电阻 R_e 时会产生电压降，导致交流输出信号的减少。

8.2 射极输出器

8.2.1 电路组成

电路如图 8.10 所示,输入信号 u_i 从基极输入,输出信号 u_o 从发射极输出,集电极为输入、输出回路的公共端,所以为共集电极放大电路。又因输出电压 u_o 是从发射极输出的,所以称为射极输出器。

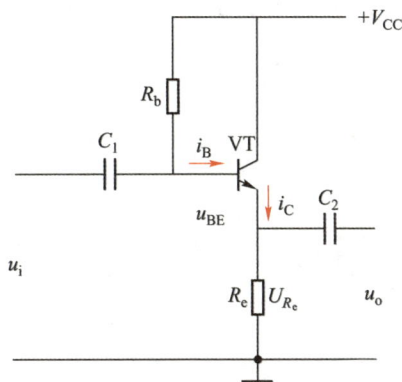

图 8.10 射极输出器电路图

8.2.2 电路特点

(1) 输出电压 u_o 略小于输入电压 u_i

$$u_o = u_{R_e} = u_i - u_{BE}$$

因 $u_i \gg u_{BE}$,所以 $u_o \approx u_i$,即输出电压 u_o 略小于输入电压 u_i。说明射极输出器没有电压放大作用,但仍具有较强的电流放大作用。

(2) 输出电压 u_o 与输入电压 u_i 同相位

输出电压 u_o 总是跟随着输入电压 u_i 而变化,因此该电路又称射极跟随器。

(3) 输入电阻 r_i 高

输入电阻 r_i 一般为几十千欧至几百千欧。

(4) 输出电阻 r_o 小

输出电阻 r_o 一般只有几欧至几百欧。

8.2.3 电路静态工作点 Q 的计算

由图 8.10 所示电路并经整理后可得

$$I_{BQ} = \frac{V_{CC} - U_{BEQ}}{R_b + (1+\beta)R_e} \tag{8.6}$$

$$I_{EQ} = (1+\beta)I_{BQ} \approx I_{CQ} \tag{8.7}$$

$$U_{CEQ} = V_{CC} - R_e I_{EQ} \tag{8.8}$$

8.2.4 射极输出器的应用

射极输出器具有输入电阻高、输出电阻小及电压跟随作用,并具有一定的电流和功率放大作用,因而它的应用十分广泛。

(1)用作多级放大器的输入级,以提高输入电阻,提高信号源的利用率。

(2)用作多级放大器的输出级,因其输出电阻小,可以提高放大器的带负载能力。

(3)用作多级放大器的中间级,可同时满足前、后级要求负载电阻大和信号源内阻小的需要。

8.3 多级放大电路

8.3.1 电路概述

在实际应用中,需要放大的电信号往往是很微弱的。当要把微弱的信号放大到足以推动负载工作,仅靠单级的放大电路往往是不够的,那么就需要采用多级放大电路,如图 8.11 所示。通过多级放大电路使信号逐级连续地放大到足够大,足以推动负载工作。

图 8.11 多级放大电路

多级放大电路由若干个单级放大电路组成。第一级是以放大电压为主,称为前置放大级;最后一级则是以输出足够大的信号功率推动负载工作为目的,称为功率放大级。

在多级放大电路中,各级之间的信号传递或各级之间的连接方式称为耦合。常见的耦合方式有阻容耦合、变压器耦合和直接耦合三种。阻容耦合多用于低频电压放大电路;变压器耦合多用于高频调谐放大电路;直接耦合多用于直流放大电路。

8.3.2 级间耦合方式

1. 阻容耦合

阻容耦合是指通过电阻和电容将前级和后级连接起来的耦合方式,电路如图 8.12 所示。该电路为两级阻容耦合放大电路。输入信号 u_i 通过耦合电容 C_1 进入第一级电路放大,然后由 VT1 的集电极输出,再经过耦合电容 C_2 将信号送入第二级的输入端进行放大,再次放大后的信号最后通过耦合电容 C_3 送到负载 R_L。因此,各级之间的信号传递是通过耦合电容完成。

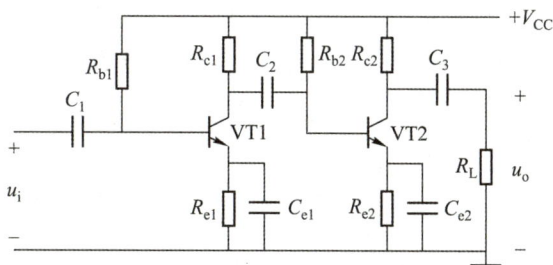

图 8.12 阻容耦合放大电路

由于耦合电容的隔直作用,使前、后级的静态工作点互不干扰,彼此独立,因而给分析计算和调整电路等都带来方便,亦使前级的信号能顺利地传输到后一级。

2. 变压器耦合

变压器耦合是指通过变压器将前级和后级连接起来的耦合方式,电路如图 8.13 所示。电路的前、后级是利用变压器连接起来。变压器利用电磁感应将交流信号从变压器的一次绕组感应到二次绕组,从而将信号从前级传到后级,同时变压器也有隔直作用,使前、后级的静态工作点互不干扰,彼此独立;另外,变压器耦合还可以实现电路之间的阻抗变换。适当地选择变压器的一次、二次绕组的匝数比(变比),使二次绕组折合到一次绕组的负载等效电阻与前级电路输出电阻相等(或相近),就可达到阻抗匹配,从而使负载获得最大的输出功率。

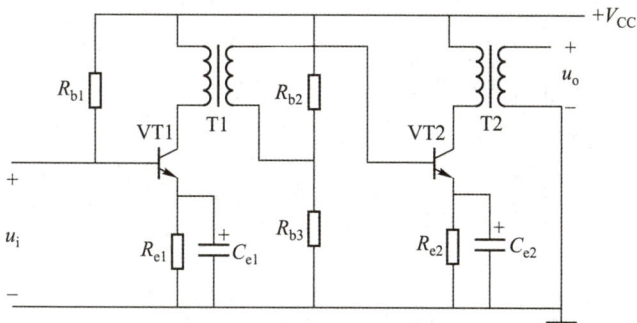

图 8.13 变压器耦合放大电路

3. 直接耦合

直接耦合是指各级之间的信号采用直接传递的耦合方式,电路如图 8.14 所示。直接耦合

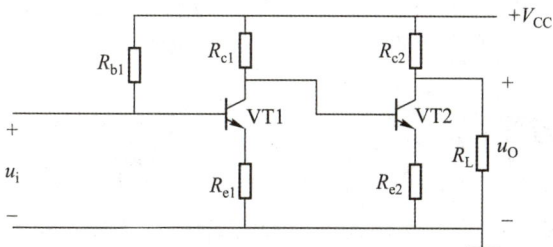

图 8.14 直接耦合放大电路

放大电路前级的输出端和后级的输入端直接相连,即 VT1 的集电极输出直接与 VT2 的基极连接,使交流信号可以畅通无阻地传递。但该电路的静态工作点彼此互相影响,互相制约。因而这种电路更广泛地用于直流放大器和集成电路中。

想一想

为什么直接耦合多级放大电路的静态工作点彼此互相影响?　提示:与电阻 R_{c1} 的作用有关。

8.3.3　多级放大电路的放大倍数、输入电阻和输出电阻

1. 电压放大倍数 A_u

在多级放大电路中,上一级的输出信号是下一级的输入信号。因此,多级放大电路的总电压放大倍数 A_u 为各级电压放大倍数的乘积。即

$$A_u = A_{u1} A_{u2} \cdots A_{un} \tag{8.9}$$

2. 输入电阻 r_i

多级放大电路的输入电阻 r_i 是第一级的输入电阻。即

$$r_i = r_{i1} \tag{8.10}$$

3. 输出电阻 r_o

多级放大电路的输出电阻 r_o 是最后一级的输出电阻。即

$$r_o = r_{on} \tag{8.11}$$

8.4　汽车电气线路搭铁探测器

8.4.1　探测器组成

在汽车电子电路中,晶体管主要用来对微弱信号进行放大,如图 8.15 所示电路就是利用晶体管的放大特性制作的汽车电气线路搭铁(短路)探测器。

8.4.2　探测器工作过程

汽车在行驶过程中,由于路况凹凸不平等原因,汽车振动较大,电气线束与车体产生摩擦而损坏其绝缘层,从而发生搭铁故障。如图 8.15 所示的探测器可以在不拆解导线的情况下,迅速查出搭铁故障所发生的部位。

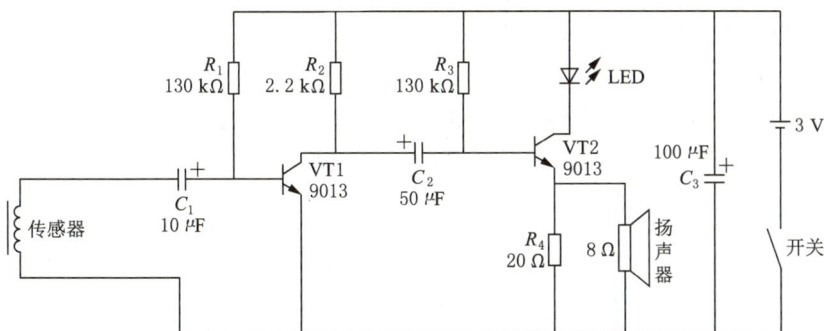

图 8.15　汽车电气线路搭铁探测器

探测器工作过程如下：当导线搭铁后,在搭铁点会产生短路电流,短路点就会向四周发出高次谐波信号。这个信号被线圈和铁心构成的传感器接收到,在传感器中产生交变的电信号。该电信号幅值很小,经过晶体管 VT1 放大后,在 VT1 的集电极上就会得到放大的交变电信号,该信号再输入到 VT2 的基极进行放大,使接在 VT2 集电极的发光二极管闪烁发光,同时接在 VT2 发射极的扬声器也发出声响。传感器越接近故障点,接收到的电信号越强,经过放大后,发光二极管越亮,扬声器发出的声响越大。根据发光二极管亮度变化和扬声器声音变化,就能迅速找到故障点。

目前,在汽车电子电路中,很少用到由一个晶体管组成的单管放大电路,一般采用集成运算放大器构成的电路来对电信号进行放大,集成运算放大器将在本章 8.7 节中学习。

实训 8　小信号电压放大电路

一、实训目的

1. 进一步掌握电子电路安装、焊接的基本技能。
2. 掌握放大电路静态工作点的调试和测量。
3. 掌握放大电路电压放大倍数的测量。
4. 进一步熟悉常用电子仪表、仪器的使用方法。

二、相关知识与复习内容

（一）判断电路能否正常放大的方法和步骤

1. 检查电路的偏置

对于 NPN 型管,U_{BE} 应大于零,U_{BC} 应小于零；对于 PNP 型管,则相反。

2. 检查静态工作点的设置

电路的输入回路中的基极电阻 R_b 选择要合适。R_b 不能太大,以避免三极管工作在截止区；R_b 也不能太小,以避免三极管工作在饱和区。因此,R_b 的选择要保证三极管工作在放大区。

电路的输出回路中,要使三极管工作在放大状态,也应注意 R_c 的选择。

3. 检查输入回路

对于电路的输入回路,应确保输入电压的变化能够转换成输入电流的变化。因此,应避免输入信号被短路或开路而不能送入放大电路。

4. 检查输出回路

对于电路的输出回路,应确保集电极电流的变化能够转换成输出电压的变化并能输送到负载。因此,应避免输出信号被短路或开路而不能放大及送到负载。

(二) 如何确定放大电路的直流通路和交流通路

由于在放大电路中普遍存在电抗性元件(感抗和容抗),感抗和容抗对不同频率的信号呈现的电阻抗是不同的,因此放大电路的直流通路和交流通路不同。

① 在直流通路中,由于频率为 0,电容 C 的容抗近似为无穷大,相当于开路;电感 L 的感抗近似为 0,相当于短路。

② 在交流通路中,随着频率的上升和电容 C 的容量、电感 L 的电感量足够大时,电容 C 相当于短路,电感 L 相当于开路。

③ 对于交流信号而言,电压源为理想电压源时,相当于短路;电流源为理想电流源时,相当于开路。

根据上述原则,放大电路的直、交流通路就可确定。

(三) 复习内容

1. 阅读"实训 6"中有关焊接和常用仪器、仪表使用的内容。

2. 阅读本章有关共发射极放大电路的内容。

三、实训器材

按表 8.1 准备好完成本任务所需的设备、工具和器材。

表 8.1　工具与器材、设备明细表

序号	名　称	符　号	型号/规格	单位	数量
1	单相交流电源		220 V、36 V、6 V		
2	直流稳压电源		0~12V 连续可调		
3	拨动开关	S1、S2	双掷	个	5
4	三极管	VT	9014 或 3DG 类型(设 β 值为 60)	个	2
5	电解电容器	C_E	100 μF/25 V	个	1
6	电解电容器	C_1、C_2	10 μF/25 V	个	2
7	电位器	R_P	470 kΩ	个	1
8	电阻器	R	由 1 kΩ~1 MΩ 各种阻值	个	若干
9	双踪示波器		XC4320 型	台	1

续　表

序号	名　称	符　号	型号/规格	单位	数量
10	万用表		MF-47 型	台	1
11	低频信号发生器		XD2 型	台	1
12	晶体管毫伏表		DA-16 型	台	1
13	电工电子实训通用工具		试电笔、榔头、螺丝刀(一字和十字)、电工刀、电工钳、尖嘴钳、剥线钳、活动扳手、镊子等	套	1
14	焊接工具和材料		15~25 W 电烙铁、焊锡丝、松香助焊剂、烙铁架及印制电路板等	套	1
15	连接导线				若干

四、实训内容与步骤

(一) 安装和连接

① 识别实训教室所提供的电子元器件,并判断按表 8.1 所提供的元器件是否符合图 8.15 所示电路的要求(注:图中标注的电阻值供参考,下同)。

② 检查各元器件的参数是否正确;使用万用表检查三极管、电解电容器的性能好坏。

③ 在面包板上搭接图 8.16 所示电路。

④ 安装、连接完毕,应认真检查连接是否正确、牢固。

(二) 静态工作点的调试

① 将拨动开关 S1、S2 置于"1",连接直流稳压电源,并调节电压为 9 V。

② 估算电路的静态工作点 Q:I_{BQ}、I_{CQ}、U_{BEQ}、U_{CEQ},并填入表 8.2 中。

③ 选择万用表合适的挡位和量程,测量电路的静态工作点 Q,并填入表 8.2 中。

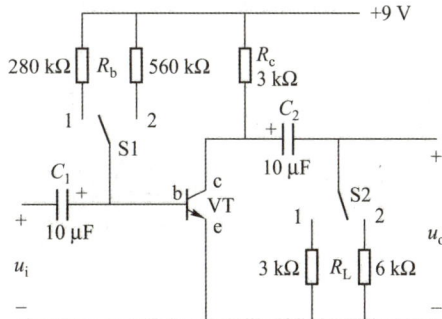

图 8.16　基本共射极放大电路实训电路图

表 8.2　图 8.16 电路静态工作点 Q 计算与测量记录

	I_{BQ}/mA	I_{CQ}/mA	U_{BEQ}/V	U_{CEQ}/V
估算值				
测量值				

④ 将拨动开关 S1 置于"2",选择万用表合适的挡位和量程,测量电路的静态工作点 Q,比较表 8.2 中的测量值,分析电路的工作状态。

⑤ 将拨动开关 S1、S2 置于"1",按图 8.17 所示连接仪表、仪器。

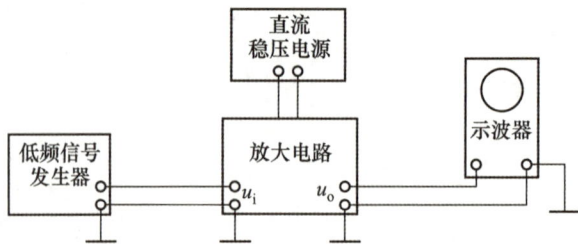

图 8.17　放大电路与仪器仪表连接示意图

将低频信号发生器的输出信号频率调至 1 kHz,输出信号幅值从 0 开始逐渐增加,通过示波器观察输入、输出信号的波形,直到输出信号最大而不失真(即保持正弦波形),比较输入、输出信号的波形,可得到两者之间的相位关系。

⑥ 保持信号发生器的输出信号的频率和幅值不变,将拨动开关 S1 置于"2",通过示波器观察输入、输出信号的波形,从而确定电路静态工作点 Q 的变化引起电路工作状态变化和信号的失真现象。

（三）电压放大倍数的测量

① 将拨动开关 S1、S2 置"1",按图 8.18 所示连接仪表、仪器。

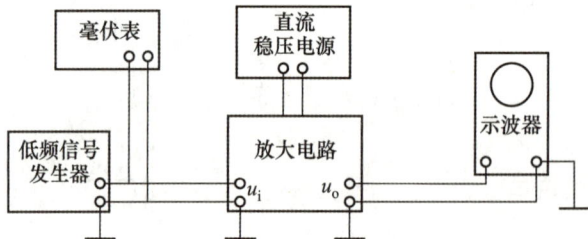

图 8.18　电路的动态测试

② 调节信号发生器的输出信号频率为 1 kHz,输出信号幅值从 0 开始逐渐增加,通过示波器观察输入、输出信号的波形,直到输出信号最大而不失真(即保持正弦波形)时,选择晶体管毫伏表合适的量程,测量 u_i、u_o,计算出 A_u,并填入表 8.3 中。

③ 保持信号发生器的输出信号的频率和幅值不变,将拨动开关 S2 置于"2",选择晶体管毫伏表合适的量程,测量 U_i、U_o(有效值),计算出 A_u,并填入表 8.3 中。

表 8.3　图 8.18 所示电路电压放大倍数测量记录

测量条件	$R_c=3 \text{ k}\Omega, R_L=3 \text{ k}\Omega$	$R_c=3 \text{ k}\Omega, R_L=6 \text{ k}\Omega$
U_i/mV		
U_o/mV		
A_u		

技能拓展

连接分压式偏置放大电路

（一）电路连接

① 在面包板上搭接图 8.19 所示电路。

② 安装、连接完毕，应认真检查连接是否正确、牢固。

（二）静态工作点的调试与测量

① 将拨动开关 S1、S2 均置于"1"，连接直流稳压电源，并调节电压为 6 V。

② 调整静态工作点 Q：如图 8.19 所示，连接低频信号发生器、毫伏表和示波器，信号发生器输出信号频率为 1 kHz、电压为 10 mV，在示波器中观察输出信号的波形；逐渐增大输入信号（由毫伏表监测），如果出现波形失真，则调节电位器使波形恢复正常；然后再逐渐增大输入。重复上述步骤，直至输出波形最大且不失真为止，此时放大器静态工作点的设置能够产生最大的信号输出。

图 8.19 分压式偏置放大电路实训电路图

③ 测量静态工作点 Q：断开信号发生器，将放大器输入端对地短路，用万用表测量 I_{BQ}、I_{CQ}、U_{BEQ}、U_{CEQ}，并填入表 8.4 中。

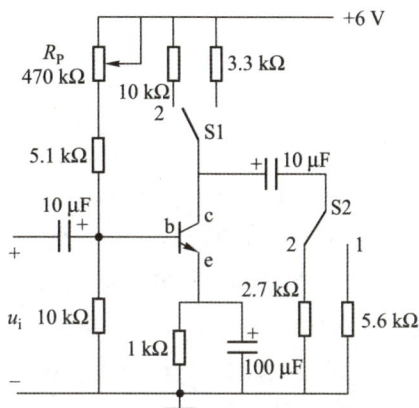

表 8.4 图 8.19 电路静态工作点 Q 测量记录

I_{BQ}/mA	I_{CQ}/mA	U_{BEQ}/V	U_{CEQ}/V

（三）电压放大倍数的测量

① 重新将信号输入放大器，并注意观察示波器，保持输出信号波形不失真，用毫伏表测量输入电压与输出电压 u_i、u_o 的有效值，计算出 A_u，并填入表 8.5 中。

② 将拨动开关 S1 置于"2"，集电极负载电阻增大，再将 S2 置于"1"，重复上述步骤，将结果填入表 8.5 中。

③ 将拨动开关 S1 置于"1"，S2 置于"2"，负载电阻减小，重复上述步骤，将结果填入表 8.5 中。

表 8.5 图 8.19 电路电压放大倍数测量记录

测量条件	R_c=3.3 kΩ，R_L=5.6 kΩ	R_c=10 kΩ，R_L=5.6 kΩ	R_c=3.3 kΩ，R_L=2.7 kΩ
U_i/mV			
U_o/mV			
A_u			

8.5 放大电路中的负反馈

8.5.1 反馈的概念

1. 反馈的基本概念

（1）反馈

反馈是指将放大电路输出信号的一部分或全部送回放大电路的输入端,并与输入信号相合成的过程,如图 8.20 所示。

（2）反馈支路

反馈支路是将放大电路的输出、输入端联系起来的支路。判断放大电路有无反馈即看放大电路中是否存在反馈支路。

（3）反馈放大电路的组成

反馈放大电路由基本放大电路和反馈电路两部分组成,如图 8.20 所示。

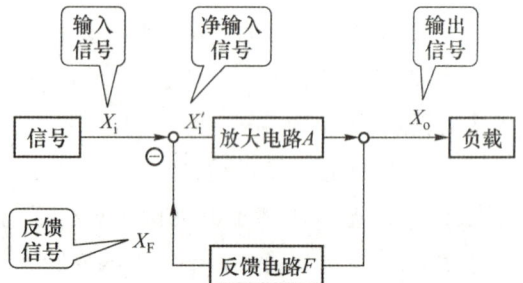

图 8.20　反馈放大电路的组成方框图

2. 反馈的类型

（1）正反馈和负反馈

由图 8.20 所示电路可见,净输入信号 X_i' 是输入信号 X_i 与反馈信号 X_f 的合成或叠加。若叠加的结果使净输入信号增强,则为正反馈,即 $X_i' = X_i + X_f$。正反馈能使输出信号增大,但会使放大电路的性能变差,工作不稳定;正反馈一般用于振荡电路（见本章 8.9 节）。

若合成或叠加的结果使净输入信号减弱,则为负反馈,即 $X_i' = X_i - X_f$。负反馈虽然使输出信号减弱,但却能使放大电路的性能得到改善（如下述）。负反馈常用于放大电路中。

（2）直流反馈和交流反馈

若反馈信号 X_f 为直流量,为直流反馈;若反馈信号 X_f 为交流量,为交流反馈。

（3）电压反馈和电流反馈

根据输出端信号取样的方式:若反馈信号 X_f 取自负载两端的输出电压,为电压反馈;若反馈信号 X_f 取自输出电流,则为电流反馈。

（4）串联反馈和并联反馈

根据反馈在输入端的连接方法:若反馈信号 X_f 在输入端与输入信号串联,为串联反馈;若在输入端与输入信号并联,则为并联反馈。

8.5.2 负反馈形式

在实际应用中,综合上述各种反馈的类型,组合成四种负反馈的形式,方框图如图 8.21 所示。

1. 电压串联负反馈

电路如图 8.21(a)所示。电路的基本特点是:输出电压稳定,输入电阻增大,输出电阻减小。

2. 电压并联负反馈

电路如图 8.21(b)所示。电路的基本特点是:输出电压稳定,输入电阻和输出电阻都减小。

3. 电流串联负反馈

电路如图 8.21(c)所示。电路的基本特点是:输出电流稳定,输入电阻和输出电阻都增大。

4. 电流并联负反馈

电路如图 8.21(d)所示。电路的基本特点是:输出电流稳定,输入电阻减小,输出电阻增大。

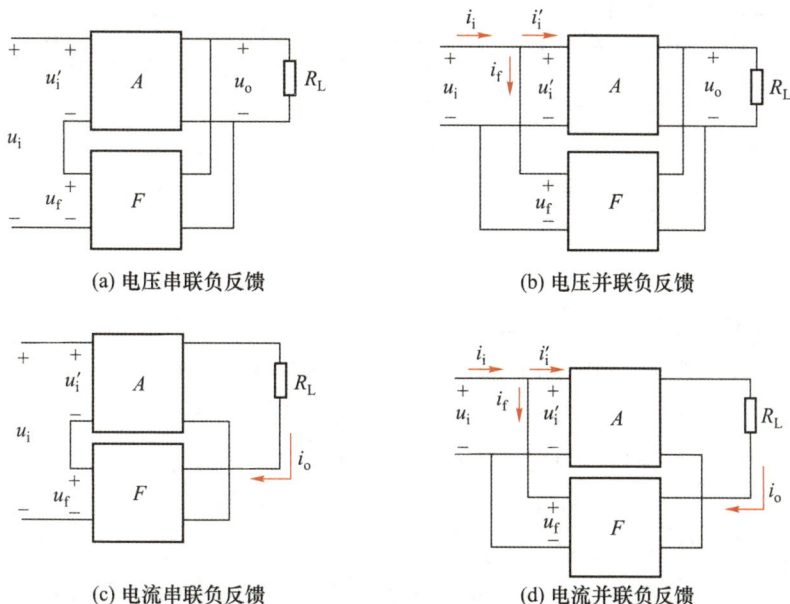

图 8.21 四种负反馈放大电路方框图

8.5.3 负反馈对放大电路性能的影响

负反馈以减小放大电路的放大倍数为代价使放大电路的性能得到改善,归纳起来有以下 4 个方面。

1. 能提高放大倍数稳定性

许多原因(如晶体管受温度变化影响引起 β 值的变化)会导致放大电路的放大倍数产生变化,引入负反馈后能减小这种变化,从而提高放大信号的稳定性。例如:由于某种原因使放大器的输出信号 X_o 增大,加入负反馈后反馈信号 X_f 也随之增大,但净输入信号 X_i' 却因此减小,导致输出信号 X_o 相应减小,从而使放大电路的输出信号稳定,放大倍数也就稳定。

2. 能减小放大电路的非线性失真

由于放大电路的静态工作点 Q 的位置选择不合适和晶体管本身就是一个非线性元件,因此,一个正常的信号经过放大后会产生非线性失真。引入负反馈可以减小这种失真情况。例如：一个正常的正弦波信号放大后，输出信号 X_o 产生非线性失真，设波形变为正半周较大、负半周较小。由于负反馈信号 X_f 与输出信号 X_o 同相，但与输入信号 X_i 反相，导致净输入信号 X_i' 的正半周变小，负半周变大；再重新经过放大电路的放大后，输出信号 X_o 波形就得到一定程度的矫正和改善。

3. 能展宽放大电路的通频带

将放大电路的放大倍数由正常值下降到 0.707 时对应的频带宽度（低频 f_L 与对应的高频 f_H 之间的频率范围）称为放大电路的通频带。由于放大电路中有电容或电感等电抗元件，其阻抗与信号的频率有关，当信号的频率过低或过高时，放大电路的放大倍数都会受到影响而降低。引入负反馈后，由于放大电路的放大倍数从 A_{m1} 下降为 A_{m2}，相应的较低频率 f_L 移至 f_{L1}，较高频率 f_H 移至 f_{H1}，结果使通频带得到扩展，如图 8.22 所示。

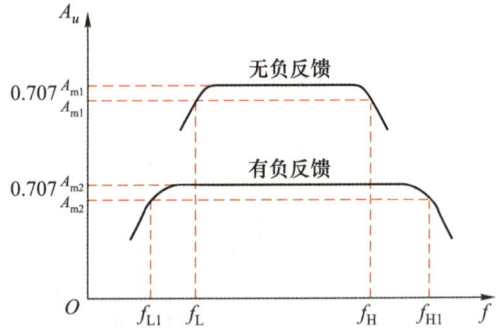

图 8.22　负反馈使通频带展宽

4. 可以改变放大电路的输入电阻和输出电阻

如上所述，四种负反馈的形式都可以改变放大电路的输入电阻和输出电阻，其中：

① 串联负反馈因反馈信号与输入信号串联，使输入电阻增大。

② 并联负反馈因反馈信号与输入信号并联，使输入电阻减小。

③ 电压负反馈因具有稳定输出电压的作用，使其接近于恒压源，故使输出电阻减小。

④ 电流负反馈因具有稳定输出电流的作用，使其接近于恒流源，故使输出电阻增大。

例如：当输入端的负反馈信号 X_f 与输入信号 X_i 是以电压形式串联[如图 8.21(a)所示]时，净输入信号 X_i' 减小，输入电流就会减小；即输入信号的电压不变而提供的电流减小，说明放大电路的输入电阻增大。当输入端的负反馈信号 X_f 在输入端以并联形式接入[如图 8.21(b)、(d)所示]时，由于输入信号电压不变而提供的总电流 i_i 增大，说明放大电路的输入电阻减小了。

综上所述，放大电路引入负反馈后，能改善放大电路的性能，因此负反馈被广泛应用（可见本章 8.7 节）。

8.6　功率放大器

8.6.1　概述

能输出较大功率的放大电路称为功率放大电路。功率放大电路通常位于多级放大电路的末级,其作用是将前级电路已放大的电压信号进行功率放大,以推动负载工作。

1. 功率放大电路的基本要求

功率放大电路与电压放大电路相比,具有以下基本特点:

(1) 输出功率要大

功率放大电路提供给负载的信号功率称为输出功率。选择适合于负载的功率放大器,使功率放大器的输出阻抗与负载相匹配,以保证功放管的集电极电流和电压的幅度有尽可能大的动态范围,从而获得足够大的输出功率。

(2) 转换效率要高

功率放大电路的最大输出功率与电源所提供的功率之比称为转换效率。显然,功率放大电路的转换效率越高越好。

(3) 非线性失真要小

由于功放电路中三极管工作在大信号状态,电压和电流的变化幅度大,容易产生非线性失真,必须采取相应的措施减小失真。

(4) 电路散热要好

功率放大电路中,功放管的集电结要消耗较大的功率,使结温和管壳温度升高,为了降低功放管的温度,减小耗散功率,应采取散热措施,如加装散热器、进行良好的通风、强制风冷等。

2. 功率放大电路的分类

从电路耦合形式来分,有变压器耦合和无变压器耦合两类,在本任务中只介绍无变压器耦合的功率放大器。

从三极管的工作状态来看,功率放大电路可以分为甲类、乙类和甲乙类,它们的静态工作点如图 8.23 所示。

(1) 甲类

静态工作点在负载线的中点,Q 选在放大区的中间部分,如图 8.23 的 Q_A。甲类工作状态非线性失真小,但静态电流 I_{CQ} 较大,故损耗大,效率低。

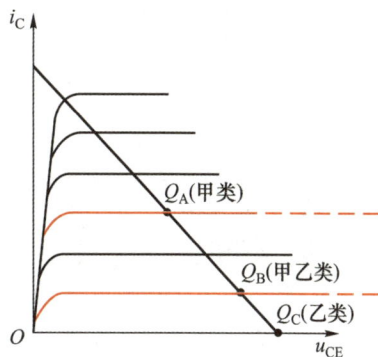

图 8.23 功率放大电路的工作状态

(2) 乙类

静态工作点选在放大区和截止区的交界,如图 8.23 的 Q_C。此时若输入正弦信号,那么电路的输出只有正弦波的半个周期。乙类工作状态静态电流 $I_{CQ}=0$,故损耗低,效率高,但非线性失真严重。

(3) 甲乙类

静态工作点设在放大区接近截止区的位置,如图 8.23 的 Q_B。三极管处于微导通的状态,这样当采用互补推挽放大电路时,可有效克服乙类放大的失真问题,且能量转换效率又比甲类要高。

8.6.2 几种功率放大电路

1. 双电源互补对称功率放大电路(OCL 电路)

（1）电路结构

双电源互补对称功率放大电路的基本结构如图 8.24 所示。两只三极管的特性是对称的，其中，VT1 管是 NPN 型三极管，VT2 管是 PNP 型三极管，两只三极管均工作在乙类状态。这种功率放大电路无电容 C，因此称为 OCL 电路。

（2）工作原理

输入信号为正半周时，VT1 管处于正偏导通状态，VT2 管处于反偏截止状态，集电极电流 i_{C1} 通过负载，负载上有正半周输出；输入信号为负半周时，VT2 管处于正偏导通状态，VT1 管处于反偏截止状态，集电极电流 i_{C2} 通过负载，负载上有负半周输出。

可见，在输入信号的一个周期内，两个三极管轮流交替工作，共同完成对输入信号的放大，最后输出波形在负载上合成，得到完整的正弦波。

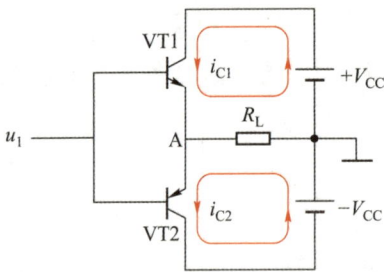

图 8.24　双电源互补对称功率放大电路的基本结构

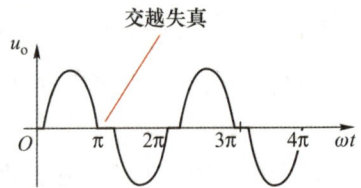

图 8.25　交越失真波形

（3）交越失真

乙类功率放大电路由于没有直流偏置，三极管工作在输出特性曲线的底部。而两只管子轮流交替工作的结果在负载上合成时，将会在正、负半周交界处出现波形的失真，这种现象称为交越失真，如图 8.25 所示。消除交越失真的方法是给功放管加一个微弱的直流偏置，使功放管工作在甲乙类状态。

2. OTL 功率放大电路

OCL 电路具有线路简单、效率高等特点，但要用两个电源供电，使用不方便，因此常采用单电源供电的互补推挽功率放大电路。这种功率放大电路无输出变压器，但有输出电容 C，所以又称 OTL 电路，如图 8.26 所示。OTL 电路是在 OCL 电路的基础上去掉负电源，在输出端接入一个大电容 C，利用大电容 C 的充、放电来代替负电源。

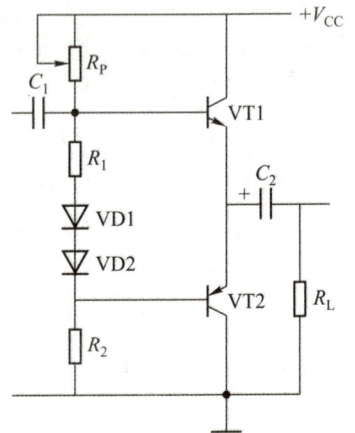

图 8.26　OTL 功率放大电路的原理图

（1）电路结构

与 OCL 电路相同，VT1 与 VT2 是一对类型不同、特性对称的配对管，VT1 管是 NPN 型三极管，VT2 是 PNP 型三极管。该电路与 OCL 电路不同之处主要有两点：一是由双电源供电改为单电源供电，二是输出端与负载的连接由直接耦合改为电容耦合。

（2）工作原理

① 当输入信号为正半周时，VT1 导通，VT2 截止，电源 V_{CC} 通过 VT1 向耦合电容 C_2 充电，并在负载 R_L 上输出正半周波形。

② 当输入信号为负半周时，VT1 截止，VT2 导通，耦合电容 C_2 放电向 VT2 提供电源，并在负载 R_L 上输出负半周波形。

可见，在输入信号的一个周期内，VT1、VT2 轮流交替工作，同样在负载上合成得到完整的正弦波。

3. 集成功率放大器

目前，功率放大器绝大部分采用集成功率放大器。集成功率放大器用一块集成电路完成功率放大的全部功能。它具有体积小、功耗低、设计简单、外围电路简单、应用方便、维修调试容易、可靠性高、性能稳定等优点。它除了能完成功率放大外，还包括过电压保护、过电流保护、短路保护等保护环节。现以 TDA2030 单片集成音频功率放大器为例，介绍其主要参数和典型应用电路。

（1）TDA2030 集成音频功率放大器

TDA2030 是意大利 SGS 公司的产品，是目前音质较好的一种集成电路，与性能类似的其他产品相比，它的引脚最少，所用外部元件很少。在单电源供电时，散热片可直接固定在金属板上与地线相通，无须绝缘，十分方便。TDA2030 的电气性能稳定、可靠，能适应长时间连续工作，集成电路内具有过载保护和热切断保护电路，若输出过载或输出短路，均能起保护作用。TDA2030 主要适用于音响装置中作音频功率放大器，其引脚排列如图 8.27 所示，主要技术指标参数见表 8.6。

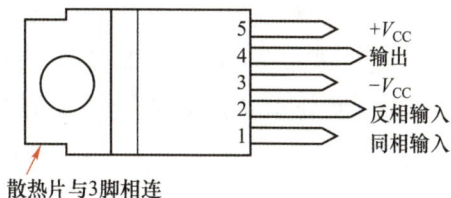

散热片与3脚相连

图 8.27　TDA2030 引脚排列

5　+V_{CC}
4　输出
3　-V_{CC}
2　反相输入
1　同相输入

表 8.6　TDA2030 主要技术指标参数

参数名称	符号	单位	最小	典型	最大	测试条件
电源电压	V_{CC}	V	±6		±18	
静态电流	I_C	mA		40		$V_{CC}=\pm18\,V$，$R_L=4\,\Omega$
输出功率	P_O	W	12	14		$R_L=4\,\Omega$，$THD=0.5\%$
				8	9	$R_L=8\Omega$，$THD=0.5\%$
输入阻抗	r_i	MΩ	0.5	5		开环，$f=1\,kHz$
谐波失真	THD			0.2%	0.5%	$P_O=0.1\sim12\,W$，$R_L=4\,\Omega$
频率响应		Hz	10		140×10^3	$P_O=12\,W$，$R_L=4\,\Omega$
电压增益	G_u	dB	29.5	30	30.5	$f=1\,kHz$

（2）使用 TDA2030 的 OCL 功放电路如图 8.28 所示。

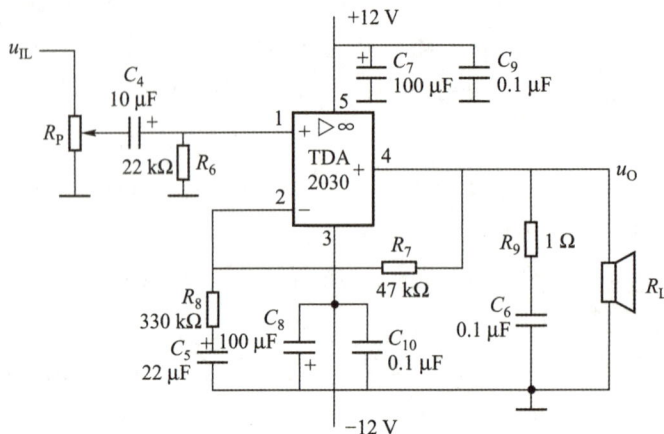

图 8.28　使用 TDA2030 的 OCL 功放电路原理图

8.7　集成运算放大器及其基本运算电路

8.7.1　集成运算放大器

1. 内部构成

集成运算放大器（以下简称"集成运放"）是一种具有很高放大倍数的多级直接耦合放大电路，是发展最早、应用最广泛的一种模拟集成电路，具有放大和运算作用。集成运放一般由输入级、中间级、输出级和偏置电路 4 部分组成，如图 8.29（a）所示。

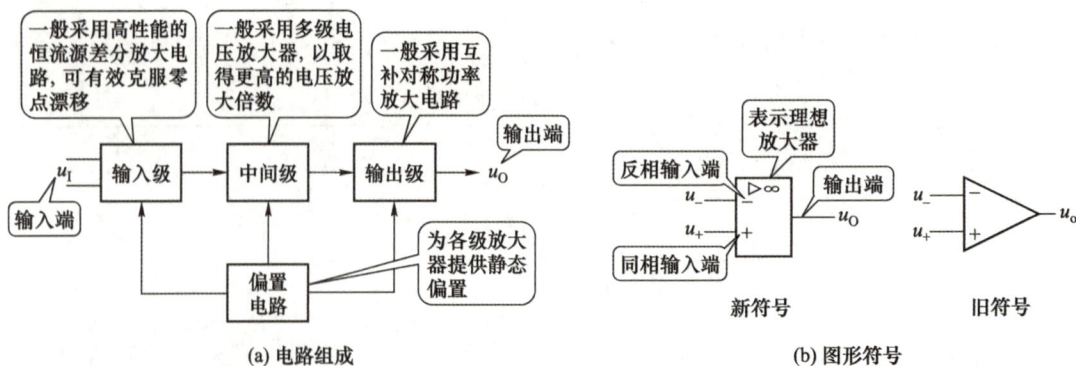

(a) 电路组成　　　　　　　　　　　　　(b) 图形符号

图 8.29　集成运算放大器

2. 符号

集成运放的图形符号如图 8.29（b）所示，是一个具有两个输入端、一个输出端的三端放大器。图中"＋"端为同相输入端,表示输出电压 u_O 与该端输入电压 u_+ 同相;"一"端为反相输入端,表示输出电压 u_O 与该端输入电压 u_- 反相。

与其他放大器一样,集成运放的输出电压 $u_O = A_{uo}u_I$。由于集成运放有两个输入端,其 u_I 等于同相输入端和反相输入端的电位差(即 $u_I = u_+ - u_-$),所以 $u_O = A_{uO}(u_+ - u_-)$。式中,A_{uo} 为放大器未接反馈时的电压放大倍数,称为"开环电压放大倍数"。

3. 理想集成运算放大器

(1) 集成运放的三个特点

集成运放在性能上有三个突出特点:

① 开环电压放大倍数 A_{uo} 极高,可达到数百万甚至数千万倍。

② 输入电阻 r_I 很大,一般有数百千欧到数兆欧。

③ 输出电阻 r_O 很小,一般在几十欧到数百欧之间。

根据上述三个特点,为便于分析与应用,可将集成运放视为一个理想的电路模型(即理想集成运算放大器),可近似认为:

① 开环电压放大倍数 $A_{uO} \to \infty$;

② 输入电阻 $r_I \to \infty$;

③ 输出电阻 $r_O \to 0$。

(2) 两个推论

由此导出理想集成运放的两个重要推论:

① 虚短。因为理想集成运放的开环电压放大倍数 $A_{uO} \approx \infty$,而输出电压 $u_O = A_{uO}(u_+ - u_-)$ 为有限值,所以净输入电压 $u_+ - u_- \approx 0$,即 $u_+ \approx u_-$,两个输入端的电位近似相等,相当于短路,故称为"虚短路",简称"虚短"。

② 虚断。因为理想集成运放的净输入电压为零($u_+ - u_- \approx 0$),且输入电阻 $r_I \approx \infty$,所以两个输入端的输入电流也均为零,即 $i_+ \approx i_- \approx 0$,两个输入端与断路相似,故称为"虚断路",简称"虚断"。

在分析集成运放的实际电路时,常将集成运放看作理想集成运放,利用"虚短"和"虚断"概念来简化分析过程。

8.7.2 集成运算放大器的应用

1. 反相比例运算电路

反相比例运算电路如图 8.30 所示,输入电压 u_I 通过电阻 R_1 作用于集成运放的反相输入端,故输出电压 u_O 与 u_I 反相,电阻 R_f 跨接在集成运放的输出端和反相输入端之间,同相输入端通过 R_P 接地,R_P 为补偿电阻,以保证集成运放的对称性,取 $R_P = R_1 // R_f$。

根据"虚短"的概念,可得 $u_+ - u_- \approx 0$,而 $u_+ = 0$,所以 $u_- \approx 0$,故称为"虚地"。则有

$$i_1 = \frac{u_I - u_-}{R_1} = \frac{u_I}{R_1}, \quad i_f = \frac{u_- - u_O}{R_f} = -\frac{u_O}{R_f}$$

根据“虚断”的概念，可得 $i_+=i_-=0,i_1=i_f$。则有

$$u_O=-\frac{R_f}{R_1}u_1$$

电压放大倍数为

$$A_{uf}=\frac{u_O}{u_1}=-\frac{R_f}{R_1} \qquad (8.12)$$

可见，电压放大倍数取决于 R_f 与 R_1 之比，比例系数为 $-R_f/R_1$（负号表示 u_O 与 u_1 反相），因此把这种电路称为反相比例放大器。

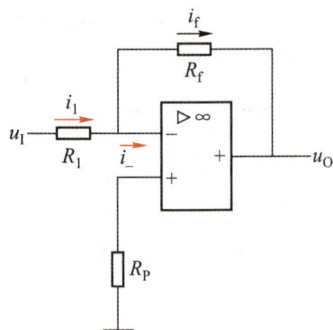

图 8.30 反相比例运算电路

例 8.3 在图 8.29 所示电路中，$R_1=R_f=20\ \text{k}\Omega,R_P=R_1//R_f=10\ \text{k}\Omega,u_1=10\ \text{mV}$；试计算输出电压 u_O。

解：$u_O=-\frac{R_f}{R_1}u_1=-\frac{20}{20}\times 10\ \text{mV}=-10\ \text{mV}$

2. 同相比例运算电路

同相比例运算电路如图 8.31 所示。输入电压 u_1 通过 R_2 由同相输入端输入，故输出电压 u_O 与输入电压 u_1 同相；R_f 跨接在集成运放的输出端和反相输入端，反相输入端通过 R_1 接地；同样取 $R_2=R_1//R_f$。

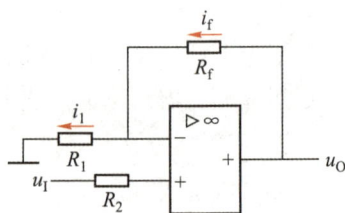

图 8.31 同相比例运算电路

根据“虚短”和“虚断”概念，可得 $u_-\approx u_+,u_+\approx u_1$，所以 $u_-=u_1$，故

$$i_1=\frac{u_--0}{R_1}=\frac{u_1}{R_1},i_f=\frac{u_o-u_-}{R_f}=\frac{u_o-u_1}{R_f}$$

因为 $i_1=i_f$，所以

$$u_O=\left(1+\frac{R_f}{R_1}\right)u_-=\left(1+\frac{R_f}{R_1}\right)u_1$$

电压放大倍数为

$$A_u=1+\frac{R_f}{R_1} \qquad (8.13)$$

例 8.4 在图 8.31 所示电路中，如果 $R_1=\infty,R_f=0$，试求输出电压 u_O 与输入电压 u_1 的关系。

解：由于 $R_1=\infty,R_f=0,A_{uf}=1$，所以有 $u_O=u_1$。即输出电压与输入电压大小相等，相位相同，称为电压跟随器，是同相比例运算放大电路的一个特例，电路如图 8.32 所示。

3. 加法运算电路

在反相或同相比例运算电路的基础上，增加几个输入支路就可以成为反相加法运算电路或同相加法运算电路。反相加法运算电路如图 8.33 所示，有三个输入信号同时作用于集成运

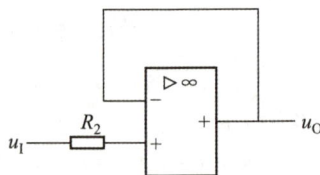

图 8.32 电压跟随器

放的反相输入端。根据"虚短"和"虚断"概念,可得

$$i_1 + i_2 + i_3 = i_f$$

$$u_O = -\left(\frac{R_f}{R_1}u_{I1} + \frac{R_f}{R_2}u_{I2} + \frac{R_f}{R_3}u_{I3}\right)$$

上式说明,输出电压等于各输入电压按比例相加之和且反相,实现了反相加法运算。若 $R_1 = R_2 = R_3 = R_f$,则 $u_O = -(u_{I1} + u_{I2} + u_{I3})$。

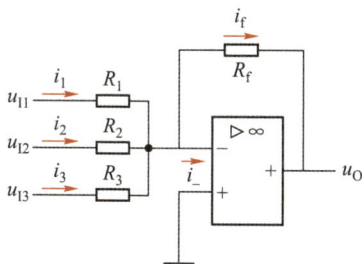

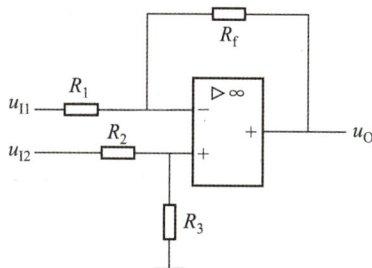

图 8.33 反相加法运算电路   图 8.34 减法运算电路

4. 减法运算(差分输入)电路

减法运算电路如图 8.34 所示,两个输入信号分别加到反相输入端和同相输入端。为了满足电路的平衡条件,取 $R_1 // R_f = R_2 // R_3$。

根据叠加原理,先求 u_{I1} 单独作用时的输出电压

$$u_{O1} = -\frac{R_f}{R_1}u_{I1}$$

再求 u_{I2} 单独作用时的输出电压

$$u_{O2} = \left(1 + \frac{R_f}{R_1}\right)\left(\frac{R_3}{R_2 + R_3}\right)u_{I2}$$

若 $R_1 = R_2$,$R_f = R_3$,则

$$u_{O2} = \frac{R_3}{R_2}u_{I2} = \frac{R_f}{R_1}u_{I2}$$

则在 u_{I1} 与 u_{I2} 共同作用时,$u_O = u_{O1} + u_{O2} = \frac{R_f}{R_1}(u_{I2} - u_{I1})$

若 $R_1 = R_2 = R_3 = R_f$,则 $u_O = u_{I2} - u_{I1}$,实现了减法运算。

5. 电压比较器在汽车电子电路中的应用

电压比较器是一种特殊的集成运算放大器,它是能够对两个输入电压极性进行比较的一种集成运放。它的两个输入电压中,一个是基准电压,另一个是被比较的输入电压,当两个电压不相等时,电压比较器输出的电压不是等于正电源电压值就是等于零。

电压比较器在汽车电子电路中应用非常广泛,比如氧传感器与 ECU(electronic control unit,电子控制单元又称"行车电脑")连接电路,其电路如图 8.35 所示。

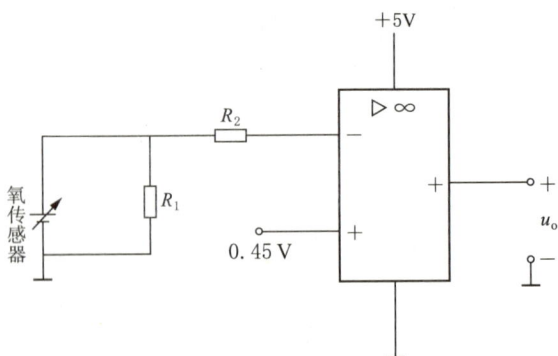

图 8.35　氧传感器与 ECU 的连接电路

在电喷发动机控制系统中,氧传感器承担着向 ECU 传递发动机是否工作在理论空燃比附近的任务。在浓混合气燃烧时,排气中的氧消耗殆尽,氧传感器几乎不产生电压;在稀混合气燃烧时,排气中还有一部分氧气,氧传感器产生 1 V 左右的电压。汽车电控系统根据氧传感器的输出信号对喷油量进行修正。控制系统规定,当氧传感器输出电压大于 0.45 V 时,认为混合气过稀;输出电压小于 0.45 V 时,认为混合气过浓。氧传感器与 ECU 之间就是通过电压比较器进行信号传递的。ECU 设定 0.45 V 为基准电压,当氧传感器产生的信号电压大于基准电压时,比较器输出 $u_o \approx 0$ V,ECU 判断混合气过稀,增加喷油量;当氧传感器信号电压小于基准电压时,比较器输出 $u_o \approx 5$ V,ECU 判断混合气过浓,减少喷油量。

阅读材料

集成电路芯片使用的注意事项

(1) 使用前应认真查阅有关手册,了解所用集成电路各引脚排列位置。对该集成电路的功能、内部结构、电特性、外形封装以及与该集成电路相连接的电路进行全面的分析和理解,使用情况下的各项电性能参数不得超出该集成电路所允许的最大使用范围。

(2) 集成电路接线要正确可靠。接线完毕后要认真检查,确认没有接错后,方可接通电源,否则有可能损坏器件。另外因集成电路工作电流较小,因此应确保各端点接触应良好,否则电路将不能正常工作。

(3) 集成运算放大电路的输入信号不能过大。当输入信号过大时,输出升到饱和值,不再响应输入信号,即使输入信号为零,输出仍保持饱和而不回零,必须切断电源重新启动,才能重建正常关系,这种现象称为阻塞现象。输入信号过大可能造成阻塞现象或损坏器件。因此,为了保证正常工作,输入信号接入集成运放电路前应对其幅度进行初测,使之不超过规定的极限。

(4) 集成运放的调零。所谓调零,就是将集成运放应用电路的输入端短路,调节调零电位器,使运放输出电压等于零。集成运放作直流运算使用时,特别是在小信号高精度直流放大电路中,调零是十分重要的。因为集成运放存在失调电流和失调电压,当输入端短路时,会出现输出电压不为零的现象,从而影响到运算的精度,严重时会使放大电路不能工作。

(5) 集成电路芯片使用的其他要点:

① 电源电压不能过高,极性不能接反。

② 要处理好空脚,遇到空的引脚时,不应擅自接地,这些引脚为更替或备用脚,有时也作为内部连接。CMOS 集成电路中不用的输入端不能悬空,应根据电路的逻辑功能要求分别加以处理,例如 CMOS **或非**门不用的输入端应接地。

③ 注意引脚能承受的应力与引脚间的绝缘。

④ 对功率集成运放电路需要有足够的散热措施。

⑤ 不应带电插拔集成电路芯片。

⑥ 集成电路芯片及其引线应远离脉冲高压源。

⑦ 防止感性负载的感应电动势击穿集成电路芯片,可在集成电路芯片相应引脚处接入保护二极管以防止过压击穿。要注意供电电源的稳定性,否则要在电路中增设如二极管组成的浪涌吸收电路。

(6) 检测集成电路芯片时要注意以下问题:

① 要了解所用集成电路的功能、内部电路、主要电参数、各引脚的作用以及各引脚的正常电压、波形等。

② 测试时要防止表笔或探头滑动而造成集成电路引脚间短路。

③ 测试仪表内阻要大。

④ 集成电路芯片要注意防静电。

⑤ 不要轻易判定集成电路的损坏,质疑时先要排除外围元件损坏的可能性。

8.8 差分放大器

8.8.1 零点漂移

1. 零点漂移现象

用来放大直流信号的放大电路称为直流放大器,直流放大器不能使用阻容耦合或变压器耦合方式,应采用图 8.14 所示电路的直接耦合方式,使直流信号逐级顺利传送。当放大电路处于静态时,即输入信号电压为零时,输出端的静态电压应为恒定不变的稳定值。但是在直流放大电路中,即使输入信号电压为零,输出电压也会偏离稳定值而发生缓慢、无规则的变化,严重影响放大电路的正常工作。这种现象称为零点漂移,简称零漂。

2. 产生零点漂移的原因

产生零点漂移的原因有电源电压的波动、温度变化、元器件老化等,其中温度变化是产生零漂的最主要原因。

3. 抑制零点漂移的措施

(1) 选用稳定性能好的高质量的硅管。

(2) 采用高稳定度的稳压电源可以抑制电源电压波动引起的零漂。

(3) 利用恒温系统来减小温度变化引起的零漂。

(4) 利用两只特性相同的三极管组成差分放大器,有效地抑制零漂。

8.8.2　典型差分放大电路

差分放大电路是集成运算放大电路的主要组成部分,也是一种使用十分广泛的单元电路,它具有优异的抑制零点漂移的性能。

1. 差分放大电路的组成

典型差分放大电路的基本电路如图 8.36 所示。它具有两个输入端,该电路采用两个对称的共发射极基本放大电路,VT1、VT2 是一对性能基本相同的三极管,两边的元器件具有相同的温度特性和参数,使之具有很好的对称性,并且一般采用正、负电源供电。

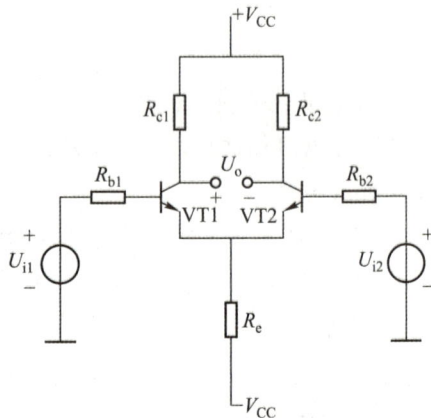

图 8.36　差分放大电路原理图

2. 工作原理

(1) 差模信号和共模信号

① 差模信号:一对大小相等、极性相反的信号称为差模信号。

② 共模信号:一对大小相等、极性相同的信号称为共模信号。

(2) 对差模信号的放大作用

差分放大器的输入端加上有用信号后,则 VT1 管与 VT2 管的信号电压为差模信号,在电路完全对称的情况下,差分放大器的输出电压为差模输出电压 u_{Od},输入不同的差模信号,输出电压随之线性变化,而且输出电压远大于输入电压,即差分放大器能线性放大差模信号。输入差模信号时的电压放大倍数称为差模电压放大倍数,记作 A_d,则差模电压放大倍数

$$A_d = \frac{u_{Od}}{u_{Id}}$$

由此可见,由两个三极管组成的双端输入、双端输出差分放大电路,其电压放大倍数和共射单管放大电路的电压放大倍数相同。实际上是通过牺牲一只管子的放大倍数来换取对零点漂移的抑制。

（3）对共模信号的抑制作用

输入不同的共模信号，输出电压基本不变，即差分放大电路能抑制共模信号。当输入共模信号时差分放大器的输出电压称为共模输出电压 u_{Oc}，输入共模信号时的电压放大倍数称为共模电压放大倍数，用 A_c 表示，即

$$A_c = \frac{u_{Oc}}{u_{Ic}}$$

共模电压放大倍数 A_c 越小，电路抑制零点漂移的效果越好。在理想情况下，差分放大电路对共模信号没有放大能力，即共模电压放大倍数 A_c 为零。

（4）共模抑制比（K_{CMR}）

差分放大电路的主要优点是可以有效地放大差模信号，同时可以很好地抑制零点漂移。对差模信号的放大倍数越大，对共模信号的放大倍数越小，电路对共模信号抑制能力越强，放大电路的性能就越好。为了更好地反映此能力，引入共模抑制比 K_{CMR}，其定义为

$$K_{CMR} = \left| \frac{A_d}{A_c} \right|$$

K_{CMR} 是衡量、评定差分放大电路质量优劣的重要参数。K_{CMR} 越大，差分放大电路抑制零点漂移的能力就越强。在理想情况下，即电路完全对称时，共模电压放大倍数 A_c 为零，差分放大电路共模抑制比趋近于无穷大。

8.9 正弦波振荡器

8.9.1 实现自激振荡的条件

自激振荡现象是指在放大器的输入端不外接输入信号时，其输出端仍有一定频率和幅度的信号输出。该放大器称为振荡器。若输出或产生的信号为交流正弦波信号，则称为正弦波振荡器。

振荡器实际上是将输出信号反馈到输入端作为输入信号，因此要实现自激振荡，必须满足两个条件：

1. 振幅平衡条件
由输出端反馈到输入端的电压幅值要等于输入信号的电压的幅值。

2. 相位平衡条件
由输出端反馈到输入端的电压相位必须和输入信号的相位相同。
在这两个条件中，相位平衡条件是关键。

常用的正弦波振荡器有 LC 振荡器、RC 振荡器和石英晶体振荡器等。

8.9.2　LC 振荡器

LC 振荡器又分为变压器耦合式、电感式和电容式三种电路形式。

1. 变压器耦合式

电路如图 8.37(a)所示,其特点如下:

① 通过变压器 T 耦合形成正反馈,并将反馈信号送回放大器的输入端。

② L_1C 并联回路组成放大器的谐振网络(也称选频网络)。

③ 改变电容 C 的大小,可改变谐振频率。

④ 改变 L_2 的匝数或调节 L_1 与 L_2 之间的距离,可改变反馈量的大小。

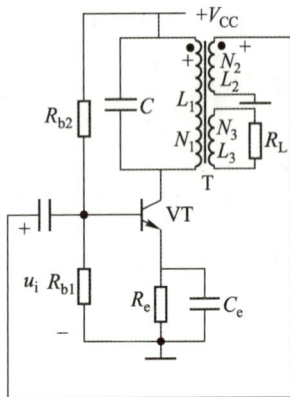
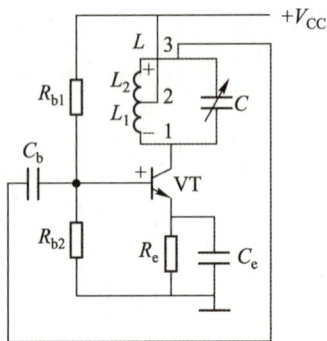
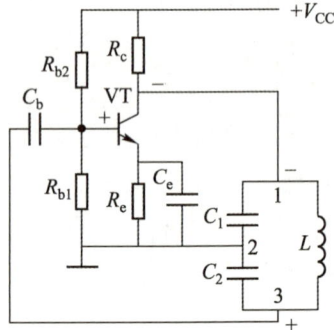

(a) 变压器耦合式　　　(b) 电感式　　　(c) 电容式

图 8.37　LC 振荡器

2. 电感式

电路如图 8.37(b)所示,其特点如下:

① 通过电感器 L 耦合形成正反馈,并将反馈信号送回放大器的输入端。

② LC 并联回路组成放大器的谐振网络。

③ 改变电容 C 的大小,可改变谐振频率。

④ 改变 L 的抽头位置 2,可改变反馈量的大小。

3. 电容式

电路如图 8.37(c)所示,其特点如下:

① 通过电容 C_1 和 C_2 的分压和耦合形成正反馈,并将反馈信号送回放大器的输入端。

② L 与 C_1、C_2 并联回路组成放大器的谐振网络。

③ 改变电容的比值 C_1/C_2,可改变反馈量的大小。

④ 谐振频率较难改变。

8.9.3 RC 振荡器

电路如图 8.38 所示,其特点如下:

① R_1、C_1 及 R_2、C_2 的串并联电路组成放大器的谐振网络,并将反馈信号送回放大器的输入端。

② 放大器的电压放大倍数大于 3,即 $A_u > 3$,则可满足振幅平衡条件。

③ 改变电容或电阻的大小,可改变谐振频率。

④ 选择 $R_1 = R_2 = R$,$C_1 = C_2 = C$,则此时谐振频率 $f_0 = 1/(2\pi RC)$。

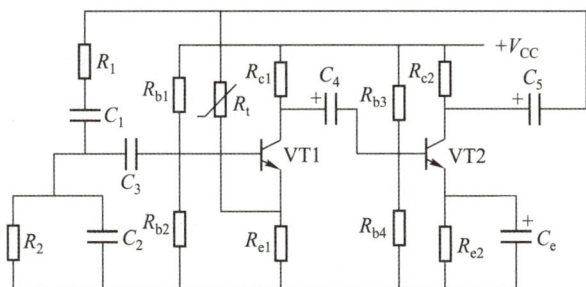

图 8.38   RC 振荡器

8.9.4 石英晶体振荡器

1. 石英晶体谐振器

上述的 LC 振荡器和 RC 振荡器的振荡频率是由谐振网络(LC 或 RC)的元件参数决定,由于外界因素(如温度、电源电压)的影响,将使振荡器的振荡频率不稳定。石英晶体元件作为石英晶体振荡器的谐振网络,其特点是振荡频率稳定度较高。因此被广泛应用在要求较高的电子设备中,如手表和计算机中的时钟信号发生器、标准信号发生器。

图 8.39   石英晶体谐振器的图形符号

石英晶体谐振器的图形符号如图 8.39 所示。

石英晶体是利用天然石英材料经加工(按一定方位角进行切削)制成薄片(即晶体片),在晶体片的两表面喷敷金属层并引出接线作为电极,再用外壳(如玻璃壳、胶壳、金属壳)封装,制成石英晶体谐振器。当在石英晶体片的电极施加电压时,石英晶体片会产生机械变形(振动);相反,若在晶体片施加周期性的机械压力,同样使晶体片发生变形(振动),从而在晶体片的两电极出现相应的交流电压。石英晶体这种独有的特性称为"压电效应",所产生的机械振动的频率称为石英晶体振荡器的固有频率。

2. 石英晶体振荡电路

(1) 并联型石英晶体振荡电路

电路结构如图 8.40(a)所示,三极管 VT 与石英晶体构成并联型石英晶体振荡电路。石英晶体和 C_1、C_2 构成电容三点式谐振网络。获得的谐振信号经 C_1、C_2 分压后,在 C_2 上形成的正反馈信号送回三极管的基极。

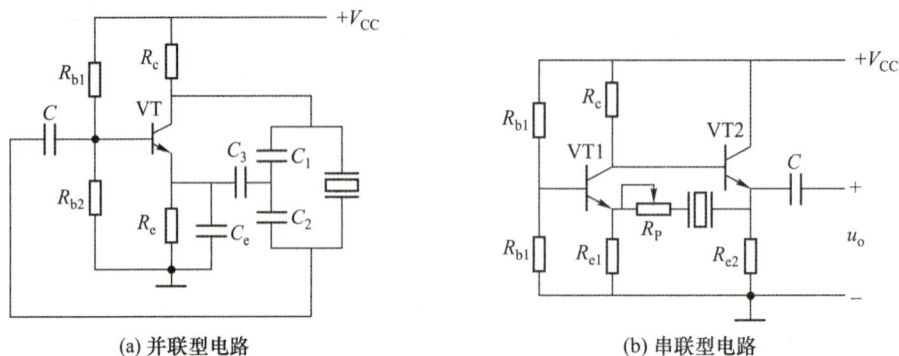

(a) 并联型电路　　　　(b) 串联型电路

图 8.40　石英晶体振荡电路

（2）串联型石英晶体振荡电路

电路结构如图 8.40(b)所示。石英晶体串接在三极管 VT1 和 VT2 的发射极之间，组成一个正反馈电路。调节 R_P 可控制反馈量的大小。

实训 9　运算放大器的应用

一、实训目的

1. 学会集成运算放大器的基本特性测试及其使用方法。

2. 掌握集成运算放大器中的反馈。

3. 进一步了解集成运算放大器的应用。

二、相关知识与预习内容

（一）集成运算放大器 LM324 简介

集成运算放大器 LM324 的外形和引脚如图 8.41(a)、(b)所示。LM324 是通用型集成运

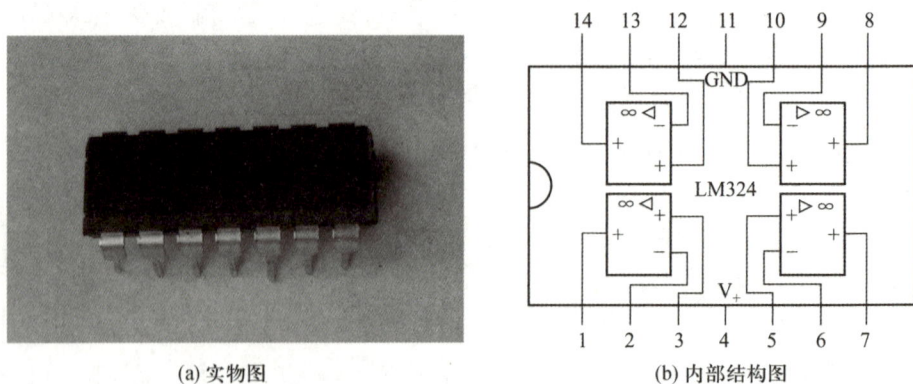

(a) 实物图　　　　(b) 内部结构图

图 8.41　集成运放 LM324

放,由图可见,它是在一块半导体芯片上制作了四个完全相同的运放单元。其 4 脚和 11 脚分别为正、负电源输入端,既可以采用双电源工作又可以采用单电源工作,在双电源工作时电压范围为 $\pm 1.5 \sim \pm 30$ V,单电源工作时电压范围为 $3 \sim 15$ V。

(二) 预习内容

1. 阅读"实训 6"、"实训 7"、"实训 8"中有关常用仪器、仪表使用的内容。

2. 阅读本章有关集成运算放大器及其基本运算电路的内容。

三、实训器材

按表 8.7 准备好完成本任务所需的设备、工具和器材。

表 8.7　工具与器材、设备明细表

序号	名　称	符号	型号/规格	单位	数量
1	集成运放		LM324	块	1
2	电阻器	R_f	100 kΩ	个	2
3	电阻器	R_1	10 kΩ	个	2
4	电阻器	R_2	9.1 kΩ	个	2
5	万用表		MF-47 型	台	1
6	直流稳压电源		0～±12 V(连续可调)	处	1
7	电烙铁		15～25 W	支	1
8	焊接材料		焊锡丝、松香助焊剂、烙铁架等,连接导线若干	套	1
9	电工电子实训通用工具		试电笔、榔头、螺丝刀(一字和十字)、电工刀、电工钳、尖嘴钳、剥线钳、镊子、小刀、小剪刀、活动扳手等	套	1
10	面包板			块	1

四、实训内容与步骤

(一) 反相比例运算电路的安装与测试

1. 识别实训教室所提供的电子元器件,并检测元器件。

2. 在面包板上搭接图 8.42 所示电路。完成电路的连接并经检查无误后,在电路中接入 ± 12 V 的直流电源(由实验台提供),注意正、负电源不能接错。

3. 只打开稳压电源的电源开关(信号发生器暂时不开电源),然后用万用表 2.5 V 直流电压挡测输出 U_O 是否小于或等于 0.1 V(否则应更换 IC)。然后根据表 8.8 所给数值,分别在输入端加上直流输入电压,用万用表测出相应的输出电压 U_O,并计算 A_f,记

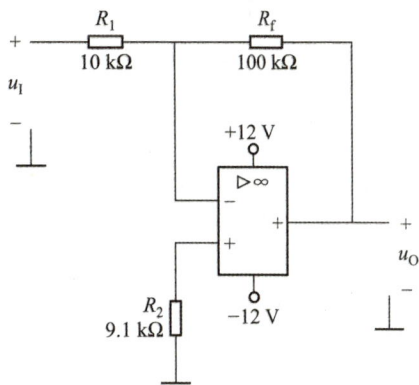

图 8.42　反相比例运算电路

录于表 8.8 中。

表 8.8 集成运算放大器的运算关系测量记录

U_I/V		0.8	0.5	0.3	0.1	−0.1	−0.3	−0.5	−0.8
反相运算	U_O(计算值)								
	U_O(实测值)								
	A_f(实测值)								
同相运算	U_O(计算值)								
	U_O(实测值)								
	A_f(实测值)								

（二）同相比例运算电路的安装与测试

1. 在面包板上搭接图 8.43 所示电路。

2. 按测量反相比例运算电路的方法,根据表 8.8 所给数值测量同相比例运算电路的输出电压,记录于表 8.8 中。

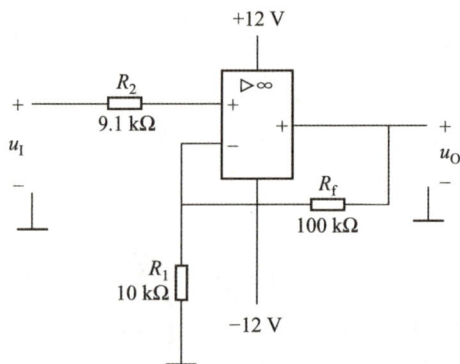

图 8.43 同相比例运算电路

技能拓展

报警器的制作与调试

一、相关知识与预习内容

（一）电压比较器

电压比较器用来比较输入信号与参考电压的大小。在电压比较器电路中,集成运放工作于开环状态或引入正反馈。理想集成运放的开环电压放大倍数无穷大,只要同相输入端与反相输入端之间有极微小的差值电压,输出电压就将达到正的最大值 $+U_{OM}$ 或负的最大值 $-U_{OM}$,输出电压与输入电压不再是线性关系,而是工作在非线性区域。

图 8.44(a)所示为单限电压比较器的电路,当输入电压 $u_1 < U_{REF}$ 时,输出电压 $u_O = +U_{OM}$;当输入电压 $u_1 > U_{REF}$ 时,输出电压 $u_O = -U_{OM}$。其传输特性如图 8.44(b)所示。比较器的输

出电压从一个电平跳变到另一个电平时,对应的输入电压值称为阈值电压或门槛电压,简称为阈值,用符号U_{TH}表示。对于图 8.44 所示电路,$U_{TH}=U_{REF}$。

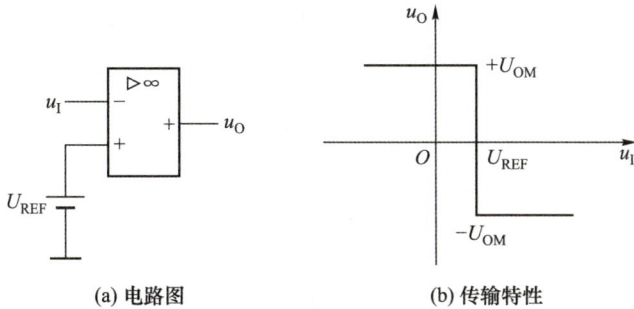

(a) 电路图　　　　　　　(b) 传输特性

图 8.44　单限电压比较器

(二) 断线式防盗报警器

1. 电路组成

本任务所制作的断线式防盗报警器电路由桥式检测电路和音响报警电路组成,如图 8.45 所示。电路中,电阻器 R_5、R_6、R_{10} 和电容器 C_1、C_2 组成桥式检测电路,运放 IC 内部的 N1、N2,开关二极管 VD,电阻器 R_7、R_8、R_9,电容器 C_3、C_4,扬声器 BL 组成音响报警电路。

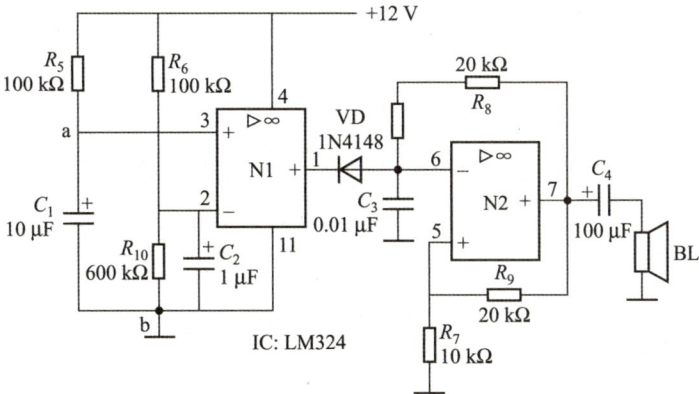

图 8.45　断线式防盗报警器电路原理图

2. 电路工作原理

电路的 a、b 两端用细导线 W(如漆包线)连接,导线的长度可根据监防的范围而定。当 a、b 之间用细导线短接时,N1 的 3 脚(同相输入端)变为低电平,2 脚(反相输入端)电位高于 3 脚电位,1 脚(输出端)为低电平,VD 导通,由 N2 和外围阻容元件构成的方波振荡器不振荡,BL 不发声,报警器处于监控状态。当 a、b 之间连接的细导线 W 被盗贼截断时,N1 的 3 脚变为高电平,3 脚电位高于 2 脚电位,1 脚由低电平变为高电平,VD 截止,方波振荡器振荡工作,BL 发出报警声。

二、实训器材

按表 8.9 准备好完成本任务所需的设备、工具和器材。

表 8.9　工具与器材、设备明细表

序号	名　称	符号	型号/规格	单位	数量
1	集成运放		LM324	块	1
2	开关二极管	VD	1N4148	个	1
3	电阻器	R_5、R_6	100 kΩ	个	2
4	电阻器	R_7	10 kΩ	个	1
5	电阻器	R_8、R_9	20 kΩ	个	2
6	电阻器	R_{10}	600 kΩ	个	1
7	电容器	C_3	0.01 μF 涤纶电容器	个	1
8	电容器	C_1	10 μF/16 V 电解电容器	个	1
9	电容器	C_2	1 μF/16 V 电解电容器	个	1
10	电容器	C_4	100 μF/16 V 电解电容器	个	1
11	扬声器	BL	0.25 W/8 Ω	个	1
12	万用表		MF-47 型	台	1
13	双踪示波器		XC4320 型	台	1
14	电烙铁		15～25 W	支	1
15	焊接材料		焊锡丝、松香助焊剂、烙铁架等,连接导线若干	套	1
16	电工电子实训通用工具		试电笔、榔头、螺丝刀(一字和十字)、电工刀、电工钳、尖嘴钳、剥线钳、镊子、小刀、小剪刀、活动扳手等	套	1
17	单孔印制电路板			块	1
18	直流稳压电源		0～±12 V(连续可调)		

三、实训内容与步骤

（一）电路制作

在单孔印制电路板上正确焊接图 8.45 所示的断线式防盗报警器电路,完成电路安装与焊接的电路实物图如图 8.46 所示。

（二）电路测量

完成电路的连接并经检查无误后,方能接通 12 V 直流电源,进行测量。

1. 当电路的 a、b 两端用导线连接时,用万用表的直流电压挡测量集成运放 LM324 的 1、2、3、4、5、6、7、11 脚的电压值,填入表 8.10 中。

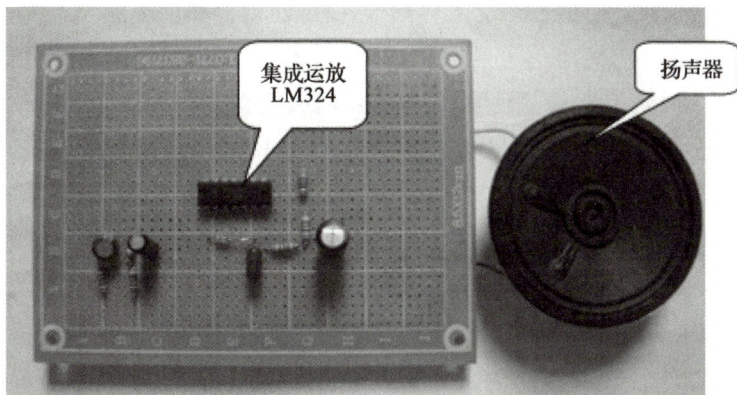

图 8.46 断线式防盗报警器实物图

2. 当电路的 a、b 两端断开时,用万用表的直流电压挡测量集成运放 LM324 的 1、2、3、5、6、7 脚的电压值,填入表 8.10 中。

表 8.10 断线式防盗报警器的测量记录

测试条件	LM324 各引脚电压值/V							
	1	2	3	4	5	6	7	8
a、b 两点相连								
a、b 两点断开								

本 章 小 结

● "放大"的实质是以微弱的电信号控制放大电路的工作,将电源的能量转变为与微弱信号相对应的较大能量的大信号,是一种"以弱控强"的方式。三极管是基本共发射极放大电路的核心元件,直流电源通过基极电阻 R_b 和集电极电阻 R_c 使三极管的发射结正向偏置、集电结反向偏置,以保证三极管工作在放大状态。因此,直流状态下的 I_{BQ}、I_{CQ}、U_{CEQ} 称为三极管的静态工作点 Q。

● 静态工作点 Q 设置得过低或过高,可能会使三极管工作在截止或饱和状态,造成输出信号的截止失真或饱和失真。但即使设置了合适的静态工作点,在更换器件或环境温度变化时,都可能会造成原来的静态工作点发生变化,因此,需要在电路结构上采取一些措施来稳定静态工作点。分压式偏置放大电路是应用最广泛的稳定静态工作点的电路形式。

● 输入电阻 r_i、输出电阻 r_o 和电压放大倍数 A_u 是小信号放大电路最主要的性能指标。

● 共集电极放大电路(射极输出器)的输入电阻很大,输出电阻很小,电压放大倍数小于或等于 1。

● 多级放大电路的级间耦合方式:阻容耦合、变压器耦合和直接耦合。

● 放大电路的反馈使输出信号的部分或全部送回到输入端。若反馈信号使净输入信号削弱,称为负反馈,若反馈信号使净输入信号增强,称为正反馈。负反馈以降低放大倍数为代价来改善放大器的性能,例如,静态工作点的稳定,减小失真,改变输入电阻和输出电阻。

● 功率放大器按晶体管的静态工作点设置分为甲类、乙类和甲乙类。本章介绍的无变压器耦合的互补对称式功率放大器分为双电源 OCL 电路和单电源 OTL 电路。无论是 OCL 电路还是 OTL 电路,它们都是由两只三极管在输入信号的一个周期内轮流交替工作,最后在负载上合成,这样就会产生交越失真,为了克服交越失真,应将静态工作点设置在甲乙类状态。

● 理想运算放大器的主要技术指标:开环电压放大倍数为无穷大,开环输入电阻为无穷大,开环输出电阻为零,共模抑制比为无穷大。

● 根据理想运算放大器的条件推导出的两个重要结论是:"虚短"和"虚断"。运用这两个结论,可使运算放大器的分析过程大为简化。

● 直接耦合放大电路(直流放大电路)和差分放大电路是集成运算放大器中最基本的电路。直接耦合放大电路的缺点是级间互相影响及产生零点漂移;差分放大电路能有效地抑制零漂和共模信号,对差模信号进行放大。差分放大电路的共模抑制比越大,抑制零漂的能力就越强。

● 振荡器的自激振荡必须满足两个振荡条件:相位平衡条件(反馈为正反馈)和振幅平衡条件(反馈足够大)。常用的电路形式有 LC 振荡器(变压器耦合式、电感式和电容式)、RC 振荡器、石英晶体振荡器等。

习　题　8

一、填空题

1. 放大电路按三极管的连接方式分,有共_____电路、共_____电路和共_____电路三种。

2. 共发射极放大电路的输入端由三极管的_____和_____组成;输出端由三极管的_____组成。

3. 集电极电阻由于其作用又称_____。

4. 放大器中三极管的静态工作点 Q 主要是指_____、_____和_____。

5. 放大电路的交流通路是指将_____和_____看成短路。

6. 放大电路工作在动态时,u_{CE}、i_B、i_C 各量,都是由_____分量和_____分量组成。

7. 利用_____通路,可以近似估算放大电路的静态工作点;利用_____通路,可以估算放大电路的动态参数。

8. 对于一个放大电路来说，一般希望其输入电阻_____，以减轻信号源的负担；一般希望其输出电阻_____，以增大带负载的能力。

9. 多级放大电路常用的级间耦合方式有_____、_____和_____。

10. 电子技术中的反馈是将_____端的信号的一部分或全部以某一方式送入_____端。

11. 具有反馈的放大器是由_____和_____两部分电路所组成。

12. 对功率放大电路的基本要求是_____要大、_____要高、_____要小以及_____要好。

13. 功率放大电路按三极管的工作状态可分为_____类功率放大电路、_____类功率放大电路和_____类功率放大电路。

14. OTL 电路和 OCL 电路的主要区别是：OTL 电路是_____供电；而 OCL 电路是_____供电。

15. 运算放大电路具有_____和_____功能。

16. 集成运算放大器内部由四部分组成，包括_____、_____、_____和_____。

17. 集成运算放大器的一个输入端为_____，其极性与输出端_____；另一个输入端为_____，其极性与输出端_____。

18. 理想集成运放的 A_{uO}_____，r_i_____，r_o_____，K_{CMR}_____。

19. 共模抑制比 K_{CMR} 是指_____之比。

20. 常用的振荡器有_____振荡器、_____振荡器和_____振荡器等。

二、选择题

1. 共发射极放大电路中三极管的(　　)是输入回路和输出回路的公共端。

   A. 基极　　　　　　　　B. 发射极　　　　　　　　C. 集电极

2. 三极管在电路起到(　　)放大作用。

   A. 电流　　　　　　　　B. 电压　　　　　　　　C. 电流或电压

3. 单管放大器建立静态工作点是为了(　　)。

   A. 使三极管在输入信号的整个周期内都导通

   B. 使三极管工作在截止区或饱和区

   C. 使三极管可以从饱和区、放大区至截止区任意过渡

4. 在共射极单级放大电路中，输入信号与输出信号的波形相位(　　)。

   A. 反相　　　　　　　　B. 同相　　　　　　　　C. 正交

5. 放大电路中的饱和失真与截止失真称为(　　)。

   A. 线性失真　　　　　　B. 非线性失真　　　　　　C. 交越失真

6. 共发射极基本放大电路处于饱和状态时，要使电路恢复成放大状态，通常采用的方法是(　　)。

   A. 增大 R_b　　　　　　B. 减小 R_b　　　　　　C. 改变 R_c

7. 放大器的电压放大倍数在( )时增大。

  A. 负载电阻增大   B. 负载电阻减小   C. 负载电阻不变

8. 共发射极放大电路放大交流信号时,三极管的集电极电压( )。

  A. 只含有放大了的交流信号

  B. 只含有直流静态电压

  C. 既有直流静态电压又有交流信号电压

9. 无信号输入时,放大电路的状态称为( )。

  A. 静态   B. 动态   C. 静态和动态

10. 共发射极放大电路的输出电流、输出电压与输入电压的相位关系是( )。

  A. 输出电流、输出电压均与输入电压同相

  B. 输出电流、输出电压均与输入电压反相

  C. 输出电流与输入电压同相,输出电压与输入电压反相

11. 解决共发射极放大电路截止失真的方法( )。

  A. 增大 R_b B. 增大 R_c C. 减小 R_b

12. 放大电路工作在动态时,集电极电流是由( )信号组成。

  A. 纯交流   B. 纯直流   C. 交流与直流合成

13. 放大器接入负载后,电压放大倍数会( )。

  A. 下降   B. 增大   C. 不变

14. 射极输出器具有( )放大作用。

  A. 电压   B. 电流   C. 电压和电流

15. 阻容耦合二级电压放大器的输出电压与输入电压的相位关系是( )。

  A. 反相   B. 同相   C. 相位差为 $0°\sim90°$

16. 某多级放大电路由三级基本放大器组成,已知每级电压放大倍数均为 A_u,则总的电压放大倍数为( )。

  A. $3A_u$ B. A_u^2 C. A_u^3

17. 乙类功率放大电路由两个功放管组合起来( )工作,合成出一个完整的全波信号。

  A. 同时   B. 交替   C. 不确定

18. 在 OTL 功率放大电路中,与负载串联的电容器的作用是( )。

  A. 提高输出信号电压 B. 对电源滤波

  C. 充当一个电源,保证三极管正常工作

19. 负反馈能使放大电路的通频带( )。

  A. 展宽   B. 变窄   C. 不稳定

20. 负反馈会使放大电路的放大倍数( )。

  A. 增加   B. 减少   C. 不稳定

21. 集成运算放大电路是一个(　　)。

　　A. 直接耦合的多级放大电路

　　B. 阻容耦合的多级放大电路

　　C. 变压器耦合的多级放大电路

22. 集成运放能处理(　　)。

　　A. 直流信号

　　B. 交流信号

　　C. 交流信号和直流信号

23. 对于理想运算放大器的输入电阻、输出电阻及开环放大倍数,下列表达式正确的是(　　)。

　　A. $r_I=\infty$　　$r_O=\infty$　　$A_{uO}=\infty$

　　B. $r_I=\infty$　　$r_O=0$　　$A_{uO}=\infty$

　　C. $r_I=\infty$　　$r_O=0$　　$A_{uO}=0$

24. 同相比例运算电路的电压放大倍数等于(　　)。

　　A. 1 　　　　　　　　B. -1 　　　　　　　　C. $1+R_f/R_1$

25. 电压比较器与放大电路、运算电路的主要区别是:电压比较器电路的集成运放工作在(　　)或(　　),因此它的输出只有(　　)和(　　)两个稳定状态。

　　A. $+U_{OM}$ 　　　　　　B. $-U_{OM}$ 　　　　　　C. 开环状态

　　D. 正反馈状态 　　　　E. 深负反馈 　　　　　　F. 虚短

26. 无论是用集成运放还是专用的集成电压比较器构成的电压比较电路,其输出电压与两个输入端的电位关系相同,即只要反相输入端的电位高于同相输入端的电位,则输出为(　　)电平。相反,若同相输入端的电位高于反相输入端的电位,则输出为(　　)电平。

　　A. 高 　　　　　　　　B. 低 　　　　　　　　C. 零

27. 差分放大电路对(　　)信号具有放大作用。

　　A. 共模 　　　　　　　B. 差模 　　　　　　　C. 共模和差模

28. 振荡器的反馈信号必须是(　　)。

　　A. 正反馈 　　　　　　B. 负反馈 　　　　　　C. 正反馈和负反馈

三、判断题

1. 共发射极放大电路中,三极管只起到电压放大作用。　　　　　　　　　　(　　)

2. 基极电阻由于其作用又称偏流电阻。　　　　　　　　　　　　　　　　　(　　)

3. 在三极管的放大电路中,三极管发射结加正向电压,集电结加反向电压。　(　　)

4. 单管共发射极放大器具有反相作用。　　　　　　　　　　　　　　　　　(　　)

5. 放大器不设置静态工作点时,由于三极管的发射结有死区和三极管输入特性曲线的非线性,放大信号会产生失真。　　　　　　　　　　　　　　　　(　　)

6. 放大电路的电压放大倍数随负载 R_L 而变化，R_L 越大，电压放大倍数越大。　　（　　）

7. 射极输出器的输入电阻大，输出电阻小。　　（　　）

8. 在功率放大电路中，功放管的功耗越大，电路输出功率越大。　　（　　）

9. 在功率放大电路中，功放管的功耗越大，电路的转换效率越低。　　（　　）

10. 将输入的部分信号送到放大器的输出端称为反馈。　　（　　）

11. 电压并联负反馈的基本特点是输入电阻和输出电阻都减小。　　（　　）

12. 负反馈可提高放大倍数稳定性，但使电路的非线性失真增大。　　（　　）

13. 放大电路引入负反馈后，可以改善放大电路的性能。　　（　　）

14. 直流放大器不能使用阻容耦合或变压器耦合方式。　　（　　）

15. 运算电路中都引入负反馈。　　（　　）

16. "虚短"就是真正的短路。　　（　　）

17. 若输入信号从集成运放的同相输入端输入，则输入与输出的相位相反。　　（　　）

18. 共模信号是指两个大小和极性都相反的输入信号。　　（　　）

19. 共模抑制比 K_{CMR} 越大，说明电路的性能就越好。　　（　　）

四、综合题

1. 如图 8.47 所示共射极基本放大电路，$V_{CC} = 6\ V$，$R_b = 200\ k\Omega$，$R_c = 2\ k\Omega$，若三极管的 $\beta = 50$，试求其静态工作点。

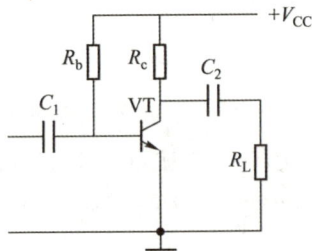

图 8.47　综合题第 1 题图

2. 已知三极管的 $\beta = 50$，$U_{BE} = 0.7\ V$，试计算图 8.48 所示放大电路的静态工作点。

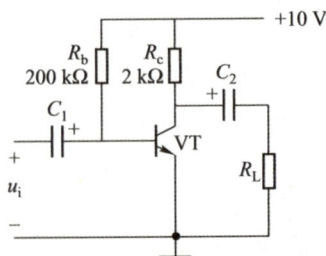

图 8.48　综合题第 2 题图

3. 电路如图 8.49 所示，$V_{CC} = 15\ V$，三极管 VT 的 $\beta = 50$。试绘出该电路的交流通路，并分别求出输入电阻和输出电阻。

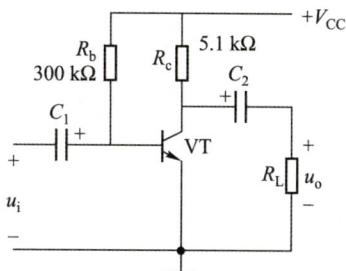

图 8.49　综合题第 3 题图

4. 试求图 8.50 所示各电路中输出电压 u_O 的值。

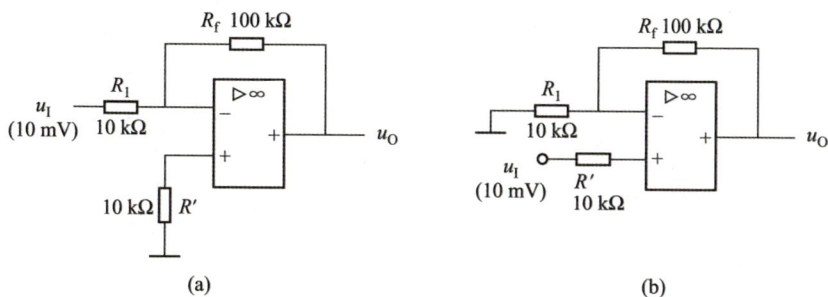

(a)

(b)

图 8.50　综合题第 4 题图

5. 在图 8.51 所示电路中,已知 $R_f = 2R_1$,$u_I = -2\,\text{V}$,试求输出电压 u_O。

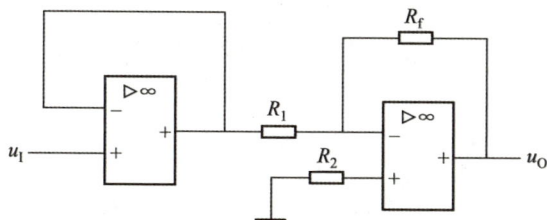

图 8.51　综合题第 5 题图

题解:
习题 8 答案

第 4 篇　数字电子技术

　　数字电路是传递和处理数字信号的电子电路,本篇的内容包括数字电子技术基础、组合逻辑电路、时序逻辑电路和数字电路的应用等。

chapter 9
第 9 章 | **数字电子技术基础**

学习目标

本章主要介绍数字电子技术及其基本电路,主要包括:

● 通过对数字电路基础知识和组合逻辑电路基本知识的学习和应用,掌握基本逻辑门、常见复合逻辑门的逻辑功能以及编码器、译码器等常见组合逻辑电路的工作原理。

● 通过对触发器、寄存器和计数器的学习,掌握时序逻辑电路(寄存器和计数器)的工作原理。

9.1　数字电路概述

随着计算机的广泛应用,数字电子技术的应用进入了一个新的阶段。数字电子技术不仅广泛应用于现代数字通信、自动控制、测控、数字计算机等各个领域,而且已经进入了千家万户的日常生活。可见,在人类迈向信息化社会的进程中,数字电子技术将起到越来越重要的作用。

以电视信号为例:电视信号有模拟电视信号和数字电视信号两种。模拟电视信号是随时间连续变化的音视频信号,而数字电视信号则是将现场的模拟电视信号进行数字化处理后获得的电视信号。

数字电视是指拍摄、剪辑、制作、播出、传输、接收等全过程都使用数字技术的电视系统。数字电视的具体传输过程是:由电视台送出的图像及声音信号,经数字压缩和数字调制后,形成数字电视信号,经过卫星、地面无线广播或有线电缆等方式传送,由数字电视机接收后,通过数字解调和数字视音频解码处理还原出原来的图像及伴音。在城市中,通常采用有线电缆方式传送数字电视信号(俗称有线电视);在农村,则常采用卫星广播系统(俗称卫星电视,如图9.1所示)。

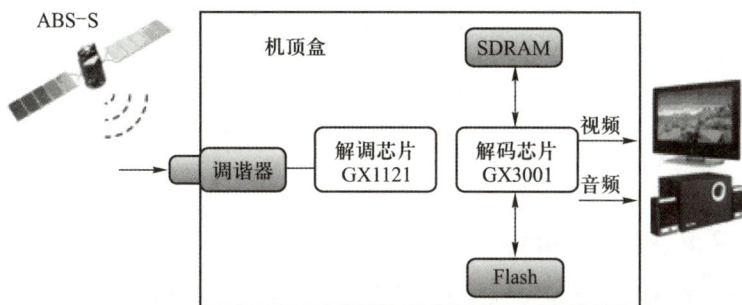

图9.1 卫星直播数字电视接收系统框图

9.1.1 数字电路的基本概念

1. 模拟信号和数字信号

$$电子电路中的信号\begin{cases}模拟信号 \rightarrow 模拟电路 \\ 数字信号 \rightarrow 数字电路\end{cases}$$

① 模拟信号:在时间上和数值上均为连续变化的信号,如正弦交流电的正弦波信号,如图2.2所示。

② 模拟电路:处理模拟信号的电路。如整流电路、放大电路等,着重研究的是输入信号和输出信号之间的大小及相位关系。模拟电路中,三极管通常工作在放大区。

③ 数字信号:不随时间连续变化的信号,即其信号在数值上、在出现的时间上是断续的。如图9.2所示:图9.2(a)、(b)、(c)、(d)所示分别为尖峰波、矩形波、锯齿波和阶梯波信号。这是几种典型的数字信号,它们都是突变信号,持续时间短暂,因此数字信号也称脉冲信号。

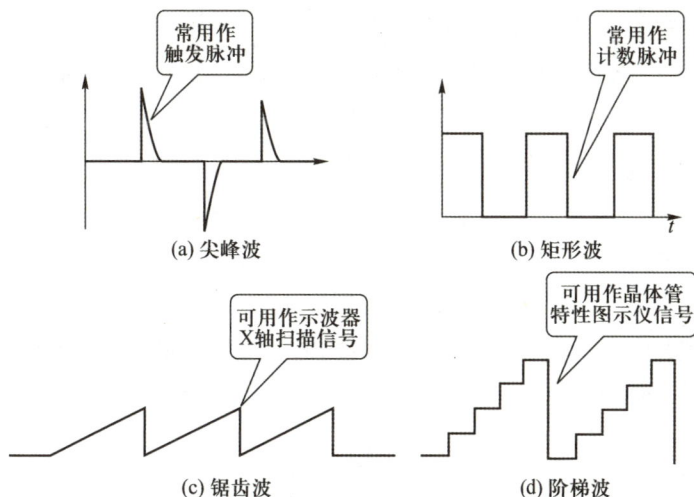

(a) 尖峰波

(b) 矩形波

(c) 锯齿波

(d) 阶梯波

图9.2 数字信号

④ 数字电路:处理数字信号的电路。它着重研究的是输入信号、输出信号之间的逻辑关系,所以也称逻辑电路。在数字电路中,三极管一般工作在截止区和饱和区,起开关的作用。

2. 数字信号的表示方法

为了便于数字信号的处理,在数字电子技术中,数字信号只取 **0** 和 **1** 两个基本数码,反映在电路中可对应为低电平与高电平两种状态。

3. 数字电路的特点

(1) 由于数字电路是以二值数字逻辑为基础,仅有 **0** 和 **1** 两个基本数码,可用半导体二极管、三极管的导通和截止这两种相反状态来实现,组成电路的基本单元便于制造和集成。

(2) 由数字电路构成的数字系统工作可靠,精度较高,抗干扰能力强。

(3) 数字电路不仅能完成数值运算,而且能进行逻辑判断和运算。

(4) 数字信息便于长期保存。

9.1.2　数制与编码

数字电路只涉及两个数码,采用二进制运算,与习惯使用的十进制运算有所不同。

1. 几个基本概念

① 数码:能表示物理量大小的数字符号。例如:日常生活中常用的十进制数是 0、1、2、3、4、5、6、7、8、9 十个不同数码。

② 数制:计数制的简称,表示多位数码中每一位的构成方法,以及从低位到高位的进制规则。常用的计数制有十进制、二进制、八进制、十六进制等。

③ 权:每种数制中,数码处于不同位置(即不同的数位),它所代表的数量的含义是不同的。各数位上,数码表示的数量等于该数码与相应数位的权的乘积。权,即与相应数位的数码相乘从而得到该数码实际代表的数量的数。例如:十进制数 123 中,"1"表示 1×10^2,"2"表示 2×10^1,"3"表示 3×10^0,由此可见,10^0、10^1、10^2 分别为十进制数的个位、十位、百位的权。

2. 十进制、二进制、十六进制数的表示方法

(1) 十进制数

十进制数是日常生活中使用最广泛的计数制。组成十进制数的符号有 0、1、2、3、4、5、6、7、8、9 十个数码,按"逢十进一"、"借一当十"的原则计数,10 是它的基数。任何一个十进制数都可以用加权系数展开式来表示,n 位整数十进制数用加权系数展开式表示,可写为

$$(N)_{10} = a_{n-1}a_{n-2}\cdots a_1 a_0 = a_{n-1} \times 10^{n-1} + a_{n-2} \times 10^{n-2} + \cdots + a_1 \times 10^1 + a_0 \times 10^0$$

式中,$(N)_{10}$ 中的下标 10 表示十进制数。

例如:$(185)_{10} = 1 \times 10^2 + 8 \times 10^1 + 5 \times 10^0$

显然,十进制数的各数位的权为 10 的幂。

（2）二进制数

二进制数中只有 **0** 和 **1** 两个数码，按"逢二进一"、"借一当二"的原则计数，2 是它的基数。二进制各数位的权为 2 的幂。

例如：$(1011\ 1001)_2 = (1\times2^7+0\times2^6+1\times2^5+1\times2^4+1\times2^3+0\times2^2+0\times2^1+1\times2^0)_{10}$
$= (185)_{10}$

（3）十六进制数

十六进制数有 0～9、A、B、C、D、E、F 这十六个数码，分别对应于十进制数的 0～15。十六进制数按照"逢十六进一"、"借一当十六"的原则计数，16 是它的基数，各数位的权为 16 的幂。

例如：$(3EC)_{16} = (3\times16^2+14\times16^1+12\times16^0)_{10} = (1004)_{10}$

3. 数制转换

（1）二进制数转换为十进制数

将二进制数按权位展开，然后各项相加，就得到相应的十进制数。

例 9.1　将二进制数 **10011** 转换成十进制数。

解：$(10011)_2 = (1\times2^4+0\times2^3+0\times2^2+1\times2^1+1\times2^0)_{10} = (19)_{10}$

（2）十进制数转换为二进制数

十进制整数转换为二进制采用"除 2 取余，逆序排列"法，用 2 去除十进制整数，可以得到一个商和余数；再用 2 去除商，又会得到一个商和余数，如此进行，直到商为零时为止，然后把先得到的余数作为二进制数的低位有效位，后得到的余数作为二进制数的高位有效位，依次排列起来。

例 9.2　将 $(11)_{10}$ 转换二进制数

解：

```
2 ⌊ 11
  2 ⌊ 5    余 1    ↑    低位 权 2⁰
    2 ⌊ 2    余 1         权 2¹
      2 ⌊ 1    余 0         权 2²
          0    余 1    高位 权 2³
```

所以：$(11)_{10} = (1011)_2$

4. 编码

编码是用数字代码表示文字、符号、图形等非数字信息的特定对象的过程。用二进制代码表示有关对象的过程称为二进制编码。

计算机及数字仪表等数字电路只能接收和处理 **0** 和 **1** 这两个数字信息，都采用二进制数码，而实际生活中常用的是十进制数码，因此，在数字电路中，常用一组 4 位二进制码来表示 1 位十进制数，这种编码方法称为二-十进制编码，亦称 BCD 码。8421 码是最常见的一种 BCD 码，见表 9.1。

表 9.1　8421 BCD 码

十进制数	8 4 2 1 码
0	0 0 0 0
1	0 0 0 1
2	0 0 1 0
3	0 0 1 1
4	0 1 0 0
5	0 1 0 1
6	0 1 1 0
7	0 1 1 1
8	1 0 0 0
9	1 0 0 1
位权	8 4 2 1

从表中可看出,8421 BCD 码是用 4 位二进制数的前十组来表示一个等值的对应十进制数。必须注意 8421BCD 码和二进制数所表示的多位十进制数的方法不同。

例 9.3　将十进制数 93 分别用 8421BCD 码和二进制数来表示。

解: 十进制数　　　9　　　3

　　8421BCD 码　　**1001**　　**0011**

即$(93)_{10}=(\textbf{10010011})_{8421}$

而$(93)_{10}=(\textbf{1011101})_{2}$

9.2　门电路

9.2.1　门电路概述

数字电路实现的是逻辑关系。所谓"逻辑"是指事物的条件或原因与结果之间的关系。如果将数字电路的输入信号视为"条件",输出信号视为"结果",那么,数字电路的输入与输出信号之间就存在一定的因果关系(即逻辑关系),能实现一定逻辑功能的数字电路称为逻辑门电路(简称门电路)。门电路一般有多个输入端和一个输出端。

门电路在输入信号满足一定的条件后,电路开启,处理信号,产生信号输出;相反,若输入信号不满足条件,门电路关闭,没有信号输出。就好像一扇门的开启需要满足一定的条件一样。门电路的特点是某时刻的输出信号完全取决于即时的输入信号,即没有存储和记忆信息功能。

在数字电路中,表示逻辑关系中输入、输出变量电平的高低一般用 **0** 和 **1** 两个二进制数码表示,如果用 **1** 表示高电平,**0** 表示低电平,则称为正逻辑;反之则称为负逻辑。若无特殊说明,一般均采用正逻辑。

9.2.2 基本逻辑门电路

数字电路的基本逻辑关系有三种:**与逻辑、或逻辑**和**非逻辑**。任何一个复杂的逻辑关系都可以用这三种基本逻辑关系表示出来。能够实现这三种基本逻辑关系的门电路分别称为**与门、或门**和**非门**电路。

1. 与门电路

(1) 与逻辑关系

如果决定某事件成立(或发生)的诸原因(或条件)都具备,事件才发生;而只要其中一个条件不具备,事件就不能发生。这种逻辑关系称为**与逻辑**关系。

如图 9.3 所示电路,只有两个开关 A 和 B 都闭合,灯才能亮;只要有一个开关未闭合,灯就不会亮。这两个开关闭合(条件)与灯亮(结果)之间就构成了**与逻辑**关系。

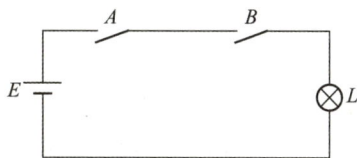

图 9.3 与逻辑关系电路图

如果用 **1** 表示开关闭合,灯亮;用 **0** 表示开关断开,灯不亮。将条件与结果之间的逻辑关系列于表 9.2 中,这种反映逻辑关系的表格称为真值表。

表 9.2 与逻辑真值表

A	B	Y
0	0	0
0	1	0
1	0	0
1	1	1

由表 9.2 可看出,与逻辑关系为:"有 **0** 出 **0**,全 **1** 出 **1**"。

(2) 与门电路符号

图 9.4 所示为两个输入端的**与门**电路逻辑符号。

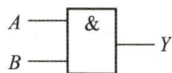

图 9.4 与门电路逻辑符号

(3) 逻辑表达式

与门电路的逻辑表达式为

$$Y = A \cdot B = AB \tag{9.1}$$

2. 或门电路

(1) 或逻辑关系

如果决定某事件成立(或发生)的诸原因(或条件)中,只需要具备其中一个条件,事件就会发生;而有所有的条件均不具备时,事件才不能发生。这种逻辑关系称为**或**逻辑关系。

如图 9.5 所示电路,只要开关 A 或 B 闭合,灯就会亮;只有全部开关都断开,灯才不会亮。这两个开关闭合(条件)与灯亮(结果)之间就构成了**或**逻辑关系。**或**逻辑的真值表见表 9.3。

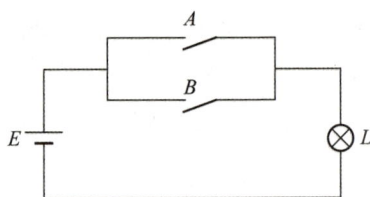

图 9.5　或逻辑关系电路图

表 9.3　**或**逻辑真值表

A	B	Y
0	0	0
0	1	1
1	0	1
1	1	1

由表 9.3 可看出**或**逻辑关系为:有 **1** 出 **1**,全 **0** 出 **0**。

(2) 或门图形符号

图 9.6 所示为两个输入端的**或**门电路图形符号。

图 9.6　或门电路图形符号

(3) 逻辑表达式

或门电路的逻辑表达式为

$$Y = A + B \tag{9.2}$$

3. 非门电路

(1) 非逻辑关系

如果决定某事件成立(或发生)的原因(或条件)只有一个,该条件具备,事件就不发生;该条件不具备,事件就发生。这种逻辑关系称为**非**逻辑关系。

如图 9.7 所示电路,开关 A 闭合,灯不亮;开关 A 断开,灯亮。这一个开关闭合(条件)与灯亮(结果)之间就构成了**非**逻辑关系。**非**逻辑的真值表见表 9.4。

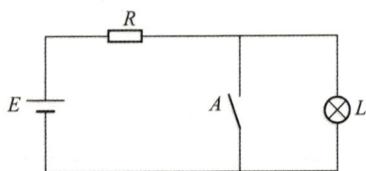

图 9.7　非逻辑关系电路图

表 9.4　非逻辑真值表

A	Y
0	1
1	0

由表 9.4 可看出,**非**逻辑关系为:"有 **1** 出 **0**,有 **0** 出 **1**"。

（2）非门电路符号

图 9.8 所示为非门电路图形符号,可见,非门电路只有一个输入端 A 和一个输出端 Y。

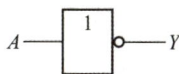

图 9.8　非门电路图形符号

（3）逻辑表达式

非门电路的逻辑表达式为

$$Y = \overline{A} \tag{9.3}$$

9.2.3　复合逻辑门电路

用上述三种基本的逻辑门电路就可以组合成复合逻辑门电路,常用的复合逻辑门电路有**与非门**、**或非门**和**与或非门**。

1. 与非门

与非逻辑由一个**与逻辑**和一个**非逻辑**直接构成,其中**与**的逻辑输出作为**非**的逻辑输入。图 9.9 所示为**与非逻辑**结构及图形符号。

与非逻辑表达式为

$$Y = \overline{AB} \tag{9.4}$$

与非逻辑真值表见表 9.5,可见,**与非逻辑**具有"全 1 出 0,有 0 出 1"的特点。

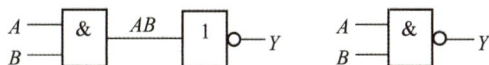

(a) 逻辑结构　　　　(b) 图形符号

图 9.9　与非门逻辑电路

表 9.5　与非逻辑真值表

A	B	Y
0	0	1
0	1	1
1	0	1
1	1	0

2. 或非门

一个**或逻辑**和一个**非逻辑**连接起来则可以构成一个**或非逻辑**,其中,**或**的逻辑输出作为**非**的逻辑输入。图 9.10 所示为**或非逻辑**结构及图形符号。

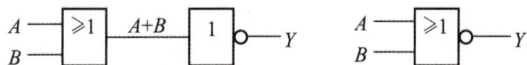

(a) 逻辑结构　　　　(b) 图形符号

图 9.10　或非门逻辑电路

或非逻辑表达式为：$Y=\overline{A+B}$。　　　　　　　　　　　　　　　　　　　　　　(9.5)

或非逻辑真值表见表 9.6，可见，或非逻辑具有"全 0 出 1，有 1 出 0"的特点。

表 9.6　或非逻辑真值表

A	B	Y
0	0	1
0	1	0
1	0	0
1	1	0

3. 与或非门

与或非逻辑由两个与逻辑和一个或逻辑及一个非逻辑直接构成，其中，与逻辑的输出作为或逻辑的输入，或逻辑的输出作为非逻辑的输入。图 9.11 所示为与或非逻辑结构及图形符号。

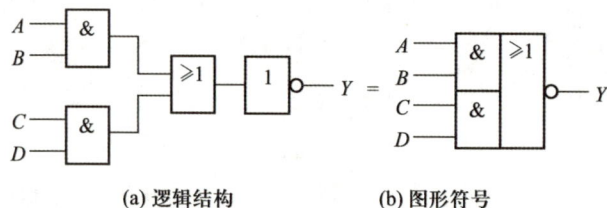

(a) 逻辑结构　　　　(b) 图形符号

图 9.11　与或非门逻辑电路

与或非门逻辑表达式为

$$Y=\overline{AB+CD}$$　　　　　　　　　　　　(9.6)

与或非逻辑真值表见表 9.7。与或非逻辑具有以下特点：

① 当任一组与门的输入全为高电平时，输出为低电平。

② 当每一组与门的输入均有低电平时，输出为高电平。

表 9.7　与或非逻辑真值表

A	B	C	D	Y
0	0	0	0	1
0	0	0	1	1
0	0	1	0	1
0	0	1	1	0
0	1	0	0	1
0	1	0	1	1
0	1	1	0	1
0	1	1	1	0
1	0	0	0	1
1	0	0	1	1

续　表

A	B	C	D	Y
1	0	1	0	1
1	0	1	1	0
1	1	0	0	0
1	1	0	1	0
1	1	1	0	0
1	1	1	1	0

阅读材料

集成逻辑门电路简介

集成逻辑门电路主要有 TTL 和 CMOS 两大类,它是数字电路中应用十分广泛的一种器件。

1. TTL 集成逻辑门电路

TTL 集成逻辑门电路是三极管-三极管逻辑门电路的简称,是一种双极型集成电路,与分立元件相比,具有速度快、可靠性高和微型化等优点。TTL 集成逻辑门电路产品型号较多,国外型号常见的有美国得克萨斯 SN54/74 系列和摩托罗拉公司 MC54/74 系列产品。由于其生产工艺成熟,产品参数稳定,工作可靠,开关速度高而被广泛应用。国外生产的 TTL 集成逻辑门电路只要型号一致,则其功能、性能、引脚和封装形式就统一。

标准型 TTL 集成逻辑门电路常采用双列直插式封装,对电源电压要求较高,规定值为 $5\ V\pm10\%$,最大值不能超过 $5.5\ V$,若电源电压值太低,则会影响输出的高电平数值。

2. CMOS 集成逻辑门电路

CMOS 集成逻辑门电路是以金属-氧化物-半导体场效晶体管为基础的集成门电路,是一种单极型集成电路。常见的型号有 4000/4500 系列,以及引脚可与 TTL 集成 54/74 系列相容的 54/74HC。CMOS 电路的主要优点是:

① 微功耗。CMOS 电路静态电流很小,约为纳安数量级。

② 抗干扰能力很强。输入噪声容限可达到 $V_{DD}/2$。

③ 电源电压范围宽。多数 CMOS 电路可在 $3\sim18\ V$ 的电源电压范围内正常工作。

④ 输入阻抗高。

由于功耗低,CMOS 电路易于实现大规模集成,并广泛应用于由电池供电的设备中,如手持计算器和数字万用表。CMOS 电路的缺点是工作速度比 TTL 电路低,而且若防护措施不当,很容易因静电荷而被烧毁。

3. 几种集成逻辑门电路

(1) CMOS 集成**或非门** CD4002

图 9.12 所示为 CMOS 集成**或非门** CD4002 的引脚图,在其内部集成了 2 个互相独立的**或**

非门,每个**或非门**有 4 个输入端,简称双 4 输入**或非门**。

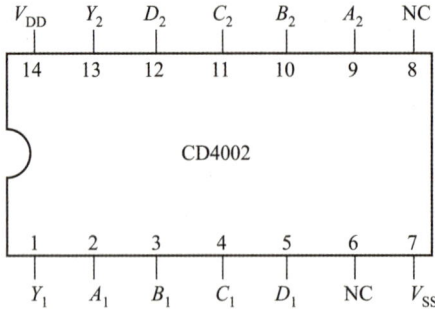

图 9.12 CMOS 集成或非门 CD4002 外引脚排列图

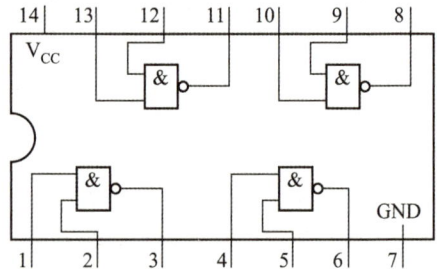

图 9.13 TTL 集成与非门 74LS00 引脚图

(2) TTL 集成**与非门** 74LS00

图 9.13 所示为 TTL 集成**与非门** 74LS00 的引脚图,在其内部集成了 4 个互相独立的**与非门**,每个**与非门**有两个输入端,简称为四 2 输入**与非门**。

(3) TTL 集成**与非门** 74LS01

图 9.14 所示为集成**或非门**逻辑电路 74LS01 的内部组成及其引脚。该集成电路有 4 个**或非门**,每个**或非门**有两个输入端 A、B;V_{CC} 为电源端,GND 为接地端。

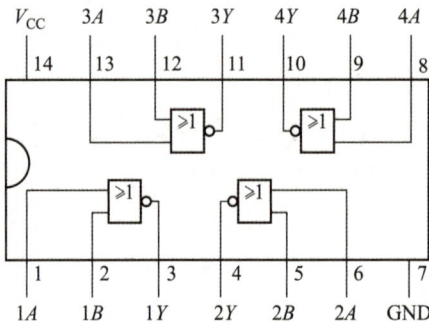

图 9.14 集成或非门逻辑电路

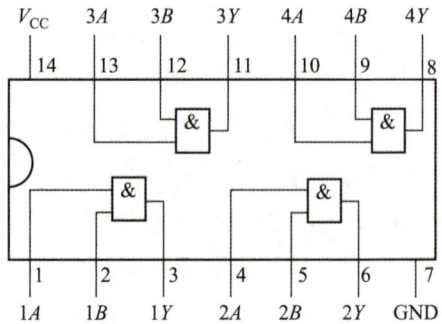

图 9.15 集成与门逻辑电路

(4) TTL 集成**与非门** 74LS08

图 9.15 所示为集成**与门**逻辑电路 74LS08 的内部组成及其引脚。该集成电路有 4 个**与门**,每个**与门**有两个输入端 A、B;V_{CC} 为电源端,GND 为接地端。

(5) TTL 集成**与非门** 74LS32

图 9.16 所示为集成**或门**逻辑电路 74LS32 的内部组成及其引脚。该集成电路有 4 个**或门**,每个**或门**有两个输入端 A、B;V_{CC} 为电源端,GND 为接地端。

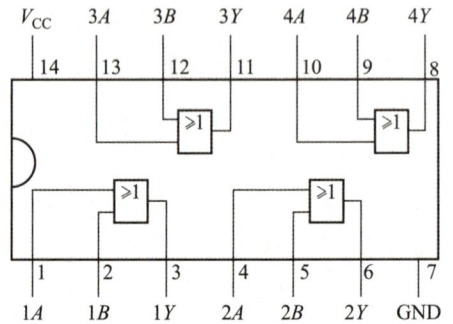

图 9.16 集成或门逻辑电路

9.3 逻辑代数

逻辑代数是分析、研究逻辑门电路的数学工具。可利用逻辑代数去分析已知逻辑门电路的功能,或分析所需要的逻辑功能;进一步研究及简化出一个相应的逻辑电路。

逻辑代数是数学家布尔提出的一种借助于数学来表达推理的逻辑符号,所以又称布尔代数。

9.3.1 基本公式

$$A+0=A \quad A+1=1$$
$$A \cdot 0=0 \quad A \cdot 1=A$$
$$A \cdot \overline{A}=0 \quad A+\overline{A}=1$$

9.3.2 基本定律

交换律:$A+B=B+A \quad\quad A \cdot B=B \cdot A$

结合律:$A+B+C=(A+B)+C=A+(B+C)$

$\quad\quad\quad A \cdot B \cdot C=(A \cdot B) \cdot C=A \cdot (B \cdot C)$

重叠律:$A+A=A \quad\quad\quad A \cdot A=A$

吸收律:$A+AB=A \quad\quad\quad A(A+B)=A$

$\quad\quad\quad A+\overline{A}B=A+B \quad A(\overline{A}+B)=AB$

非非律:$\overline{\overline{A}}=A$

冗余律:$AB+\overline{A}C+BC=AB+\overline{A}C$

反演律(摩根定律):$\overline{A+B}=\overline{A} \cdot \overline{B} \quad\quad \overline{A \cdot B}=\overline{A}+\overline{B}$

9.3.3 应用(化简)举例

逻辑代数的应用是对逻辑电路及其功能的分析,以取得逻辑电路的逻辑表达式为最简式。最简的逻辑电路的逻辑表达式可使与之对应的逻辑电路最简单,从而使完成同一逻辑功能的逻辑电路的元器件数量减少,降低成本,提高电路工作的可靠性和稳定性。

最简表达式的要求如下:

① 乘积项的个数应最少。可使逻辑电路所用的门电路的个数最少。

② 乘积项中的变量应最少。可使逻辑电路所用的门电路的输入端最少。

在此仅介绍利用上述的基本公式和基本定律去化简逻辑表达式的方法。

例 9.4 化简图 9.17(a)所示的门电路。

根据图 9.17(a)得 $Y=AB+AC$

$$=A(B+C)$$

所以,经化简后得 $Y=A(B+C)$

逻辑门电路如图 9.17(b)所示。

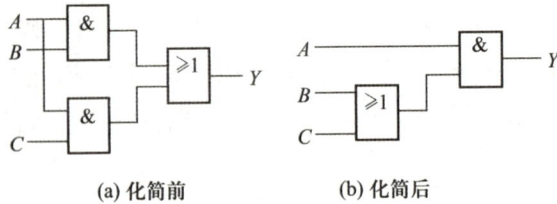

(a) 化简前　　　　(b) 化简后

图 9.17　例 9.4 图

例 9.5　化简图 9.18(a)所示的门电路。

根据图 9.18(a)得 $Y=AB+\overline{A}\overline{C}+B\overline{C}$

$$=AB+\overline{A}\overline{C}+(A+\overline{A})B\overline{C}$$

$$=AB+\overline{A}\overline{C}+AB\overline{C}+\overline{A}B\overline{C}$$

$$=AB+AB\overline{C}+A\overline{C}+\overline{A}B\overline{C}$$

$$=AB+\overline{A}\overline{C}$$

所以,经化简后得 $Y=A \cdot B+\overline{A} \cdot \overline{C}$

逻辑门电路如图 9.18(b)所示。

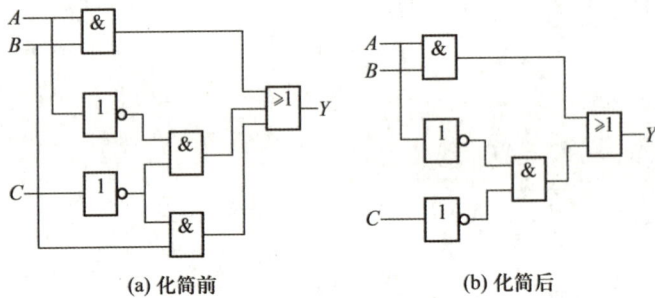

(a) 化简前　　　　(b) 化简后

图 9.18　例 9.5 图

例 9.6　化简下列逻辑表达式。

1. $Y=\overline{A\overline{B}+\overline{A}B}$

解：$Y=\overline{A\overline{B}+\overline{A}B}$

$$=(\overline{A\overline{B}}) \cdot (\overline{\overline{A}B})$$

$$=(\overline{A}+B) \cdot (A+\overline{B})$$

$$=AB+\overline{A}\overline{B}$$

2. $Y=\overline{\overline{AB}\cdot\overline{BC}\cdot\overline{AC}}$

解:$Y=\overline{\overline{AB}\cdot\overline{BC}\cdot\overline{AC}}$

$=\overline{\overline{AB}}+\overline{\overline{BC}}+\overline{\overline{AC}}$

$=AB+BC+AC$

3. $Y=AB+A\bar{B}+\bar{A}\bar{B}+\bar{A}B$

解:$Y=AB+A\bar{B}+\bar{A}\bar{B}+\bar{A}B$

$=A(B+\bar{B})+\bar{A}(\bar{B}+B)$

$=A+\bar{A}$

$=\mathbf{1}$

9.4 基本组合逻辑电路

9.4.1 概述

按电路的逻辑功能分类,数字电路可分为组合逻辑电路和时序逻辑电路。组合逻辑电路在任一时刻的输出仅取决于该时刻电路的输入,而与电路原来的输入状态无关;时序逻辑电路在任一时刻的输出不仅取决于该时刻电路的输入,而且还取决于电路原来的状态。常见的基本组合逻辑电路有编码器、译码器、数据选择器、数据分配器和加法器等。

9.4.2 编码器

在二进制运算系统中,每1位二进制数只有 **0** 和 **1** 两个数码,只能表达两个不同的信号或信息。如果要用二进制数码表示更多的信号,就必须采用多位二进制数,并按照一定的规律进行编排。把若干个 **0** 和 **1** 按一定的规律编排在一起,组成不同的代码,并且赋予每个代码以固定的含意,称为编码。能完成编码功能的逻辑电路称为编码器。下面简单介绍二-十进制编码器。

将 0~9 十个十进制数编成二进制代码的电路,称为二-十进制编码器。二-十进制代码也简称为 BCD(Binary Coded Decimal)码,它用一组 4 位二进制代码表示 1 位十进制数。4 位二进制代码可以表示十六种不同的状态,只需取其中十种状态就可以表示 0~9 十个十进制数码,这样,编码的方法就有许多种,而常用且较为直观的是在第 8 章曾提到的 8421 BCD 码。按照其编码方法,可得到 8421 BCD 编码器的真值表,见表 9.8。图 9.19 所示为 8421 BCD 编码器逻辑图。

表 9.8　8421 BCD 编码器真值表

十进制数字	输入	输出（8421 码）			
		Y_3	Y_2	Y_1	Y_0
0	I_0	0	0	0	0
1	I_1	0	0	0	1
2	I_2	0	0	1	0
3	I_3	0	0	1	1
4	I_4	0	1	0	0
5	I_5	0	1	0	1
6	I_6	0	1	1	0
7	I_7	0	1	1	1
8	I_8	1	0	0	0
9	I_9	1	0	0	1

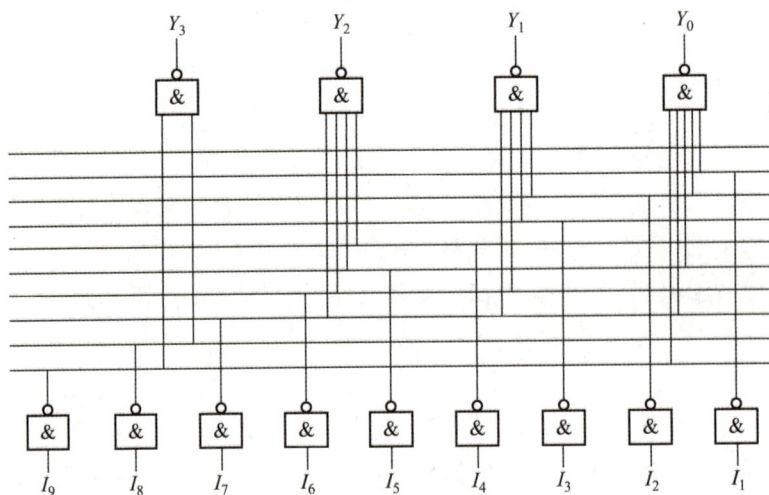

图 9.19　8421BCD 编码器逻辑图

9.4.3　译码器

译码是编码的反过程,它是将代码的组合译成一个特定的输出信号,实现译码功能的电路称为译码器。对应于编码器,译码器也有二进制译码器和二-十进制译码器。此外,还有一类能将数字电路的运算结果用十进制数显示出来的译码器,称为显示译码器。下面仅介绍二-十进制译码器和显示译码器。

1. 二-十进制译码器

将 4 位 8421 BCD 码翻译为对应的 10 个十进制数输出信号的逻辑电路称为二-十进制译

码器。图 9.20 所示为集成电路译码器 74LS42 的逻辑电路图和引脚排列图。它有 4 个输入端 A_0、A_1、A_2、A_3 和 10 个输出端 $Y_0 \sim Y_9$，故也称 4 线- 10 线译码器。该译码器输出低电平有效，具有输入伪码处理功能(当输入为 **1010~1111** 时，全部输出均为高电平)。

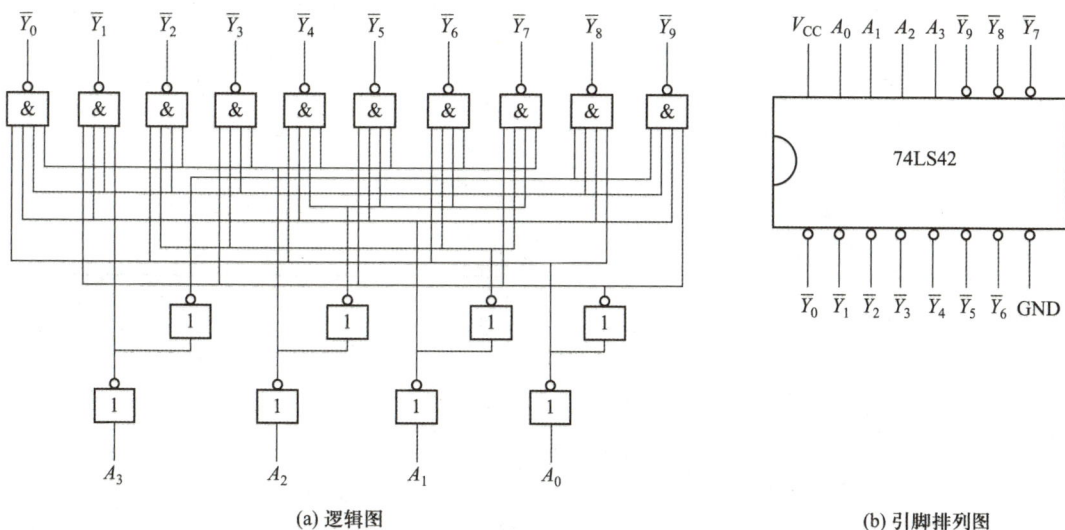

(a) 逻辑图 (b) 引脚排列图

图 9.20　74LS42 集成译码器

2. 显示译码器

在数字控制系统中，经常要将测量和运算的结果直接以十进制数字的形式显示出来，这样就必须将上述二-十进制译码器的输出作为驱动十进制数码显示器件的信号。因为各种数字显示器件的工作方式不同，因此对显示译码器的逻辑功能要求也不同(例如，点阵显示和数字字段显示这两种不同的方式对译码器的要求肯定是不同的)。显示译码器的工作原理框图如图 9.21 所示。无论何种显示方式，

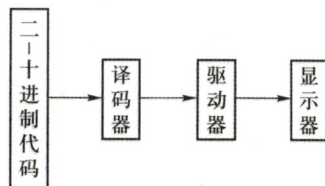

图 9.21　显示译码器的工作原理框图

译码器逻辑功能的设计方法(组合逻辑电路的设计方法)是一样的，不同的是驱动器对译码器的输出信号要求不一样，故译码器输入与输出之间的逻辑关系不同；驱动器与显示器的连接方式不一样。

目前，常见的数码显示器有半导体发光二极管显示器、液晶显示器和等离子体显示器等，如图 9.22 所示。其中半导体发光二极管显示器有发光二极管点阵和数码管两种，如图 9.22(a)、(b)所示；半导体数码管实际上是将 7 个发光二极管排列成"日"字形状制成(有的数码管加上一个小数点，因而需要 8 个发光二极管)。7 个发光二极管分别用 a、b、c、d、e、f、g 7 个英文小写字母表示，采用不同的组合就能显示相应的十进制数字。发光二极管有共阳极和共阴极两个连接方法，如图 9.23 所示。

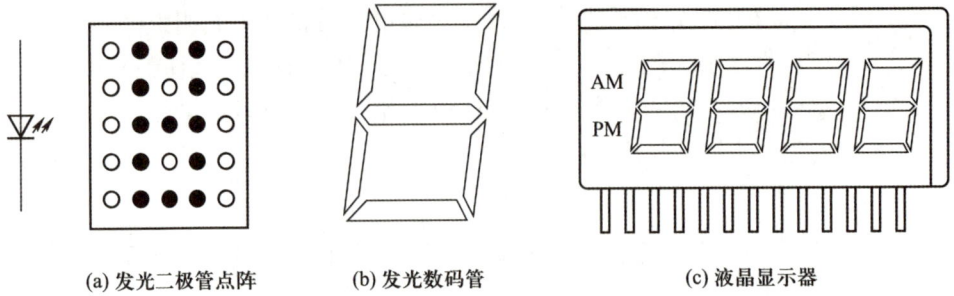

(a) 发光二极管点阵   (b) 发光数码管   (c) 液晶显示器

图 9.22 常见的数码显示器

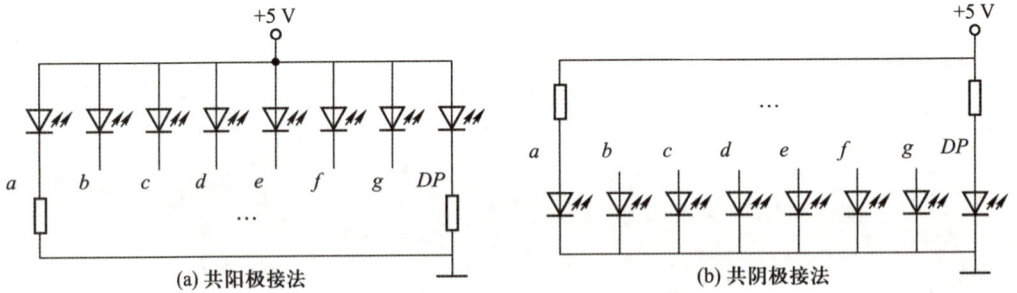

(a) 共阳极接法   (b) 共阴极接法

图 9.23 发光二极管的两种连接方法

采用集成 BCD 七段译码器/显示器 74LS248 与七段数码管相连接构成的 BCD 数码显示电路如图 9.24 所示,电路中的数码管采用共阴极接法。从 74LS248 的输入端输入 4 位二进制 BCD 码,数码管将显示相应的十进制数字。

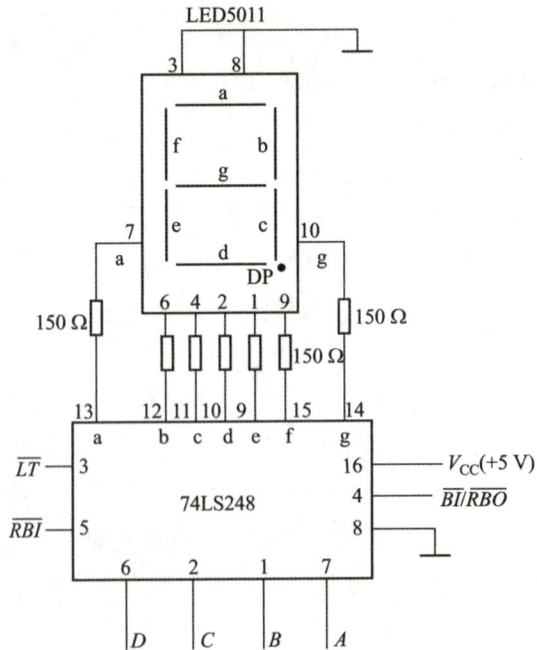

图 9.24 BCD 七段译码器/显示器驱动共阴极数码管连接图

9.5 触发器

9.5.1 概述

如上所述,时序电路是指任何时刻的输出不仅与当时的输入信号有关,还与电路原来的状态有关的电路,即具有记忆和存储功能的电路。触发器就是一种具有记忆和存储功能、最常用的基本时序逻辑电路。

触发器作为构成时序逻辑电路的基本单元,应具备以下两个基本特点:

① 具有两个稳定状态。触发器有两个输出端,分别记作 Q 和 $\bar{Q}$,其状态是互补的。$Q=1$、$\bar{Q}=0$ 是一个稳定状态,称为 **1 态**。$Q=0$、$\bar{Q}=1$ 是另一个稳定状态,称为 **0 态**。

如出现 $Q=\bar{Q}=1$ 或 $Q=\bar{Q}=0$,因不满足互补的条件,故称为不定状态。

② 根据输入的不同,触发器可以置为 **0 态**,也可以置为 **1 态**。所置状态在输入信号消失后保持不变,即它具有存储 1 位二值信号的功能。

触发器种类很多。按触发方式的不同,可分为同步触发器(电平触发器)、主从触发器及边沿触发器等。根据逻辑功能的差异,可分为 RS 触发器、JK 触发器、D 触发器等几种类型。

9.5.2 RS 触发器

1. 基本 RS 触发器

(1) 电路结构

基本 RS 触发器由两个**与非门** G_1、G_2 交叉耦合构成,如图 9.25(a)所示。图 9.25(b)所示为其逻辑符号。$\bar{R}_D$ 和 $\bar{S}_D$ 为信号输入端,它们上面的反号表示低电平有效,在逻辑符号中用小圆圈表示。Q 和 $\bar{Q}$ 为输出端,在触发器处于稳定状态时,它们的状态相反。

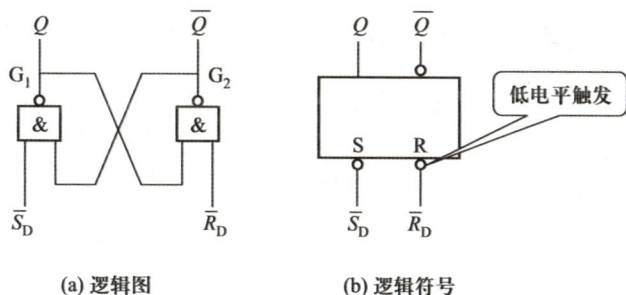

(a) 逻辑图   (b) 逻辑符号

图 9.25 基本 RS 触发器的逻辑图和逻辑符号

(2) 逻辑功能

由**与非门**构成的基本 RS 触发器,其逻辑功能用功能表描述,见表 9.9。

表 9.9　基本 RS 触发器逻辑功能表

$\bar{R}_D$	$\bar{S}_D$	Q^n（现态）	Q^{n+1}（次态）	功能说明
0	**0**	**0**	$\times$	不定状态(禁用)
0	**0**	**1**	$\times$	
0	**1**	**0**	**0**	置 **0**(复位)
0	**1**	**1**	**0**	
1	**0**	**0**	**1**	置 **1**(置位)
1	**0**	**1**	**1**	
1	**1**	**0**	**0**	保持原状态
1	**1**	**1**	**1**	

（3）特点及用途

如图 9.25 所示,在基本 RS 触发器中,输入信号直接加在输出门上,所以输入信号在全部的时间内都能直接改变输出端 Q 和 $\bar{Q}$ 的状态,故把 $\bar{R}_D$ 端称为直接复位端,$\bar{S}_D$ 端称为直接置位端。

基本 RS 触发器不仅电路结构简单,是构成其他功能触发器必不可少的组成部分,而且可用作数码寄存器、消抖动开关和脉冲变换电路等。

2. 同步 RS 触发器

在实际应用中,希望触发器按一定的节拍翻转。为此,给触发器加一个时钟脉冲控制端 CP,只有在 CP 端出现时钟脉冲时,触发器的状态才能变化。具有时钟脉冲控制的触发器的状态改变与时钟脉冲同步,所以称为同步触发器。

（1）电路结构

同步 RS 触发器的逻辑图和逻辑符号如图 9.26 所示。

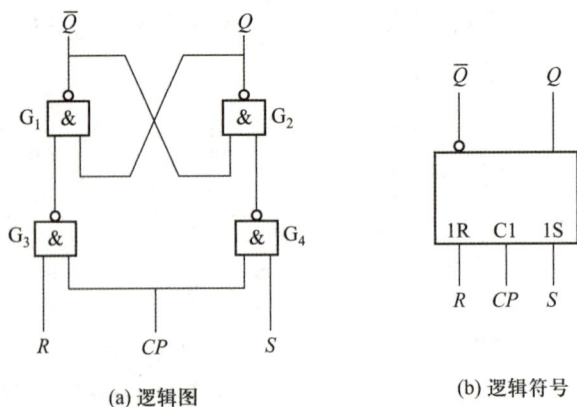

(a) 逻辑图　　　　(b) 逻辑符号

图 9.26　同步 RS 触发器

（2）逻辑功能

当 $CP=0$ 时,控制门 G_3、G_4 关闭,均输出 **1**,此时,不论 R 端和 S 端的信号如何变化,触发器的状态保持不变。

当 $CP=1$ 时,门 G_3、G_4 打开,R、S 端的输入信号才能通过这两个门,使基本 RS 触发器的状态改变。其输出状态由 R、S 端的输入信号和电路的原有状态 Q^n 决定。同步 RS 触发器的逻辑功能见表 9.10。

表 9.10　同步 RS 触发器逻辑功能表

R	S	Q^n(现态)	Q^{n+1}(次态)	功能说明
0	0	0	0	保持原状态
0	0	1	1	
0	1	0	1	输出状态与 S 相同(置 1)
0	1	1	1	
1	0	0	0	输出状态与 R 相同(置 0)
1	0	1	0	
1	1	0	×	不定状态(禁用)
1	1	1	×	

（3）特点

同步 RS 触发器的特点是在 $CP=1$ 的全部时间内,R 和 S 的输入信号变化都将引起触发器输出端状态的变化。

例 9.7　已知同步 RS 触发器的波形如图 9.27 所示,试画出 Q 和 $\overline{Q}$ 端对应的波形。设初态为 0 态。

解：这是一个用已知的 CP、R、S 状态确定 Q 和 $\overline{Q}$ 状态的问题。只要根据每个时间段 CP、R、S 的状态,去查功能表中的 Q 和 $\overline{Q}$ 的相应状态,即可画出波形图。Q 和 $\overline{Q}$ 的波形如图 9.27 所示。

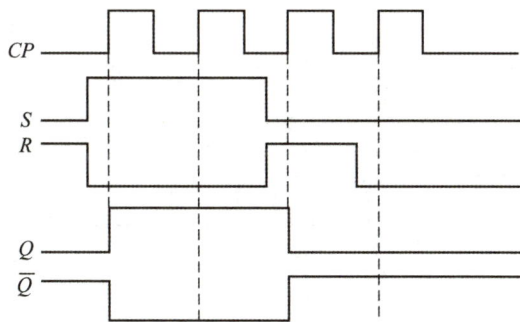

图 9.27　例 9.7 的波形图

9.5.3　主从 JK 触发器

1. 逻辑符号

主从 JK 触发器的逻辑符号如图 9.28 所示。$\overline{R}_D$ 和 $\overline{S}_D$ 分别为直接预置 0 端和直接预置

1 端,$\overline{R}_D = 0$ 或者 $\overline{S}_D = 0$ 将优先决定触发器的状态,但不允许同时 $\overline{R}_D = \overline{S}_D = 0$;在触发器工作时应使 $\overline{R}_D = \overline{S}_D = 1$。$CP$ 端有小圆圈的表示下降沿触发有效,无小圆圈的表示上升沿触发有效。

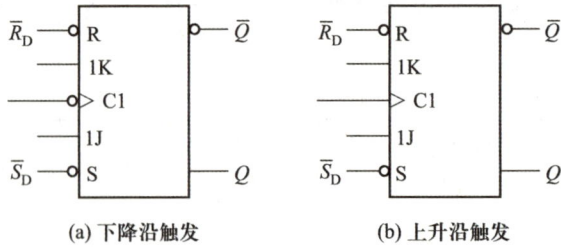

(a) 下降沿触发　　　　(b) 上升沿触发

图 9.28　主从 JK 触发器的逻辑符号

2. 逻辑功能

JK 触发器的逻辑功能与 RS 触发器的逻辑功能基本相同,不同之处是 JK 触发器没有约束条件。在 $J = K = 1$ 时,每输入一个时钟脉冲后,触发器的状态翻转一次。JK 触发器的功能表见表 9.11。

例 9.8　已知 JK 触发器的输入 J、K、CP 的波形如图 9.29 所示。试画出输出 Q 端的波形图。设初态为 **0** 态。

表 9.11　JK 触发器逻辑功能表

J	K	Q^n(现态)	Q^{n+1}(次态)	功能说明
0	0	0	0	保持原状态
0	0	1	1	
0	1	0	0	输出状态与 J 状态相同(置 0)
0	1	1	0	
1	0	0	1	输出状态与 J 状态相同(置 1)
1	0	1	1	
1	1	0	1	每输入一个脉冲,
1	1	1	0	输出状态改变一次(取反)

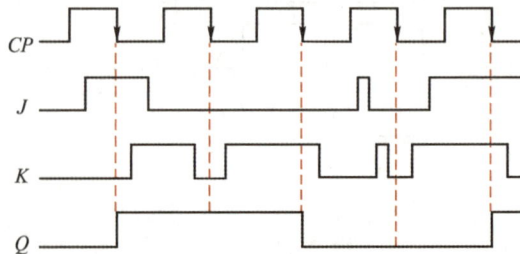

图 9.29　例 9.8 的波形图

解:这是一个用已知的 CP、J、K 状态确定 Q 状态的问题。只要根据每个时间内 CP、J、K 的状态去查功能表中 Q 的相应状态,即可画出波形图。Q 的波形如图 9.29 所示。

注意:在画主从 JK 触发器的波形图时应注意以下两点:

① 触发器的触发仅发生在时钟脉冲的下降沿。

② 在 $CP=1$ 期间,如果输入信号 J、K 的状态没有变化,则判断触发器次态的依据是时钟脉冲下降沿前一瞬间输入端 J、K 的状态。

9.5.4 D 触发器

D 触发器的逻辑符号如图 9.30 所示,其逻辑功能见表 9.12。图 9.31 所示为边沿 D 触发器的波形图,由图可见,D 触发器只有一个信号输入端,时钟脉冲 CP 未到来时,输入端的信号不起作用;在 CP 信号到来的瞬间,输出端立即变成与输入端相同的电平,即 $Q^{n+1}=D$。

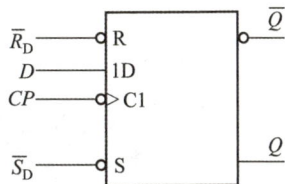

图 9.30 D 触发器的逻辑符号

表 9.12 D 触发器的逻辑功能表

D	Q^n	Q^{n+1}	功　能
0	0	0	
0	1	0	输出状态与 D 状态相同
1	0	1	
1	1	1	

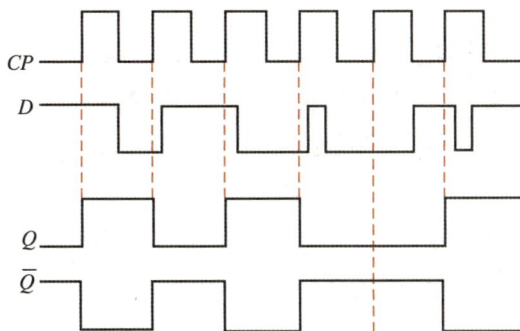

图 9.31 D 触发器的波形图

阅读材料

集成触发电路简介

① 图 9.32(a)所示为集成 JK 触发器(74LS112)的内部组成及其引脚排列。该集成电路在一个芯片内集成了两个下降沿触发的 JK 触发器 G_1 和 G_2;V_{CC} 为电源端,GND 为接地端。

② 图 9.32(b)所示为集成 D 触发器(74H74)的内部组成及其引脚排列。该集成电路在一个芯片内集成了两个下降沿触发的 D 触发器 G_1 和 G_2,其输入端为第 2 脚和第 12 脚;V_{CC} 为

电源端, GND 为接地端。

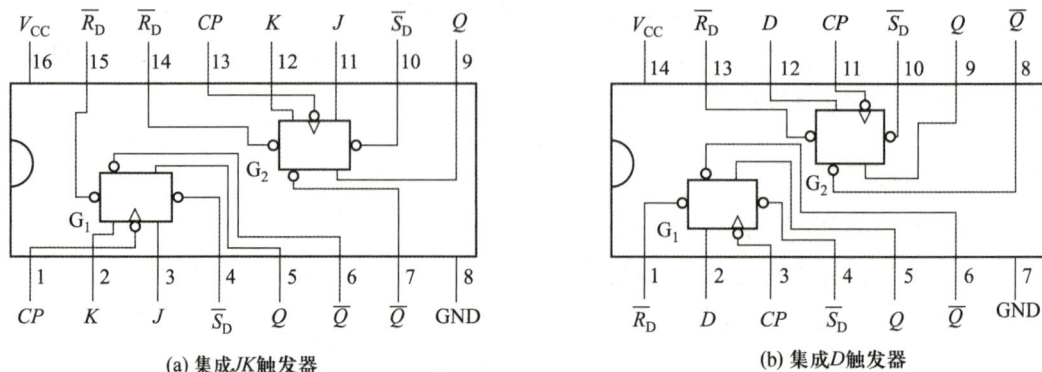

(a) 集成 JK 触发器　　　　　(b) 集成 D 触发器

图 9.32　集成触发电路

9.6　寄存器和计数器

9.6.1　时序逻辑电路的结构

在电路结构上, 时序逻辑电路由组合逻辑电路和存储电路(触发器)两部分组成, 其电路组成如图 9.33 所示。图中 X 为一个或一个以上的输入信号, Y 为一个或一个以上的输出信号, CP 为时钟脉冲信号, Q 为存储电路(触发器)的状态输出。

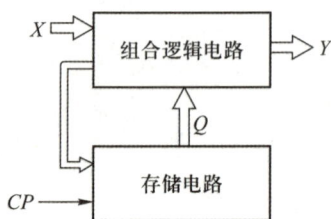

图 9.33　时序逻辑电路组成

时序逻辑电路按状态转换情况可分为同步时序逻辑电路和异步时序逻辑电路两大类。同步时序逻辑电路是指在同一个时钟脉冲 CP 的控制下, 电路中所有触发器 Q 的状态都在同一个时刻发生改变。而异步时序逻辑电路是在时钟脉冲 CP 的控制下, 各触发器 Q 的状态改变不在同一时刻发生。

最常用的时序逻辑电路是各种类型的寄存器和计数器。

9.6.2　寄存器

1. 寄存器概述

寄存器是用于接收、暂存、传递数码及指令等信息的数字逻辑部件, 是一种常用的时序逻辑电路。寄存器存放数码及指令等信息的方式有并行输入和串行输入两种:

① 并行输入——数码及指令等信息从各对应位置的输入端同时输入寄存器中。

② 串行输入——数码及指令等信息从一个输入端逐位输入寄存器中。

寄存器传递数码及指令等信息的方式也有并行输出和串行输出两种：

① 并行输出——数码及指令等信息同时出现在各对应位置的寄存器的输出端。

② 串行输出——数码及指令等信息在一个寄存器的输出端逐位出现。

寄存器分为数码寄存器和移位寄存器：

① 数码寄存器——用于暂时存放数码的逻辑记忆电路。

② 移位寄存器——除具有存放数码的记忆功能外，还具有移位功能。

2. 数码寄存器

数码寄存器是简单的存储器，具有接收、暂存数码和传递原有数码的功能。

寄存器存储数据的位数就是构成触发器的个数。如 4 位寄存器就由 4 个触发器构成；8 位寄存器就由 8 个触发器构成。

寄存器在时钟脉冲 CP 的控制作用下，将数据存放到对应的触发器中。

图 9.34 所示为采用 D 触发器组成的 4 位数码寄存器。四个触发器 $FF_0 \sim FF_3$ 的时钟脉冲输入端 C1 连接在一起，作为接收数码的控制端，$D_0 \sim D_3$ 为寄存器的数码输入端，$Q_0 \sim Q_3$ 是寄存器的数据输出端，各触发器的复位端（直接置 **0** 端）$\overline{R}_D$ 连接在一起，作为寄存器的总清零端，低电平有效。

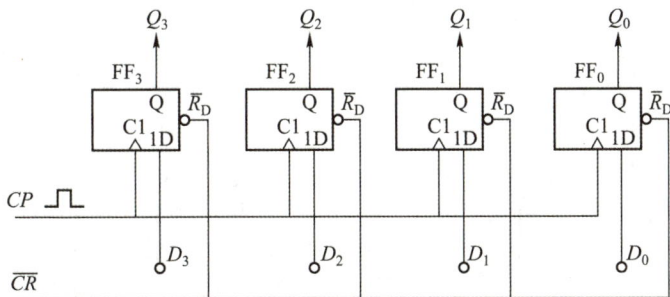

图 9.34　4 位数码寄存器

寄存器工作过程如下：

（1）工作前的清零或清除原有数码

寄存数码前，寄存器应清零。使 $\overline{R}_D = 0$，根据 D 触发器的特性，即在脉冲的下降沿时，寄存器清除原有数码，$Q_3 Q_2 Q_1 Q_0 = 0000$。

（2）寄存数码

只要将要存放的数码同时加到相对应的寄存器的数码输入端 $D_0 \sim D_3$；当时钟脉冲 CP 的上升沿到来时，根据 D 触发器的特性，触发器 $FF_0 \sim FF_3$ 的状态即由输入端 $D_0 \sim D_3$ 来决定。这样就可将二进制数码并行输入寄存器中，并同时可以从寄存器的输出端 $Q_0 \sim Q_3$ 输出。

例如，现要存放的二进制数码为 **1100**。首先将数码 **1100** 加到相对应寄存器的输入端 $D_3 \sim D_0$ 端，即 $D_3 = 1, D_2 = 1, D_1 = 0, D_0 = 0$。因而，当时钟脉冲 CP 的上升沿到来时，各触发器 $FF_0 \sim FF_3$ 的状态马上与输入端 $D_0 \sim D_3$ 的状态相同，即有 $Q_3 Q_2 Q_1 Q_0 = 1100$。于是，4 位

二进制数码 **1100** 便存放到寄存器中,并可同时输出。

（3）保存数码

在时钟脉冲 CP 消失后,各触发器 $FF_0 \sim FF_3$ 都处于保持状态,即记忆(存储),与各输入端 $D_0 \sim D_3$ 的状态无关。

这样,就完成了接收并暂时存放数码的功能。由于该寄存器能同时输入各位数码,并同时输出各位数码,故又称并行输入、并行输出数码寄存器。

3. 移位寄存器

移位是指在移位脉冲的作用下,能将寄存器中的数码依次左移或右移。移位寄存器是在数码寄存器的基础上发展而成的,它除了具有存放数码的功能外,还具有移位的功能。

移位寄存器可分为单向移位(左移或右移)寄存器和双向移位(左移和右移)寄存器。在移位脉冲作用下,寄存器所存数码只能向某一方向移动的寄存器称为单向移位寄存器,单向移位寄存器有左移寄存器和右移寄存器两种。若寄存器所存数码既能左移又能右移,具有双向移位功能的寄存器称为双向移位寄存器。

（1）左移寄存器

图 9.35 所示为采用 D 触发器组成的 4 位左移寄存器。它是由四个上升沿触发控制的 D 触发器 $FF_0 \sim FF_3$ 组成。

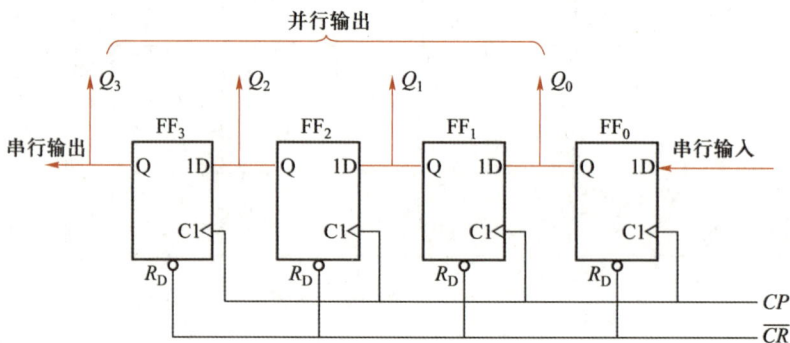

图 9.35　4 位左移寄存器

由图可见,四个 D 触发器的时钟脉冲输入端 C1 连接在一起,作为移位脉冲的控制端;受同一个移位脉冲 CP 上升沿触发控制。各触发器的复位端 $\overline{R}_D$ 连接在一起,作为寄存器的总清零端,低电平触发有效。最低位触发器 FF_0 的输入端 D_0 为数码输入端,每个低位触发器的输出端 Q 与高一位触发器的输入端 D 相连。

工作过程:

① 工作前的清零或清除原有数码,使 $\overline{R}_D = \mathbf{0}$,即在脉冲的低电平时,寄存器清除原有数码,使 $Q_3 Q_2 Q_1 Q_0 = \mathbf{0000}$。

② 按移位脉冲 CP 的工作节拍,数码输入的顺序应先进入高位数码,然后依次逐位输入低位数码到输入端 D_0。

例如,现要存放的二进制数码为 **1100**。当第一个移位脉冲 CP 的上升沿到来后,第一位数码 **1** 移入 FF_0 的输入端 D_0,使 $Q_0=1$,其余寄存器的状态保持原态不变,即左移寄存器的输出 $Q_3Q_2Q_1Q_0=0001$;当第二个移位脉冲 CP 的上升沿到来后,第二位数码 **1** 移入 FF_0 的输入端 D_0,使 $Q_0=1$,同时原 FF_0 中的数码 **1** 被移入 FF_1 中,使 $Q_1=1$,其余寄存器的状态保持原态不变,即左移寄存器的输出 $Q_3Q_2Q_1Q_0=0011$;当第三个移位脉冲 CP 的上升沿到来后,第三位数码 **0** 移入 G_0 的输入端 D_0,使 $Q_0=0$,同时原 FF_0 中的数码 **1** 被移入 FF_1 中,使 $Q_1=1$,同样原 FF_1 中的数码 **1** 被移入 FF_2 中,使 $Q_2=1$,寄存器 FF_3 的状态保持原态不变,即左移寄存器的输出 $Q_3Q_2Q_1Q_0=0110$;以此类推,经过四个移位脉冲 CP 的上升沿到来后,要存放的二进制数码由高位到低位依次逐位移入寄存器中。

归纳:经过四个移位脉冲 CP 的作用后,数码由高位到低位依次逐位向左移动进入寄存器;因此,寄存器具有串行输入、串行输出的功能。四个触发器的输出端 $Q_3Q_2Q_1Q_0$ 可以同时输出数码,又具有并行输出的功能。

(2) 右移寄存器

图 9.36 所示为采用 D 触发器组成的 4 位右移寄存器,由图可见,该电路的结构与左移寄存器相似。右移寄存器与左移寄存器的区别是:最高位触发器 FF_3 的输入端 D_3 为数码输入端,各触发器的连接方式是高位触发器的输出端 Q 与低一位触发器的输入端 D 相连。要存放的数码应从高位到低位依次逐位向右移动送到最低位触发器 FF_0 的输入端。同样具有串行输入串行输出、并行输出等功能。

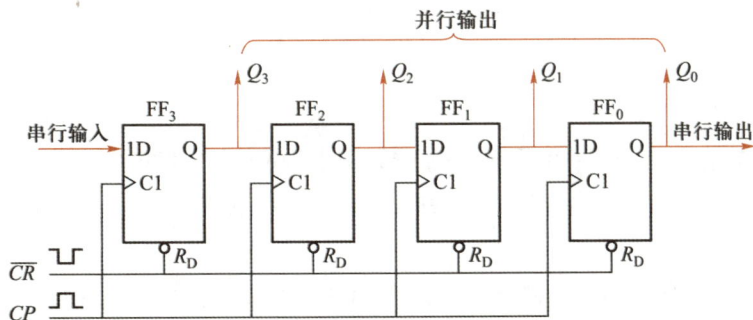

图 9.36 4 位右移寄存器

9.6.3 计数器

1. 概述

计数是指统计脉冲的输入个数,而能实现计数功能的电路称为计数器,主要用于计数,还可以用于分频、定时和数字运算等。计数器由触发器组合构成。

计数器的种类:

按计数进制的不同,可分为二进制、十进制、N 进制(任意进制)计数器。

按计数器中各触发器翻转的先后次序,可分为异步计数器、同步计数器。

按计数过程中累计脉冲个数的增减,可分为加法计数器、减法计数器、加法/减法计数器

(可逆计数器)等。

　　在数字电路中,任何进制数都是以二进制数为基础,所以,二进制计数器是各种进制计数器的基础。在这里仅介绍异步二进制加法计数器和异步十进制加法计数器。

2. 异步二进制加法计数器

(1) 电路组成

　　二进制数只有 **0** 和 **1** 两个数码,而触发器也有两个稳态;即一个触发器可以用来表示 1 位二进制数。异步二进制加法计数器电路如图 9.37 所示。它由三个 JK 触发器组成;低位 JK 触发器的输出端 Q 接到高一位 JK 触发器的控制端 C1,而最低位 JK 触发器 FF_0 的控制端 C1 用于接收计数脉冲 CP。每个触发器的 J、K 端接高电平(相当于 $J=K=1$),使其工作更稳定、可靠;根据 JK 触发器的逻辑功能,JK 触发器处于计数状态。因此,当各个触发器的控制端 C1 接收到由 **1** 变为 **0** 的负跳变信号(相当于脉冲下降沿)时,触发器的状态就会翻转。

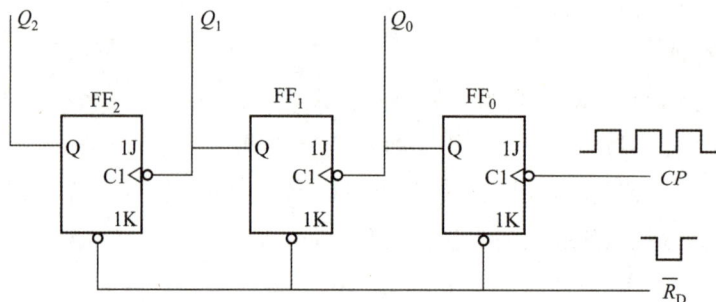

图 9.37　异步二进制加法计数器

(2) 工作过程

　　① 工作前的清零:使 $\overline{R}_D=0$,即脉冲的下降沿时,$Q_2Q_1Q_0=\mathbf{000}$。

　　② 第一个计数脉冲 CP 的下降沿到来时,最低位 JK 触发器 FF_0 发生翻转,Q_0 由 **0** 跳变为 **1**;即 $Q_0=1$。

　　Q_0 是正跳变信号(相当于脉冲上升沿),对 FF_1 不起作用而保持原态不变;即 $Q_1=0$。

　　由于 FF_1 保持原态不变,则 FF_2 也保持原态不变,即 $Q_2=0$。所以加法计数器的输出为 $Q_2Q_1Q_0=\mathbf{001}$。

　　③ 第二个计数脉冲 CP 的下降沿到来时,最低位 JK 触发器 FF_0 又发生翻转,Q_0 由 **1** 跳变为 **0**;即 $Q_0=0$。

　　Q_0 是负跳变信号(相当于脉冲下降沿),加到中间位 JK 触发器 FF_1 的控制端,使 FF_1 发生翻转,Q_1 由 **0** 跳变为 **1**;即 $Q_1=1$。

　　Q_1 是正跳变信号,对 FF_2 不起作用而保持原态不变,即 $Q_2=0$。

　　所以,加法计数器的输出为 $Q_2Q_1Q_0=\mathbf{010}$。

　　④ 第三个计数脉冲 CP 的下降沿到来时,最低位 JK 触发器 FF_0 又发生翻转,Q_0 由 **0** 跳变为 **1**,即 $Q_0=1$。

Q_0 是正跳变信号,对 FF$_1$ 不起作用而保持原态不变,即 $Q_1=1$。由于 FF$_1$ 保持原态不变,则 FF$_2$ 也保持原态不变,即 $Q_2=0$。所以,则加法计数器的输出为 $Q_2Q_1Q_0=011$。

⑤ 以此类推,当第七个计数脉冲 CP 的下降沿到来时,加法计数器的输出为 $Q_2Q_1Q_0$ $=111$。

⑥ 当第八个计数脉冲 CP 的下降沿到来时,三个 JK 触发器又重新恢复为 000,则加法计数器的输出为 $Q_2Q_1Q_0=000$。进入下一个计数周期或循环。

归纳:随着计数脉冲 CP 的不断输入,三个 JK 触发器中总有一个或以上发生翻转,完成计数功能。各触发器的状态转换是从低位 JK 触发器到高位 JK 触发器,依次翻转,不是同时翻转;且计数器是递增计数的。所以称为异步二进制加法计数器。

3. 异步十进制加法计数器

由于日常生活中广泛采用十进制数,因此,十进制计数器的使用更方便、更广泛。

(1) 电路组成

十进制数有 0~9 共十个数码,四个触发器可以有十六个状态的输出,去掉六个状态就可以用其余十个状态表示十进制数的十个数码;即采用 4 位二进制数可以表示 1 位十进制数。通常是采用从 0000~1001 的 4 位二进制数共十个数码表示十进制数的相应数码。

异步十进制加法计数器电路如图 9.38 所示,它由四个下降沿触发的 JK 触发器 FF$_0$~FF$_3$ 组成。FF$_0$ 和 FF$_1$ 的输出端 Q 接到高一位触发器的控制端 C1,而 FF$_3$ 的控制端 C1 直接接 Q_0;最低位的触发器 FF$_0$ 的控制端 C1 用于接收计数脉冲 CP。

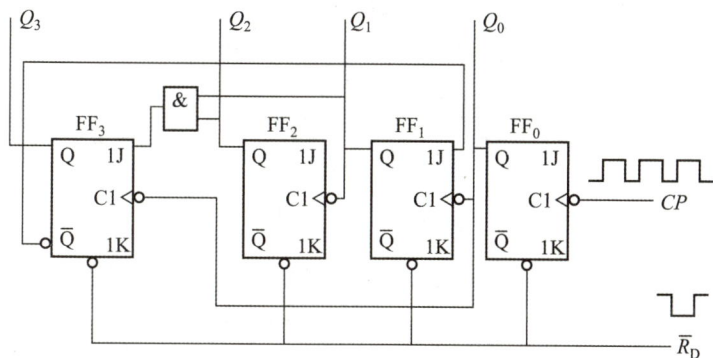

图 9.38 异步十进制加法计数器

FF$_0$ 的 J、K 端悬空,即 $J_0=K_0=1$,FF$_0$ 处于计数状态。触发器 FF$_1$ 的 K 端悬空,即 $K_1=1$,$J_1=\overline{Q_3}$。触发器 FF$_2$ 的 J、K 端悬空,即 $J_2=K_2=1$,FF$_2$ 是处于计数状态。触发器 FF$_3$ 的 K 端悬空,即 $K_3=1$,$J_3=Q_2Q_1$。

(2) 工作过程

① 工作前的清零:使 $\overline{R}_D=0$,即脉冲的下降沿时,$Q_3Q_2Q_1Q_0=0000$。

② 由于与图 9.37 所示的 3 位异步二进制加法计数器电路结构相似,因此计数器状态为 0000~0111,工作过程与前述的 3 位异步二进制加法计数器完全相同。

当计数器的状态 $Q_3Q_2Q_1Q_0=0111$ 时,因 $Q_2=Q_1=1$,即 $J_3=Q_2Q_1=1,K_3=1$,所以触发器 FF_3 处于计数状态。

③ 第八个计数脉冲 CP 的下降沿到来时,触发器 FF_0 发生翻转,Q_0 由 1 跳变为 0,即 $Q_0=0$。Q_0 是负跳变信号,使触发器 G_1 发生翻转,Q_1 由 1 跳变为 0,即 $Q_1=0$。Q_1 也是负跳变信号,使触发器 FF_2 发生翻转,Q_2 由 1 跳变为 0;即 $Q_2=0$。Q_0 端的负跳变信号同时加到触发器 FF_3 的控制端 C1,使 FF_3 发生翻转,Q_3 由 0 跳变 1;即 $Q_3=1$。所以加法计数器的输出为 $Q_3Q_2Q_1Q_0=1000$。

④ 第九个计数脉冲 CP 的下降沿到来时,触发器 FF_0 发生翻转,Q_0 由 0 跳变为 1;即 $Q_0=1$。Q_0 是正跳变信号,对触发器 FF_1 不起作用而保持原态不变,即 $Q_1=0$。Q_1 不变,使触发器 FF_2 保持原态不变,即 $Q_2=0$。Q_0 是正跳变信号,同样对触发器 FF_3 不起作用而保持原态不变,即 $Q_3=1$。所以加法计数器的输出为 $Q_3Q_2Q_1Q_0=1001$。

注意:此时触发器 FF_1 的 K 端悬空,即 $K_1=1,J_1=\overline{Q}_3=0$。

⑤ 第十个计数脉冲 CP 的下降沿到来时,触发器 FF_0 发生翻转,Q_0 由 1 跳变为 0,即 $Q_0=0$。Q_0 是负跳变信号,但由于触发器 FF_1 的 $K_1=1,J_1=\overline{Q}_3=0$;故 FF_1 保持原态不变,即 $Q_1=0$。Q_1 不变,使触发器 FF_2 保持原态不变,即 $Q_2=0$。Q_0 的负跳变信号同时加到触发器 FF_3 的控制端 C1,使 FF_3 发生翻转,Q_3 由 1 跳变 0,即 $Q_3=0$。所以加法计数器的输出为 $Q_3Q_2Q_1Q_0=0000$。

到第十个计数脉冲 CP 到来后,计数器的状态恢复为 0000,完成从 0000～1001(相当于 0～9)的十个数码的计数,并跳过了 1010～1111 六个状态。同时,Q_3 由 1 变为 0 时,即向高一位输出一个负跳变进位脉冲,从而完成了 1 位十进制计数的全过程。

本　章　小　结

● 数字电路是处理数字信号的电路,它着重研究的是输入、输出信号之间的逻辑关系,也称为逻辑电路。

● 逻辑函数常用的基本表示方法有:真值表、逻辑函数表达式、逻辑电路图、波形图等 4 种,各种表示方法之间可以互相转换。

● 实现数字逻辑功能的基本门电路有与门、或门和非门,由基本门电路可构成各种复合逻辑门电路,如与非门、或非门、与或非门等。

● 逻辑代数是分析、研究逻辑电路的数学工具,利用这一数学工具可使逻辑电路的设计和分析变得简便。

● 根据实际需要,通过设计,可由各种逻辑门电路构成功能各异的数字电路。按电路逻辑功能分类,数字电路可分为组合逻辑电路和时序逻辑电路。组合逻辑电路在任一时刻的输出仅取决于该时刻电路的输入,而与电路过去的输入状态无关;时序逻辑电路在任一时刻的输出不仅取决于该时刻电路的输入,而且还取决于电路原来的状态。常见的基本组合逻辑电路有编码器、译码器、数据选择器、数据分配器和加法器等。

● 触发器是能存储 1 位二进制码 **0**、**1** 的电路,有互补输出(Q 和 $\overline{Q}$)。按照触发方式不同,可以把触发器分为同步触发器、主从触发器和边沿触发器。按照逻辑功能不同,可以把触发器分为 RS 触发器、JK 触发器、D 触发器等。基本 RS 触发器没有时钟输入端,触发器状态随输入电平的变化而变化。同步 RS 触发器存在空翻,主从触发器和边沿触发器克服了空翻。集成触发器产品通常为 D 触发器和 JK 触发器。各种触发器性能的比较见表 9.13,在选用集成触发器时,不仅要知道它的逻辑功能,还必须知道它的触发方式,只有这样,才能正确地使用好触发器。

表 9.13　各种触发器性能比较

触发器种类	逻辑符号	状态转换真值表
基本 RS 触发器		$\overline{R}_D$ $\quad$ $\overline{S}_D$ $\quad$ Q^{n+1} $\quad$ 功能 **0** $\quad$ **0** $\quad$ $\times$ $\quad$ 不定 **0** $\quad$ **1** $\quad$ **0** $\quad$ 置0 **1** $\quad$ **0** $\quad$ **1** $\quad$ 置1 **1** $\quad$ **1** $\quad$ Q^n $\quad$ 保持
同步 RS 触发器		R $\quad$ S $\quad$ Q^{n+1} $\quad$ 功能 **0** $\quad$ **0** $\quad$ Q^n $\quad$ 保持 **0** $\quad$ **1** $\quad$ **1** $\quad$ 置1 **1** $\quad$ **0** $\quad$ **0** $\quad$ 置0 **1** $\quad$ **1** $\quad$ $\times$ $\quad$ 不定
JK 触发器		J $\quad$ K $\quad$ Q^{n+1} $\quad$ 功能 **0** $\quad$ **0** $\quad$ Q^n $\quad$ 保持 **0** $\quad$ **1** $\quad$ **0** $\quad$ 置1 **1** $\quad$ **0** $\quad$ **1** $\quad$ 置0 **1** $\quad$ **1** $\quad$ Q_n $\quad$ 翻转
D 触发器		D $\quad$ Q^{n+1} $\quad$ 功能 **0** $\quad$ **0** $\quad$ 置0 **1** $\quad$ **1** $\quad$ 置1

● 时序逻辑电路有两种典型的电路:寄存器和计数器。

寄存器分为数码寄存器和移位寄存器。数码寄存器是具有暂时存放数码的逻辑记忆功能,移位寄存器除具有存放数码的记忆功能外,还具有移位功能。在移位脉冲作用下,移位寄存器所存数码若只能向某一方向移动的寄存器称为单向移位寄存器,单向移位寄存器又分为左移寄存器和右移寄存器两种。若寄存器所存数码既能左移又能右移,具有双向移位功能的寄存器称为双向移位寄存器。

计数器能对输入脉冲作计数操作。计数器按不同的方法分类,可分为二进制计数器、十进制计数器等,也可以分为同步计数器、异步计数器、加法计数器和减法计数器等。

习　题　9

一、填空题

1. 数字电路中工作信号的变化在时间和数值上都是 _____ 的,数字信号可以用 _____ 和 _____ 表示。

2. 二进制数只使用 _____ 和 _____ 两个数码,其计数基数是 _____。

3. 十进制数若用 8421BCD 码表示,则十进制数的每一位数码可用 _____ 表示,其权值从高位到低位依次为 _____、_____、_____、_____。

4. 逻辑代数中三种最基本的逻辑运算是 _____、_____、_____。基本逻辑门电路有 _____、_____、_____ 三种。

5. 逻辑函数有 _____、_____、_____、_____ 等四种基本表示方法。

6. 常用集成逻辑门电路主要有 _____ 和 _____ 两大类。

7. 译码器按具体功能的不同分成 _____、_____、_____ 三种。

8. 半导体数码管按内部发光二极管的接法不同可分成 _____ 和 _____ 两种。

9. 触发器有两个稳定状态:$Q=1$、$\bar{Q}=0$ 为触发器的 _____ 态;$Q=0$、$\bar{Q}=1$ 为触发器的 _____ 态。所以触发器的状态指的是 _____ 端的状态。

10. 按逻辑功能分,触发器主要有 _____、_____、_____ 和 _____ 等几种类型。

11. RS 触发器提供了 _____、_____ 和 _____ 三种功能。

12. JK 触发器提供了 _____、_____、_____ 和 _____ 四种功能。

13. 时序逻辑电路是由 _____ 和 _____ 两部分所组成。

14. 寄存器分为 _____ 寄存器和 _____ 寄存器。

15. 数码寄存器具有 _____、_____ 和 _____ 的功能。

16. 移位是指在 _____ 的作用下,能把寄存器中的数码依次 _____ 或 _____。

17. 计数器主要用于 _____,还可以用于 _____、_____ 和 _____ 等。

18. 一个触发器可以构成 _____ 位二进制计数器。

19. 设计一个二十四进制计数器,至少需要 _____ 个触发器。

二、选择题

1. 十进制数 181 转换为二进制数为(　　　),转化成 8421BCD 码为(　　　)。

    A. 10110101
    B. 000110000001
    C. 11000001
    D. 10100110

2. 2 线-4 线译码器有( )。

    A. 2 条输入线,4 条输出线   B. 4 条输入线,2 条输出线

    C. 4 条输入线,8 条输出线   D. 8 条输入线,2 条输出线

3. **与**门的输出与输入符合( )逻辑关系,**或**门的输出与输入符合( )逻辑关系,**与非**门的输出与输入符合( )逻辑关系,**或非**门的输出与输入符合( )逻辑关系。

    A. 有 1 出 0,全 0 出 1   B. 有 1 出 1,全 0 出 0

    C. 有 0 出 0,全 1 出 1   D. 有 0 出 1,全 1 出 0

4. 能将输入信号转变为二进制代码的电路称为( )。

    A. 译码器   B. 编码器   C. 数据选择器   D. 数据分配器

5. 半导体数码管是由( )排列成所显示的数字。

    A. 小灯泡   B. 液态晶体   C. 辉光器件   D. 发光二极管

6. 优先编码器同时有两个输入信号时,是按( )的输入信号编码。

    A. 高电平   B. 低电平   C. 高频率   D. 高优先级

7. 2 个输入端的**或非**门,其输入端为 A、B,输出端为 Y,则其表达式 $Y=($)。

    A. AB B. $\overline{AB}$ C. $\overline{A+B}$ D. $A+B$

8. 2 个输入端的**与非**门,其输入端为 A、B,输出端为 Y,则其表达式 $Y=($)。

    A. AB B. $\overline{AB}$ C. $\overline{A+B}$ D. $A+B$

9. 基本 RS 触发器输入端禁止使用( )。

    A. $\overline{R}_D=0,\overline{S}_D=0$ B. $\overline{R}_D=1,\overline{S}_D=1$

    C. $\overline{R}_D=0,\overline{S}_D=1$ D. $\overline{R}_D=1,\overline{S}_D=0$

10. JK 触发器的 S_D 端称为( )。

    A. 直接置 0 端   B. 直接置 1 端   C. 复位端   D. 置零端

11. JK 触发器由 J、K 端同时输入高电平,则处于( )状态。

    A. 保持   B. 置 0   C. 翻转   D. 置 1

12. 下降沿 JK 触发器,当现态为 0 时,只要 CP 下降沿前时刻( ),对应 CP 下降沿触发器状态就翻转。

    A. $K=0$ B. $K=1$ C. $J=0$ D. $J=1$

13. 时序逻辑电路是由( )组成。

    A. 组合逻辑电路   B. 触发器

    C. 组合逻辑电路和触发器   D. 以上都不是

14. ( )是指数码及指令等信息从一个输入端逐位输入寄存器中。

    A. 并行输入   B. 串行输入   C. 并串行输入   D. 以上都不对

15. 寄存器存储数据的位数( )构成触发器的个数。

    A. 小于   B. 等于   C. 大于   D. 以上都不对

16. 计数器是由(　　)组合构成。

    A. 与门　　　　　　　B. 与非门　　　　　C. 触发器　　　　　D. 寄存器

17. 数码寄存器具有(　　)数码的功能。

    A. 接收和传递　　　　　　　　　　　B. 保存

    C. A 和 B　　　　　　　　　　　　　D. 以上都不对

18. 触发器有(　　)个稳态。

    A. 1　　　　　　　　　B. 2　　　　　　　　C. 3　　　　　　　　D. 4

19. 异步二进制加法计数器的各触发器的状态转换总是(　　)。

    A. 从低位触发器到高位触发器翻转　　B. 同时翻转

    C. 从高位触发器到低位触发器翻转　　D. 不翻转

20. 1 位十进制数的数码至少需要用(　　)个触发器表示。

    A. 1　　　　　　　　　B. 2　　　　　　　　C. 3　　　　　　　　D. 4

三、判断题

1. 二进制数的进位规则是逢二进一,所以 $1+1=10$。　　　　　　　　　　　(　　)

2. 如果 $A+B=A+C$,则 $B=C$。　　　　　　　　　　　　　　　　　　　　(　　)

3. 如果 $A \cdot 0 = B \cdot 1$,则 $A \cdot B = A+B$。　　　　　　　　　　　　　(　　)

4. 负逻辑规定:逻辑 1 代表低电平,逻辑 0 代表高电平。　　　　　　　　　　(　　)

5. 数字电路中,高电平和低电平表示一定的电压范围,不是一个固定不变的数字。

　　　　　　　　　　　　　　　　　　　　　　　　　　　　　　　　　　　(　　)

6. 在非门电路中,输入为高电平时,输出为低电平。　　　　　　　　　　　　(　　)

7. 组合逻辑电路的特点是具有记忆功能。　　　　　　　　　　　　　　　　　(　　)

8. 触发器能够存储 1 位二值信息。　　　　　　　　　　　　　　　　　　　　(　　)

9. 当触发器互补输出时,通常规定 $Q=0,\overline{Q}=1$,称为 0 态。　　　　　　(　　)

10. JK 触发器和 RS 触发器所实现的逻辑功能相同。　　　　　　　　　　(　　)

11. JK 触发器没有约束条件。　　　　　　　　　　　　　　　　　　　　　(　　)

12. 异步时序逻辑电路是在时钟脉冲的控制下,各触发器的状态先后发生改变。(　　)

13. 移位寄存器除具有存放数码的记忆功能外,还具有移位功能。　　　　　　(　　)

14. 移位是指在移位脉冲的作用下,只能把寄存器中的数码依次右移。　　　　(　　)

15. 一个触发器可以用来表示 1 位十进制数。　　　　　　　　　　　　　　　(　　)

16. 构成计数器电路的器件必须具有记忆功能。　　　　　　　　　　　　　　(　　)

四、综合题

1. 将下列二进制数转换成十进制数。

    (1)$(111)_2$　　　　　(2)$(100001)_2$　　　(3)$(1101001)_2$　　　(4)$(1101101)_2$

2. 将下列十进制数转换成二进制数。

    (1)$(17)_{10}$　　　　　(2)$(31)_{10}$　　　　(3) $(25)_{10}$　　　　(4) $(76)_{10}$

3. 将下列十进制数转换成 8421BCD 码。

(1)$(23)_{10}$　　　　(2)$(13)_{10}$　　　　(3)$(56)_{10}$　　　　(4)$(74)_{10}$

4. 将下列 8421BCD 码转换成十进制数。

(1)$(01110101)_{8421BCD}$　(2)$(10010101)_{8421BCD}$　(3)$(10000011)_{8421BCD}$

5. 写出图 9.39 所示逻辑电路的表达式,并列出该电路的真值表。

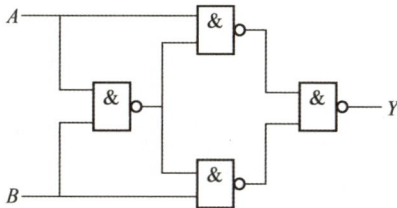

图 9.39　综合题第 5 题图

6. 已知某逻辑关系的真值表见表 9.14,写出 Y 的逻辑表达式。

表 9.14　综合题第 6 题表

A	B	C	D
0	0	0	1
0	0	1	1
0	1	0	1
0	1	1	0
1	0	0	0
1	0	1	0
1	1	0	0
1	1	1	1

7. 试分析图 9.40 所示逻辑电路,写出 Y_1、Y_2 的逻辑表达式。

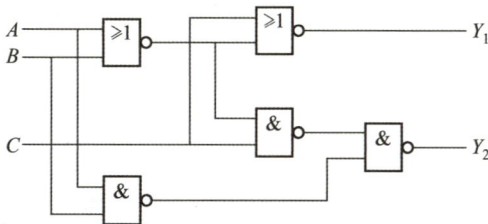

图 9.40　综合题第 7 题图

8. 列出逻辑函数 $Y=AB+BC+AC$ 的真值表,并画出逻辑图。

9. 如图 9.41 所示,请根据已知条件画出输出波形。

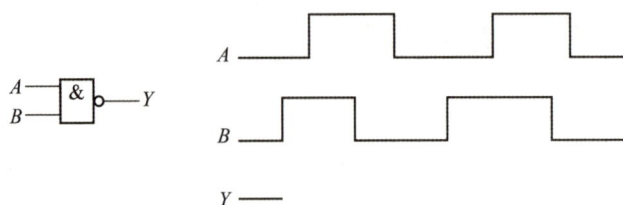

图 9.41　综合题第 9 题图

10. 图 9.42 是**非门**的输入逻辑变量 A 的波形图,试画出相对应的输出逻辑变量 Y 的波形图。

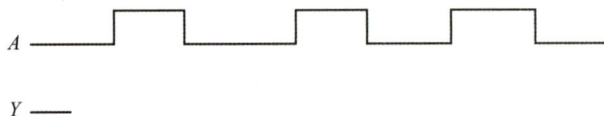

图 9.42　综合题第 10 题图

11. 图 9.43 是**或门**的两个输入逻辑变量 A、B 的波形图,试画出相对应的输出逻辑变量 Y 的波形图。

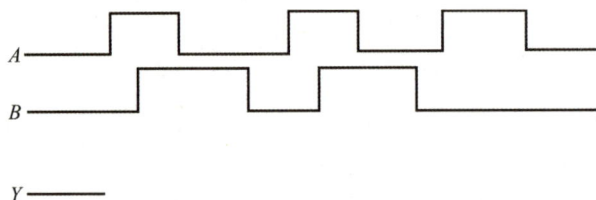

图 9.43　综合题第 11 题图

12. 如果图 9.43 是**与门**、**与非门**、**或非门**的两个输入逻辑变量 A、B 的波形图,能否画出相对应的输出逻辑变量 Y 的波形图?

13. 如图 9.44(a)所示触发器,根据图 9.44(b)所示输入波形,画出 Q 端的输出波形,设电路初态为 **0**。

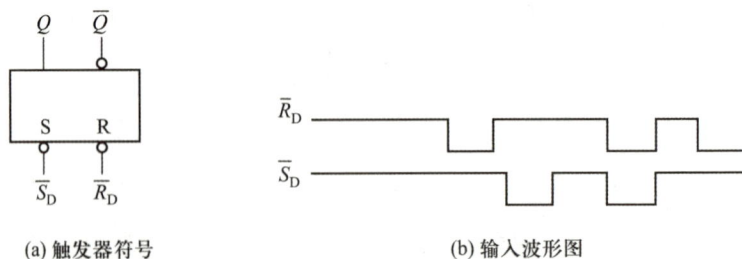

(a)触发器符号　　　　　　　　　　　(b)输入波形图

图 9.44　综合题第 13 题图

14. 如图 9.45(a)所示触发器,根据图 9.45(b)所示输入波形,画出 Q 端的输出波形,设电路初态为 **0**。

(a) 触发器符号 (b) 输入波形图

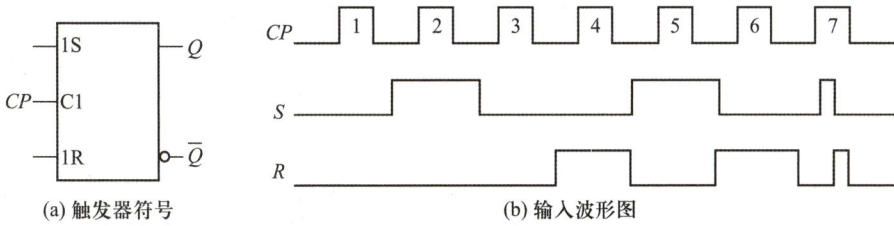

图 9.45　综合题第 14 题图

15. 如图 9.46(a) 所示触发器,根据图 9.46(b) 所示输入波形,画出 Q 端的输出波形,设电路初态为 **0**。

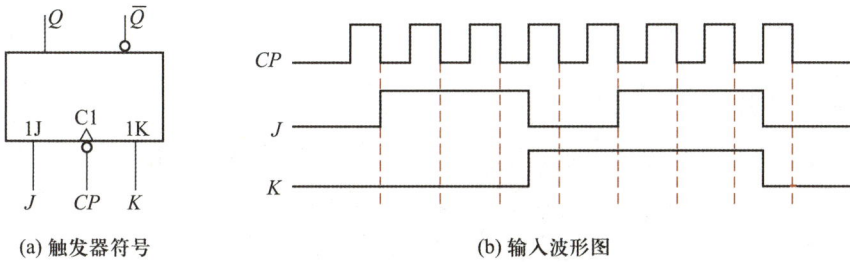

(a) 触发器符号 (b) 输入波形图

图 9.46　综合题第 15 题图

16. 如图 9.47 所示的 3 位数码寄存器,若电路原状态 $Q_2 Q_1 Q_0 = 101$,输入数据 $D_2 D_1 D_0 = 011$,则 CP 脉冲到来后,电路状态如何变化?

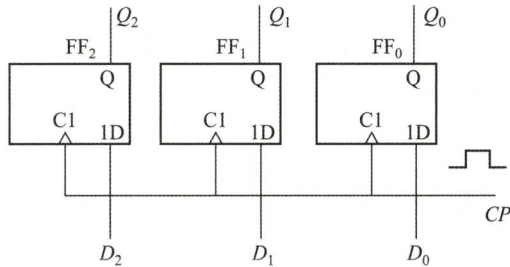

题解:
习题 9 答案

图 9.47　综合题第 16 题图

chapter 10
第 10 章 | **数字电路的应用**

学习目标

本章主要介绍数字电路应用方面的知识,主要包括:
- 数字电路的简单分析和综合方法。
- 触发器的应用。
- 555 集成定时器及其应用。
- 数字电路的综合应用。

通过本章的学习,应能掌握数字电路的分析和综合方法,了解数字电路的一些实用电路及其工作原理。

10.1 数字电路的简单分析和综合方法

10.1.1 数字电路的简单分析方法

对数字电路的分析主要是研究电路的输出信号与输入信号之间的状态关系(即逻辑关系)。通常,数字电路采用逻辑代数、真值表、逻辑图等方法进行分析。根据电路写出输出表达式,列出真值表,从而得到该电路的逻辑功能。

步骤如下:

(1) 根据数字电路写出输出表达式。由电路的输入开始到输出或反过来由输出开始到输入逐级地推导,写出输出表达式,并进行必要的化简。

(2) 根据输出表达式列出真值表。将各种可能的输入信号状态组合代入简化了的表达式中进行运算,以表格的形式列出,即得到真值表。

(3) 根据真值表可推断出该电路的逻辑功能。

10.1.2 数字电路的综合方法

数字电路的综合方法是指在实际中利用数字逻辑电路来完成所需要的功能和任务,其步骤是:

(1) 分析实际的需求和要求。从实际出发,并通过对实际需求和要求的深入调查和了解基础上,确定输入变量和输出变量,以及输入变量和输出变量之间的相互关系。

(2) 制定真值表。通过输入、输出信号的状态和状态之间的相对应关系,列出表格并进行状态赋值,即用 **0**、**1** 表示输入信号和输出信号的相对应状态,从而得到逻辑真值表。

(3) 根据真值表推断出逻辑表达式,并进行必要的化简,以得到最简的逻辑表达式。

(4) 画出最简表达式的逻辑电路图。

(5) 组合出能满足和完成实际的需求和要求的数字电路。

10.1.3 举例

例 10.1 试分析图 10.1 所示电路的逻辑功能。

解:(1) 根据数字逻辑电路写出输出表达式。

$Y_1=\overline{A}$ $Y_2=\overline{B}$ $Y_3=\overline{\overline{A}\,\overline{B}}$ $Y_4=AB$

则 $Y=Y_3+Y_4=\overline{\overline{A}\,\overline{B}}+AB$

(2) 根据输出表达式列出真值表(见表 10.1)。

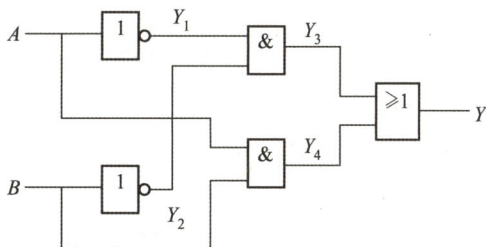

图 10.1   例 10.1 图

表 10.1   真值表

A	B	Y
0	0	1
0	1	0
1	0	0
1	1	1

(3) 根据真值表可推断出该电路的逻辑功能。

该电路的逻辑功能:两个输入信号相同(为高电平或低电平)时,输出为高电平。

例 10.2   试设计当三个输入信号相同时输出为高电平、否则为低电平的逻辑电路。

解:(1) 分析实际的需求和要求。

设输入信号为 A、B、C,输出信号为 Y。

(2) 根据题意制定真值表(见表 10.2)。

表 10.2　真值表

A	B	C	Y
0	0	0	1
0	0	1	0
0	1	0	0
0	1	1	0
1	0	0	0
1	0	1	0
1	1	0	0
1	1	1	1

（3）根据真值表推断出逻辑表达式。

$$Y = ABC + \overline{A}\,\overline{B}\,\overline{C}$$

（4）根据表达式画出逻辑电路图（如图 10.2 所示）。

（5）组合出能满足和完成实际需求和要求的逻辑电路。

在上述的逻辑电路图中采用了**与或非门**组成的电路；除此之外，还可以采用**与非门**电路来满足和完成需求和要求。

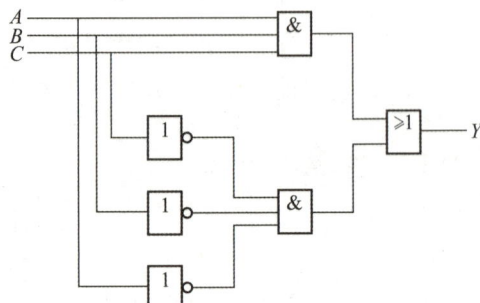

图 10.2　例 10.2 图

想一想

试采用**与非门**电路完成当三个输入信号相同时输出为高电平、否则为低电平的逻辑电路。

例 10.3　试采用门电路设计一个两地控制一盏灯的电路（其功能如图 10.3 所示）。

解：（1）分析实际的需求和要求。

设开关 S_1 和 S_2 的状态为输入信号 A、B，灯 HL 的状态为输出信号 Y；灯灭为 **0**，灯亮为 **1**。

（2）根据设置制定真值表（见表 10.3）。

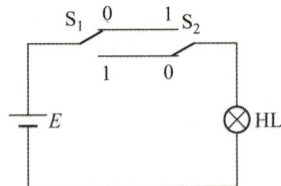

图 10.3　例 10.3 电路功能图

表 10.3　真值表

A	B	Y
0	0	0
0	1	1
1	0	1
1	1	0

（3）根据真值表推断出逻辑表达式。

$$Y = A\bar{B} + \bar{A}B$$

（4）根据表达式画出逻辑电路图（如图 10.4 所示）。

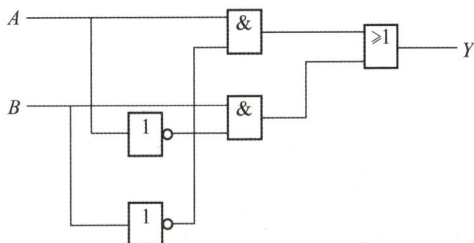

图 10.4　例 10.3 逻辑电路图

10.2　门电路和触发器的应用

10.2.1　智力竞赛抢答器

1. 电路

智力竞赛抢答器是一种在智力游戏或竞赛中使用的电子设备，参加竞赛的多人中，只要有

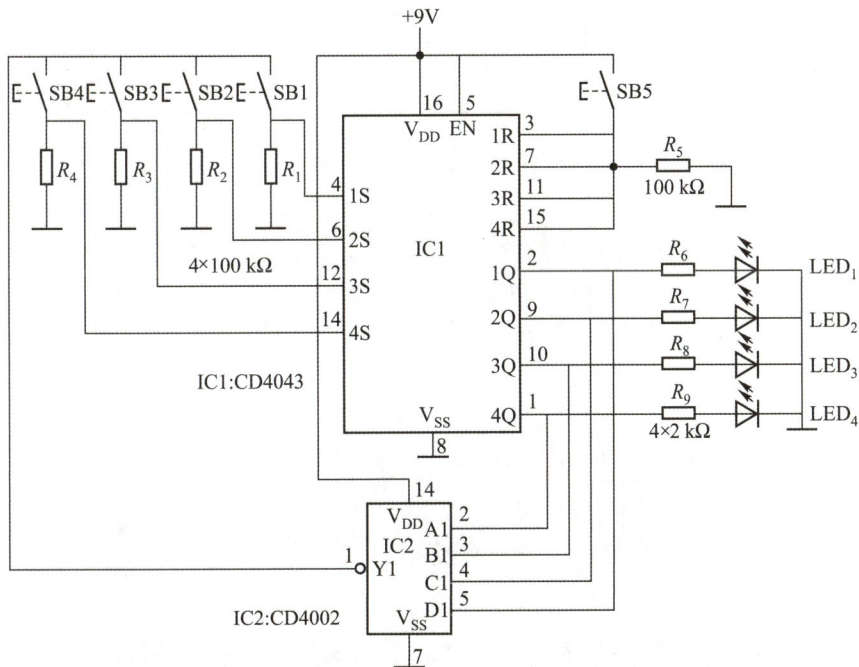

图 10.5　智力竞赛抢答器电路图

一人首先按下抢答器，则其后有其他人按下为无效，直到主持人复位后下一轮竞赛才开始。本任务所制作的四人抢答器可供四位参赛者使用，电路组成如图 10.5 所示。图中 IC1 为四-三态 RS 锁存器 CD4043，IC2 为双 4 输入**或非**门 CD4002，它们组成四路按键输入与互锁电路。CD4043 中的四个置 **1** 端 S 与四个抢答输入按键 SB1～SB4 相连，四个输出端 Q 通过 CD4002 与抢答输入按键的另一端相连。四个复位端 R 并联后与总复位按键 SB5 相连，供主持人作总复位用。

　　CD4043 的引脚排列如图 10.6 所示，其内部包含 4 个基本 RS 触发器，它采用三态单端输出，由芯片的 5 脚 EN 信号控制。CD4043 的功能表见表 10.4，由表可见，三态 RS 锁存器是在普通 RS 触发器的基础上加上控制端 EN，其输出端除了出现高电平和低电平外，还可以出现第三种状态——高阻状态。控制端 EN（或称为使能端）为高电平有效：当 $EN=1$ 时为工作状态，实现正常的逻辑功能；当 $EN=0$ 时输出端呈现高阻状态。

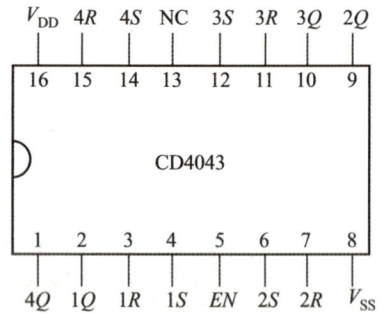

图 10.6　CD4043 的引脚图

表 10.4　CD4043 的功能表

EN	S	R	Q
0	$\times$	$\times$	高阻
1	**0**	**0**	Q^n（原态）
1	**0**	**1**	**0**
1	**1**	**0**	**1**
1	**1**	**1**	$\times$

　　在单孔印制电路板上焊接而成的抢答器如图 10.7 所示。

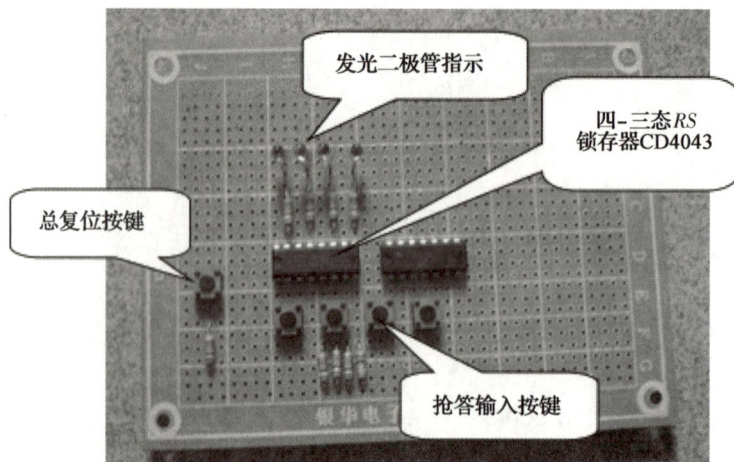

图 10.7　四人抢答器的实物图

2. 电路工作原理

接通电源后,主持人先按下总复位键 SB5,9 V 工作电压通过 SB5 加至四个复位端 R,使四个触发器均复位,Q 端输出低电平,Q 端的低电平加至**或非门** IC2 的输入端,反相后变为高电平,使四个抢答输入按键的一端为高电平,而四个 RS 触发器的置 **1** 端 S 通过下拉电阻 $R_1 \sim R_4$ 将其置于低电平,整个电路处于等待状态。

当有某一参赛队员(如 1 号队员)按下 SB1 时,高电平能通过 SB1 加至 IC1 的 1S 端,1 号触发器被置位,1Q 输出高电平。一方面通过 IC2 反相为低电平后使四个抢答按键的一端由高电平变为低电平,使其后按下的按键不能再使它对应的触发器翻转,起到了互锁作用。

SB5 为总复位按键,每次抢答过后由主持人按下它,使电路复位后进行下一轮的抢答。

10.2.2 触摸开关电路

图 10.8 所示电路是一个触摸开关电路,该电路是由 D 触发器集成电路 CC4013 为主元件构成。CC4013(FF$_1$、FF$_2$)是一块由两个 D 触发器组成的集成电路,上升沿触发;其中触发器 FF$_2$ 接成计数状态,即 $\overline{Q}=D$。A 为触摸电极。三极管 VT 组成放大器;KM 为继电器,其触点控制灯 HL 的亮或灭。

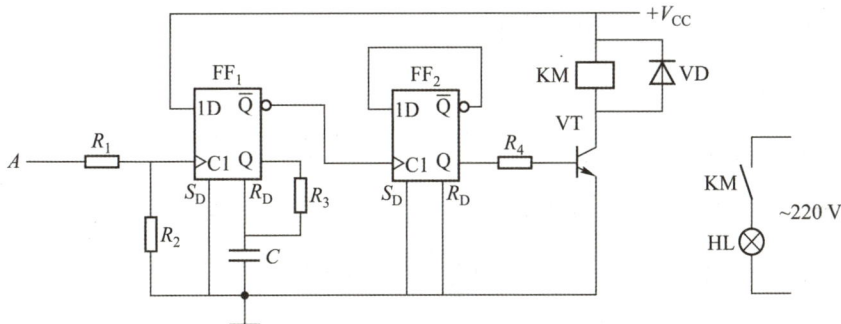

图 10.8 触摸开关电路

工作原理:

当手指触摸电极 A 时,由于人体感应的作用,经 R_1 在 D 触发器 FF$_1$ 的 C1 端产生一个正跳变脉冲,即由 **0** 跳变为 **1**;由于 D 端接高电平($D=1$),因此,在 C1 端产生的正跳变脉冲作用下,触发器 FF$_1$ 置"**1**";导致触发器 FF$_1$ 的 Q 端输出高电平。该电平通过电阻 R_3 对电容 C 充电……当电容 C 两端电压升高到复位电平时,使触发器 FF$_1$ 的 R_D 端为高电平($R_D=1$),于是触发器 FF$_1$ 复位,Q 端由 **1** 变为 **0**,而 $\overline{Q}$ 端由 **0** 跳变为 **1**。从而向 D 触发器 FF$_2$ 的 C1 端输出一个正跳变脉冲,由于触发器 FF$_2$ 接成计数状态,因此,正跳变脉冲使触发器 FF$_2$ 的输出状态发生翻转,即 Q 端由低电平翻转为高电平,VT 饱和导通,继电器 KM 得电,触点吸合,灯 HL 亮。

若再用手指触摸电极 A 时,重复上述工作过程,致使触发器 FF$_2$ 的输出状态又发生翻转,即 Q 端由高电平翻转为低电平,VT 截止,继电器 KM 失电,触点断开,灯 HL 灭。

10.3 555 集成定时器

10.3.1 概述

555 定时器是一种将模拟电路和数字电路巧妙地结合在一起的混合集成电路。1972 年，美国西格尼蒂克斯(Signetics)公司为取代体积大、定时精度差的机械式延时继电器，研制出 NE555 双极型定时器电路。但投放市场后，人们发现这种电路的应用远超出原设计的使用范围，其应用几乎遍及电子应用的各个领域，所以需求量极大。只需要外接几个电阻、电容元件，就可以很方便地构成施密特触发器、单稳态电路及多谐振荡器等电路。

"555"这个名字的由来是由于该集成电路的芯片中采用了三个 5 kΩ 的精确分压电阻，尽管其产品型号繁多，但由于几乎所有产品型号的最后 3 位数码都是"555"，而且它们的逻辑功能和外部引脚排列也完全相同，所以统称"555 集成定时器"，其典型产品有 5G555、NE555、CC7555 等。也有在同一集成电路上集成了两个 555 单元电路，其型号为 556；如果在同一集成电路上集成了四个 555 单元电路，则其型号为 558。

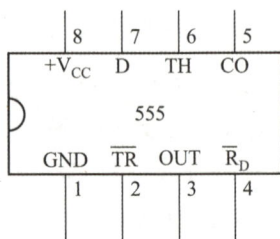

图 10.9 555 集成定时器引脚排列

10.3.2 外形与引脚排列

集成 555 定时器的引脚排列如图 10.9 所示。图中 1 脚为接地端 GND；2 脚为低电平触发输入端 $\overline{TR}$；3 脚为输出端 OUT；4 脚为置 0 复位端 $\overline{R}_D$；5 脚为电压控制端 CO；6 脚为高电平触发输入端 TH；7 脚为放电端 D，8 脚为电源输入端 V_{CC}(+5 V)。

10.3.3 逻辑功能

① CO 端若外加控制电压，则可改变电路内部的参考电压或基准电压；CO 端若不外加控制电压或不使用时，不可悬空，一般都通过一个 0.01 μF 电容接地，以对高频干扰信号旁路。

② 若 $\overline{R}_D$ 为低电平，则两输入端 TH 和 $\overline{TR}$ 不论为何值，输出端 OUT 一定为 0。因此在正常工作时 $\overline{RD}$ 应为高电平。

③ 当 $\overline{TR}$ 端电平小于基准电压 $\left(\dfrac{1}{3}V_{CC}\right)$、$TH$ 端电平小于基准电压 $\left(\dfrac{2}{3}V_{CC}\right)$ 时，输出端 OUT 为 1。

④ 当 $\overline{TR}$ 端电平大于基准电压 $\left(\dfrac{1}{3}V_{CC}\right)$、$TH$ 端电平大于基准电压 $\left(\dfrac{2}{3}V_{CC}\right)$ 时，输出端 OUT 为 0。

⑤ 当$\overline{TR}$端电平大于基准电压$\left(\frac{1}{3}V_{CC}\right)$、$TH$端电平小于基准电压$\left(\frac{2}{3}V_{CC}\right)$时，输出端$OUT$将保持原状态不变。

现将上述逻辑功能列于表10.5中。

表 10.5　555定时器逻辑功能表

$\overline{R}_{D}$	TH	$\overline{TR}$	OUT
0	$\times$	$\times$	**0**
1	$>\frac{2}{3}V_{CC}$	$>\frac{1}{3}V_{CC}$	**1**
1	$<\frac{2}{3}V_{CC}$	$<\frac{1}{3}V_{CC}$	**0**
1	$<\frac{2}{3}V_{CC}$	$>\frac{1}{3}V_{CC}$	保持原状态

10.3.4　应用

1. 单稳态电路

单稳态触发器是只有一个稳定状态的触发器。在没有外界信号时，电路将保持这一稳定状态不变。但在外界触发信号作用下，电路将会从原来的稳态翻转到另一个状态；但是这一状态是暂时的，在经过一段时间后，电路将自动返回到原来的稳定状态。因此，单稳态触发器常用于脉冲的整形和延时。

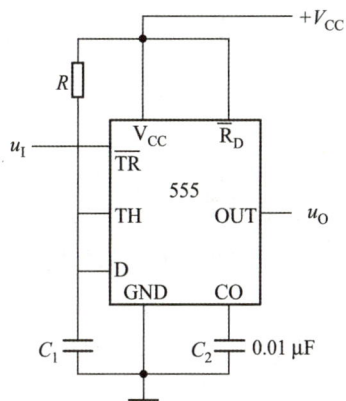

图 10.10　555 构成的单稳态电路

（1）电路构成

由555集成定时器构成的单稳态电路如图10.10所示。将555集成定时器的高触发输入端TH和放电端D连接在一起，低电平触发输入端$\overline{TR}$作为触发信号u_1的输入端，从555集成定时器的OUT端输出u_O；电阻R和电容C_1为定时元件。

（2）工作过程

① 电路初始状态，电容C_1没有存储电荷，因此，电容C_1的端电压u_C为0。输出u_O为低电平。在输入端没有负脉冲时，即输入信号u_1为高电平。

② 接通电源后，电源$+V_{CC}$通过电阻R对电容C_1充电，电容C_1的端电压u_C上升；当u_C上升到$\frac{2}{3}V_{CC}$时，输出u_O为**0**，同时电容C_1通过放电端D迅速放电；电路进入稳态，输出u_O保持为**0**状态不变。

③ 当输入端加入负脉冲时，即输入信号u_1从**1**跳变为**0**；在$u_1=\overline{TR}<\frac{1}{3}V_{CC}$时，从555集

成定时器的功能可知,电路将发生翻转,即输出 u_O 由 **0** 跳变为高电平"**1**"。同时,电源$+V_{CC}$ 又通过电阻 R 对电容 C_1 充电,电容 C_1 的端电压 u_C 上升⋯⋯此时,电路进入暂态,输出 u_O 保持为 **1** 状态不变,输入信号 u_I 返回为高电平,为下一次触发作准备。

④ 当 u_C 上升到 $\frac{2}{3}V_{CC}$ 时,输出 u_O 由 **1** 翻转为 **0**,同时电容 C_1 通过放电端 D 迅速放电;电路又进入稳态。等待下一个触发脉冲的到来。

上述过程如图 10.11 所示。可见,单稳态电路有一个稳态和一个暂态,暂态时间(又称定时时间)是电容 C_1 充电,其端电压 u_C 从 $0 \sim \frac{2}{3}V_{CC}$ 所需的时间,该时间使电路有对应的输出脉冲宽度 t_W;调节定时元件(电阻 R 和电容 C_1)的值则可以改变输出脉冲宽度 t_W。

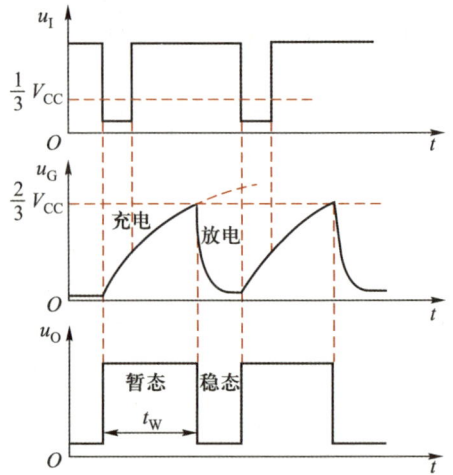

图 10.11　单稳态电路工作波形

(3) 单稳态电路的应用

① 波形整形。通过单稳态电路将不规则的输入信号 u_I 整形为幅度和宽度都相同或规则的矩形脉冲波 u_O,如图 10.12 所示。

② 延时器。单稳态电路的输出信号 u_O 的下降沿总是滞后输入信号 u_I 的下降沿,而且滞后时间就是脉冲的宽度 t_W,如图 10.12 所示。所以,可利用这种滞后作用来达到延时的目的。

③ 定时器。利用单稳态电路输出的脉冲信号作为定时控制信号。脉冲宽度就是控制(定时)时间。

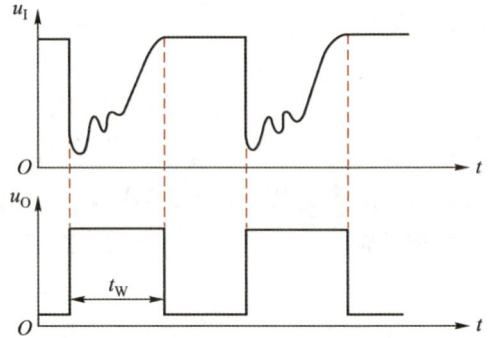

图 10.12　波形整形

2. 施密特触发器

施密特触发器有两个稳定状态。电路从第一稳态翻转到第二稳态,然后再从第二稳态翻转到第一稳态,两次翻转所需的触发电平不相同,其差值称为"回差电压"。因此,施密特触发器常用于脉冲的整形或波形变换,如正弦波、三角波等变换为矩形波输出。

(1) 电路构成

电路如图 10.13 所示。将 555 集成定时器的高电平触发输入端 TH 和低电平触发输入端 $\overline{TR}$ 连接在一起作为触发信

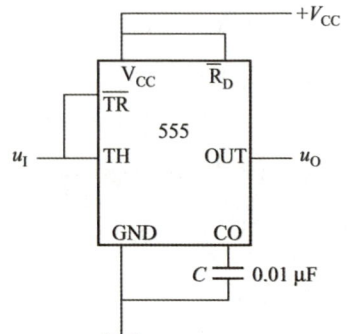

图 10.13　555 构成的施密特触发器

号 u_I 的输入端,从 555 集成定时器的 OUT 端输出 u_O,便构成一个反相输出的施密特触发器。

(2) 施密特触发器的应用

① 波形变换。通过施密特触发器可以将连续、缓慢变化的输入信号 u_I(如正弦波或三角波)变换为矩形脉冲波信号 u_O 输出,如图 10.14(a)、(b)所示。由于两个输入端 TH 和 $\overline{TR}$ 连接在一起,所以,从表 10.5 所示的 555 定时器逻辑功能很容易理解波形变换的全过程。

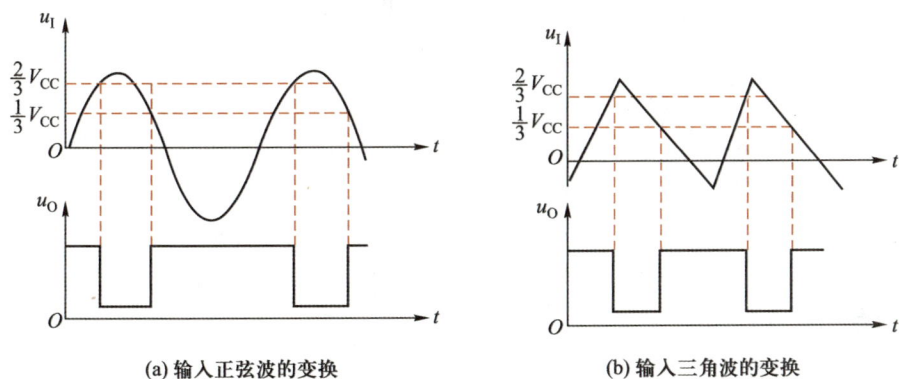

(a) 输入正弦波的变换　　　　　　(b) 输入三角波的变换

图 10.14　波形变换

输入信号上升过程:当输入 $u_I \leqslant \frac{1}{3}V_{CC}$ 时,输出 $u_O=1$;当 $\frac{1}{3}V_{CC}<u_I<\frac{2}{3}V_{CC}$ 时,输出端将保持 $u_O=1$;当输入 $u_I \geqslant \frac{2}{3}V_{CC}$ 时,输出端 $u_O=0$。

输入信号下降过程:当 $\frac{1}{3}V_{CC}<u_I<\frac{2}{3}V_{CC}$ 时,输出端将保持 $u_O=0$;当输入 $u_I \leqslant \frac{1}{3}V_{CC}$ 时,输出端 $u_O=1$。

由上述波形变换过程可看出,施密特触发器有两个稳定状态:第一稳态 $u_O=1$,第二稳态 $u_O=0$,所以是一个双稳态电路。从第一稳态翻转到第二稳态和从第二稳态翻转到第一稳态的触发电平值不同,其差值 $\frac{2}{3}V_{CC}-\frac{1}{3}V_{CC}=\frac{1}{3}V_{CC}$,称为"回差电压",显然这一回差电压值是不变的。

② 波形整形。当信号在传输过程中受到干扰,导致波形变差或变得不规则,如顶部不平整、前后沿变形等;可通过施密特触发器对受到干扰的信号进行整形以消除干扰。如图 10.15 所示,输入脉冲信号 u_I 波形的顶部不平

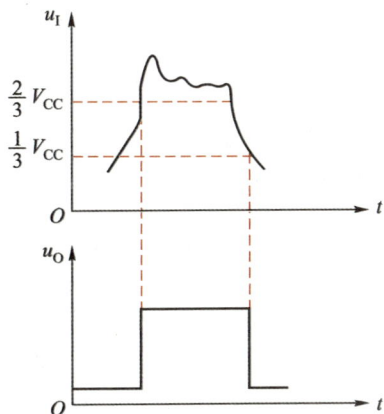

图 10.15　波形整形

整,经施密特触发器和一级反相器后,输出信号 u_O 波形的顶部平整,即整形及排除干扰。

③ 波形幅度鉴别。根据施密特触发器的原理,对于幅度不等的输入信号,只有当其幅度达到 $\frac{2}{3}V_{CC}$ 时才能够使施密特触发器翻转,在输出端才有脉冲信号输出,如图 10.16 所示。

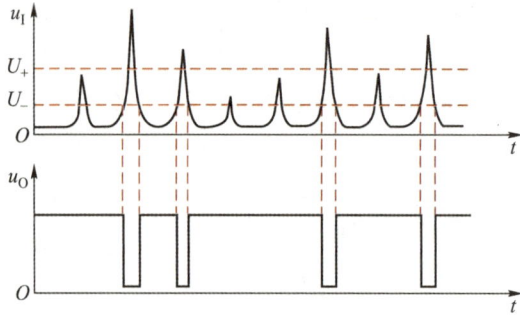

图 10.16　波形幅度鉴别

3. 多谐振荡器

多谐振荡器为无稳态电路,其只有两个暂态;在无须外界信号作用下,就能在两个暂态之间自行转换,从而产生一定频率的矩形波脉冲。因此,多谐振荡器广泛应用于脉冲信号发生器。

(1) 电路构成

图 10.17 所示电路为由 555 集成定时器构成的多谐振荡器。将 555 集成定时器的高触发输入端 TH 和低触发输入端 $\overline{TR}$ 连接在一起;无须输入触发信号,接通电源后就能产生矩形脉冲或方形脉冲;从 555 集成定时器的 OUT 端输出 u_O;R_1、R_2、C_1 为定时元件。

(2) 工作过程

① 接通电源后,输出 u_O 的初始状态为高电平。电源 $+V_{CC}$ 通过电阻 R_1 和 R_2 对电容 C_1 充电,电容 C_1 的端电压 u_C 上升……当 u_C 上升到 $\frac{2}{3}V_{CC}$ 时,输出 u_O 变为低电平,同时电容 C_1 通过电阻 R_2 和放电端 D 放电;电路进入第一暂稳态,输出 u_O 保持为低电平状态不变。

② 随着电容 C_1 的放电,u_C 随之下降……当 u_C 下降到 $\frac{1}{3}V_{CC}$ 时,输出 u_O 发生翻转,由低电平跳变为高电平;同时,电源 $+V_{CC}$ 又通过电阻 R_1 和 R_2 对电容 C_1 充电,电路进入第二暂稳态,输出 u_O 保持为高电平状态不变……随之返回第一暂稳态。

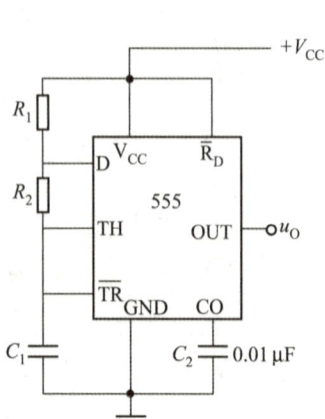

图 10.17　多谐振荡器

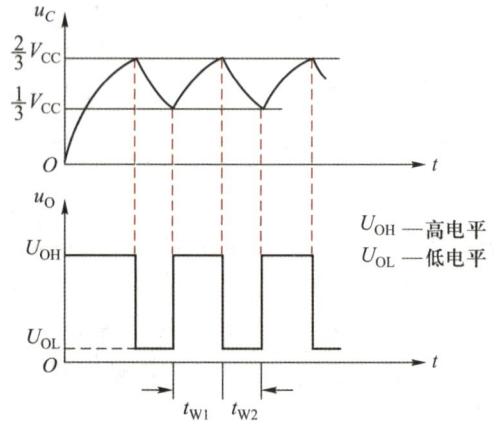

图 10.18　多谐振荡器工作波形

可见,电容 C_1 的端电压 u_C 将在 $\frac{2}{3}V_{CC}$ 和 $\frac{1}{3}V_{CC}$ 之间来回充电或放电,从而使电路产生振荡,输出矩形脉冲或方形脉冲。上述过程如图 10.18 所示。调节定时元件(电阻 R_1、R_2 和电容 C_1)的值就可以改变电容 C_1 的充电时间,决定输出脉冲宽度 t_{W1};调节定时元件(电阻 R_2 和电容 C_1)的值就可以改变电容 C_1 的放电时间,决定输出脉冲宽度 t_{W2}。

阅读材料

集成施密特触发器简介

集成施密特触发器是脉冲数字电路中常用的单元电路。其特点为性能一致性好,触发电平稳定,应用广泛。其逻辑符号如图 10.19(a)所示。

图 10.19(b)所示为 TTL 集成施密特触发器(CT74LS14)的内部组成及其引脚排列。该集成电路芯片内集成了六个 TTL 施密特触发器。V_{CC} 为电源端,GND 为接地端。图 10.19(c)所示为 CMOS 集成施密特触发器(CC40106)的内部组成及其引脚排列。该集成电路芯片内集成了六个 CMOS 施密特触发器。V_{DD}、V_{SS} 为电源端。

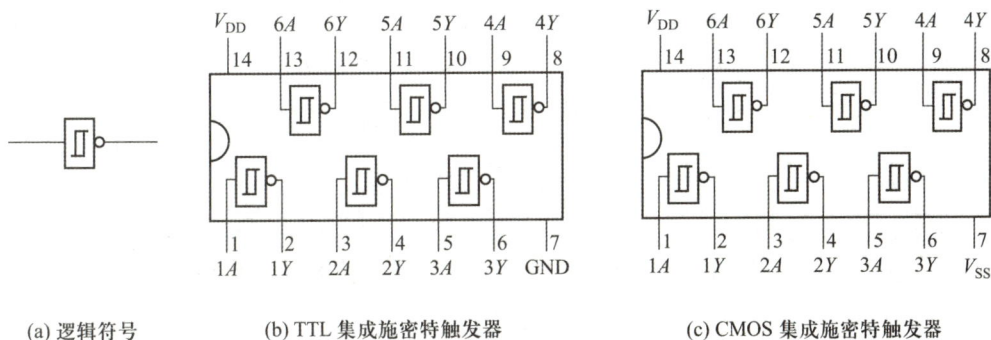

(a) 逻辑符号   (b) TTL 集成施密特触发器   (c) CMOS 集成施密特触发器

图 10.19 TTL 集成施密特触发器

10.4 汽车前照灯自动变光器

10.4.1 电路组成

汽车前照灯自动变光器主要由光电检测电路、施密特触发器及开关电路组成,其电路如图 10.20 所示。它能使汽车在夜间会车时于 $100\sim150$ m 内把远光灯自动转换成近光灯。会车后自动恢复到远光灯照明,从而避免或减少夜间会车时造成的交通事故,提高汽车行驶的安全性。

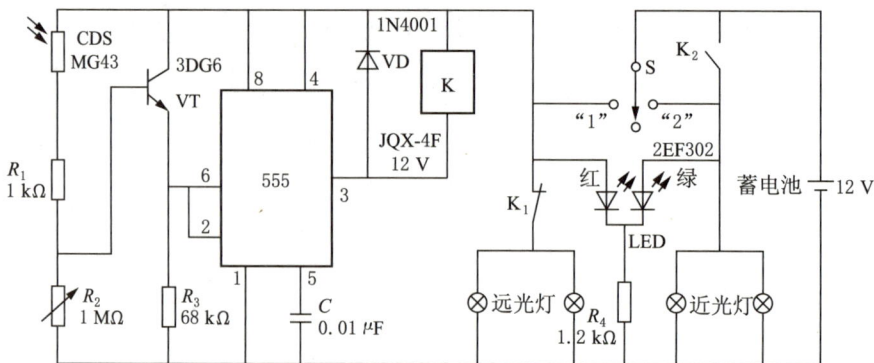

图 10.20　汽车前照灯自动变光器

10.4.2　工作过程

　　汽车前照灯自动变光器采用光敏电阻作为光电检测元件,光敏电阻在黑暗的情况下阻值很大,当有光照射时阻值迅速降低。将光敏电阻安装在汽车头部且在本车前照灯照射不到的部位,当汽车前方没有会车车辆时,光敏电阻没有光照射,阻值很大,晶体管 VT 的基极处于低电位,晶体管截止,555 定时器的 2、6 引脚为低电平,3 脚输出为高电平,继电器 K 不吸合,动断触点 K_1 导通,红色 LED 灯发光指示远光灯发光。当会车时,光敏电阻因受光照影响,阻值迅速降低,晶体管 VT 的基极电位升高,晶体管导通,555 定时器的 2、6 引脚为高电平,3 脚输出为低电平,继电器 K 吸合,动断触点 K_1 断开,动合触点 K_2 闭合,绿色 LED 灯发光指示近光灯发光,进行会车。

实训 10　变音警笛电路的安装与调试

一、实训目的

1. 进一步熟悉 555 定时器电路的功能。

2. 学会应用 555 定时器电路连接简单的应用电路。

3. 掌握 555 定时器电路的典型应用。

二、相关知识与复习内容

（一）复习本章有关 555 集成定时器及其基本电路的内容。

（二）变音警笛电路

　　图 10.21 所示为变音警笛电路,其基本工作原理是:由两片 555 定时器构成两个多谐振荡器,即由 IC1、R_1、R_P 和 C_2 等元件组成的低频振荡器,振荡频率为 0.5～14.4 Hz(可由 R_P 调节);由 IC2、R_3、R_4 和 C_3 等元件组成的高频振荡器,振荡频率为 0.7 kHz。IC1 的输出端经 R_2 接到 IC2 的控制端⑤脚,可对 IC2 组成振荡器的输出频率进行调制。即当 IC1 输出低电平时,IC2 的输出信号频率高;而当 IC1 输出高电平时,IC2 的输出信号频率就会低。从而使扬声

器发出高低频率相间的"滴、嘟、滴、嘟、……"的警笛声音。

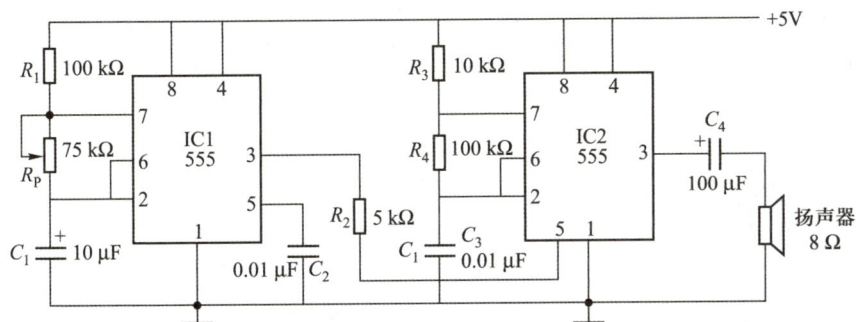

图 10.21　变音警笛电路

三、实训器材

按表 10.6 准备好完成本任务所需的设备、工具和器材。

表 10.6　工具与器材、设备明细表

序号	名　称	符号	型号/规格	单位	数量
1	集成电路	IC1、IC2	NE555	块	2
2	电阻	R_1	100 kΩ	个	1
3	电阻	R_2	5 kΩ	个	1
4	电阻	R_3	10 kΩ	个	1
5	电阻	R_4	100 kΩ	个	1
6	电位器	R_P	75 kΩ	个	1
7	电容	C_1	10 μF，16 V	个	1
8	电容	C_2、C_3	0.01 μF	个	2
9	电容	C_4	100 μF，6 V	个	1
10	扬声器	B	8 Ω，2 W	个	1
11	直流稳压电源		5 V		1
12	电源线、安装连接导线				若干
13	指针式万用表		500 型或 MF-47 型	台	1
14	示波器		双踪	台	1
15	电烙铁		15～25 W	只	1
16	焊接材料		焊锡丝、松香助焊剂、烙铁架等	套	1
17	电工电子实训通用工具		试电笔、榔头、螺丝刀(一字和十字)、电工刀、电工钳、尖嘴钳、剥线钳、活动扳手、镊子等	套	1
18	线路板			块	1

四、实训内容与步骤

(一)焊接

在电路板上按焊接要求焊接图 10.21 所示电路。

(二)检查与调试

① 检查装配无误后,即可通电调试。

② 若警笛声节奏异常,可调整 R_1、R_P 或 C_1 的参数。

③ 若警笛声音调欠佳,可调整 R_3、R_4 或 C_3 的参数。

(三)测量记录

将 NE555 集成电路的各脚电压测量记录填入表 10.7 中。

表 10.7   NE555 集成电路各脚电压/V

NE555 脚	①	②	③	④	⑤	⑥	⑦	⑧
IC1								
IC2								

技能拓展

路灯自动控制器的制作

电路如图 10.22 所示,其中 VT 为光电三极管 3DU。其特性为:有光照时,ce 极之间的电阻变小;光暗时,ce 极之间的电阻就变大。R_P 为可变电阻器,HL 为受控灯。白天时因光线充足,亮度大,使光电三极管 3DU 的 ce 极间电阻减少,555 集成定时器的 6 脚得到的电压将大于 $\frac{2}{3}V_{CC}$(约 4 V),根据 555 定时器的特性,555 定时器的输出端 3 脚将为低电平,因此,灯 HL 不发光。天黑时,光电三极管 3DU 的 ce 极间电阻增大,使 555 定时器的低触发端 2 脚电压小于 $\frac{1}{3}V_{CC}$(约 2 V),根据 555 定时器的特性,555 定时器的输出端 3 脚将为高电平,因此,灯 HL 发光。调节 R_P 即可调节灯泡 HL 发光的亮度。

图 10.22   路灯自动控制器

按图 10.22 所示连接好电路,经检查接线无误后,接入直流电源+6 V;用布遮住光电三极管 3DU,调节 R_P,观察灯 HL 的发光亮度;再用手电筒照射光电三极管 3DU,调节 R_P,观察灯 HL 发光的亮度。

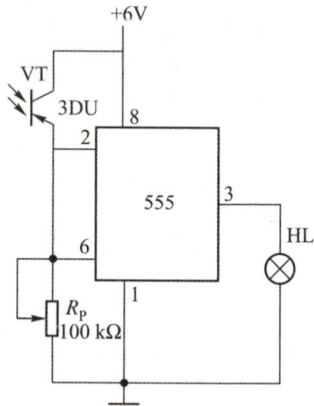

10.5 综合应用

10.5.1 电子调速电路

电子调速电路如图 10.23 所示,电路由桥式整流电路 VD1～VD4、过零检测电路 VT1、多谐振荡器 NE555、触发脉冲形成电路(G、VT2)和主控电路(双向晶闸管 VS、电动机 M)等五部分组成,各部分电路作用及其原理如下:

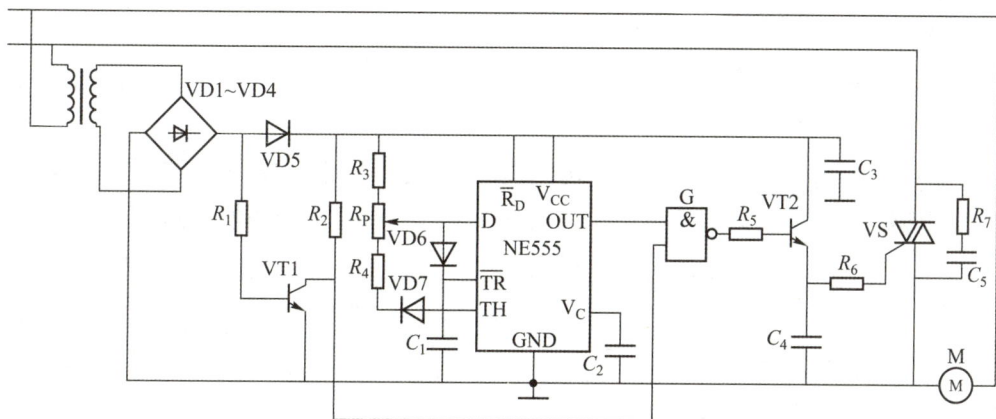

图 10.23 电子调速电路

1. 整流电路

整流电路采用由四只二极管组成的桥式整流电路 VD1～VD4。输出的脉动直流电经过二极管 VD5 隔离,然后进行滤波(C_3),从而形成整个电子调速电路的供电电源。

2. 过零检测电路

由三极管 VT1 等元件组成。当脉动直流电压大于三极管 U_{BE} 的导通值时,三极管 VT1 饱和;否则,三极管 VT1 截止。当三极管 VT1 饱和时,U_{CE} 较低,近似为零;在三极管 VT1 截止时,U_{CE} 较高,因此,产生了一个很窄的正脉冲,并且总是出现在脉动直流电较小或过零时。

由于电路是采用间断的调速方式进行调速,即改变某段时间(或交流电的几个周期)内电动机通电及某段时间(或交流电的几个周期)内电动机断电的方法来达到调速的目的。为了达到这一目的,电路中必须设置一个过零检测电路,用以判别交流电的过零时刻,确定时间或交流电的周期。

3. 多谐振荡器

多谐振荡器采用集成电路 NE555 及其元件组成。调节可变电阻器 R_P,即可改变多谐振荡器的输出脉冲的高电平、低电平及其宽度之比值。

4. 触发脉冲形成电路

触发脉冲形成电路是由与非门电路 G、三极管 VT2 等元件组成。在多谐振荡器的输出脉冲和过零检测电路送来的窄脉冲共同作用下,使与非门电路 G 输出触发脉冲,经过三极管 VT2 驱动触发双向晶闸管 VS。C_4 的作用是当三极管 VT2 截止后,仍能维持一段时间向双向晶闸管 VS 提供触发电流,以保证双向晶闸管 VS 可靠触发。

5. 主控电路

主控电路由双向晶闸管 VS、电机 M 等构成。通过触发脉冲形成电路输送来的触发脉冲可改变双向晶闸管 VS 的导通角以改变加在电动机两端的电压,从而改变电动机的转速。

调节多谐振荡器中的可变电阻器 R_P,就能改变电动机的运转间歇时间,从而改变电动机的转速。

10.5.2　装饰彩灯控制电路

1. 电路组成

装饰彩灯控制电路如图 10.24 所示,电路由直流电源电路、时钟发生器、顺序脉冲发生电路、驱动电路、主控电路(双向晶闸管 VS、装饰彩灯 HL)和方向控制电路等六部分组成。

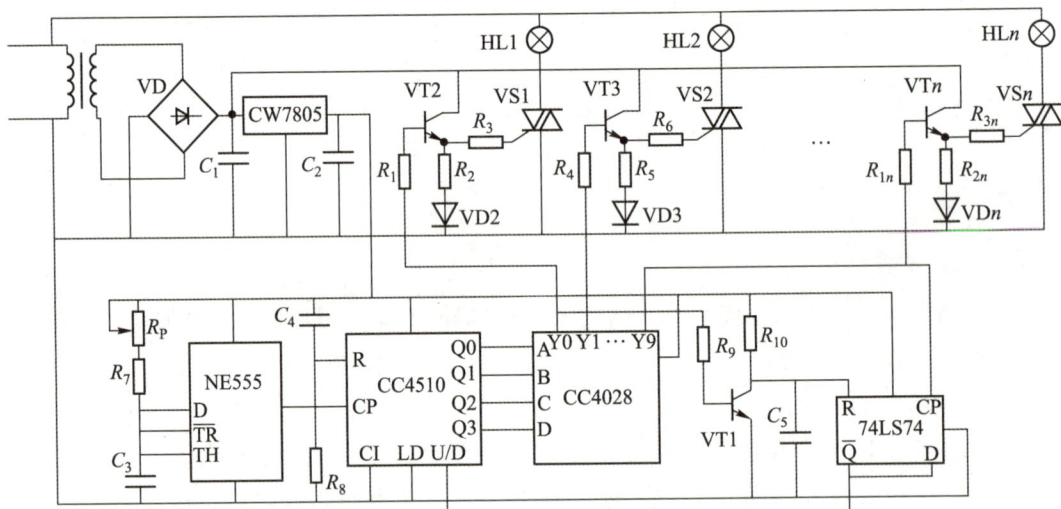

图 10.24　装饰彩灯控制电路

2. 基本原理

电源通过各双向晶闸管 VS 加到相应控制的各装饰彩灯 HL 的两端。若双向晶闸管 VS 导通,则装饰彩灯 HL 会发光(点亮);但若双向晶闸管 VS 截止,则装饰彩灯 HL 就不会发光(熄灭)。

时钟发生器产生并输出时钟脉冲(CP),送到顺序脉冲发生器,使其各输出端依次发生变化,从而形成顺序的时序控制信号,经过驱动电路后再送到双向晶闸管 VS,使各双向晶闸管 VS 依次导通或截止,最后控制各装饰彩灯 HL 依次点亮后熄灭。

3. 各部分电路作用及其原理

（1）直流电源电路

交流电经桥式整流电路 VD、滤波电容 C_1 后分成二路。一路输出给主控电路,作为其工作的供电电源,另一路经过稳压器 7805、滤波电容 C_2 后,作为其余部分电路(如时钟发生器、顺序脉冲发生电路、驱动电路等)工作的供电电源。

（2）时钟发生器

时钟发生器是由 555 定时器(NE555)及其外接元件(R_P、R_7、C_3 等)组成的多谐振荡器。由多谐振荡器自激产生装饰彩灯控制电路的时钟脉冲信号,并输送给下一级(顺序脉冲发生电路);调节可变电阻器 R_P,即可改变多谐振荡器输出时钟脉冲的频率,用以改变装饰彩灯顺序发光的速度。

（3）顺序脉冲发生电路

顺序脉冲发生电路是由计数器 CC4510 和译码器 CC4028 两部分组成。从时钟发生器输送来的时钟脉冲信号作为该电路的输入时钟脉冲信号 CP;在这个信号作用下,顺序脉冲发生电路能输出在时间上有先后顺序的控制脉冲。

计数器 CC4510 具有十进制加/减法计数(4 位 BCD 码输出)功能,并具有带负载能力强、输出较大的驱动电流。通过计数器 CC4510 可实现装饰彩灯发亮时间的控制。

C_4、R_8 构成微分电路,接计数器 CC4510 的清零端 R,使清零端 R 在开机时得到一个高电平的脉冲,从而使计数器清零。

译码器 CC4028 是 4 线-10 线译码器;当 $A \sim D$ 端输入通过计数器 CC4510 的 4 位 BCD 码时,该译码器的十个输出端 $Y0 \sim Y9$ 的对应端则变为高电平。由于译码器 CC4028 共有十个输出端,因此,该电路最多可以控制、驱动十路装饰彩灯。

（4）驱动电路和主控电路(双向晶闸管 VS、装饰彩灯 HL)

驱动电路是由三极管 VT 等元件组成的射极输出器。通过射极输出器使输入主控电路的双向晶闸管 VS 的触发电流增大到足以驱动工作。当译码器 CC4028 的某个输出端 Y 为高电平时,使其对应的射极输出器导通工作,其三极管 VT 的发射极就有足够大的电流产生,通过电阻 R 加到双向晶闸管 VS 的控制极,触发该双向晶闸管 VS 导通,则该路的装饰彩灯 HL 发亮。

（5）方向控制电路

方向控制电路由三极管 VT1 和集成 D 触发器等元件构成。该电路使装饰彩灯 HL 的发亮顺序具有双方向。通过三极管 VT1 形成反相器,R_{10}、C_5 组成积分电路,集成 D 触发器(74LS74)是双 D 触发器。三极管 VT1 的输出接 D 触发器的清零端 R(低电平有效),而 D 触发器的 CP 信号来自 CC4028,上升沿触发。

在开机时,积分电路 R_{10}、C_5 产生低电平,加到 D 触发器的清零端 R,使 D 触发器复位,此时输出端 Q 为低电平,而 $\overline{Q}$ 为高电平,因此使计数器 CC4510 的 U/D 端为高电平,则计数器 CC4510 进行加法(递增)计数,即开机时计数器 CC4510 处于加法计数状态。随着时钟的输入,经译码后其输出端按 $Y0 \sim Y9$ 的顺序依次出现高电平,使装饰彩灯的灯光作正向顺序工作。当最后一位输出 $Y9$ 为高电平时,产生一个上升沿信号并作用于 D 触发器的时钟输入端 (CP),使 D 触发器的输出状态翻转,即 Q 为高电平,$\overline{Q}$ 变为低电平。该低电平又作用于计数器 CC4510 的 U/D 端,使计数器 CC4510 变为减法计数状态。随着时钟的输入,译码器输出按 $Y9 \sim Y0$ 的顺序依次输出高电平,结果使装饰彩灯的灯光作反向顺序工作。而当 $Y0$ 达到高电平时,反相器的三极管 VT1 导通,其集电极变为低电位,又作用于 D 触发器的清零端 R,又使 D 触发器复位,$\overline{Q}$ 又变为高电平,计数器 CC4510 的 U/D 端也同时成为高电平,计数器 CC4510 又重新进行加法计数,如此反复循环下去。

本 章 小 结

- 数字电路可以采用逻辑代数、真值表、逻辑图等方法进行分析。
- 组合逻辑电路的简单分析方法是根据逻辑电路图写出输出端的逻辑表达式,再根据需要对逻辑表达式进行变换和化简,得出最简式及列出真值表,最后确定其逻辑功能。
- 数字电路的综合分析方法是根据分析实际的需求和要求,制定真值表,推断出逻辑表达式,并进行必要的化简,以得到最简的逻辑表达式,画出最简表达式的逻辑电路图。组合出能满足和完成实际需求和要求的逻辑电路。
- 触发器具有记忆功能,应用相当广泛。本章介绍了智力抢答器电路和触摸开关电路。
- 555 集成定时器是一种功能灵活多样、使用方便的集成器件。可以用作脉冲波的产生和整形,也可以用于定时或延时控制,并广泛地用于各种自动控制电路中。本章介绍了由 555 集成定时器构成的施密特触发器、单稳态电路、多谐振荡器及其应用。
- 多谐振荡器是矩形波发生电路,其输出电压作为时钟信号,用于控制和协调整个数字系统各部分的工作,因而也称时钟脉冲源。施密特触发器可将非脉冲信号整形成具有标准幅值的脉冲信号,单稳态触发器可将非标准脉冲信号整形成具有标准幅值和标准宽度的脉冲信号,因此它们是两种不同特点的整形电路。

习 题 10

一、填空题

1. 数字电路通常采用_____、_____、_____等方法进行分析。

2. 555 集成定时器的 GND 端为电路的 _____ 端,CO 端为 _____ 端,TH 端为 _____ 端,D 端为 _____ 端。

3. _____是产生矩形波脉冲信号的电路。

4. _____、_____是矩形波脉冲信号的整形电路。

5. 多谐振荡器只有两个_____态,没有_____状态。

6. 单稳态触发器有一个_____态和一个_____状态。

7. 施密特触发器有_____状态。

8. 通过施密特触发器可以将连续、缓慢变化的输入信号变换为_____信号输出。

9. 单稳态电路定时电容充电,其端电压从_____到_____所需的时间,就是电路的输出脉冲宽度。

10. 多谐振荡器的定时电容的端电压将在_____和_____之间来回充电或放电,从而使电路产生输出_____脉冲或_____脉冲。

二、选择题

1. 555 集成定时器的 CO 端若不外加控制电压或不使用时,应( )。

    A. 接地   B. 悬空   C. 不可悬空

2. 多谐振荡器有( )暂态。

    A. 一个   B. 两个   C. 没有

3. 单稳态触发器有( )暂态。

    A. 一个   B. 两个   C. 没有

4. 施密特触发器有( )稳定状态。

    A. 一个   B. 两个   C. 没有

5. 施密特触发器的输入信号 $\leqslant \frac{1}{3} V_{CC}$ 时,输出端 OUT 为( )。

    A. 0   B. 1   C. 不确定

6. 决定单稳态电路的输出脉冲宽度的是( )。

    A. 定时电阻   B. 定时电容   C. A 和 B

三、判断题

1. 多谐振荡器是矩形波脉冲信号的整形电路。   ( )

2. 单稳态触发器是矩形波脉冲信号的整形电路。   ( )

3. 施密特触发器是产生矩形波脉冲信号的电路。   ( )

4. 多谐振荡器在外界信号作用下,才能够在两个暂态之间自行转换。   ( )

5. 单稳态触发器在没有外界信号时,电路将保持这一稳定状态不变。   ( )

6. 单稳态触发器在外界触发信号作用下,电路将发生翻转。   ( )

7. 施密特触发器有两个稳定状态。   ( )

8. 施密特触发器的状态转换及维持取决于输入信号。   ( )

9. 在电源电压一定时,施密特触发器的"回差电压"值是不变的。   ( )

四、综合题

1. 试分析图 10.25 所示电路的逻辑功能。

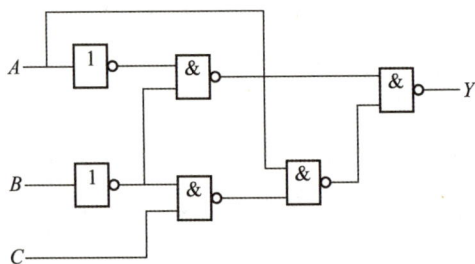

图 10.25　综合题第 1 题图

2. 试分析图 10.26 所示电路的逻辑功能。

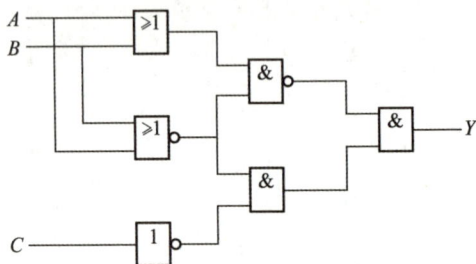

图 10.26　综合题第 2 题图

3. 试采用**与非门**电路完成三变量判奇(即三变量中若有奇数个 **1** 时,其输出为 **1**)逻辑功能。

4. 试采用**与非门**电路完成三变量判偶(即三变量中若有偶数个 **1** 时,其输出为 **1**)逻辑功能。

题解:
习题 10 答案

主要参考文献

[1] 李乃夫.电子技术基础与技能[M].2版.北京:高等教育出版社,2014.

[2] 文春帆,李乃夫.电工与电子技术[M].2版.北京:高等教育出版社,2008.

[3] 李乃夫.电工与电子技术[M].北京:电子工业出版社,2012.

[4] 李乃夫.电工与电子技术技能训练[M].北京:电子工业出版社,2009.

[5] 李乃夫.电气控制线路与技能训练[M].北京:高等教育出版社,2008.

[6] 李乃夫.电动机应用与维修[M].北京:高等教育出版社,2009.

[7] 赵承荻,周玲.电工电子技术及应用[M].北京:高等教育出版社,2013.

[8] 程周.电工电子技术与技能[M].2版.北京:高等教育出版社,2014.

[9] 万捷.汽车电工电子技术基础[M].北京:机械工业出版社,2019.

[10] 刘冰,潘玉红.汽车电工电子技术基础[M].北京:人民邮电出版社,2010.

[11] 张龙兴.电子技术基础[M].2版.北京:高等教育出版社,2000.

[12] 诸林裕.电子技术基础[M].3版.北京:中国劳动社会保障出版社,2001.

[13] 金柏芹.电子技术[M].北京:中国劳动社会保障出版社,2004.

[14] 郭三华,唐国锋.汽车电工电子技术[M].北京:机械工业出版社,2018.